“人类的思想”百科丛书

历史百科

英国 DK 出版社　著
边若溪　译
史话　审校

電子工業出版社
Publishing House of Electronics Industry
北京 · BEIJING

版权贸易合同登记号　图字：01-2016-7929

图书在版编目（CIP）数据

历史百科 / 英国 DK 出版社著；边若溪译 . — 北京：电子工业出版社，2018.4
（“人类的思想”百科丛书）
书名原文：The History Book

ISBN 978-7-121-32869-5

Ⅰ . ①历… Ⅱ . ①英… ②边… Ⅲ . ①世界史－通俗读物 Ⅳ . ① K109

中国版本图书馆 CIP 数据核字（2017）第 247646 号

审图号：GS（2018）280 号

策划编辑：郭景瑶（guojingyao@phei.com.cn）
责任编辑：雷洪勤
印　　刷：鸿博昊天科技有限公司
装　　订：鸿博昊天科技有限公司
出版发行：电子工业出版社
　　　　　北京市海淀区万寿路 173 信箱　邮编：100036
开　　本：850×1168　1/16　印张：22　字数：666 千字
版　　次：2018 年 4 月第 1 版
印　　次：2024 年 5 月第 10 次印刷
定　　价：148.00 元

凡所购买电子工业出版社图书有缺损问题，请向购买书店调换。若书店售缺，请与本社发行部联系，联系及邮购电话：（010）88254888，88258888。

质量投诉请发邮件至 zlts@phei.com.cn，盗版侵权举报请发邮件至 dbqq@phei.com.cn。

本书咨询联系方式：（010）88254210，influence@phei.com.cn，微信号：yingxianglibook。

www.dk.com

扫码免费收听 DK “人类的思想”
百科丛书导读

“人类的思想”百科丛书

本丛书由著名的英国DK出版社授权电子工业出版社出版，是介绍全人类思想的百科丛书。本丛书以人类从古至今各领域的重要人物和事件为线索，全面解读各学科领域的经典思想，是了解人类文明发展历程的不二之选。

无论你还未涉足某类学科，或有志于踏足某领域并向深度和广度发展，还是已经成为专业人士，这套书都会给你以智慧上的引领和思想上的启发。读这套书就像与人类历史上的伟大灵魂对话，让你不由得惊叹与感慨。

本丛书包罗万象的内容、科学严谨的结构、精准细致的解读，以及全彩的印刷、易读的文风、精美的插图、优质的装帧，无不带给你一种全新的阅读体验，是一套独具收藏价值的人文社科类经典读物。

“人类的思想”百科丛书适合10岁以上人群阅读。

《历史百科》的主要贡献者有Reg Grant, Fiona Coward, Thomas Cussans, Joel Levy, Philip Parker, Sally Regan, Philip Wilkinson等人。

目录

近代早期

1420—1795年

变革中的社会

1776—1914年

当今世界

1914年至今

INTRODUCTION

前言

历史的终极目标是让人类了解自己。以20世纪历史学家R. G. 科林伍德的话来说，“历史的价值在于它能够告诉人类我们都做了些什么，也能够借此来让我们知道自己究竟是谁。”没有历史，我们永远也无法体悟自己的一生。

历史本身也拥有一段历史。自远古时代开始，所有社会，无论是否已经出现文字，都会以故事的形式将自己的起源和过去传承下去。这些故事大多富于想象，围绕着诸神或是英雄的事迹而展开。最早那些拥有文字记载的文明也会记录下统治者的作为，并将其镌刻在泥板或是宫殿与寺庙的墙壁之上。然而，这些古代社会最初却并未试图系统化地探寻历史的真相，也没有对那些真正发生的事件与神话传说中记载的故事加以区分。

那些遗忘了历史的人便注定要重蹈覆辙。

——乔治·桑塔耶拿，《理性生活》(1905年)

古代历史叙事

最早通过搜集证据并对其加以解读的方式探索过去的人是公元前5世纪的古希腊作家希罗多德和修昔底德斯。“历史”（History）一词便是希罗多德最先使用的，在希腊语中是“探寻”的意思。尽管希罗多德的作品中仍旧融合了许多神话，然而修昔底德斯对于伯罗奔尼撒战争的记述却更加符合现代历史研究的标准。这些文字来源于对战争见证者的访谈，且作者并未将这一系列事件视作诸神的所作所为，而是将其归为人类的施为。

修昔底德斯创造出了一种最为经久的历史形式，即对于战争、政治冲突、外交以及决策的详细记录。后来罗马在地中海世界的崛起促使历史学家们创造出了另一种更具普适性的体裁——记叙“我们是如何走到今时今地的”。古希腊历史学家波利比奥斯（公元前200—前118年）与古罗马历史学家李维（公元前59—公元17年）都致力于记录下罗马的崛起，这样“恢宏的图景”能够帮助我们更好地理解跨越了漫长岁月的一系列事件。尽管二人只对古罗马世界进行了探索，这却是所谓“通史”的开端。这样的历史试图以故事的形式自最早的起源出发，一直描绘至当下的事件，目的便是赋予过去不言自明的目标与方向。

同一时期，中国的历史学家司马迁（约公元前145—前86年）也在进行着相似的活动，追溯中国自传说中黄帝（约公元前2697年）开始直至汉武帝（约公元前109年）为止数千年间的历史。

道德意涵

古时候的历史学家除利用历史记叙来对事件加以解读外，还会将历史视为道德与沉思的来源。例如，李维与塔西佗（公元56—117年）创作的历史文献从某种程度上而言便是为了检视英雄与恶人的所作所为，反思帝王与将领品格中的优势和劣势，为品行端正之人树立可供借鉴的榜样或是引以为戒

的典型。这始终都是历史的作用之一。法国编年史作家让·傅华萨（1337—1405年）便曾表示，自己之所以要记录下百年战争中骑士们的英勇事迹，“便是为了令那些勇敢的人们受到他们的激励，效仿他们的作为。”如今，人们对于林肯、丘吉尔、甘地或马丁·路德·金等人的历史研究也发挥着同样的作用。

“黑暗时代”

罗马帝国后期基督教的崛起从根本上改变了欧洲的历史观。基督徒逐渐开始将历史事件视作神的眷顾或上帝的旨意。很少有人还会抱着怀疑精神对真实发生的事件进行探索，而大多数人都会理所当然地将那些神迹与殉道故事视作事实。阿拉伯历史学家伊本·赫勒敦（1332—1406年）便对当时人们不经鉴别便盲目相信那些无法加以证实的荒唐事件进行了无情的批判。

然而，无论是基督教还是伊斯兰教，那些历史学家的编年史作在其厚重程度上都远比不上1085年宋代历史学家司马光撰写的《资治通鉴》对于历史的记载。这部作品记述了中国跨越近1400年的历史，篇幅长达294卷。

文艺复兴人文主义

无论其他文明书写历史的传统具有哪些毋庸置疑的价值，现代史学却是在西欧逐渐演化而成的。文艺复兴运动起源于15世纪的意大利，后传播至整个欧洲，并直到16世纪末对许多领域仍有影响力。这一运动便是围绕着人们对于过去的再发现而展开的。文艺复兴中的思想家从古典时期诸如建筑、哲学、政治及军事策略等多个领域中得到了充裕的灵感。此外，该运动中的人文主义学者也将历史视为其崭新教育体系中的重要科目，而搜寻文物古迹、建立古币及古碑文藏品的文物工作者也成为精英阶级中的一员。同一时期，印刷的普及也开始令越来越多的人逐渐了解历史。

同以前时代的人们生活在一起就像是游历在异国他乡一般。

——勒内·笛卡儿，《方法论》（1637年）

启蒙运动

到了18世纪，欧洲的历史研究方法（通过批判及比对史料等方式查明历史事实）已经逐渐趋于成熟。欧洲思想家普遍认为，历史可被大致分割为三个阶段：古代、中世纪和现代。这样的划分方式从根本上看是一种价值判断，其中，受教会支配的中世纪是一段以非理性、未开化为特征的时期，并成为庄严古代文明与现代欧洲新兴理性世界之间的分割点。启蒙运动时期哲学家的历史著作嘲弄了过去的愚蠢与荒唐。

浪漫主义精神

与之形成鲜明对比的是18世纪横扫整个欧洲的浪漫主义运动。该运动在过去与当下的差异之中发现了其固有的价值。浪漫主义者自中世纪中汲取灵感，而浪漫主义历

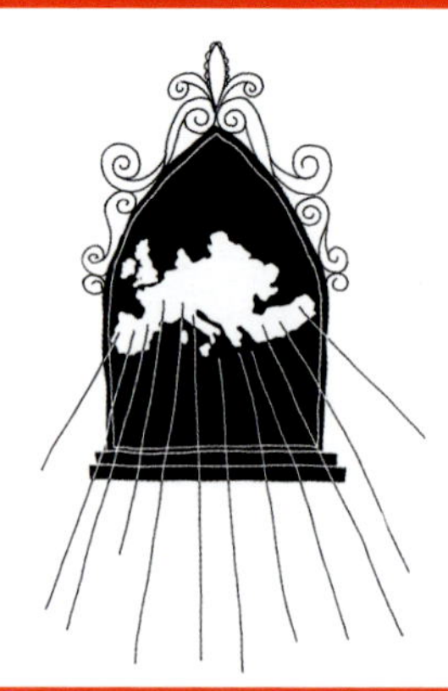

史学家也并未像前人一样，将过去视作对现代世界的铺垫，而是极富想象力地试图潜入以前时代的灵魂，这大多都与民族主义有关。德国浪漫主义思想家约翰·哥特弗雷德·赫尔德（1744—1803年）便试图自历史中搜寻民族身份的根源与真正的“德国精神”。19世纪，随着民族主义逐渐在欧洲站稳脚跟，许多历史文献也都变成对民族特性和民族英雄的赞扬，且与其说是历史，反而更像是在创造神话故事。就像每一个国家都有自己的国旗与国歌一样，它们同样也希望能够拥有一段属于自己的神圣英雄史。

“宏大叙事”

19世纪，历史开始变得越发重要，甚至呈现出了主宰未来的趋势。欧洲文明妄自尊大地将自己视为一切历史进程发展的目标，其历史文献也以类似的措辞记述着过去。德国哲学家格奥尔格·威廉·弗里德里希·黑格尔（1770—1831年）以普鲁士邦国的覆灭为节点，清晰描绘出了一幅宏大的历史发展画卷。后来，哲学家、社会革命者卡尔·马克思（1818—1883年）在黑格尔体系的基础之上发展出了自己的理论。在他看来，经济增长这一引发了各阶级之间矛盾冲突的社会因素终有一日必将会使权力自资产阶级手中转移至无产阶级手中，而资本主义世界也会因其自身的内部矛盾而崩塌。可以说，马克思主义成为后来最具影响力也最为持久的历史“宏大叙事”。

同其他领域的知识一样，历史也在19世纪经历了专业化的过程，并自此成为一个学术学科。学术历史渴望获得同科学一般的地位，还公开宣称要以堆砌“事实”为目标而发展。“严肃”历史（通常依赖于经济数据）与诸如儒勒·米什莱（1798—1874年）和托马斯·麦考莱（1800—1859年）等广受欢迎的历史学家笔下那些趣味横生的文学作品之间开始出现分歧。

历史不过就是人类的罪恶、愚蠢与不幸。

——爱德华·吉本，
《罗马帝国衰亡史》（1776年）

社会历史的崛起

20世纪以前，历史的主题总是围绕着国王、王后、首相、总统和将领展开；然而自这时起，历史却开始越来越多地关注平凡人的人生，而更为深入的调查也令人们逐渐开始看到他们在历史事件中所扮演的角色。一些历史学家（最初是法国的历史学家）开始摒弃一切“重大历史事件”，反而开始研究起不同历史时期的社会结构以及普通人的生活、信仰和精神面貌。

欧洲中心主义历史观

直到20世纪后半段之前，多数世界史都是西方文明的胜利故事。马克思主义历史与那些赞扬科技、企业及自由民主制进步的历史中无不隐含着这样的历史观。这些记述并非都是持乐观态度的；无数预言家也曾预告着衰落与灭亡。然而，这却无疑意味着历史一直以来

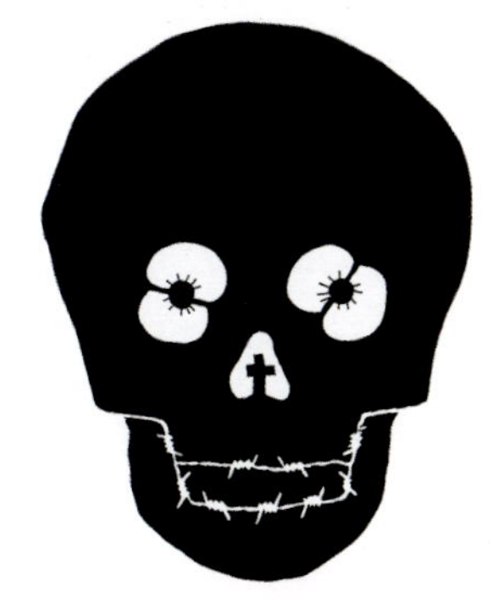

从本质上看都是由欧洲和其远方的分支所书写而成的。

后殖民时期修正主义

到了20世纪后半段，单一而有目的性的历史“宏大叙事”这一概念逐渐瓦解，与之一同瓦解的还有欧洲中心主义。后殖民时期与后现代主义世界需要我们从多种社会身份认同出发，讲述各自的故事，留存多样的历史。越来越多的人开始将视线投注在黑人历史、女性历史、同性历史，以及亚洲人、非洲人或是美国原住民们讲述的历史。这时，社会中的边缘人与那些受到压迫的人逐渐成为历史的“施事者”，而非被动的受害人。

一股修正主义风潮推翻了西方教科书中常常出现的世界史，尽管在大多数时候，这些推翻了原版本历史的人也并未提出什么能够为人们所接受的新版本。举个例子，我们可以从人们对于1992年“克里斯托弗·哥伦布首次航行至美洲大陆500周年纪念日”的态度中看出修正主义风潮所引发的困惑。若是放在过去，美国人必定会在这样的日子里大张旗鼓地庆贺一番；然而这一次，民众对这一历史事件的认可之中却多少带了几分羞愧，更不必说还有很多人根本就不觉得这是什么值得称赞的事情。人们不再确定自己应对传统历史抱有怎样的看法，也不知道应当怎样看待历史中的伟人以及那些开创了新纪元的大事件。

21世纪历史观

这部《历史百科》反映了人类历史进程之中“宏大叙事”的衰落。我们希望能够将具体的历史瞬间或是事件打造为一扇通往过去某些特定领域的窗口，令广大读者掌握世界历史的概况。为迎合当前时代人们所关注的重点问题，本书还反思了历史长河之中人口增长、气候变化以及环境保护等重要问题在长远意义上的重要性。同时，它也触及了传统意义上人们所关注的历史问题，例如，英国《自由大宪章》的签署、黑死病的蔓延，以及美国内战的爆发。

本书从人类的起源和史前纪元出发，跨越不同历史时期，一直记叙至今日的事件。当然，各个时期之间其实并不存在什么明确的时间节点，而当日期上有所重叠的时候，你便可以到与该事件在思想层面上最为一致的时代之中找到相应的词条。

正如书中所体现的那样，历史是一个过程，而非一连串相互独立的事件。我们只能猜测自己如今正在经历的这些事情将对未来的历史产生怎样的影响。没有哪个身处21世纪初期的人可以说自己能够全然了解历史的意义，然而，历史却始终都是一个最为基础的学科。正如诗人亚历山大·蒲柏所说的那样，“想要了解人类，就要先了解人类自己。”■

我们并非历史的塑造者。历史塑造着我们。

——马丁·路德·金，
《爱的力量》(1963年)

HUMAN ORIGINS

200000 YEARS AGO—3500 BCE

人类起源

20万年前—公元前3500年

东非出现了**最早的人类**（智人），**欧洲和西亚**则生活着**穴居人**（尼安德特人）。

约20万年前

约45000年

人类的足迹**遍布**全球，欧**罗西亚与澳大利亚**的大部分地区也都可以见到人类的身影，这些人都是从东南亚乘船去到那里的。

旧石器时代的人开始进行**艺术创造**（动物塑像与洞穴壁画），制造人**工制品**（首饰、装饰品及武器）。

约4万年前

约35000年前

最早的**人形小雕像**刻画的大多都是**女性**角色，由骨头、象牙、陶土或是石块雕刻而成。

历史上出现了一段名为**“大冻结”**的严寒时期。北部地区的人类与动物或是灭绝，或是南迁。

约23000年

约15000年前

当时的许多人或是跨越了连接亚洲和北美洲的**大陆桥**（如今的白令海峡），或是**经由海路**，开始在**北美洲**落脚。

耶利哥城（位于如今的约旦河西岸）落成；时至今日，这里依旧是世界上**始终有人居住的古城之中最古老的一座**。

约公元前9000年

约公元前7500年

人类开始在土耳其中部的**恰塔霍裕克定居**；考古发现了复杂**仪式**的痕迹，表明当时的**社会**已具有**凝聚力**。

人们普遍认为人类起源于非洲大陆。人属与其近亲黑猩猩通过生物进化与自然选择，一同在东非地区经历了长达百万年的演化。智人（Homo sapiens），也就是现代人类，则同其他人族（人类的近期，包括四万年前灭绝了的尼安德特人）一起，经历相同的生物学进程而进化着。

大约在十万年以前，分布在各处、依靠打猎与觅食为生的人类几乎同其他类人猿没有什么分别。然而从某一刻起（很难确定具体是在哪一刻），他们的身上开始出现转变，这样的转变并非是生物学的进化，而是文化的演变。他们通过工具制造、艺术创作、信仰、社会习俗与语言体系的建立等全新的手段，逐渐改变了自己的生活方式。等到他们已经可以在洞穴的墙壁上描绘出精美的图画，还能用石块或骨头雕刻出雕像的时候，人类已经从其他动物之中脱颖而出。最开始的时候，人类的演变是极为缓慢的，然而这一进程却在之后的千年间收获了强劲的发展势头。就这样，人类成了唯一拥有漫长历史的动物。

探索历史

对于历史学家来说，人类文化与社会早期究竟是如何发展的是一个格外棘手的问题。最早的文字大约出现于5000年以前，而那个时候，人类已经走过了一段漫长的历史岁月。通常而言，人们会将文字出现之前的那段时期称为“史前”，也不会对其加以探讨，因为该时期并未留下任何可供历史学家进行研究的资料。然而近年来，许多全新的科学方法（包括遗传物质鉴定以及利用放射性碳年代测定法对生物遗体进行化验等）丰富了已有的考古学手段，使学者得以填补文字出现以前历史的空缺，哪怕只有一点点。

新的研究与探索为人们带去了全然不同的视角（尽管这些研究的发现也常常备受争议），因此，文献之中对于远古历史的记叙也处于不断修订之中。即便是一个洞穴、陵墓，甚至是一块人类头骨的发现，都能令人们开始质疑自己此前的认知之中是否存在谬误。然

塞尔维亚出现了**铜冶炼**，而近东地区则发明了**转轮**，其用途大约是为了制作陶器而非交通运输。

约公元前5000年

约公元前4000年

幼发拉底河流域（如今的伊拉克、叙利亚和科威特）的**美索不达米亚平原**上逐渐建立起**人类文明**，并出现了**灌溉农业**。

近东地区开启了青铜时代，印度河流域文明则开始出现在印度次大陆。

约公元前3300年

约公元前3100年

那尔迈**统一**上下**埃及**，成为**第一王朝**的首位法老；古埃及**象形文字**广为流传。

美索不达米亚平原南部（如今的伊拉克）的**苏美尔人**发明了世界上最**古老**的文字体系之一——**楔形文字**。

约公元前3000年

约公元前2700年

古埃及建起了第一座石制**金字塔**，将其用作纪念性**墓室**；两个世纪之后，吉萨金字塔群落成。

不列颠500年前一片土垒的正中央形成了**巨石阵**，**巨石林立**；后来，这些巨石的位置又发生了改变。

约公元前2500年

约公元前1800年

古埃及出现了**字母书写体系**（基于象形文字的原始西奈文字）；这是大多数现代字母体系的原型。

而，到了21世纪，历史文献之中对于早期人类的记载大多都是已经经过证实的了。

游牧民族的狩猎者与采集者

历史学家一致认为，在1.2万年以前，人类都过着小规模聚居的游牧式生活，以石器为工具，靠狩猎与采集为生。人们常常将这一时期称为“旧石器时代”。人类作为一个物种无疑是成功的，他们将人口繁衍至千万，还将足迹扩散至地球的大部分地区。通常来说，他们能够很好地适应千万年以来重大的自然气候变化，尽管在那段最为严寒的“大冻结”时期，人类也曾短暂地自北部诸如不列颠与斯堪的纳维亚半岛等地逃离开来。

人类的生存与其所处的自然环境之间有着紧密的联系，然而，即使是在那样久远的当时，他们对于环境的影响也绝称不上是正面的。历史上存在着这样一个令人不安的巧合——人类狩猎者走到哪里，猛犸象与乳齿象等巨型动物便开始在哪里灭绝。尽管人类的狩猎行为绝非是导致这些动物灭绝的唯一原因（自然气候的变化也是其中的因素之一），然而从我们今天的角度看来，这却并非是什么好的传统。

种植革命

人类“自然而然”衍生出的这种狩猎采集式的生活方式似乎有颇多可取之处。科学家研究了早期狩猎采集型社会之中人类的骸骨，他们发现，我们的祖先通常不费什么力气便可以获取充足的食物，且他们也几乎不怎么生病。假如事实如此，那么全世界各地的人类又为何会在后来逐渐定居于村镇之中，靠农业为生，种植谷物、饲养家畜。毕竟，耕种这项工作实在太过繁重，而流行病最早也是自村镇之中蔓延开来的。

无论人类的定居与农业的发展对当时人们的生活质量产生了怎样的影响，毋庸置疑的一点是，这大大增加了人口密度。一些人将这一时期称为“新石器时代”，这是人类发展历程中的一个重大转折点，最早的乡镇与城市便诞生于此时，而最初的“文明”也于此时建立。■

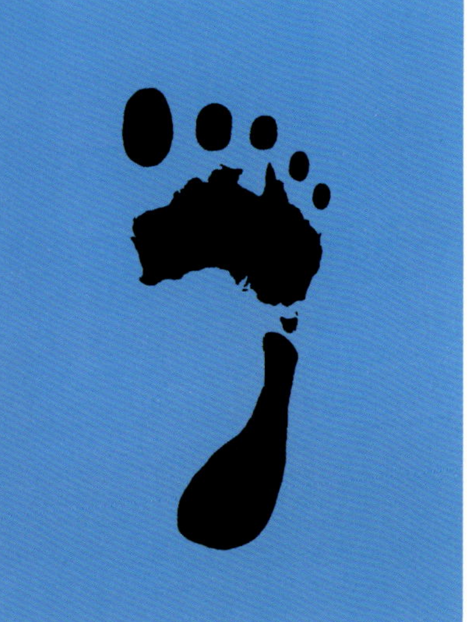

其重要性至少堪比哥伦布航至美洲大陆或阿波罗11号登上月球

人类最早到达澳洲大陆（约60000—45000年前）

背景介绍

聚焦

迁移

此前

约20万年前 智人（现代人类）在非洲逐渐演化而成。

约125000—45000年前 一批批智人迁移至非洲以外的地区。

此后

约50000—30000年前 俄罗斯中南部出现了丹尼索瓦人。

45000年前 智人到达了欧洲。

约40000年前 穴居人灭绝。人们在伊比利亚半岛发现了他们最后的遗迹。

约18000年前 人们发掘出的弗洛里斯人化石可追溯至这一时期。

约13000年前 人类出现在了美国新墨西哥州的克洛维斯市，然而他们也可能并非是这一大陆上最早的人类。

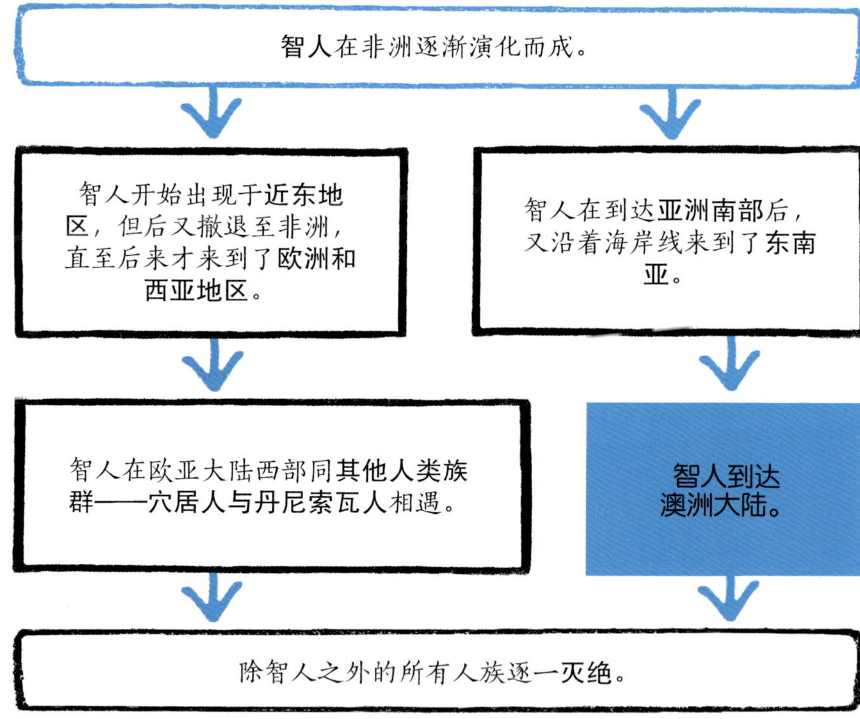

现代人类是唯一一个真正将足迹踏遍世界每一个角落的哺乳类物种。自20万年前智人逐渐在非洲演化而成起，他们的生活范围便迅速扩展至全世界，这也证明了我们这一物种对探索周围环境极具好奇心。需要特别注意的是，许多研究者认为，人类之所以可以在短时间内占据亚洲南部海岸，很重要的一个原因便是他们能够对沿海环境加以开发利用。

对于人类来说，即便是如澳大利亚土地上那样截然不同的植物群和动物群都称不上是什么生

参见: 阿尔塔米拉岩洞壁画 22~27页,"大冻结"时期 28~29页,恰塔霍裕克定居 30~31页。

弗洛里斯人的骸骨于*2003*年在印度尼西亚的弗洛里斯岛出土。一些研究表明，这些骸骨之所以比现代人的骨骼小，是因为疾病造成的，而非是因为弗洛里斯人同现代人从属于不同的物种。

存屏障；尽管学界对于人类最早到达澳洲大陆的时间仍有争议，但他们很可能早在6万年前便开始在那里生活了。大量证据表明，大约在4.5万年以前，人类便已经大规模移居澳大利亚了，而这也大约正是智人到达欧洲大陆的时期。

其他人族物种

智人是最早到达澳大利亚的人族，然而，在欧亚大陆的部分地区，人类却的确面临过竞争。在人类抵达欧洲之时，穴居人已经在那里生活了约25万年，充分适应了当地的生活，而他们的祖先海德堡人也是现代人类的祖先。

一路向东去到俄罗斯阿尔泰山脉的丹尼索瓦洞穴，人们在那里发现了一个神秘的物种——丹尼索瓦人，而丹尼索瓦人曾经存在的唯一证据就是他们的DNA。人们在亚洲东南部的弗洛里斯岛上也发现了另一个可能存在过的物种的化石，他们便是身形矮小、大脑也很小的弗洛里斯人（别名小矮人）。

在所有这些物种之中，智人是唯一一个存活下来，并且还在后来占领了新大陆的物种。冰河时代的到来导致了海平面的下降，而这也令连接了俄罗斯与阿拉斯加的白令陆桥出现在了人们的眼前，使得他们能够自亚洲东北部到达美洲大陆。如今，人类已经发掘了许多当时的遗迹，尤其是在南美洲地区，然而这些遗迹究竟存在于什么年代仍有待考究。

人类的足迹迅速踏遍美洲大陆这一点恰恰证实了智人无与伦比的聪明才智与出类拔萃的适应能力。

——尤瓦尔·诺亚·赫拉利，
《智人》(2011年)

社交网络

除非科学家可以发现更多的证据，不然，丹尼索瓦人与弗洛里斯人的命运仍将还是未解之谜。然而近来的证据表明，穴居人大约是在4万年前灭绝的。许多研究者认为，正是智人的足智多谋使得他们能够在面对末次盛冰期的气候变化时成功战胜其他物种。在大多数人看来，相较于其他物种，智人有庞大的社交网络可以依靠这一点更是一笔巨大的财富，这不仅帮助他们熬过了艰难的时期，也令他们在将足迹踏遍世界的过程之中逐渐开拓了陌生的环境。■

智人：唯一幸存的人族

历史上并无证据能够证明人类曾与其他物种发生过激烈冲突。事实上，我们可以从现代人类的DNA中发现穴居人与丹尼索瓦人的基因，这表明各族群中的少数人曾经通婚，尽管这只是极少数的情况。

尽管穴居人很擅长制作石器，在打猎方面也是一把好手，但现代人类或许能够更快地适应并应对冰河时代急剧变化的气候环境。他们发明了全新的石器，也逐渐探索出了新的技巧，开始对石头与鹿角等资源加以利用。此外，他们还建立了广泛的支援网络，使得各个相隔甚远的群体之间能够实现资源共享，增加自身的生存概率。或许正是这样的适应能力令人类从自己的同类之中脱颖而出，在愈发变幻莫测的环境中争取到了更多的资源。

一切都是如此美丽，如此新鲜

阿尔塔米拉岩洞壁画（约4万年前）

背景介绍

聚焦

旧石器时代文化

此前

约45000年前 现代人类抵达欧洲。

约40000年前 现今已知最早的欧洲艺术诞生，其中的作品包括在德国霍伦斯泰因的斯塔德尔洞窟发现的“狮子人”雕像。

此后

约26000年前 捷克共和国的下维斯特尼采出现了三人同葬于一处的做法。

约23500年前 白砂洞穴（Arene Candide）中的“王子”被人埋葬于意大利，身上还装饰着华丽的贝壳类珠宝。

约18000年前 最后一次冰河时代到达其冰期的顶峰。

西班牙北部海岸桑坦德附近的阿尔塔米拉岩洞中有许许多多的通道及洞窟，延伸近300米，这里有着迄今为止为人类所发现的最杰出的石器时代（或者说是旧石器时代）岩洞壁画。这些壁画的内容令人无比惊叹，甚至在1880年人们最初发现这里的时候，许多人都认为它们都是没有丝毫价值的仿冒品，直至20年后，学界才承认这些壁画真的是史前狩猎采集时期的艺术创造。这里最早的作品或许可以追溯至3.5万年以前，不过大多数为人所熟知的壁画都是在很久之后的2.2万年前绘制的，其中便包括那座绘有野牛的洞窟：洞窟低矮的岩顶上布满了动物绘画，其中便包括颜色各异、栩栩如生的野牛。当时的匠人巧妙地将其描画在自然起伏的岩石之上，令这些野牛看上去近乎是三维立体的。

艺术的推动力

除阿尔塔米拉岩洞外，人们也发现了其他许多震撼人心的岩洞壁画，它们大多集中在法国的西南部与西班牙北部。这些作品中不仅包含细节精妙的动物图案，还有许多铭刻或绘制而成的标记、符号及手印。对于石器时代艺术品的含义或是作用，考古学家之间仍旧存在分歧：一种说法认为，这些人只是单纯欣赏艺术中包含的美感——就像他们的后代，也就是如今的我们一样；另一种说法则认为，一些图案中让人不住赞叹的细节——例如动物的性别或是背景环境中清晰可辨的季节——或许可以说明这些绘画是一种传递生存信息的方式，比如哪些动物是可以狩猎的，它们又活跃于哪个季节，或是怎样才能成功捕获它们等。

狩猎仪式

除此之外，岩洞壁画或许也与旧石器时代人们的世界观或是宗教信仰有关。即使到了今天，许多依旧依靠狩猎与采集为生的社会也会持有相同的“万物有灵论”观点，也就是说，在他们看来，动

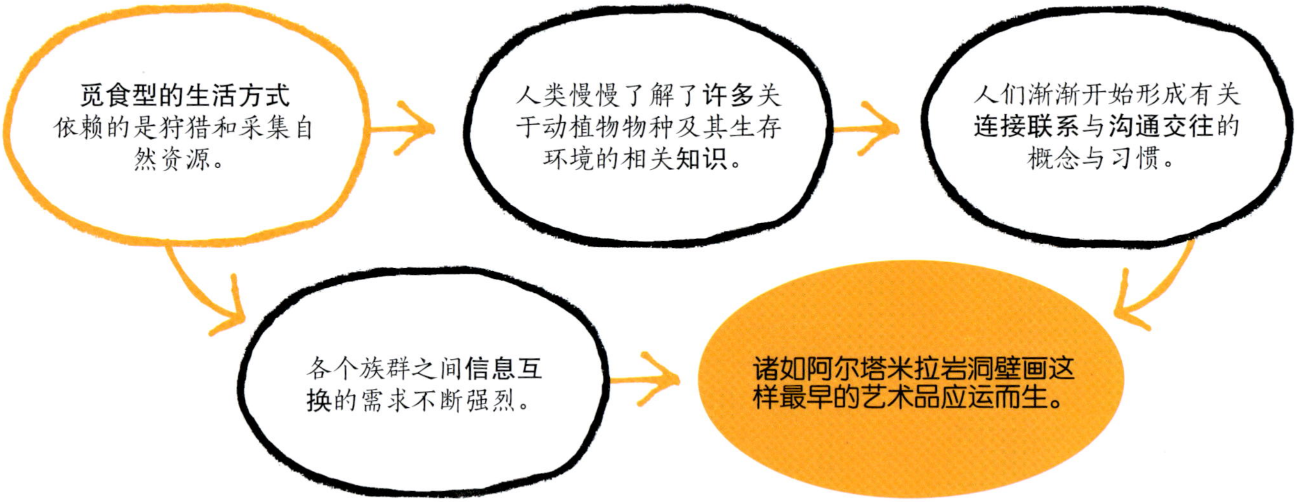

觅食型的生活方式依赖的是狩猎和采集自然资源。

人类慢慢了解了许多关于动植物物种及其生存环境的相关知识。

人们渐渐开始形成有关连接联系与沟通交往的概念与习惯。

各个族群之间信息互换的需求不断强烈。

诸如阿尔塔米拉岩洞壁画这样最早的艺术品应运而生。

参见：人类最早到达澳洲大陆 20~21页，“大冻结”时期 28~29页，恰塔霍裕克定居 30~31页。

阿尔塔米拉岩洞中起伏的岩石结构非但不会损坏艺术效果，反而起到了强化作用，令野牛岩窟中的动物看上去近乎是三维立体的。

物、植物，甚至高山河流这样的实体都有自己的灵魂，还会在其日常生活中与人类互动。此类社会中的宗教人士或是萨满都相信自己能够与这样的灵魂进行交流，以此帮助那些生病或是受伤的人。而纵观历史，萨满总会在自身意识涣散或是状态昏沉的情况下绘制这样的岩洞壁画，这便是他们与灵魂沟通的一部分。于是，许多研究者都认为，旧石器时代的社会或许也有相似的信仰。他们通常也认为萨满可以变身为动物，还会怂恿人们将其进献给猎人，这也解释了岩洞中为何会出现兼具人类与动物特征的形象。

岩洞中的手印发现于西班牙坎塔布里亚地区。这些手印大约是年轻人留下的，而这一点或许表明在当时，到地下岩洞中探险似乎是一种成人仪式。

绘制动物图案亦有可能是某种“魔法”仪式中的环节，而这样的仪式则是为了增加狩猎时收获猎物的成功率。对于那些主要依靠猎食动物来维持生计的社会而言，这样的仪式再重要不过了。

成人仪式

其他一些研究者还发现，洞穴中艺术画作附近的手印或是脚印似乎是青少年留下的。对于年轻人来说，手持一把依靠动物油脂点燃的油灯，一路走向黑暗、潮湿，或许还危机四伏的洞穴似乎是一种成人仪式，而只有那些英勇无畏的人才能成功通过考验。

葬礼与来生

我们可以从葬礼仪式中发现更多这一时期中人类参与宗教或祭祀活动的证据。举个例子，在捷克共和国的下维斯特尼采遗址中，三具遗体被人以带有性暗示色彩的姿势埋葬在了一处。其中一具男性尸体位于女性遗骨的侧面，一手探向她的骨盆部位，另一侧的男性尸体在其埋葬的时候则是面部朝下的。三人的头部附近以及女性的骨盆周围还撒上了一种赭石色的颜料。有趣的是，这三具遗体都有着同样一种罕见的骨骼畸形问题，由此可见，他们之间或许有血缘关系。当时的人们为何要以这样的方式将他

古往今来，世界各地的人们都有着相同的本能，那便是用图像和符号描绘自己和自己身处的世界。

——吉尔·库克，
《冰河世纪的艺术》（2013年）

们埋葬在一起或许永远都会是一个谜，然而，我们还是可以明显地看出，这样的埋葬方式绝不仅仅是为了将骸骨处理掉这么简单。

在其他几处墓葬遗址中，一些被葬者的周围还有许多贵重的陪葬品，例如意大利的白砂洞穴中就发现了许多贝壳做成的复杂珠宝，而俄罗斯松希尔地区埋葬着两个孩童的墓穴中也发现了以象牙雕塑而成的长矛。一些研究者认为，从这些拥有珍贵陪葬品的人，尤其是那些小孩子们的身上可以看出，在一些群体之间，等级之分与地位差异已然开始形成。然而，这样的习俗在此后的很长一段时间里并不普遍。但是不管怎样，我们还是可以清楚地看到，当时的人们已经开始愈发关注身后之事以及亡者应如何去往来生等问题，而这样的现象在历史上还是第一次出现。

标注领地

其他一些研究者发现，最为“经典”的旧石器时代岩洞壁画大多集中在法国西南部与西班牙北部。这一地区或许曾是较适宜生活的地方：即便是在末次盛冰期的高潮阶段，这里更为温暖的南方气候与更为肥沃的栖息地也吸引了大群动物迁徙至此。这样一来，居住在此地的人类也更多，这些不同的群体聚居于一处，他们之间对于领地及资源的竞争也因此而更加激烈。

同如今那些支持不同球队或是不同国家的人一样，我们会使用旗帜、服装、边界记号、领土以及群体认同等象征来做区分，而旧石器时代生活在欧洲的人们或许也正是出于相同的目的才会将洞窟装饰起来，以防止他人与自己抢夺资源。

人们将自己视作是一个鲜活世界中的一部分，而在那个世界里，动物、植物，甚至就连地标和死物都有自己的生命。

——布赖恩·费根，《克鲁马努人》（2010年）

历史学家至今也无法确定大多数岩洞壁画的背后是否隐藏着某种确切的含义。最有可能性的猜测便是这些壁画或许有如下某种或几种用途：为艺术而艺术；灵性；成人仪式；标注领地；或是传递与狩猎有关的珍贵信息。

合作求生存

这样复杂的社会互动现象或许可以帮助我们更好地理解智人是如何在冰河时代的欧洲那样艰难的环境中生存下来的。狩猎者与采集者有可能是小规模分散聚居于人口相对稀少的地方。这一时期的大多数考古学遗迹中都没有发现什么复杂建筑结构存在的证据，这也说明当时的人类在天气急剧恶劣或是当地环境发生变化的时候经常迁移，他们大多会选择跟随诸如麋鹿这样的大型动物群体，在它们随季节迁徙的时候一同离开。

智人与他人建立关系的能力令一批批的狩猎者随时可以在需要的时候相互联合。在资源丰富的时候，他们便一同狩猎；举个例子，他们会在狭窄的峡谷或是河流交汇处这样最难以让动物们团结在一起的地方拦截迁徙的麋鹿群。而在资源匮乏的时期，这些猎人们则会重新分头行动，去远方寻找足以维系

狩猎工具通常都会被雕刻成其所用来捕杀的动物，这或许也是一种“魔法仪式”，可以增加狩猎成功的概率。图中便是一座投掷器。

生存的猎物。

早期技术

当时的狩猎者与采集者会花费相当大的精力改进狩猎技术，因为对于他们而言，那就是生与死之间的差异。他们会将仔细打磨好的石制尖端装在矛上，然后再用投掷器将其掷向目标，投掷器不仅可以增加矛的攻击范围，还能使其更加有力。这样的工具对于成功狩猎至关重要，因此看到许多投掷器上都有精美的雕刻和装饰，有的甚至还绘制着所捕猎物的图案，这就不是什么奇怪的事情了。同样，当时的人们也会花费很大的力气在骨头或是鹿角上雕刻复杂的花纹，再将其制作成鱼叉，以作捕鱼之用。

社会的萌芽

制作精良的骨锥和骨针表明石器时代的人类也会利用动物的皮毛来制作温暖的衣服，他们在处理这些皮毛的时候远比其祖先要细致得多。除此之外，他们还会制作许多其他的东西：从用动物牙齿或是贝壳精心制作而成的首饰，再到石头或是陶土雕塑而成的小人像，种类繁多。这些手工制品中的许多东西或许都曾被当作商品或礼物，又或者是用来与其他族群中的人进行交换，而这也是大规模社交网络中的一环。

末次盛冰期中欧洲变幻莫测的环境意味着物质充裕时与其他族群分享自己的资源或许会在未来得到巨大的报偿：假若一个族群在某地费尽力气也找不到食物，那么此前曾经接受过他们帮助的族群便会更愿意在此时此刻回馈这份恩情。这样一来一往的关系或许都可以将相隔甚远的族群联系在一起，织就一张巨大而复杂的网络，对于那个生存条件无比恶劣的时代而言，这一个网络的重要性是不言而喻的。■

维纳斯小雕像

欧洲的许多地方都曾发掘出以石头、象牙或是陶土雕刻而成的女性小雕像，它们是旧石器时代艺术品中的一类。这些雕像有着许多令人惊叹的共同点：它们的面部表情或是双脚等细节通常十分模糊，然而诸如胸部、腹部、臀部、大腿以及外阴等女性特征却往往极为夸张。我们或许可以从创作者对于性别及生育相关特征的重点刻画还有人物圆润的体型上看出，这些小雕像可能扮演着象征性的角色，与分娩有关，或者更普遍地说，是生育能力。

一些研究者认为，这样的形象刻画的是“母亲神”，然而这种解读却缺乏证据上的支撑。另一些研究者则将注意力放在了其他地方，在他们眼中，这些小雕像体现着受到广泛认同的文化思想与象征，而这一点对于研究冰河时代中人们的社会交往模式、资源与信息的互通渠道，以及如何选择婚姻伴侣等问题都具有十分重要的意义。

冰河时代末期发生的事件奠定了如今欧洲的根基

“大冻结”时期（约公元前21000年）

背景介绍

聚焦

气候变化

此前

约258万年前 更新世，或者说是冰河时代开始了。

约20万年前 智人作为一个物种诞生了。

此后

约公元前9700年 更新世的结束标志着全新世的开启，而这也就是如今相对温暖且稳定的气候环境。

约公元前9000—8000年 近东地区开始出现农业。

约公元前5000年 海平面上升至如今的水平；地势低洼的地面沉入海中。

约公元前2000年 最后一批猛犸象在俄罗斯的弗兰格尔岛灭绝。

地球的位置及其相对于太阳的方向发生了改变，**气候变化**由此发生。

→ **“大冻结”致使冰盖面积增大，海平面下降。**

→ 动物与人类纷纷开始占据那些**现出海面、地势低洼的土地**，而海平面再次上升后，他们却被隔绝在了那里。

→ **栖息地环境发生改变**，为求生存，动植物物种**的分布区域也随之变化**。

→ 人类群体面临**全新的机遇**与束缚。

直到近来，科学家才开始正视人类与环境之间双向作用的关系对社会发展有着怎样的影响。在最后一次冰川时代中，人类不断进化，在极端寒冷（冰河期）与相对温暖（间冰期，与如今的温度更为近似）的气候交替之中生存了下来。然而，在冰川时代就要走到尽头的时候，这样的交替变得更为显著，间隔也不断缩短，最终在公元前2.1万年左右发生的“大冻结”中到达了顶峰。“大冻结”是一段极寒时期，也被称作为“末次盛冰期”。当时，冰盖不断扩张，一直延伸至英格兰南部，而生活在北部地区的人类和动物或是完全

参见: 人类最早到达澳洲大陆 20~21页，阿尔塔米拉岩洞壁画 22~27页，恰塔霍裕克定居 30~31页，《汉谟拉比法典》 36~37页。

一具完整的猛犸象骸骨于*1900*年在俄罗斯的西伯利亚被人发现，而这也是人类挖掘出的第一具完整的猛犸象骸骨。如今，圣彼得堡的自然历史博物馆中便展示着这头猛犸象的复制标本。

灭绝，或是撤往南方。大量海水冻结成冰，海平面下降，地势低矮的地区便露出了海面，而连接北美洲与亚洲的大陆架白令陆桥便出现于这一时期，人类也正是通过这里到达了美洲。

温度上升

最终，气温还是开始回升，而如今相对温暖且稳定的气候大约形成于公元前7000年。冰盖逐渐融化，上升的海平面不仅将欧亚大陆与美洲大陆彻底分隔，还将东南亚地区变成群岛，许多半岛彻底成为岛屿，例如日本和英国，而很多人也因此遭到了隔绝。对于像猛犸象这样的巨型物种而言，气候变化对生态系统的影响更是格外严重。巨型物种繁衍生息的东南欧及西伯利亚稀树草原变成了一望无际的森林，而纵观全球，环境变化加之人类的狩猎行为最终导致了许多物种的灭绝。冰期后这个全新的世界以其丰富的森林与湿地资源为人类带来了许多全新的机遇。他们开始狩猎马鹿与野猪等生活在森林中的大型动物，也同样捕捉兔子这样的小型哺乳动物，沿海大量天然的食物资源也成为人们的盘中餐。渐渐地，三文鱼这样的洄游鱼类、海豹这样的海洋哺乳动物、贝类、季节性野禽，以及一系列水果、块茎、坚果和种子等都成为人类的主要食物。

生活方式的变迁

在那些自然资源格外丰富的地区，人类族群或许并非是定居在一个地方的，而是将一伙人派往很远的地方，专门获取某种特定的资源。举个例子，地中海东部的纳图夫人（the Natufian）便可以在近东地区收获充足的野生谷类。一些族群开始对环境进行改造，通过燃烧草木、砍断树木等方式令自己喜欢的植物或是动物更加旺盛地繁衍生长。他们开始挑选那些多产的植物物种并精心照料它们，播种下自己喜欢的种子，还会对特定的动物进行管理和控制。这样的改造令这些物种愈发依赖于人类的照料；而到了农业发展起来的时候，人类已经彻底转变了自己的生活方式，而自那以后，人类行为对自然环境的影响也愈发巨大。■

几乎没有人类能够在这样一个气候与环境都急剧变化的世界中生存下去。

——布赖恩·费根
世界史前史专家

冰核与过去的环境

为了弄清楚历史上气候曾发生了怎样的变化，古气候学家研究了经年累月之中海洋底部沉淀物的元素成分。一种极为微小、名为有孔虫的海洋生物能够自海水中汲取两种不同形式的氧——氧16和氧18。氧16相对更轻，在气候温暖时，它便会以雨水的形式坠落下来，重新流入海中。这样一来，海水中氧16与氧18的含量便大体相同，而有孔虫壳体中氧16和氧18的含量也是如此。然而，当天气寒冷时，大多数挥发至空气中的氧16便不会重新回到海水之中，而是凝结成冰，于是，海水中的氧18含量便会超过氧16。当有孔虫死去的时候，它们的壳体会沉入海底并逐渐累积。古气候学家会在海底钻孔，提取沉淀物中的精髓，研究沉积层不同深度处氧16与氧18含量的比例，以此探寻历史上的气候变化情况。

一个伟大的文明在安纳托利亚平原上诞生了

恰塔霍裕克定居（10000年前）

背景介绍

聚焦

新石器革命

此前

公元前11000—公元前10000年 近东地区已有人类开始种植作物，驯养动物。

约公元前9000年 中美洲地区开始种植玉米作物。

约公元前8800年 近东地区的许多人都开始依靠农业种植为生。

此后

公元前8000年 东亚地区也出现了种植活动与畜牧活动。

公元前7000—公元前6500年 农业种植一路向西经由塞浦路斯、古希腊与巴尔干半岛传播至欧洲。

公元前3500年 美索不达米亚平原上建立起了最早的城市。

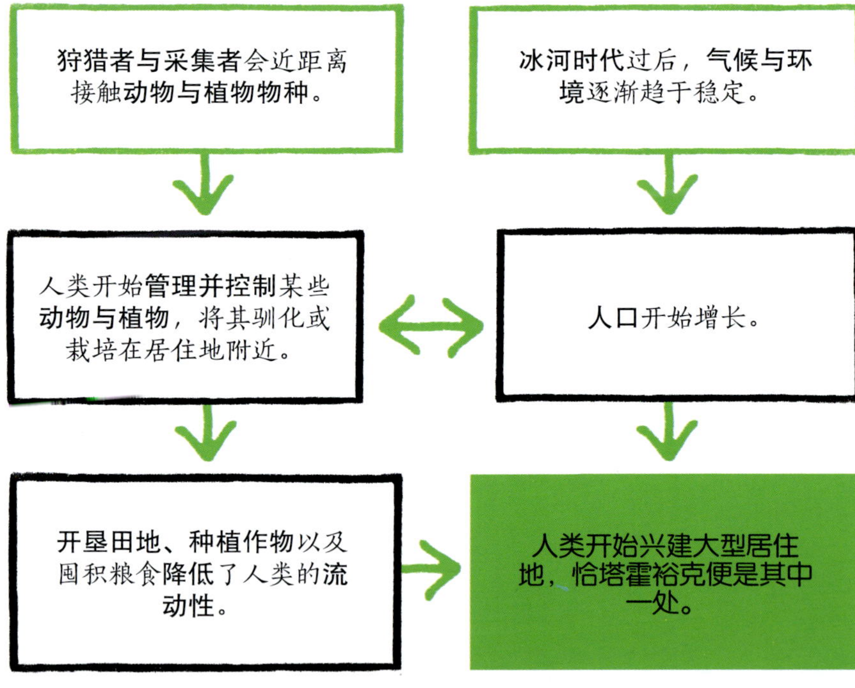

20世纪60年代，英国考古学家詹姆斯·梅拉特发现了土耳其科尼亚平原上的新石器时代城镇恰塔霍裕克。恰塔霍裕克因其规模、人口密度、壮丽的壁画、复杂的宗教以及仪式活动而成为世界上最著名的考古学遗址之一。自发现以来，近东地区另外几处规模较大的居住点也逐一为人所发掘，这也证明了自公元前一万年至公元前七千年之间，随着人类的生活方式逐渐自狩猎觅食向农业种植转变（也可将其称作是“新石器革命”），人类群体的规模也在逐渐扩大。这或许是因为人口的不断增长令人们不得不去寻找更为稳定的食物

参见: 人类最早到达澳洲大陆 20~21页, 阿尔塔米拉岩洞壁画 22~27页, “大冻结” 时期 28~29页,《汉谟拉比法典》 36~37页。

左侧的模型展示的便是人类是如何在恰塔霍裕克这个地方一同生活、一同工作的，而他们又是在哪里饲养家畜的。

来源，又或许是因为依靠农业为生能够让人们养育更多子女，但不管怎么说，许多居住点的规模都发生了显著增长，人类也不再频繁迁移。而他们也需要寻找新的途径以缓解邻里争端等社会压力。

早先的村民会将大量的时间与精力花在种植作物上面，还会将收获的作物妥善贮存起来吃上一年，这样一来，他们便无法像过去依靠狩猎采集为生的人那样说搬走就搬走了。

族群凝聚力

许多人都认为，更为正统的宗教组织以及群组仪式活动的发展或许起到了增强族群凝聚力的作用。许多处遗址中都有专作此类用途的建筑；这些建筑比住宅要大上许多，也有一些不寻常的特征，例如石灰筑成的长椅或是具有象征意义的艺术装饰：恰塔霍裕克便以其中的壁画和一系列主题各异（包括公牛、猎豹与秃鹫等野生动物）的雕塑而闻名于世。在很多地方，许多居民在其死后仍旧是那个族群的一部分，而他们的遗体也会被人埋葬于房屋的地面之下。有些时候，人们会将他们的遗骨挖掘出来，再另择一处地方埋葬他们的头骨；人们还会用石膏将一些人的面部特征浇铸出来，再绘上赭石色的颜料，以作展示之用。在诸如约旦艾因·加扎尔这样的遗址中，人们发现了许多用石膏制作而成的大型雕像，还有不少陶土雕成的小型动物及人物（大多是女性）像。我们无法确定这些经过装饰的头骨、雕像或是小人像是否代表着某个特定的人物、家长、谱系，或是哪位神秘的祖先或神明，但它们很有可能体现了某个群体的意识形态、仪式或是社会习俗，而正是这些内容起到了缓和个体之间冲突的作用，甚至也平复了不同地区群体之间的矛盾 。

新石器革命以来巨大的社会变革与经济变革不仅塑造着人类历史，也塑造了此后整个世界的生态系统。■

农业与健康

农业的诞生与发展令人类有了充足且稳定的长期食物来源，使得人口得以增长。然而，农业也有其负面影响。与狩猎者或是采集者相比，农民有时需要付出更多劳动力，而食物种类的局限性（农民通常只依靠几种作物和动物为生）也更容易导致营养不良。

早期农民出现健康问题还有其他原因。他们与动物近距离生活在一起，而这则意味着一些动物疾病轻易便会传染给人类，例如天花、炭疽、结核病以及流感。而这些疾病则更容易在人口密集的大型社区中传播。此外，人类与动物粪便的处理不当也会引发肠胃疾病或是水源传染疾病，例如霍乱及伤寒；不仅如此，灌溉还为蚊子和寄生虫的繁衍提供了温床，使人类更容易患上疟疾等疾病。

ANCIENT CIVILIZATIONS
6000 BCE—500 CE

古代文明

公元前6000年—公元500年

两河流域最伟大的国王之一汉谟拉比撰写了一部法典，这是历史上已知最早的书面法律体系。

公元前1780年

公元前1700年

米诺斯人在克里特岛上建起了克诺索斯王宫；米诺斯文明是欧洲第一个创立了书写体系（线性文字A）的文明。

埃及法老拉美西斯二世在阿布辛贝筑起了两座宏伟的神殿，用以颂扬法老并维护自己在努比亚地区的统治地位。

公元前1264年

公元前650年

凯尔特文化的发展到达巅峰，这种文化发源于奥地利的哈尔施塔特，后又传播至法国、罗马尼亚、波西米亚以及斯洛伐克。

克里斯提尼在雅典引入了民主政治。每一位雅典公民都有权利通过直接投票的方式决定雅典的公共政策。

公元前507年

约公元前500年

乔达摩·悉达多（佛陀释迦牟尼）抛弃了物质生活，在印度找寻启示并宣讲佛教。

古希腊与波斯帝国之间的希波战争打响了；军事胜利影响了古典希腊民族认同的发展。

公元前490年

约公元前334年

马其顿国王亚历山大大帝入侵小亚细亚并建立了一个庞大的帝国；古希腊文化开始向东传播。

大约在5000年前，人类开始建立社会，其复杂程度前所未见。这些“文明”通常情况下都包含国家结构与社会等级，人们会在其中建设城市或是诸如寺庙、宫殿、金字塔之类的纪念碑式建筑，还会统一使用某种书写体系。人类文明发展的基石是农业的进步。假如在一个社会不需要所有人都去下田种地的话，那么剩下的人便可以居住在城镇或是宫殿之中，从事一些专门性工作，例如官员、商人、抄写员，或者是牧师等。文明的诞生无疑在科技、艺术、文学、哲学、天文学以及时间测量等许多层面上都将人类的生活提升到了一个全新的水平面上，除此之外，它还令剥削与不平等成为社会的根基，这也为国家扩展为帝国这一过程之中爆发的大规模战争埋下了伏笔。

新兴文明

最早的文明发源于那些有条件进行密集农业生产的地区，而这些地方的农业生产大多涵盖水利灌溉，例如美索不达米亚平原（如今的伊拉克）上的底格里斯河与幼发拉底河流域、埃及的尼罗河流域、印度北部及巴基斯坦的印度河流域，还有中国的长江与黄河流域。尽管这些建立在欧亚大陆与北美洲大陆上的文明看上去都是相互独立的，然而它们却在漫漫历史长河之中建立了多样的联系，在思想、技术，甚至是疾病上互通有无。这些文明的发展有其共同之处：石器（石器时代）渐渐为青铜（青铜时代）所取代，之后铁器（铁器时代）则开始占据主要地位。在美洲大陆上，奥尔梅克人与玛雅人建立了中美洲文明，在那里，石器仍是主要工具，而大多席卷了欧亚大陆的传染性疾病也未曾见其踪迹。

书写与哲学

大约自公元前1000年起，欧亚文明开始进入一个革新的时代。文字的作用逐渐从最初实用性的记录保存扩展至创作神圣书籍与经典文学，这些文字之中记载了从古希腊荷马史诗，到中国儒家五经，再到印度吠陀经典的不同社会的创立神话与宗教信仰。从事商品贸易与远洋航海的腓尼基民族将发源于地

秦始皇结束了地区的混战状态，成功**统一中国**，还下令开展了许多大型项目，其中便包括**兵马俑**的制造。

公元前221年

尤利乌斯·恺撒在罗马遭到元老院成员的**刺杀**，因为他们认为当时的恺撒愈发过分地渴求权力。

公元前44年

玛雅文明开启了**古典期**；**墨西哥**与**危地马拉**的许多地方都建起了座座城市、神庙与纪念碑。

公元250年

西哥特人的攻击导致了**罗马的陷落**；罗马帝国不断缩小，而欧洲的许多地区都被**野蛮部落**侵略。

公元410年

公元前218年

来自**迦太基**（北非）的军事指挥官**汉尼拔**率军翻越阿尔卑斯山，**侵略意大利**；然而他没能攻下罗马，最终回到了非洲。

公元43年

一支由奥鲁斯·普劳提乌斯率领的**罗马军队侵入了英格兰**南部；后来，罗马将其统治延伸至威尔士以及**苏格兰**边境。

公元312年

古罗马**皇帝君士坦丁**在取得了米尔维安大桥战役的胜利后皈依了**基督教**；基督教迅速**传播开来**。

公元486年

萨利安法兰克人的首领克洛维斯在高卢**击败罗马人**，**统一**了卢瓦尔河以北的**法国**，并将其纳入了自己的王朝。

中海地区东部的字母书写体系传播至世界各地。

古希腊城邦推行民主制度，还是艺术与哲学领域全新观点的发源之所，于是，这里也成为一种全新政治组织形式的试验平台。古希腊文化的影响力甚至波及遥远的印度北部地区，而印度本身也是佛教的发源地。作为第一个“世界性宗教”，佛教的信徒遍布四海。

人口增长

约在2000年以前，古文明世界到达了其古典时期的巅峰。第一个文明刚刚诞生之时，世界人口仅有两千万左右，而到了此时，人口数量大约已是原来的10倍。在这两亿人口之中，约有五千万生活在中国汉朝，另外五千万左右的人口则生活在罗马帝国的统治之下，而当时的罗马帝国已经将其触角延伸至大西洋沿岸及波斯边境地区。这些帝国在很大程度上相当成功：一方面，它们可以通过水陆交通顺利沟通；另一方面，冷血的军事力量也维系了国家安全。远距离贸易通道将欧洲与印度和中国联系在了一起，城市规模也得到了极大的发展。

衰落的文明

公元3世纪以来，古代帝国逐渐衰落，其背后的原因一直都是历史学家们争论的焦点。传染病无疑是其中的一大因素——过度拥挤的城市成为传染病的温床，而贸易通路又将疾病带向四方。各国之间的内部权力斗争也是原因之一，它导致了政治分化以及政府管理水平的下降。然而，帝国衰落的最根本原因或许还是在于欧亚大陆上文明之地的地理局限性。罗马帝国和汉朝都曾通过建筑城墙的方式划分领土，抵御外部游牧或半游牧“野蛮”部落的侵袭。在这些人面前，文明社会于军事领域几乎不占半点优势，然而这些民族的突袭却愈发频繁，甚至开始在他们的土地上安家落户。基督教影响下的罗马帝国东部一直撑到1453年，而华夏文明却自公元618年开始在唐朝的统治之下重新复兴。但是对于西欧而言，假若他们想要恢复至罗马帝国统治时期的人口数量与社会安定程度，恐怕还要经历几个世纪的漫长岁月。■

为这片土地带来正义的统治

《汉谟拉比法典》（约公元前1780年）

农业、人口及城市化进程都处于发展之中。

地方性人际网络出现问题，用于解决争端的机制也不再奏效。

汉谟拉比为巩固自己在这一地区的统治，撰写了一部全新的法典。

人们对于法律、永久性记录以及司法审判等治理手段的需求不断增强。

圆筒印章（用于事务控制）、文字、审判制度以及成文律法得以发展。

背景介绍

聚焦

文明的起源

此前

约公元前5000年 铜与金的冶炼在美索不达米亚平原及其周边已十分普遍。

约公元前4500年 美索不达米亚平原上的乌鲁克成为第一个规模足以被称作城市的聚居点。

约公元前3800年 古埃及在尼罗河流域沿岸建立了上下埃及。

约公元前3500年 印度河流域的文明逐渐发展。

约公元前2000年 商朝建起了中国的第一座城市。

此后

约公元前1500年 中美洲的奥尔梅克文明逐渐崛起。

约公元600年 玛雅文明兴起。

1901年，苏萨城的残垣断壁之上竖起了一座两米高的黑色石板，其上篆刻着280条“审判”，这便是历史上已知最早的书面法典。石板原本于公元前1750年左右伫立在巴比伦，而下令打造这块石板的正是古代美索不达米亚平原上最伟大的国王之一——汉谟拉比。

青铜时代革命

美索不达米亚平原位于幼发拉底河与底格里斯河之间，是历史上第一处人类文明的所在地。那里有着已知最早的文字、数学以及天文学，还有世界上第一座真正意义上的城市。人口的增长与财富的累积渐渐使社会中出现了等级制度，

参见：恰塔霍裕克定居 30~31页，阿布辛贝神殿 38~39页，克诺索斯王宫 42~43页，亚历山大大帝的征战 52~53页，巴格达的建立 86~93页，特诺奇提特兰的建立 112~117页。

立法者汉谟拉比

大约在公元前2000年，来自叙利亚的半游牧民族亚摩利人（西方人）横扫美索不达米亚平原，将当地许多城邦的统治者驱逐下台，并由自己的首领取而代之。到了公元前18世纪初期，三位最有权势的亚摩利国王分别是北部的沙姆希-阿达德（Shamshi-Adad），南部拉尔萨的利姆-辛（Rim-Sin），以及中部巴比伦的汉谟拉比。在其漫长的统治期间，汉谟拉比统一了美索不达米亚平原南部的所有城邦，将它们一一纳入自己的王国，并最终将其权力延伸至底格里斯河流域的尼尼微城和幼发拉底河与拜利赫河交汇处的图图尔城。他还亲自监督了多座神庙与建筑的修建工程。

汉谟拉比法典的序言部分既包含了对这位国王的致敬，还详尽地记述了他的征战，称其统治是诸神直接下达的神圣指令；他们将管理人间的权力交予了马杜克，而马杜克又将权力赋予了汉谟拉比。从中我们还可以看出，汉谟拉比将自己视为社会公正与秩序的保障者。

身居最高位的便是统治者、侍臣与祭司，商人和手工业者次之，仆从与工人则处于最底层。人们常将这样的分级称作“专门化”——社会中的成员都有着不同的分工，而非像从前的生计型社会一样，所有人都从事食物生产。

生活在美索不达米亚平原上的社群会协调人力，建设诸如防御城墙、大型神庙等大规模建筑，还懂得如何调动军队。他们会利用水文工程分流河水，用以灌溉冲积平原上种植的作物。书籍整理等行政需求促进了楔形文字（已知最早的文字）和复杂数学概念（例如分数、方程，以及几何等）的发展，而历法需要则带动了精密天文学的提升。可以将这一有时被称为“青铜时代革命”的巨大飞跃视作工业革命之前人类历史上最重要的变革。

两河流域的统一

在公元前14世纪至12世纪的大部分时间里，美索不达米亚平原上散落着的都是诸如乌鲁克、伊辛、拉格什、乌尔、尼普尔以及拉尔萨这样相互之间不断竞争的城邦。后来，巴比伦的亚摩利国王汉谟拉比通过欺诈、外交、投机、军事强权以及卖弄资历等手段，成功统一了这一地区。同其他雄霸一方的国王一样，汉谟拉比以此前的法令为基础，制定了自己的法律。这份法典以其适用范围之广而著称，并且篆刻于石碑之上，这样一来，其中的法条便被永久记录了下来。

当马杜克派我统治人类的时候，我便为受压迫之人带去了福音。

——汉谟拉比

汉谟拉比制定的法条及其详尽的序言在很大程度上向我们展示了古巴比伦时期的生活。这些法条涵盖了财产争端、人身暴力、奴隶逃亡以及巫法巫术等方面的内容。

汉谟拉比的贡献

尽管汉谟拉比的法典并没有太大的影响力，在当时并没有多少人遵守，然而他的统治仍旧算得上是美索不达米亚平原南部的转折点（虽然在其死后，帝国再一次分崩离析）。他以巴比伦为中心，建立了一个统一的国家，而他所制定的法令一直到公元前6世纪都还在为美索不达米亚平原上的许多抄写员所誊抄。汉谟拉比法典与希伯来圣经有许多共同之处，并以这种方式对如今许多社会中的法律法规产生了深远影响。■

十里八方永世匍匐于他的足下

阿布辛贝神庙（约公元前1264年）

背景介绍

聚焦

法老时代的埃及

此前

约公元前3050年 那尔迈统一了上下埃及。

约公元前2680年 胡夫开始了吉萨大金字塔的建设，而这也是历史上规模最大的金字塔。

约公元前1480年 图特摩斯三世征服叙利亚，将其帝国延伸至幼发拉底河流域。

此后

约公元前1160年 拉美西斯三世击退了侵略古埃及的利比亚人，还驱逐了“海上民族”部落的袭击。

约公元前1085年 新王国崩塌；古埃及一分为二，北部由利比亚人统治，南部则由底比斯的祭祀君王统治。

公元前7世纪 埃及先后为亚述人和波斯人所侵略。

大约在公元前1264年，埃及法老拉美西斯二世（约公元前1278—1237年）在埃及南部尼罗河西岸的峭壁上劈凿出两座神庙。神庙的入口处守护着四座高大的法老石刻，他们傲然而立，身上还戴着神赐王权的象征，其中包括标志着一统上下埃及的双冠。神庙设计的初衷便是昭示古埃及法老独一无二的地位、雄心与权力。

法老传统

拉美西斯二世继承了一项极为古老的传统：大约在他即位的1800年前，那尔迈国王（古埃及历史学家希罗多德将其称为美尼斯王）率先统一了上（南部）下（北部）尼罗河的诸多王国。后来，人们将那尔迈的成就篆刻于一块石板之上，而这块石板则于19世纪在耶拉孔波利斯地区的一座神庙中被人发掘出来，成为现存最早描绘埃及法老事迹的历史文献。石板上篆刻了许多符号与当时的传统，而这些内容也可以用来概况接下来三个世纪之中法老的形象。举例而言，石板上的那尔迈手中握着敌人的头发，随时准备出手猛击，而拉美西斯二世也常以同样的形象出现，由此可见，对于埃及王权来说，军事实力与超自然力量是他们的一大特征。考古文物中刻画的法老同诸神一样，在体型上通常要远大于普通人。

埃及的地理环境有其特殊性——其境内拥有尼罗河谷及其三角洲地区，河水一路向北汇入地

阿布辛贝这座宏伟壮观的神庙群在1964—1968年被人向内陆地区内迁了200米，又向高处移动了65米，这一壮举是为了保护神庙在阿斯旺大坝的建设期间可以不受尼罗河水水位上涨的冲击。

参见:《汉谟拉比法典》36~37页，克诺索斯王宫 42~43页，亚历山大大帝的征战 52~53页，恺撒大帝遇刺 58~65页。

我，（造物主），赐予你，拉美西斯二世，永恒的丰收……（你）土地上的作物将同沙粒一般无穷无尽，粮仓将与天齐高，谷粒将堆积成山。

——篆刻于阿布辛贝神殿中的铭文，约公元前1264年

中海，而这一片富饶的土地却与周边广袤无边、不适宜人类居住的沙漠地区形成了鲜明的对比。正是这样的环境孕育了古埃及独特的文化与文明。人们将法老视作活着的神明，可以控制宇宙万物的秩序，甚至就连每年的尼罗河泛洪都在他们的掌控之内。而在与农业有关的图画之中，法老还常常以农民的形象出现，以此凸显他们土地守护者的身份。

古王国时期

在那尔迈时期过后的古王国时期之中，埃及先后出现了数位颇具权势的法老，他们利用当时统一王国的官僚制度与经济实力，修建了许多不朽的建筑，其中便包括金字塔。而这些项目反过来也推动了科学、技术以及经济的发展，还促进了古埃及与近东地区以及地中海地区的贸易往来。古王国时期之中最为人所推崇的几位神明中包括太阳神拉、死神欧西里斯，以及造物神普塔。而在接下来的中王国以及新王国之中，统治者是来自底比斯的家族，此时人们所信奉的神明则变成了阿蒙神。法老作为古埃及的最高统治者，常被人与诸神联系在一起，人们认为，法老便是某些神明在人世间的化身。

新王国时期

公元前23世纪，古王国崩塌。而在所谓的“中间期”之后，中王国自公元前2134年开始重新统一了埃及，并将其统治一直维系至公元前1750年前后喜克索人入侵为止。后来，到了公元前1550年，在第十八王朝开始其统治并建立了新王国时，喜克索人被逐出埃及。到了这时候，人们开始相信人是可以实现永生的，且不仅法老有这样的能力，祭祀、抄写员，还有那些拿得出祭品，负担得起法术以及木乃伊制作的人都可以获得永生。许多人都将坟墓挖到了国王谷中，还在墓中放入价值连城的陪葬品。

在图特摩斯三世以及拉美西斯二世等信奉扩张主义法老的统治之下，埃及的势力范围一直顺着幼发拉底河延伸至亚洲，还沿尼罗河一路向上，扩张至努比亚地区。拉美西斯将阿布辛贝神庙修筑在努比亚绝非巧合；这座神庙不仅是埃及法老无上荣耀的象征，还向世人传递着一个信号——这片领域已被拉美西斯所征服。■

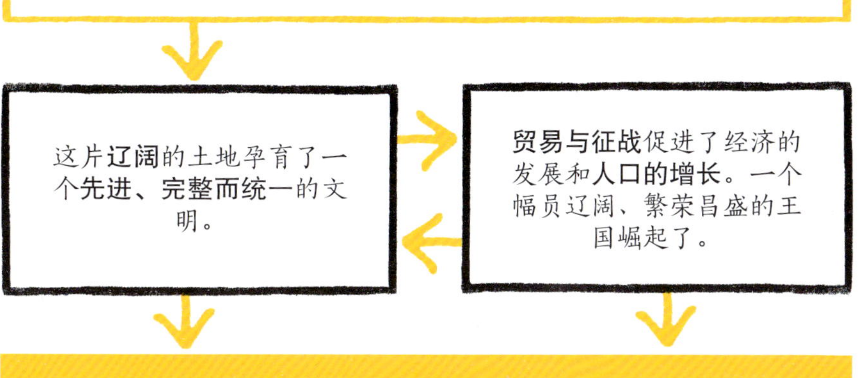

执取乃苦痛之源

乔达摩·悉达多宣扬佛教

（约公元前500年）

背景介绍

聚焦

佛教的传播

此前

公元前1200年 吠陀文化传播至印度中部及北部。

公元前1200—公元前800年 口口相传的吠陀传统以梵语落于纸面，成为吠陀经典。

约公元前600年 吠陀时代的印度十六雄国崛起。

此后

公元前322年 旃陀罗笈多·孔雀建立了孔雀王朝。

公元前3世纪 斯里兰卡皈依佛教。

公元前185年 孔雀王朝崩塌。

公元1世纪 佛教传播至中国和日本。

公元7世纪 佛教僧人受邀至西藏建立寺院。

佛陀悉达多舍弃了物质生活，向他人传授自己的哲学。

阿育王征服印度，统一了整个王朝。

阿育王将佛教确立为国教，并将其推广至整个南亚及东亚。

孔雀王朝崩塌之后，佛教在印度逐渐衰落。

佛教在斯里兰卡、东南亚、中国（尤其是西藏）、日本以及中亚地区蓬勃发展。

乔达摩·悉达多另一个更为人所熟知的名字便是佛陀释迦牟尼。他于吠陀时期（公元前1800—公元前600年）末年降生在南亚。在印度种姓制度之中，僧侣贵族婆罗门与军事贵族刹帝利享有最高的社会地位，而乔达摩·悉达多便出生在一个刹帝利家族之中。

当时的印度社会正因派别之争与全新意识形态的涌现而处于动荡之中，其中一批人拥护的正是一种与物质世界决裂的哲学思想。悉达多于神秘印度教的基础之上建立并接纳了一种类似的哲学观点，然而与此同时，他也无法接受吠陀习俗之中愈发僵化的束缚以及婆罗门阶级世袭的虔诚恭顺。于是，他剪断了自己与物质财富之间的联系，开始追寻并最终寻到了启示，成为佛陀。他

参见：亚历山大大帝的征战 52~53页，印度河流域文明崩塌 70页，吴哥窟的建造 108~109页，阿克巴大帝的征战 170~171页。

既然分离是注定的，又何不为了信仰而主动抽身？

——乔达摩·悉达多

在印度东北部宣传佛教思想，还建立了佛教僧侣团体僧伽。在接下来的两三个世纪之中，佛教始终都是一个很小的宗教派别，然而到了孔雀国王阿育王（公元前304—公元前232年）统治时期，佛教成为印度的国教。阿育王最初是依靠流血征战来维系统治的，但是到了公元前261年左右，他却改变了自己的想法。自那开始，他一改此前的统治模式，接受了一种以宽容和非暴力为信条的宗教哲学思想。阿育王扩张了孔雀王朝的统治，而他所推行的佛教也成为其统一王朝的有力武器。最终，他成功统一了除最南端之外的整个印度。

世界宗教

阿育王在将佛教确立为印度国教之后，还兴建了许多寺院，并出资支持佛教学者。他将佛教僧人送往次大陆的每一个角落。这令佛教在最开始的时候成为贵族阶层的追求，然而到了后来，佛教在斯里兰卡、东南亚，以及丝绸之路沿线的印度—希腊王国却成功渗入了每一个社会阶层，甚至还传播到了中国与日本。公元前232年阿育王离世后，佛教在其诞生地印度逐渐衰落，而这多少也是由印度教的再次兴起以及伊斯兰教的传播所导致的。然而，在印度之外，佛教传统与佛教研究却不断兴盛，还发展出了诸多派别，其中包括禅宗佛教、小乘佛教，以及大乘佛教等。

石刻浮雕上描绘了佛陀的一生。这些浮雕装饰在桑吉大佛塔的入口之处，而这座佛塔也是阿育王于公元前3世纪命人修建而成的。

佛教既是第一个走出其发源地的宗教，也是自公元前6世纪以来便为人所信仰的最古老的宗教之一。

佛陀释迦牟尼

乔达摩·悉达多成长过程中环绕着他的那些神话与传说令我们无法准确了解他的一生。不同传说之中关于他生卒年月的记载也不尽相同，但大多数都将年份定论为公元前563年至公元前483年。相传悉达多是奇迹一般自母亲的体侧来到这个世界上的，他在其父亲释迦族首领净饭王（King Suddhodana Tharu，名为首图驮那）的宫殿中长大，吃穿用度无不奢侈。

29岁的时候，悉达多将这样富足的生活抛在身后，离开了自己的妻子和孩子，舍弃物质生活，开始通过苦行来追寻启示。此后六年期间，他始终处于游荡与冥想之中，最终获得了启示，成为佛陀。然而，他并未选择涅槃这一佛教的终极境界，而是留在人间宣扬佛法。

佛陀收获了一众追随者，组成僧伽，直到其80岁圆寂之时，始终都在普及佛法。他敦促弟子遵循佛法，并告诫他们："诸行皆是坏灭法，应自精进不放逸，勤求出道。"

古希腊土地上曾存在画图记事的证明

克诺索斯王宫（约公元前1700年）

背景介绍

聚焦

克里特岛上的米诺斯文明

此前

约公元前7000年 最早有人在克里特岛上定居。

约公元前3500年 克里特岛上开启了青铜时代。

此后

约公元前1640年 大规模的火山爆发彻底摧毁了米诺斯人的定居之处与克里特岛的沿海地带。

约公元前1500年 米诺斯文化进一步分层；大农庄接手了地方管理的权力。

约公元前1450年 迈锡尼人攻入了克里特岛。

约公元前1100年 “海上民族”的威胁令地中海世界倍感恐慌，最终导致了米诺斯文明的衰落。

公元1900年 阿瑟·埃文斯开始对克诺索斯实施考古挖掘。

公元1908年 意大利考古学家路易吉·裴涅尔发现了斐斯托斯圆盘。

农业与贸易令米诺斯社会获得了极大的繁荣。

社会分化不断加深，富有的贵族阶层控制贸易流通。

人们修建复杂的宫殿群落，以储存等待再分配的商品。

留存记录的需求催生了象形文字形式的书写体系。

克诺索斯的象形文字逐渐发展为线性文字A。

19世纪90年代，英国历史学家阿瑟·埃文斯在雅典偶然看到有人在售卖古代陶土印章。这些印章来自鲜少有人探寻的地中海小岛克里特岛，而对于埃文斯而言，这些印章却极具诱惑力，因为它们是欧洲最早书写体系存在的证明。

埃文斯循着印章提供的线索，一路追寻至源头克里特岛，决定在此开始考古挖掘，并最终发现了一片巨大的宫殿群落。宫殿中的绘画装饰处处体现着“公牛崇拜”。埃文斯用那位神秘的克里特国王米诺斯的名字，将这一文明命名为“米诺斯”（Minoan）文明。在此期间，埃文斯发现米诺斯人的确曾经发明了一种早期的字母体系；后来，他将这种文字命名为“线性文字A”。

宫殿时期

没有人确切知道米诺斯人来自哪里。他们于公元前7000年左右的新石器时代定居在克里特岛上。这些人会种植作物，放牧绵羊，还会在春天的时候到山顶的洞穴中

参见: 恰塔霍裕克定居 30~31页,《汉谟拉比法典》36~37页,波斯战争 44~45页,雅典民主政治 46~51页,世宗大王引入全新文字 130~131页,君士坦丁堡的陷落 138~141页。

进行礼拜;然而到了公元前2400年,他们开始修筑大型的宫殿群落。公元前1900年,在米诺斯文明的“宫殿时期”之中,诸如克诺索斯、斐斯托斯、马利亚,以及干尼亚等结构大体相同的宫殿均已落成,而克诺索斯王宫则是其中规模最大的一座。公元前1700年左右,克诺索斯王宫被毁,但是米诺斯人很快便在原址上重建了这座宫殿。在克诺索斯王宫的辉煌时期,也就是公元前1500年左右,宫殿及其周边城市的占地面积达到75公顷,人口超过12000人。

米诺斯人修筑的宫殿都有宽敞的中庭,侧面的建筑中包含许多房间,整座宫殿装饰十分华丽,墙壁上还绘制着动物与植物主题的壁画。统治者会在宽敞的储存室中放置许多商品,以作再分配之用。米诺斯的统治者也会对国家与其他地中海地区青铜时代文明之间的贸易进行控制,其当时的贸易对象便包括腓尼基人所在的比布鲁斯、乌加里特人居住的叙利亚、法老统治的古埃及,以及迈锡尼希腊人生活的基克拉迪群岛等。

驯牛图壁画绘制在克里特岛上的克诺索斯王宫之中,是保存最为完好的斗牛主题粉刷壁画。在那个时候,驯牛是艺术作品之中一个常见的主题。

线性文字A

米诺斯人发明了自己的文字,而其最初可能只是为了满足记录备案与行政管理的需求。这种文字起始于象形的画图记事,却于后来演变成了线性文字A。在这套文字体系之中,符号表示的是音节而非字母。直至今日,科学家仍旧未能破解线性文字A记录下的米诺斯文字。然而在公元前1450年前后,米诺斯人被来自希腊大陆的迈锡尼人所侵略,他们将米诺斯文字改编为线性文字B,也就是如今我们用来书写古希腊语的文字。

迈锡尼人入侵克里特岛后不久,米诺斯文明彻底崩塌。然而,米诺斯文字却通过其与腓尼基字母之间的联系而得以留存下来,而腓尼基字母则为如今世界许多地方正在使用的拉丁字母奠定了基础。■

斐斯托斯圆盘

斐斯托斯圆盘(如上图所示)于1908年在克里特岛南部斐斯托斯的米诺斯王宫遗址处出土。圆盘以黏土烧制而成,直径约15厘米,上面布满了用不明文字书写而成的符号。尽管圆盘的制作年代可追溯至公元前1700年,然而其所用的雕版印刻技巧却是大约2000年后才在中国出现的,而这一点也令斐斯托斯圆盘成为考古学领域最大的谜团之一。可以看出,圆盘上的许多符号都是平日里常见的物品。这些符号以螺旋式排列,并以竖线将其分隔为字词。一些学者将克里特岛的象形文字与线性文字A进行了对比,认为圆盘上的文字可能是更为复杂的一种米诺斯文字。就这块圆盘的意义而言,科学家持不同观点:一些人认为这些文字是对女神的赞歌,另一些人则觉得圆盘上篆刻的是一个故事,也有可能是日历或是游戏;一些学者甚至认为这块圆盘根本就是制作精良的赝品。

和平年代，儿子安葬父亲；然而战争年代，却是父亲安葬儿子

波斯战争（公元前490—449年）

背景介绍

聚焦

波斯帝国

此前

公元前7世纪 米底人在如今的伊朗建立起一个强大的帝国。

约公元前550年 居鲁士大帝反抗米底人的统治，建立了波斯帝国阿契美尼德王朝。

约公元前499年 古希腊城邦联合反抗波斯帝国的控制，然而这一场叛乱却以失败告终。

此后

公元前431年 雅典与斯巴达在伯罗奔尼撒战争中争夺各自在希腊的霸权地位。

公元前404年 阿塔塞克西斯二世成为阿契美尼德帝国的统治者。

公元前331年 亚历山大大帝击败大流士三世，征服了波斯帝国。

公元前312年 波斯成为亚历山大部将所建塞琉古帝国的一部分。

斯巴达国王列奥尼达傲立于300勇士的面前，迎战自古以来最为勇猛的军队。敌方使者要求他将武器放在波斯神王的足下。“自己来取”，列奥尼达言简意赅地答道。

波斯战争（公元前490—公元前449年）又名希波战争，是疆域广阔、汇聚世界各地之人的帝国与希腊南端一小片城邦之间的对抗。这场战争深刻影响了古希腊的文化进步，还为西方文学与神话的发展留下了生动的印记。与之相比，波斯阿契美尼德帝国的故事却往往被人所忽视，而这一伟大中东文明的重要性便也就这样被掩盖了。

阿契美尼德王朝

阿契美尼德王朝统治之下的波斯第一帝国迅速崛起。在其最为昌盛的时期，帝国统治了全世界超过一半的人口。王朝大约始自于公元前550年，当时的波斯国王居鲁士大帝推翻了米底人的统治，并一路征战至巴比伦帝国与吕底亚（位于如今的土耳其境内），也令希

古希腊重装步兵是一批公民战士。上图是公元前*460*年一个红酒杯内的装饰图案，图中的重装步兵彻底击退了波斯敌人，胜者的盾牌之上还装饰着飞马珀伽索斯的画像。

腊的爱奥尼亚成为波斯帝国的领地。居鲁士的后继者冈比西斯二世与大流士将帝国的领土进一步扩展至埃及和巴尔干半岛。

阿契美尼德王朝令波斯人的统治成为后来帝国的典范。王朝国土面积虽大，却在一定程度上奉行文化多元主义，允许被其征服的人民保有信仰、语言以及文化上的自由。阿契美尼德王朝投入资金建设基础设施，增强军事

参见:《汉谟拉比法典》36~37页，雅典民主政治 46~51页，亚历山大大帝的征战 52~53页，伯罗奔尼撒战争 70页，穆罕默德领受天启 78~81页。

力量，还将管理权力下放至地方。在阿契美尼德王朝的统治之下，中东地区首次统一在了一个包罗众多的文化之中。

公元前499年，爱奥尼亚人起义反抗波斯人的统治，却以失败告终，然而在这场起义之中，爱奥尼亚人获得了雅典城邦的支持，于是，波斯与希腊之间的冲突就此爆发。大流士率军攻入希腊主岛，却于公元前490年被雅典人及其同盟所击退。后来，他策划了一场规模更大的侵略，然而侵略尚未实施，大流士便与世长辞，其子薛西斯即位后才集结了一大批军队，最终实施了这一计划。

谎言之父

人们研究希波战争的文献大多自古希腊历史学家哈利卡纳苏斯的希罗多德。他既是历史之父，也是谎言之父。据希罗多德估算，薛西斯的陆上军队中约有170万人，

与之相比，任何一场远征都显得无足轻重。亚细亚之内还有哪个国家没有为薛西斯所拉拢，同他并肩对抗希腊？

——希罗多德

然而现代历史学家则认为，这一数字最大不超过20万。

公元前480年，列奥尼达及其300名斯巴达勇士在温泉关英勇地抵御了波斯人的第二次入侵，希腊海军也在阿提密西安做出了顽强的抵抗。后来，雅典海军将波斯人引入了他们在萨拉米斯湾设下的陷阱。薛西斯返回波斯，只留下一大批军队继续战斗。然而到了公元前479年，由斯巴达领导的希腊军队在普拉提亚决战中大挫波斯军队，波斯人也同样在米卡雷一战中输给了斯巴达人。薛西斯很难令人穿越广袤的国土为军队送去补给，也未能在海军失败后及时提供应有的支持，这或许就是希腊人胜利的原因。

提洛同盟

此时，希腊人开始反守为攻，还建立了提洛同盟，继续与波斯人对抗。公元前449年，波斯人最终缔结和约，承认了爱奥尼亚诸国的独立。

希波战争的胜利进一步加深了古希腊的民族认同，也强化了国家的文化与军事自信，对雅典来说尤其如此。雅典的逐渐崛起触发了城邦与斯巴达之间的争斗，并最终引发了公元前431~公元前404年的伯罗奔尼撒战争。■

居鲁士大帝

阿契美尼德王朝的建立者是居鲁士二世，也就是后来的居鲁士“大帝”。约在公元前557年，他成为安申之王。

相传居鲁士是这样赢得波斯军队的支持的：第一天他让军士们清理带刺的灌木，第二天则设宴请他们大吃大喝；这时候，居鲁士对士兵们说，假如他们可以支持自己反抗米底王国，便可以过上奢华的生活，这样的话，他们又有什么理由继续做米底人的奴隶呢？

大约十年之后，他便已征服了米底王国、萨迪斯，以及小亚细亚上的吕底亚，又于七年之后通过改道幼发拉底河并令军队沿着干涸的河床一路突进的方式征服了巴比伦。这次胜利为居鲁士赢得了新巴比伦帝国的领土。他将犹太人从巴比伦的奴役中解放出来，还允许他们重建耶路撒冷的圣殿。古希腊作家色诺芬将居鲁士大帝视为完美统治者的典范。

公元前530年，居鲁士在中亚征战的时候去世。波斯帕萨尔加德有一座由居鲁士下令修建的王宫，后人便将其遗体安葬在了其中的一座大型墓穴之内。

政权掌握在多数人手中，而非少数人手中

雅典民主政治（约公元前507年）

背景介绍

聚焦

古希腊政治与哲学

此前

公元前14世纪—公元前13世纪 迈锡尼人定居雅典，进一步强化了雅典卫城的防御工事。

约公元前900年 阿提卡半岛上的小镇结成政治联盟，逐渐演变成一个以雅典为中心的城邦。

约公元前590年 梭伦改革开启了向雅典所有公民开放的政治体制，无论阶级。

此后

公元前86年 雅典为将军苏拉率领的罗马军队所劫掠。

约公元前50年 罗马开始了亲希腊运动，雅典成为帝国赞助人的焦点。

公元529年 信奉基督教的罗马皇帝查士丁尼一世关闭了柏拉图开设的学校，还驱逐了所有异教徒学者。

“民主”（Democracy）一词来源于希腊语的“人民”（Demos）与“统治”（Kratos）。公元前507年前后，雅典出现民主制度，并在公元前462年—公元前322年以其最为纯粹的形式得到了繁荣发展。尽管期间偶有间断，雅典民主制却为如今盛行的政治体制提供了范例。截至2015年，全世界195个国家中的125个国家都实行选举式民主。然而，雅典所实行的民主却与今日的民主有所不同，它折射着雅典的历史以及当时古希腊城邦之间的混乱交战。

寡头政治家与重装步兵

古希腊黑暗时代（这段时期大约起始于公元前1100年迈锡尼文明崩塌并一直持续至公元前9世纪左右）的混乱之后，多数新兴城邦都逐渐演化为寡头政体，有权有势的贵族垄断国家权力，服务自身利益。在雅典，最高法院掌握着国家机器，负责指派官员并审理民事案件，而下层阶级（雇工阶级）则被排除在公职之外。

对于雅典人来说，他国的果实同自己的果实一样都是奢侈品。

——伯里克利

然而，公元前8世纪—公元前7世纪中“重装步兵”这一公民士兵模式的发展，却对掌权之人产生了颠覆性的影响，因为这一阶级的崛起在某种程度上推动了平等主义。重装步兵大多都是自由的公民，主要应用方阵战术，士兵们紧紧排列在一起，每个人手中的盾牌都保护着自己左边的那名士兵。任何一位负担得起武器与盔甲的人都要随时做好为保家卫国而献身的准备。这样一来，雅典便出现了一层中间阶级，他们宣称自己应当凭借服役而获得完整公民权以及政治代表权。与此同时，下层阶级也提出了自己的要求。于是，这些人与上层阶级之间在土地改革、债务奴隶等关键问题上的矛盾不断加深，社会秩序面临崩盘。

梭伦与克里斯提尼

公元前594年，雅典执政官梭伦实行的一系列改革措施令一些社会矛盾得到了缓解。他出台了一项法律，宣布所有公民都能够以投票

伯里克利

在30年左右的时间里，伯里克利（约公元前495—公元前429年）成为雅典最著名的民主主义者，也是城邦的领军人物。公元前462年前后，他协助政治家厄菲阿尔特（Ephialtes）推翻了雅典最高法院这一寡头政治的最后堡垒，然后一举成名。厄菲阿尔特过世后，伯里克利进一步深化改革，包括向法官及陪审员支付报酬，这样一来，哪怕是最为贫贱的人也能够发表自己的意见。此外，在雅典试图统领提洛同盟的过程之中，伯里克利或许也帮助推动了雅典强硬的外交政策。在公元前4世纪40年代～公元前30年代，伯里克利参与了一项当时在国内备受争议的公共建筑项目——帕台农神庙的建设。这一项目颇具野心，他在国内力排众议，还在国外因征用提洛同盟的资金而备受谴责。然而尽管如此，伯里克利始终受人爱戴，并于公元前443年开始连选连任首席将军一职。

参见：《汉谟拉比法典》36~37页，克诺索斯王宫 42~43页，波斯战争 44~45页，亚历山大大帝的征战 52~53页，伯罗奔尼撒战争 70页，君士坦丁堡的陷落 138~141页。

帕台农神庙建于公元前447—公元前438年，是一座献给女神雅典娜的神庙，常被人们视作为民主政治与西方文明的象征。

的方式参与国家事务，也有权进入法庭。然而与此同时，他也通过设立权力与财富相对应的分级寡头政治来安抚上层阶级，在这一制度之中，贵族掌管着最高的权力机构，中层阶级掌管下一层机构，而穷人则只能通过抽签的方式担任陪审团成员。

公元前6世纪末，雅典城邦笼罩在庇西特拉图及其儿子的暴虐统治之中。为扭转这种局面，克里斯提尼所率领的一部分贵族联合了低层阶级的社会成员，共同夺取政权。大多数人都将公元前507年前后的这一时期视作是雅典民主政治的真正开端。克里斯提尼创立了真正民治的政府，或者说是直接民主，使得所有雅典公民都可以直接投票决定雅典的政策。同时，克里斯提尼还依据地理居所重新将公民划分至不同区域之中，就此彻底打破了支撑着雅典贵族社会的传统联结。此外，他也设立了抽签选举制度，不再依靠继承这一形式，而是随机选择公民担任政府职务。不仅如此，克里斯提尼还重构了立法会议——五百人议事会，由他们起草立法，并提议新的法律交由公民大会进行表决。公元前501年，统领军队的工作也转交至民选的将军手中。

公元前462年，厄菲阿尔特成为雅典民主运动的首领，他推翻了雅典最高法院，并将其大部分权力转移至立法会议、公民大会以及公民法庭的手中。公元前461年，厄菲阿尔特遭到暗杀，伯里克利便接手政治领袖之位，成为古希腊历史上最具影响力的统治者之一。

完美的民主制？

这时的雅典已经具备真正意义上的民主制度，然而许多人却依旧无法参与到政治生活之中，因为他们不被视为真正的公民。只有成年男性雅典人才享有政治权利。公元前4世纪，雅典人统治之下的希腊阿提卡地区30万人口之中仅有3万人有投票的资格。男性年满20岁

贵族掌权的寡头政治令雅典的权力落入少数人手中。

贫穷的农民被迫沦为债务奴隶，而这也激起了民众的愤恨情绪。

中层阶级的重装步兵取得军事上的成功，这令他们开始渴望代表权。

变革的呼声极高。梭伦有限的政治改革无法满足下层阶级与中层阶级的需求。

庇西特拉图实行了一系列经济改革，然而他却无法满足人们持续不断的政治改革需求。

克里斯提尼实行民主政治及其他改革，创造了一个更为平等的政府。

雅典政治体制建立在审慎的分权之上，这一点对于直接民主的合理运行是至关重要的。它还可以确保所有公民（20周岁以上的男性）都能够参与政治决策，而权力也不会遭到滥用。

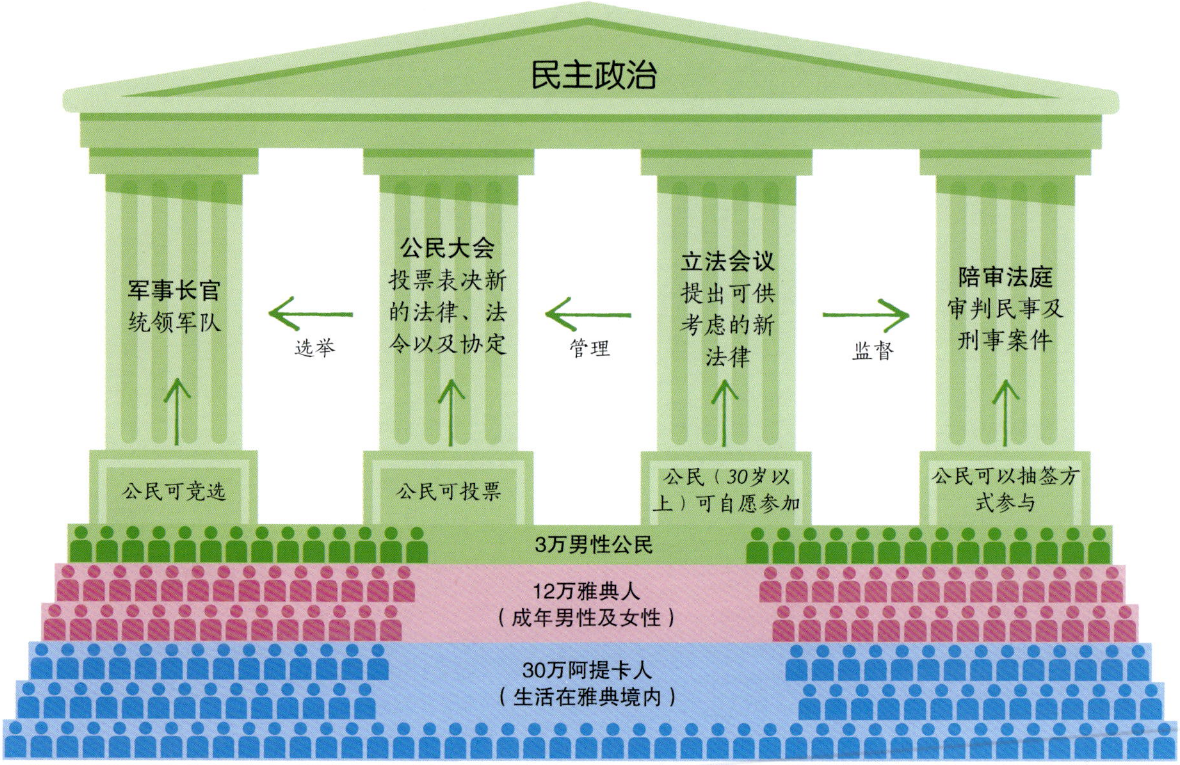

民主政治

军事长官
统领军队

选举

公民大会
投票表决新的法律、法令以及协定

管理

立法会议
提出可供考虑的新法律

监督

陪审法庭
审判民事及刑事案件

公民可竞选

公民可投票

公民（30岁以上）可自愿参加

公民可以抽签方式参与

3万男性公民

12万雅典人
（成年男性及女性）

30万阿提卡人
（生活在雅典境内）

的时候才会被公民大会列入候选名单，而若想要拥有完整政治权利则需等到30岁。

在从古希腊赢得波斯战争胜利（公元前479年）到伯罗奔尼撒战争爆发（公元前431年）期间的近50年里，雅典的发展达到了鼎盛时期。公元前447年，伯里克利挪用了提洛同盟（在雅典获取霸权地位这一过程之中起到关键性作用的反波斯同盟）的资金，并将这笔钱投入帕台农神庙的建设之中。雅典公民的身份成为他人的觊觎之物，于是，伯里克利在公元前451年出台了一项法律，规定享有雅典公民身份的人只能是父母均为雅典人的男性。

尽管我们平凡的公民整日忙于勤奋求取，却也仍旧能够公正地评判公共事务。

——伯里克利

哲学中心

雅典不仅仅是古希腊最为强盛的城邦，也是哲学发展新方向的熔炉，而这一点则要在很大程度上归功于苏格拉底（约公元前469—公元前399年）。我们通常将早期的古希腊哲学家统称为前苏格拉底哲学家；他们于公元前6世纪—公元前5世纪为人类思想的变革贡献了自己的力量。这些哲学家拒绝以超自然的解释来探索这个世界，也否认了神话的诠释性力量以及传统的权威性，而是决意用理性与观察揭开自然界的起源与运转。前苏格拉底自然哲学家们发展出许多关于自然元素与分类的理论，还贡献了众多数学与几何学的相关证明。

苏格拉底从内在出发，探寻更接近人性的问题——正如西塞罗所言，“他将哲学自天堂带入人间。”苏格拉底的方法很简单，那便是提问——友谊是什么？正义是什么？知识是什么？苏格拉底的研究方法往往能够揭示现存思想的极限，却也常令他人显得愚蠢自大。因此，苏格拉底十分不受众人的欢迎，最终被自己的敌人指控犯下两项罪名——不敬神明以及败坏青年并鼓励他们反抗政府。于是，苏格拉底被判死刑。

苏格拉底的后继者

苏格拉底的后继者认为他的悲惨命运反映了民主政治的衰败，尤其是柏拉图（约公元前428—公元前348年），他将苏格拉底视作真理的殉道者。柏拉图创办了阿卡德米学院，提出与普遍真理及形而上学有关的观点，对后来西方世界宗教与哲学的发展产生了深远影响。他的学生亚里士多德（公元前384—公元前322年）也同样颇具影响力。他创办了吕克昂学院，并在政治、伦理、法律以及自然科学等各种各样的领域中皆有所成就。

柏拉图反对民主制度，因为在他看来，人们并不具备足够的哲学素养，无法参与立法工作，而国家的权力若是落在普通公民的手中便会滋生暴政。在他理想之中的共和国里，统治国家的国王应当是开明的哲学家。同时，他也质疑了民主（自由）这一基本理念；他认为这样的民主可能会阻碍人们对于道德伦理的合理追求，还会破坏社会的统一与团结。

《雅典观众》是威廉·布雷克爵士于1884年创作的作品。这幅画准确刻画了古希腊作家埃斯库罗斯于公元前450年左右创作的悲剧《阿伽门农》中的氛围。人们将这一时期视作是古希腊戏剧的黄金时代。

民主的衰落

伯罗奔尼撒战争期间（公元前431—公元前404年，雅典最终被斯巴达击败），雅典民主曾于公元前411年及公元前404年两次遭到搁置。雅典的寡头政治家声称正是民主政治令雅典陷入弱势地位；这些人还发动了一场反革命运动，欲以极端寡头政治取代民主统治。然而，民主制度两次都在一年之内得以恢复。

民主自然会引发专制，而最为极端的自由也会导致最为严重的暴政与奴役。

——柏拉图

在接下来的80年间，民主政治飞速发展。然而，公元前322年，在腓力二世与其子亚历山大对雅典发动了马其顿战争之后，雅典民主政治遭到废除。在公元前2世纪—公元前1世纪的希腊化时期里，雅典也曾断断续续地恢复民主制，但是公元前146年罗马人的征战却将其彻底扼杀。

尽管民主制度已被废止，雅典的科学与哲学却并未消亡。柏拉图与亚里士多德的声音及影响力在接下来的几个世纪中经久不衰，而他们的大多数作品也直至今日都始终深刻影响着西方思想的发展。■

只要有心尝试，世上便没有不可能之事

亚历山大大帝的征战（公元前4世纪）

背景介绍

聚焦

希腊化世界

此前

公元前449年 希波战争结束后，波斯控制了小亚细亚地区的古希腊王国。

公元前359年 马其顿的腓力二世逐渐掌权，还创造了许多具有革新意义的军事技术与战略战术。

公元前338年 腓力二世击败希腊城邦，成为古希腊无可争议的统治者。

此后

公元前321年 亚历山大离世后，其麾下将领之间的争执演变为大规模内战。

公元前278年 亚历山大的将领在希腊、中东以及欧洲地区共建立了三个希腊化王国。

公元前30年 皇帝屋大维将最后一个希腊化王国埃及纳为罗马的附属国。

亚历山大大帝这位巴尔干半岛上年轻的马其顿国王率军完成了历史上最为迅速、也最为果敢的军事扩张。他所开辟的征战之路覆盖了当时世界上大多数已知地区，还开启了希腊化进程——传播古希腊文化，并将其与非古希腊文化的东方传统相融合，而这一进程持续了几个世纪。

亚历山大的父亲腓力二世曾将这个边缘国家打造成一支令人生畏的军事力量，也曾向其邻国发动战争，并最终令马其顿成为全希腊境内的王者。当腓力二世于公元前336年遇刺身亡的时候，他本正在谋划一次兵至西亚的远征，以将从前的古希腊城邦从世界强国波斯帝国的统治之中解放出来。而在亚历山大消灭所有敌人，并确立了自己马其顿国王的地位之后，他开始了一系列征战，既是为了完成父亲未竟的事业，也是为了满足自己对于荣耀的渴求。

这幅罗马时代后期的马赛克画作描绘了公元前333年大流士三世于伊苏斯战役中战斗的场景。亚历山大一场未败地征服了波斯国王的帝国，还摧毁了都城波斯波利斯。

世界之王

亚历山大先是在其他古希腊城邦中树立了自己的威信，后又于公元前334年率兵挺近小亚细亚（如今的土耳其）。这是一支训练有素的军队，假若这支方阵有了由国王贴身护卫组成的“伙伴骑兵”为其冲锋陷阵时，他们的力量便是所向披靡的。

当亚历山大大帝在西北部的格拉尼库斯河战役中首次战胜波斯军队之后，他便开始加紧向小亚细亚地区推进。进程之中，他在中部王国弗里吉亚的戈尔迪乌姆停了下来，那里有一个传说，

参见: 波斯战争 44~45页, 雅典民主政治 46~51页, 恺撒大帝遇刺 58~65页, 贝利萨留斯收复罗马 76~77页, 巴格达的建立 86~93页, 君士坦丁堡的陷落 138~141页。

东西方之间的**文化交流**开始于**波斯战争**时期，波斯帝国的西部诸省逐渐**希腊化**，而马其顿人则开始接纳**波斯文化**。

亚历山大大帝的征战迫使古希腊文化与东方文化迅速合为一体，为希腊化时代的开启奠定了基础。

埃及与西亚地区的**希腊化社会**被罗马帝国所**同化**。

罗马帝国虽在**拜占庭帝国**时期衰落，**希腊化进程**却并未停止，许多古希腊经典著作还在**伊斯兰黄金时代**之中被**翻译成了阿拉伯语**。

假若有人能够解开建城者系上的结，那么这个人便可以征服整个大陆。亚历山大直截了当地用剑砍断了绳结。后来，他先后于公元前333年在伊苏斯以及公元前331年在高加米拉两次击败了实力明显更为强大的波斯皇帝大流士三世军队，还在此期间征服了古埃及。

迫使波斯人屈服后，亚历山大率军一路向东，穿越高山、沙漠与河流，途经阿富汗、中亚以及印度旁遮普邦，沿路无情地击碎了所有抵抗。他本可以继续挺近印度，然而到了公元前325年，军队实在疲惫不堪，最终拒绝继续向前。

希腊化时代的财富

这时的亚历山大成了国王，而他所统治的国家疆域广阔、民族多样，其中还包含着70座新建的城市。共同的古希腊文化背景、习俗和语言将这些人团结在了一起，而商贸通路则连接了整个国家。尽管在亚历山大的到来之前，波斯帝国西半部便已开启了希腊化进程，然而他的征战却加速了整个中东地区希腊化进程的扩散。

公元前323年，亚历山大大帝尚未来得及指定一位继承人便离开了人世。帝国被他手下的将领所瓜分，其中最为著名的便是塞琉古叙利亚、巴比伦，以及托勒密埃及。■

亚历山大大帝

亚历山大大帝常被人们视作古代最为杰出的人物，其名望的传播范围之广、影响时间之久都令他成为中亚至西欧各国文献之中的重要人物，也是历史上最为著名的人物之一。

亚历山大出生于公元前356年，父母据说都是次神与英雄的后代。他曾在哲学家亚里士多德门下接受教育，这段经历令他通晓古希腊传说，还渐渐认为自己是不可战胜的，甚至是具有神性的。担任将军之时，他足智多谋，英勇果敢，有时甚至会不计后果地罔顾自己与战士的性命。在那段漫长而艰苦的战争时期，亚历山大手下的士兵始终忠诚于他，然而他急躁的脾气，加之酗酒的恶习却偶尔会令他失去身边的至亲之人甚至是朋友。亚历山大在自己32岁且正处于权力巅峰的时候猝然离世。他手下的一位将领托勒密劫持了送葬队伍，并将遗体转移至埃及的亚历山德里亚。后来，尤利乌斯·恺撒还曾前往那处陵墓进行祭奠，然而如今却没有人知道亚历山大的遗体究竟在何地。

假若秦国下定决心征服天下，那么整个世界都会沦为他的俘虏

始皇帝统一中国（公元前221年）

背景介绍

聚焦

中国汉民族

此前

公元前1600—公元前1046年 商朝统治中国。

约公元前1046—公元前771年 西周统治时期。

公元前771—公元前476年 春秋时期（东周的前半段）。

公元前551—公元前479年 孔夫子的一生。

公元前476—公元前221年 战国时期（东周的后半段）。

此后

公元前140—公元前87年 汉武帝刘彻统治时期，帝国持续扩张。

公元220—581年 三国六朝时期。

公元581—618年 隋朝统治时期。

公元618—907年 唐朝统治时期。

中国大约可称得上是世界上历史最为悠久的统一国家，而这一点则要在很大程度上归功于一个人的意志，那便是秦始皇——中国第一位自封的皇帝。在他于公元前221年统一中国以前，这片土地上分布着许许多多的国家，各有自己不同的文化、民族以及语言。在中国历史学家口中的春秋时期（公元前771—公元前476年）之中，这一地区名义上由周朝之王所统治，然而就事实而言，周朝的封建统治不过是一个象征性的王权，其下的封建领主各自手握自治的实权。那

参见：北周武帝受天命而治 70页，中国天下三分 71页，安史之乱 84~85页，忽必烈征服大宋 102~103页，洪武帝建立明朝 120~127页。

(秦始皇)居约易出人下，得志亦轻食人。

——西汉历史学家司马迁，《史记·秦始皇本纪》

一时期中，足有140个小国就权力与领地的问题而相互竞争。

春秋时期结束之后便迎来了战国时期（公元前476—公元前221年），在此期间，权力集中至七国手中——齐国、楚国、燕国、韩国、赵国、魏国与秦国。这时的中国尚远不能预见到未来将会涌现出一个能够一统天下的国家，亦无法确定华夏民族将会崛起。若说预见的话，当时的中国反倒更可能会因其诸国之间大相径庭的地理、气候、文化以及民族差异而发展成几世纪之后欧洲的样子，出现一众独特而截然不同的国家。

秦国的崛起

公元前247年，秦国年仅13岁的秦王之子嬴政即位。他自父亲那里继承了一个军事化国家，国内有效的官僚制度、强大的军队以及有能力的将领共同打造出了一个令人生畏而又残酷无情的战争机器。嬴政或处死、或流放了自己的对手，任用了许多颇具才干的文武官员，后又相继征服其他六国，最终于公元前221年将七国全部纳入自己的统治。他不屑于继续沿用“王”这一称号，而是自封为“皇帝”；又因其是秦朝的第一位皇帝，故称“秦始皇”。

秦国的统治哲学为法制——坚持实行中央集权，严格遵守法律制度。这时，皇帝开始在中国全境之内施用这一哲学，强势推行文化、语言、经济以及技术上的统一。他明令禁止使用小篆之外的所有文字。除此之外，传言秦始皇还曾下令活埋四百多名儒家学者，烧毁所有儒家典籍。他的统治开启了中国历史与文化的全新“元年”。不仅如此，他还推行了一系列经济改革，统一度量衡与货币，甚至还对马车车轮之间的距离做出了规定，统一了国境之内的轨距。

崭新的秩序

秦国崭新的社会与政治秩序反映了春秋时期以来的变革。分封制度遭到废除，于是，广大农民阶级开始效忠于国家，而非从前的封建或氏族领主。超过10万贵族被迫迁居至都城咸阳（靠近如今的陕西省西安市），武器也遭到了收缴及熔毁，并被用于制作巨型塑像。到了战国时期，无尽无休的军事对抗

秦始皇

作为中国历史上的第一位皇帝，秦始皇嬴政（公元前260—公元前210年）着实称得上是一个举足轻重的人物。他不仅统一了中国，还开启了一段持续时间近2000年的帝国统治时期。他虽是一位残暴的专制统治者，却也极具革新精神且宵衣旰食——传言他每晚仅休息一个小时，还以奏章的重量为标准制定自己每日的工作计划。他会定期微服私访，走过城市的大街小巷，密切关注百姓的一举一动，还曾五次出巡，视察整个帝国。秦始皇十分多疑，唯恐有人想要夺取他的性命（他曾至少一次在暗杀中逃过一劫），一门心思想要找到永生的方法，还派人四处寻觅神秘药方与潜修之人，以期获得能够使自己长生不老的灵丹妙药。然而颇为讽刺的是，秦始皇50岁时驾崩，而他的死因或许便可归为服下了本欲令自己延年益寿的剧毒含汞药剂。

压力令统治者更倾向于采取用人唯才的晋升政策，而这种变革也加强了社会流动性，削弱了贵族阶层血缘的重要性。到了秦始皇统治时期，贵族统治为中央集权式的官僚统治所替代，全国被分为36郡，并由中央指派（而非世袭）的郡守进行管理，还设有郡监一职，四处巡视，厉行秦法。

秦朝也见证了社会分层体制的诞生，当时共分为士、农，以及自周朝才出现的工、商四个阶级。受过教育的“士”逐渐取代贵族，成为官员的主力。“商”是地位最低也最受人轻视的阶级，甚至不得不遭受法律的不公正待遇；然而，富有的商人却能够利用金钱成为举足轻重的政治角色。

蜂准，长目，挚鸟膺，豺声，少恩而虎狼心。

——西汉历史学家司马迁，《史记·秦始皇本纪》

伟大成果

秦始皇的宏伟功绩之一便是其颇具野心的工程项目，尽管这些项目消耗了许多人力、物力，甚至无数人为此而丧命。历史学家通常认为最早开始修建长城的人是秦始皇；他下令将战国时期的旧城墙连接起来，并继续修建长达千里的新城墙，以抵御北部游牧部落的侵袭。除此之外，秦始皇还修筑了灵渠，沟通湘江与漓江，为军事物资的南北运输提供便利；另外，这位皇帝也下令修建了长达800公里，一路自咸阳通往长城的军事道路“直道”。

然而，秦始皇最为人所熟知的还要数他命人煞费苦心为自己修筑的陵墓。这一建筑群的修建足足动用了70万工人，耗时38年。陵墓之中有一个被泥土所覆盖的巨型锥体，搭起了一座高100米、直径500米的巨大山丘。椎体之中便是陵墓，秦始皇挚爱的国家被雕刻成微缩模型，放置其间，周边甚至还有水银制成的河流与大海。陵墓周围有几个巨大的陪葬坑，里面摆满了真人大小的陶制士兵、官员以及伶人，于阴世中侍奉秦始皇。陵墓建造完成之后，参与了这一项目的工人全部遭处死，这样一来，秦始皇陵的位置以及葬品的内容便再无人知晓。直至2000多年以后，人们才于无意之中发现了这座陵墓。

尽管秦始皇极为狂妄地推行了一系列改革，然而秦王朝却最终沦为昙花一现的存在。统治者对农民钱财的无情榨取以及强制劳动令他们产生了深深的怨恨之情，进一步加剧了农民阶层的骚乱；加之秦始皇野心过大，下令推进的工程使得国家财政入不敷出，这一切都削弱了这位皇帝以及其下以丞相李斯为首的一众官员精心打造出的政治体系。

公元前210年，秦始皇驾崩，其幼子胡亥在前宰相赵高的教唆之下夺取帝位，又于之后驱逐并处

守卫着秦始皇陵墓的便是这些同真人一般大小的陶俑。1974年，一群挖井工人无意间发现了它们。这些陶俑的身上原本绘制着色彩明艳的涂料，且每一个的面部表情都是独一无二的。

广阔的疆域之上坐落着许多文化多样的小国。

七大强国逐渐崛起，相互之间为争夺权力与领土而陷入不断交战的状态。

秦国战胜了其他六国。

秦始皇强势推行统一化、标准化以及同质化。

中国进一步实现了统一。

死了李斯。胡亥即位仅三年便遭谋杀，其后继者子婴认为自己权势不若从前，便舍弃了皇帝一称，复改称秦王。

汉王朝

中国社会逐渐分崩离析，反叛与内乱不断，而子婴即位不过几日，刘邦便领兵攻入咸阳。第二年，也就是公元前206年，刘邦称帝，定国号为汉。汉朝在中国的统治时间长达400年，也为中国历史画了浓墨重彩的一笔，其影响极为深远，后来中国的主要民族便定名为汉族。

汉朝曾积极向四方拓展领土，西向至新疆与中亚，东北向至满洲里与朝鲜，南向则至云南、海南及越南。最重要的是，他们消灭了北面强大的匈奴帝国。此外，汉朝还重新确立了儒家在国内至高无上的地位，儒学的教育与伦理很快便成为士大夫阶层的根本，还最终为招贤纳才的科举制度提供了基石，而这一切也都为帝国的统治铺设了一条用人唯才的道路，并使其在之后的数千年间始终有能力与贵族统治相抗衡。

汉朝在秦始皇伟业的基础之上成功建立并维系了一个统一而中央集权的国家。公元220年，汉王朝最终灭亡。当时的中国内乱不断，频繁的自然灾害也令中国人相信他们的王朝已经失去了“天命”，于是便出现了混乱无序的三国六朝时期。这一次的权力崩裂为中国带来了毁灭性的打击，人口也从公元156年的5400万骤降至公元280年的1600万；然而尽管如此，“统一的中国”这一概念却依旧挺过了360年的分裂，最终令隋朝得以在公元581年重新统一中国。■

孔子常被视作中国历史上最具影响力的哲学家，其授业强调道德、正直、谦逊，以及克己的重要性。

就这样，暴君全部灭绝

恺撒大帝遇刺（公元前44年）

背景介绍

聚焦

罗马共和国的灭亡

此前

公元前509年 罗马成为共和制国家，少数富有的家族掌管权力。

公元前202年 罗马战胜了北非的迦太基，帝国迅速扩张。

公元前88—公元前82年 两位统帅苏拉与马略之间的斗争导致了内战的爆发，并将共和国引入危机。

此后

公元前31年 屋大维在阿克提姆海战之中的胜利令他成功即位为罗马的第一位皇帝，还一并结束了共和国的统治。

公元79年 维苏威火山爆发，彻底摧毁了庞贝古城。

公元2世纪 罗马帝国进入鼎盛时期，人口达到6000万左右。

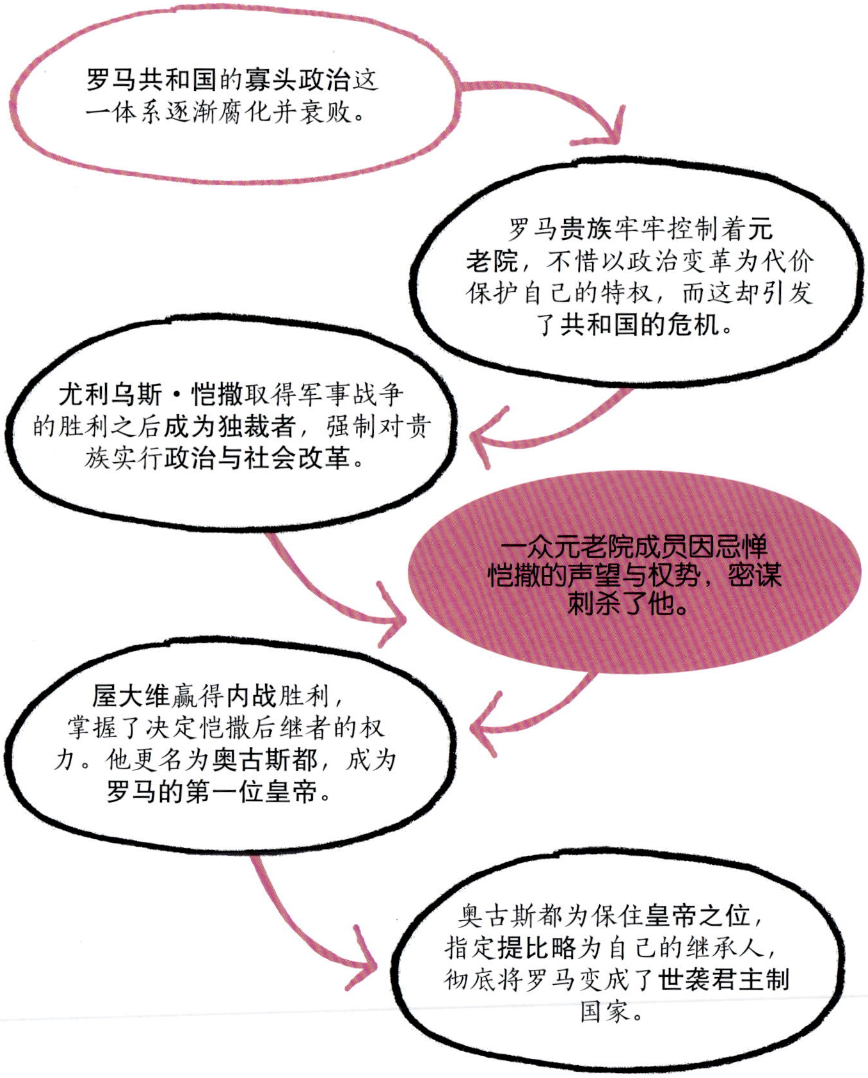

罗马共和国的**寡头政治**这一体系逐渐腐化并衰败。

罗马**贵族**牢牢控制着元**老院**，不惜以政治变革为代价保护自己的特权，而这却引发了**共和国的危机**。

尤利乌斯·恺撒取得军事战争的胜利之后**成为独裁者**，强制对贵族实行**政治与社会改革**。

一众元老院成员因忌惮恺撒的声望与权势，密谋刺杀了他。

屋大维赢得**内战**胜利，掌握了决定恺撒后继者的权力。他更名为**奥古斯都**，成为**罗马的第一位皇帝**。

奥古斯都为保住**皇帝之位**，指定**提比略**为自己的继承人，彻底将罗马变成了**世袭君主制**国家。

公元前44年3月15日，罗马独裁者尤利乌斯·恺撒的一生结束在一片鲜血之中。刺杀他的一派元老院议员一心希望将罗马共和国从恺撒的专制统治之中拯救出来。然而事实上，这位独裁者的死亡并未救活共和国。恺撒的遇刺只是激发了一连串内战之中的又一场罢了，而接连不断的内战终究拖垮了这个国家。日益衰弱的帝国无力阻挡恺撒甥外孙屋大维一步步手握绝对权力。后来，屋大维更名为奥古斯都，并创立了一个全新的政治体制，令自己得以作为皇帝进行统治，彻底结束了长达五百年的罗马共和国统治，只留下一个空名。

共和制本源

古时候的罗马最初只是台伯河畔七座小山丘上的一群小村落，后来，罗马逐渐成长为意大利半岛上诸多城邦之中的一个。据传罗马最初是由国王统治的，然而到了公元前509年，君主制遭到推翻，罗马成为共和国。在这一全新的体制之中，两名经由选举产生的最高级官员掌握着管理国家的权力，他们便是执政官；但是为防止权力的滥用，执政官的任期仅有一年。国王这一头衔遭到废弃，人们还制定了特殊条约，规定独裁官可在危机时期取代执政官进行统治，但他的任期仅有六个月。

这一处于起步时期的罗马在后来取得了极大的成就：公元前

参见：雅典民主政治 46~51页，亚历山大大帝的征战 52~53页，米尔维安大桥战役 66~67页，罗马之劫 68~69页，贝利萨留斯收复罗马 76~77页，查理曼大帝的加冕 82~83页，君士坦丁堡的陷落 138~141页。

罗马的图拉真柱是人们了解罗马军队最为珍贵的信息来源之一，上面螺旋式的浮雕描绘了古罗马训练有素的军团出征作战的样子。

500—公元前300年，国家通过征战与外交极大地扩张了自己的领土范围与政权力量，并最终将整个意大利纳入自己的统治。公元前202—公元前120年，罗马逐渐占领了北非部分地区、伊比利亚半岛、希腊，以及如今的法国南部。罗马将自己征服的土地划归为行省，并由任期不长的地方总督进行管理，负责秩序的维持以及税款的收缴。

到了公元前1世纪，罗马已经成为地中海地区的超级强国，并在很长一段时间内一直保持着集体统治的传统，没有哪个人可以掌握过分的权力；然而，少数几位手握军权之人的个人野心却开始促使他们挑战这一传统。国内频繁爆发血腥内战、内部政治斗争以及民众骚乱，直到尤利乌斯·恺撒的独裁统治终结了这一切。恺撒既是一位出色的将领，也是一位优秀的政治家。后来，他遭政敌暗杀，而他的死也导致了共和国的灭亡以及罗马帝国的诞生。

共和国的倾覆

在尤利乌斯·恺撒逐渐于罗马政坛上崛起的那段时期（公元前70年左右），罗马正处于一片混乱之中：不断恶化的社会与经济问题深刻困扰着这个国家，而政治争端又进一步加剧了罗马的动荡形势。在罗马的早期历史之中，非奴隶身份的人被正式划分为两个阶级——贵族（古代的世袭贵族与富有的地主）与平民（普通人）。而到了共和国建成的初期，只有贵族才有权在罗马的统治及顾问会议元老院中担任职务；公元前368—公元前367年，一项法律修正案正式允许富有的平民参与选举，而这也在一定程度上分散了罗马的权力。

然而事实上，一小群名为“贵族派”（Optimates，意为好人）的贵族家族始终控制着元老院，还小心翼翼地维护着自己的特权。到了罗马共和国晚期，那些捍卫平民权力的“平民派”（Populares，意为关照人民）集大众之力对抗贵族派；但他们的诉求却往往并非是人民的利益，而是人民的事业。当时的罗马人急需这样的社会与经济改革，然而自私自利的贵族派却始终持抵抗姿态。在意大利以及其他几个行省之中，不公正的税收制度与政府的腐败引发了一系列社会骚乱，而在罗马城内，基础设施亦逐渐难以满足人口的增长。帝国的急剧扩张令各个行省的奴隶大量涌入

恺撒是天赋、手段、记忆、学识、谨慎、从容与勤奋的结合。

——西塞罗，《反腓利比克之辩》第二篇第116节

罗马，将许许多多的本地农民工人与小农场主驱离了自己的土地，前往城市寻找工作机会。

尤利乌斯·恺撒的崛起

与此同时，罗马各行省之中手握军权的领袖人物也开始利用自己的军队争夺政治地位，尤利乌斯·恺撒便是其中一员。他是一位足智多谋又颇具野心的将领，出身于贵族家庭，曾与平民派并肩作战，迅速获取了极高的政治地位。恺撒一心想要做出必要的改革，应对共和国的挑战，于是，他利用计谋爬到了现在的位置，为实现自己的目标而创造条件。

公元前60年，恺撒成为执政官，两年之后，他便被指派为高卢总督，而这一职位也令他得以时刻了解元老院中的动态，也为他获取军事荣耀提供了跳板。在接下来的八年时间里，他取得了一系列战争的胜利，彻底征服了高卢，并将如今的法国全境以及德国和比利时的部分地区纳入了自己的统治。他还曾于公元前55年和公元前54年两次率领军队远征不列颠。恺撒的赫赫军功为他积累了巨大的财富，也极大地提升了他的名望。他不仅赢得了军队的忠诚，还获得了人民的爱戴，于是，恺撒也慷慨地为人民奉上了盛宴、消遣与金钱。

这一系列成就令恺撒颇有几分飘飘然，他妄图修改自己重返罗马政界后的任期，要求连任执政官，并继续统治高卢。这激发了恺撒与元老院中贵族派的冲突，因为依据罗马法律，军事领袖在重返罗马竞选公职之前首先应当放弃手中的兵权。恺撒深知，假若自己同意以普通公民的身份不带军队便进入罗马的话，他的政敌很有可能会试图打着恺撒曾在其第一任任期之中滥用权力的旗号将他推上审判台。

再回到罗马，恺撒的迅速崛起为贵族派敲响了警钟，于是，他们便一同投靠了恺撒的头号政治对手——极负盛名的领袖人物庞培。元老院通过了一项法令，旨在恺撒从高卢回到罗马的时候夺去其手中的兵权。公元前49年，他们正式给恺撒扣上了“公敌”的帽子。为应对这一直接威胁，恺撒做出了一个不可思议的决定——直接率领军队挺进罗马城。途中，他在高卢行省与意大利边界处一条名为卢比孔的河流之前短暂停留。恺撒深刻意识到自己一旦跨过这条河流便是正式向元老院宣战，然而引用雅典诗人米南德的一句话来说：“骰子已然掷出去了”，于是，他对兵士们下

即便是现在，我们都可以退缩，然而一旦跨过那座小桥，便只能拿剑说话了。

——尤利乌斯·恺撒，跨越卢比孔河前的誓师演说

尤利乌斯·恺撒

盖乌斯·尤利乌斯·恺撒（Gaius Julius Caesar）于公元前100年出生在罗马一个显赫的贵族家庭之中。他从很小的时候便领悟到，在一个腐化到令人看不见希望的政治体系之中，金钱才是关键；同样，他也很早便认识到，建立人际关系网络并获取同盟与支援能够成为自己取得成功的关键。

公元前72年，恺撒加入军队去镇压由斯巴达克斯领导的奴隶叛乱。后来，他曾短暂地为海盗所劫持。公元前60年，恺撒一回到罗马便将大量财力花费在购买职务与影响力上，并最终与罗马另外两位领袖人物克拉苏和庞培共同构成了所谓的“前三头同盟”。公元前58年至公元前50年，恺撒出任高卢总督，在地方颇具权势，并在未受元老院制裁的情况下发动了一系列战争，成为西欧的主宰者，手下拥有强大的军队且富可敌国。然而，这些战争也为他在统治阶层中树敌无数，而正是这些人最终缩短了恺撒的统治寿命，也终结了他的生命。

达了前进的命令。

恺撒新治

在随后而来的内战之中，恺撒最终于公元前48年在希腊北部的法萨卢斯战役中战胜了庞培的军队。恺撒清除了剩余的反抗势力，并于公元前45年回到罗马，进一步巩固自己的政治地位。公元前46年，他就任独裁官，进行了为期十年的统治；两年之后，恺撒成为终身独裁官。即位之后，恺撒着手推进一系列重要的政治及社会改革，意欲重建罗马帝国，恢复社会稳定。他放宽了成为罗马公民的条件，扩大了元老院，还将行省贵族纳入进来，充实自己的力量；此外，恺撒还在意大利之外建立了不少殖民地，传播罗马文化，将整个帝国联结在一起。他挥霍大量的钱财，修建华而不实的公共建筑；还降低了税收，甚至修订了罗马历法，引入了闰年这一沿用至今的体系。

“荣耀之路”是政府职务的次序，罗马的贵族若是想要追逐权力，便需一层一层地爬到最高位——执政官。

执政官是首席法官，主持元老院会议，还拥有军队的指挥权。

XX

裁判官担任法官职务，并在执政官缺席的情况下于罗马负指挥军队。

另一个等级体系对应着平民（非贵族出身）担任的职务。市政官即为平民能够做到的最高职务。

X

市政官负责维护公共建筑与庙宇，还需保证谷物的充足供给。

平民市政官相较于贵族市政官地位较低。

财务官是晋升体系之中第一个通过选举产生的职务，需对国家财政的使用情况加以监管。

保民官通过对立法或审判行使否决权来防止权力滥用，保护平民的利益。

元老院议员管理其他地方行政长官，也负责控制公共资金的调拨。

密谋行刺

经历了数年的动乱之后，恺撒为重复帝国统一而推行的实用性政策受到了社会中许多人的欢迎，然而与此同时，他逐渐独裁的统治姿态也令其与统治阶级的许多成员愈发疏远。在他们看来，恺撒正在试图毁坏罗马多年以来所珍视的传统，削弱贵族的特权。于是，这些人四处散播谣言，称恺撒正在谋划称王。遗憾的是，恺撒并未能平息这些疑虑。他接受了前所未有的荣耀，例如将“大将军”这一头衔纳入自己的姓氏等；他还允许人们以自己之名修建神庙及雕塑，并在钱币上铸上了本人的头像。而当他收养了侄孙屋大维后，有人开始担心恺撒是否有心建立一个世袭制的王朝。元老院中的一些成员最终认为，解决问题的唯一途径便是暗杀恺撒。于是，他们开始密谋执行这一计划。加伊乌斯·卡西乌斯·朗基努斯将军在波斯灾难性的战争时期逐渐登上政治舞台。他既是反对独裁官改革的代表人物，也是谋划刺杀恺撒的主要人员。古罗马历史学家认为，卡西乌斯是出于嫉妒与贪婪才加入了这一计划。据说他也招揽了计划之中最为重要的一位同谋马尔库斯·尤尼乌斯·布鲁图。他既是深得恺撒信任的工作伙伴，也是他的密友，却与其他人一同反抗独裁官所谓的君主制野心。

独裁者之死

刺杀计划迅速成形，最终吸纳了60名元老院成员，其中许多人都是恺撒亲密的伙伴。密谋者决定在3月15日（古罗马历月中日）的元老院会议上动手。这一天，他们聚集在恺撒家中，每一名成员的衣袍下都藏了一把匕首，之后才一同前往召开元老院会议的庞培剧院。剧院中驻守了一群角斗士，帮助平息人群中的纷乱。然而，许多参与了密谋的人过于紧张，一心认为计划已被识破，随时做好了逃跑的准备。

的确，恺撒曾经收到警告：有人将密谋者的名单塞入了他的手中，但这份名单却被恺撒彻底忽视了。他的妻子恳求他不要出席元老院会议，然而驻守在恺撒家门之外的一名密谋者却安抚了她的恐慌情绪。当恺撒抵达会议现场的时候，其中一人负责分散了其身旁指挥官马克·安东尼的注意力，将他拖延在剧场之外。恺撒落座之时，密谋者纷纷拔出匕首，刺向恺撒，一共刺了23刀。

后三头同盟

密谋者为狂热的激情所支配，双手沾满了恺撒的鲜血，一路冲向公共集会场所，宣布自己诛戮了暴君。在无人掌权的这段时期里，马克·安东尼与恺撒的继任者屋大维即刻控制了整个国家，并于公元前43年同恺撒的前盟友雷必达共同组建了“后三头同盟（掌权的三人）”。

后三头同盟迫切需要筹措资金以巩固自己的威信，铲除政治对手，于是，他们列出了当年支持刺杀恺撒的人，公然宣布他们是逃犯。约有200名元老院议员与2000多名骑士或遭杀害，或被收缴了财产。国家财政金库一满，三人便开始搜寻卡西乌斯与布鲁图的踪迹，将他们赶尽杀绝。公元前40年，后三头同盟再次碰面，这一次则是为了商议瓜分罗马世界的事宜。雷必达分到了非洲，马克·安东尼得到了东部地区，西部地区则成为屋大维的领地。然而，屋大维不久之后便在北非同安东尼开战，并在公元前31年于希腊西部的亚克兴击败了安东尼的军队，成为罗马世界的王者。

我接手了一座砖石建造的罗马，却打造了一座大理石做的城。

——奥古斯都，出自奥古斯都的传记作家苏埃托尼乌斯

恺撒就像是一位行事温和的医生，由上帝本人指派给了罗马人。

——普鲁塔克，《古希腊罗马名人传》

罗马的首位皇帝

公元前28年，屋大维返回罗马。他并没有延续恺撒的统治方式，而是宣布放弃了自己在同安东尼开战时得到的独裁权力。公元前27年，为表彰屋大维对罗马做出的杰出贡献，元老院授予其“奥古斯都（Augustus，意为受人爱戴的人）”之名，还一并赋予了他涵盖内容极广的法律权力。最终，奥古斯都通过政治手段成为罗马唯一的统治者，掌控罗马国事的方方面面，也拥有了军队的统帅权。

奥古斯都已然成为罗马事实上的皇帝，只是不冠皇帝之名罢了（他十分谨慎，拒绝此种称谓，反而将自己称为“第一公民”）。在接下来的40年中，奥古斯都着手将共和制体系之下的一团乱局改造为帝制下的独裁政体，同时营造出一种自己的权力是建立于人民意志之上的假象。他粗略地划定了帝国的领土边界，推动改革措施，对个人及公共领域的生活进行整肃，同时剿灭异见人士。在长达数年财殚力痡的内战之后，帝国中的大多数人都为此时的平和而感恩。

罗马和平时期

罗马国土面积虽广阔无边，但其强大的军事实力却也在很大程度上促进了国家的安全与稳定，还带动了贸易、经济、人口的增长与社会的繁荣，这段时期在历史上则被称作“罗马和平时期”。在这一时期之中，艺术与文化蓬勃发展，公共与私人建筑数目激增，意大利之外的行省还经历了“罗马化”过

程，罗马的语言、文化、法律与制度跨越了民族的界限，融入不同社会之中。都城以外的人甚至可以在服役一段时期之后获得完整的罗马公民身份。

然而，对于帝国之外的地区而言，奥古斯都统治之下的罗马和平时期却有着截然不同的意义。奥古斯丁虽然将原本的80支军团缩减至仅剩28支常备军，但是他依旧需要招募15万名士兵。他发动了一系列战争，扩张领土，镇压反叛者，还不断对“蛮族”发起进攻，并将被征服地区的人民虏为奴隶。

请容我怀抱希冀，希冀即便我离开了人世，我为罗马未来统治打下的根基仍将稳稳地挺立不倒。

——奥古斯都

帝国的遗产

到了公元前14年奥古斯丁的人生即将走向尽头的时候，他已然建立起了一个即将延续几个世纪的全新帝国体系。在他去世前的那几年里，奥古斯都一直在为寻找继承人接管这个国家而铺路。他一点点将权力让渡给自己的继子提比略，直至他的能力为众人所认可，成为共治皇帝。这样一来，奥古斯都死后的权力交接便更为顺畅，统治也更为连贯，亦不会出现权力真空的现象。

就这样，奥古斯都建立了直接继承原则，保证了皇帝之位的延续。

罗马共和制到君主制的转变虽十分激烈，却也赋予了这个国家新的稳定。奥古斯都身披民主主义者的伪装，却创立了一个全新的专制政权。相较于一代人之前的罗马共和国，这一政权虽限制了人民的政治参与，却能够更好地抵御罗马的动荡变局。■

罗马的奥古斯都和平祈祷坛是为罗马和平女神而建的。条幅状浮雕中逐一雕刻着罗马元老会的成员以及一位神父。

以此徽号，汝必胜之

米尔维安大桥战役（公元312年）

背景介绍

聚焦

基督教的传播

此前

公元33年 耶稣受难。

公元46—57年 使徒圣保罗行游四方，一心传教。

公元64—68年 罗马燃起了一场大火，尼禄皇帝为寻替罪羊，下令杀害了数百名基督徒，其中的殉道者便包括圣彼得与圣保罗。

公元284—305年 罗马皇帝戴克里先与伽列里乌斯在帝国全境之内镇压基督教。

此后

公元325年 第一次尼西亚大公会议阐明了正统基督教信仰的本质。

约公元340年 “哥特人的摩西”乌尔菲拉开始在日耳曼部落之中宣扬阿里乌斯派基督教。

公元380年 基督教成为罗马帝国的官方宗教信仰。

公元391年 罗马帝国明令禁止异教崇拜。

公元312年10月，皇帝君士坦丁一世驻军于罗马附近的米尔维安大桥，等待与自己的对手马克森提乌斯开战，争夺西罗马帝国的统治权。传说双方军队开始交战之前，君士坦丁曾在天空中看到一个燃烧着火焰的十字架，上面还刻着这样一句话——“以此徽号，汝必胜之”（原文为拉丁语，in hoc signo vinces）。他坚信这是因为自己赢得了基督教上帝的支持；而当他的军队大败马克森提乌斯的军队之后，他对此便更加深信不疑。事实上，基督教的上帝并非君士坦丁“看到”的第一位神明；早先也曾有传闻说他看到了古希腊与古罗马的太阳神阿波罗。他似乎是希望通过寻求神的“支持”，使自己妄图成为罗马帝国唯一皇帝的野心看上去更为合乎礼数，而一神论宗教中的至高存在似乎是一个不错的选择，毕竟君士坦丁在人间拥有至高无上的地位，而上帝便是神界的那

君士坦丁大帝在取得米尔维安大桥战役的胜利之后皈依了基督教，这在极大程度上推动了基督教的发展：这一宗教吸纳了越来越多的教徒，并逐渐开始将其他异教团体推向边缘地位。

参见: 罗马之劫 68~69页，贝利萨留斯收复罗马 76~77页，查理曼大帝的加冕 82~83页，叙任权斗争 96~97页，耶路撒冷的陷落 106~107页，君士坦丁堡的陷落 138~141页，马丁•路德的《九十五条论纲》 160~163页。

个他。然而，在获得了米尔维安大桥一役的胜利之后，君士坦丁开始振兴基督教，抬高这一宗教的地位；公元331年，他发布了米兰敕令，宣布在帝国全境之内宽容基督徒，给予他们信仰基督教的自由。

多元信仰的帝国

在耶稣基督去世后的近300年时间里，基督教在罗马帝国中始终都处于边缘地位，与其他一神论或多神论的宗教共存。然而，基督教之中的某些内容（诸如其平等主义本质）却令专制统治当局对其倍加猜疑，甚至还会不时迫害基督教徒。

纵观此前的历史，社会、政治与经济状况的变革往往会反映在文化及宗教变革之中。基督教仅仅是罗马帝国一众一神论宗教中慢慢得以普及的一个宗教罢了，这样的情况也曾出现在波斯宗教密特拉教的身上，而这一宗教同基督教之间也存在颇多共同之处。

基督教的崛起

公元324年，君士坦丁除掉东罗马帝国的皇帝，成为整个罗马帝国唯一的统治者。此时，他开始对基督教加以利用，以便在这个多样而动荡的国家之中寻求统一。东罗马帝国逐渐强盛，而为了减轻自己的统治难度，君士坦丁建立了一个名为君士坦丁堡的新城市，并为庆祝新城的落成而举行了基督教与其他宗教的仪式，却只允许在这里建造基督教教堂。若想使所有罗马公民全部皈依基督教是需要时间的，然而，社会的上层人士为寻求更高的政治地位、赢得皇帝的欢心还是大批涌向了基督教堂，为此，皇帝还在整个帝国修建了多座大教堂。

然而，此时的基督教尚不是一个单一的统一宗教，其中仍存在许多不同的派别。公元325年，君士坦丁召集了基督教的第一次会议——尼西亚大公会议，而这次会议的主要目的便是解决阿里乌斯派基督教中关于基督与上帝的本质是否相同这一争论。

基督教化的罗马

公元4世纪中期，旧宗教的信徒尤利安皇帝曾试图复兴异教信仰，却为时已晚：基督教徒已占信徒之中的绝大多数，起码在东罗马帝国是这样的。随着罗马帝国不断接纳并改造基督教，使其成为控制政治与社会、维系统一与稳定的手段，基督教信仰与帝国之间的联系便愈发紧密起来。

在皇帝狄奥多西一世的统治之下，异教神庙与团体遭受镇压，宗教异端邪说变成不法之事，基督教成为罗马帝国的官方宗教信仰。不仅如此，这一宗教最终也成为之后西罗马帝国蛮族政权以及东边拜占庭帝国的官方信仰。在接下来的几个世纪之中，西方教会（天主教）与东方教会（东正教）之间的教义与组织方式逐渐产生差异，然而基督教却始终不朽。■

罗马皇帝自异教信仰中汲取统治的权威性与正统性。

基督教所宣扬的平等主义极有可能会扰乱罗马帝国中严格的社会秩序。

君士坦丁将信仰着至高无上上帝的基督教视为维系统一的工具以及对帝国权威的认证。

米尔维安大桥一战之后，君士坦丁皈依基督教。后来，这一宗教成为罗马帝国的官方信仰。

罗马帝国依据自身的形象重塑教会，建立了严格的等级制度，并加强了教义的集权化。

这座曾经征服了整个世界的城市已然为人所征服

罗马之劫（公元410年）

背景介绍

聚焦

游牧民族入侵

此前

公元9年 日耳曼部落凭借条顿堡森林伏击战一役的胜利确保了自身的独立。

公元285年 罗马帝国分裂为东西两个帝国。

公元372年 匈人在东欧击败了东哥特人。

公元378年 西哥特人在阿德里安堡战役中摧毁了罗马军队，杀死了罗马皇帝。

公元402年 西罗马帝国将都城迁至拉韦纳。

此后

公元451年 罗马军队与日耳曼军队联合在沙隆战役中击败了匈人。

公元455年 汪达尔海盗洗劫罗马。

公元476年 最后一位西罗马帝国皇帝被废。

公元489年 东哥特人狄奥多里克在拜占庭帝国的准许之下成功征服了意大利。

西罗马帝国的经济力量与军事实力不断衰落。

↓

帝国权威遭到削弱，边境破裂。

草原上的游牧民族被迫迁移。

↓

迁移而来的游牧民族迫使日耳曼部落离开自己的家园。

↓

蛮族的入侵开始了，并在罗马之劫中达到高潮。

↓

日耳曼部落在西欧建立了新的王国。

公元410年，一支由日耳曼游牧民族西哥特人组成的军队攻入罗马，进行了为期三日的劫掠。尽管当时的罗马已经不再是西罗马帝国的都城，这场破坏也在一定程度上得到了控制，然而，“罗马之劫”还是震惊了整个世界。欧洲的“民族大迁移”时期便是从此时开始的，这一时期也被称作“蛮族入侵”，欧亚大陆范围之内从中国到不列颠，人口流动极大。自公元300年起一直到公元650年，蛮族不断入侵诸如罗马与中国等社会相对稳定的

参见：恺撒大帝遇刺 58~65页，克洛维斯统一高卢 71页，贝利萨留斯收复罗马 76~77页，查理曼大帝的加冕 82~83页，忽必烈征服大宋 102~103页。

野蛮的“他者”

“野蛮”（barbarian）一词最初来源于希腊语，指的是那些不会说希腊语之人口中含混不清、不知所云，于是便也算不上得体有礼的话语。罗马人将这一“非此即彼”的说法纳入了自己的语言体系。然而，到了公元4世纪，罗马与其野蛮邻居之间的文化与地理界限都逐渐变得模糊：蛮族越来越像罗马人，而罗马人也越来越像蛮族。罗马军队之中大多都是蛮族——他们不是来自日耳曼的援军与雇佣兵，就是事实上来自高卢、不列颠或是其他众多部族与民族的人。然而尽管如此，罗马文化的大部分内容依旧自侵略中幸存了下来。举例来说，尽管意大利、高卢以及西班牙的大部分地区都遭受了“日耳曼”哥特人、苏维汇人与汪达尔人的入侵，他们却并未受到日耳曼语言的影响，而是保留了罗马自己的语言，也就是那些罗马境内罗马人所说、从拉丁语进化而来的语言。

帝国。中亚地区的气候变化迫使游牧民族离开草原，寻找更好的牧场，而这也令与之相邻的游牧民族不得不开始入侵那些所谓的文明帝国。中国饱受匈奴的蹂躏，嚈哒人则侵略了波斯，印度也成为白匈奴的目标。

城下蛮族

在欧洲，匈人侵入了莱茵河东部以及多瑙河北部地区，将长久以来同罗马维系着微妙平衡关系的日耳曼部落赶离了自己的家园。西哥特人迁入罗马，最终于公元410年突袭了这座城市，而其他包括汪达尔人、苏维汇人、阿兰人、法兰克人、勃艮第人以及阿勒曼尼人在内的部落则入侵了自高卢到西班牙再到北非地区的土地，并在那里定居下来。公元5世纪40年代，阿提拉领导下的匈人突袭了东欧地区，而后却被罗马军队与日耳曼军队联合击败。西罗马帝国的皇帝成为蛮族首领的傀儡，国家领土不断缩小。公元476年，最后一位有名无实的皇帝便被这样一位首领奥多亚克驱逐下台，而这也是西边罗马帝国统治的终结。然而，西罗马帝国至少自公元3世纪便逐渐开始衰落了。国家人口不断减少，经济也不断下滑，愈发依赖于东罗马帝国的支援。中央统治力量的动摇增加了地方行省的自治权。军队不得不从野蛮部落招募军人，而这也削弱了国家的核心实力。事实上，蛮族入侵或许不过是一个必经的过程，是转变，而非灭亡。各个行省依旧维持着罗马的习俗、文化以及语言，尤其是其基督教信仰，而许许多多新上任的掌权人物也是在延续罗马的统治传统。这座城市在阿拉里克及其手下西哥特人的劫掠中幸存下来，最终在东哥特人狄奥多里克（公元489—526年）的统治之下重新繁荣起来。

在接下来的几个世纪之中，日耳曼各个部落统治之下的继任国终究迎来了另一波侵略大潮，成为马札尔人与维京人的侵略对象。■

在托马斯·科尔的绘画作品《毁灭》（约1935年）之中，侵略者蚕食了一座同罗马一般曾经伟大的城市。人民尸横遍野，陷落的城市之中只余雕塑，纪念它逝去的辉煌。

延伸事件

印度河流域文明崩塌
（约公元前1900—1700年）

印度河流域文明（约公元前3300—公元前1700年）发源于如今的巴勒斯坦地区以及印度的西北部。这一文明建立在大规模城市之中，拥有规划整齐的街道以及令人赞叹的排水与供水体系。到了公元前1900年，印度河流域文明开始逐渐走向衰落，再生产不出从前闻名世界的精美珠宝与精致印章。而到了公元前1700年前后，曾经辉煌一时的印度城市哈拉帕和摩亨佐-达罗几乎成为空城。人们并不清楚印度河流域文明衰落的确切原因，但这很有可能同作物减产以及印度同埃及和美索不达米亚平原地区贸易量的下降有着直接的关系。同时，人们也发现了洪水暴发的证据，而这则或许是因为印度河流向发生了改变。

周武王受天命而治
（公元前1046年）

中国皇帝的统治是上天的授意这一观念可追溯至周朝。公元前1046年，周武王与其支持者姜子牙在牧野之战中推翻了长久以来统治着中国的商朝。在此之前，商朝曾在很长一段时期维系了国内的安定与繁荣，然而到了公元前11世纪40年代，统治阶级开始腐化。周朝所宣扬的“以德配天”便意在防止权力的腐化，将统治能力的重要性摆在出身高低之上，而假若统治者不具备这样的能力，他人便有权将其推翻。这一观念在接下来的几千年之中始终影响着中国人对于统治者的看法。

犹大王国反抗亚述人
（约公元前700年）

公元前9世纪，希伯来国家犹大王国（位于死海以西）曾是亚述帝国的一部分。到了公元前8世纪，犹大王国的统治者希西家（Hezekiah）拒绝向亚述人进献贡品。于是，亚述国王辛那赫里布（Sennacherib）下令围攻耶路撒冷（这一事件在圣经中也有所提及），然而犹大王国的军队却奋力发起抵抗，最终也未能令亚述人攻入城内。尽管对于亚述人来说，这样的挫折并算不上什么，然而对于犹太人来说，这却无疑是一次巨大的胜利。他们将胜利归功于耶和华（Yahweh）的庇护。因此，这也是西伯来人后来信仰一神论的重要原因。

凯尔特文化在哈尔施塔特繁荣发展
（约公元前650年）

公元前8世纪，如今奥地利萨尔茨堡所在地区的东南部哈尔施塔特周边出现了一种独特的文化。这种文化可能发源自俄罗斯，而到了公元前650年这一文化发展至巅峰的时候，它的传播范围已经西至法国东部，东及罗马尼亚，北至波西米亚与斯洛伐克了。生活在这一文明中的人们擅长制作精巧的工具以及青铜装饰品，但与此同时，他们也是欧洲最先利用铁器的人，例如铸剑等。他们所打造的青铜珠宝刻有精致的图案，包括螺旋、编结还有动物图像等，而这也对之后的凯尔特艺术产生了深远的影响。

伯罗奔尼撒战争
（公元前431—404年）

伯罗奔尼撒战争是雅典（最初是最为强大的古希腊城邦，也是古典文明的中心）与军国主义城邦斯巴达之间的战争。斯巴达首先在陆路上攻入了雅典，而雅典则利用其无与伦比的海上实力镇压了沿海地区的叛乱。公元前413年，雅典在西西里岛上的叙拉古战役中出现重大失误，致使其大多数军事力量被灭。之后，与波斯联手的斯巴达又支持了一系列雅典城邦附属国发起的反叛，最终在羊河战役（公元前405年）中彻底清剿了雅典海军。这一场战争重创雅典，结束了古希腊文化的黄金时代，也令斯巴达成为了这一带的霸主。

汉尼拔入侵意大利
（公元前218年）

到了公元前3世纪，突尼斯的迦太基已在该地区崛起，在它于公元前3世纪30年代侵略西班牙之前，其势力范围便已扩张至北非沿海地区。公元前218年，驻军于西班牙的迦太基统帅汉尼拔（Hannibal）率领军队翻越阿尔卑斯山，攻打意大利。尽管他们在第二次布匿战争中取得了一连串的胜利，汉尼拔却迟迟无法攻下罗马，不得不在公元前202年返回非洲。罗马人证明了自己的实力，结束了迦太基人在地中海地区坚不可摧的神话，也为自身日后的崛起铺平了道路。

维钦托利兵败阿莱西亚

（公元前52年）

公元前52年，高卢首领维钦托利（Vercingetorix）率领当地诸多部落反抗罗马军队对高卢（如今的法国）的侵略。在勃艮第（法国东部）的阿莱西亚战役之中，罗马军队在尤利乌斯·恺撒的领导之下绕城修建了一座巧妙的环形防御工事，将维钦托利的军队围堵在城中，同时也形成了一道有力的堡垒，对抗高卢的援军。首领维钦托利被迫投降，于是便被关押了起来。五年之后，恺撒下令将其处以绞刑。战役结束之后，罗马帝国将其统治范围延伸至欧洲全境。

罗马人占领不列颠

（公元43年）

公元43年，一支由皇帝克劳狄乌斯（Claudius）率领的罗马军队侵入了不列颠。尽管当地卡拉塔库斯（Caratacus）等首领都做出了顽强的抵抗，爱西尼部落也在首领布狄卡（Boudica）的带领下发起了反叛，然而罗马人的统治却依旧成功延伸至整个英格兰，并一路到达苏格兰边境，直入威尔士。罗马人直至公元410年左右都始终统治着不列颠，在那里建立了多座城镇，广修路网，并引入了地热采暖以及水泥筑房等先进技术。罗马人的统治惠及了许多不列颠人，而两地之间稳定的贸易交流也为不列颠带去了大量的金属与谷物。

中国天下三分

（公元220年）

汉朝统治末年之中纷争不断。公元220年，连年的战乱最终令这个国家为三位相互较量的皇帝所瓜分。他们每个人都认为自己才应成为汉朝的继任者。北边的魏国、南边的吴国以及西边的蜀国三国之间就领土问题达成了一致，并在接下来的许多年间始终维系着微妙的和平，三国鼎立局面正式形成。公元263年，战争终于爆发，晋朝向三国发起进攻，一一征服了三地。这一场战争对中国的人口数量造成了毁灭性的打击。

玛雅文明进入古典期

（公元250年）

公元3世纪，玛雅文明进入古典期，墨西哥与瓜地马拉都涌现出一大批城市，城市中建有外观为台阶式锥形的独特神庙，刻有玛雅历日期的雕刻纪念碑，以及一个规模巨大的贸易网络。尽管地处低地的蒂卡尔等许多城市都颇为强盛，但当时最大的城市却是位于墨西哥中部的特奥蒂瓦坎。玛雅文明在北美洲与中美洲身上烙下了深深的印记，其文化也对后世之人产生了深远影响，阿兹特克人便是其中之一。

阿克苏姆王国竖起方尖碑

（公元4世纪）

公元4世纪，埃塞俄比亚城市阿克苏姆中的人们竖起了一座高大的石制方尖碑，将其作为自己文明的象征。阿克苏姆王国控制着阿拉伯半岛之角与通往印度洋地区的海上贸易通路，为商人们搭建了连通亚洲与地中海地区至关重要的平台，也为自己带来了庞大的收入。方尖碑高达33米，被人们视作是杰出之人的纪念碑。它见证了这座早期非洲王国的强盛，也见证了其成长为一个独特文明的过程。如今，方尖碑俨然已经成为不朽非洲文化的象征。

克洛维斯统一高卢

（公元5世纪末）

公元486年，萨利安法兰克人的首领克洛维斯（Clovis）率军击败了罗马统帅西阿格里乌斯（Syagrius），结束了罗马人在高卢（如今的法国）的统治。这场胜利，加之克洛维斯的父亲希尔德里克（Childeric）也曾多次战胜罗马人，几乎将法国卢瓦尔河谷以北的所有地区全部纳入了克洛维斯的统治。他取祖父的名字墨洛温（Merovech），将自己的王朝命名为墨洛温（Merovingians）王朝。这一王朝在近300年的时间里始终统治着法国，在不受外来统治者制约的情况下实现了法国的统一。

THE MEDIEVAL WORLD
500–1492

中世纪世界

公元500—1492年

公元536年

东罗马帝国的军队在贝利萨留斯的领导之下成功驱逐了**东哥特人**，**收复罗马**。

约公元610年

穆罕默德宣布自己领受了上天的启示，并**建立了伊斯兰教**。在未来*20*年内，这一宗教将成为阿拉伯半岛上的**主要宗教**。

公元762年

阿巴斯王朝的哈里发曼苏尔**建立巴格达城**，开启了**伊斯兰黄金时代**。巴格达城也是**伊斯兰世界学术成就**的中心。

公元793年

维京战士对英格兰北部**林迪斯法恩**圣岛上的一座修道院展开了残暴的**突袭**，而这也是此后一连串维京突袭中的第一场。

公元800年

法兰克国王**查理曼**在罗马加冕为**皇帝**。作为**基督教世界**的世俗领导者，他统一了西欧的大部分地区。

1099年

基督教骑士自**穆斯林**手中夺取了**耶路撒冷**，还在巴勒斯坦与叙利亚地区建立了多个**十字军国家**。

1120年

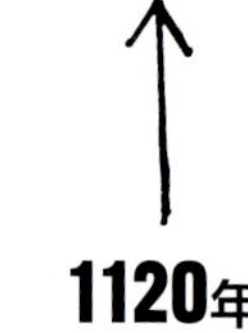

柬埔寨开始建造印度教神庙**吴哥窟**，而这一建筑后来也成为世界上**最大的宗教建筑**。

1192年

源赖朝成为**幕府大将军**，开启了**军事领袖**的统治时期，对日本进行了长达650年的统治。

历史学家将公元500—1500年古代与现代之间的这段时期称为“中世纪”。事实上，中世纪与古代之间从不存在一个明确的时间节点。在地中海地区的东部，罗马帝国于罗马陷落之后维系了近一千年的统治，尽管后来的历史学家将这个地方更名为了拜占庭帝国。公元6世纪，中国再次成为皇帝统治下的统一国家，而这一传统纵然中间偶有间断，却也一直持续到了明朝。罗马帝国覆灭之后，西欧遭受了最为重大的打击，然而即便是在这里，得以幸存下来的基督教依旧是罗马区分所谓“开化社会”与“野蛮社会”的重要标志。

伊斯兰教的崛起

中世纪之中，欧亚大陆上很多地区的一大特征便是基督教与伊斯兰教这两个相互敌对的宗教呈现出双足鼎立的态势。公元7世纪伊斯兰教的建立极具变革意义，受此宗教信仰鼓舞的阿拉伯军队改变了政局，穆斯林的统治自西边的西班牙地区一直延伸至东边的中亚地区。

尽管伊斯兰民族很难将一个统一的王国维系下去，伊斯兰教却确保了这一文明的延续性，即便后期权力已从阿拉伯人手中移交至诸如土耳其等其他民族的手中，伊斯兰文明却依旧没有消亡。伊斯兰世界中的大型城市无论在规模上还是复杂程度上都远胜于基督教世界中的城市，穆斯林学者还留存了古希腊的科学技术，并在其基础上继续钻研。纵观整个中世纪时期，伊斯兰文明始终处于变化与发展之中。

西欧的财富

西欧文明曾在罗马帝国时期发展至巅峰阶段，然而中世纪却见证了这一文明的急剧衰落。一众崇尚武力的国王统治着自己人口稀少的国家，而国家中的人民则依靠农业勉强维持生计。一直到公元10世纪，这些国家始终都是维京人、马札尔人等非基督教掠夺者与入侵者的侵略目标。

查理曼国王十分怀念古罗马世界，于是，公元800年，查理曼加冕为帝；然而查理曼大帝建立的神圣罗马帝国却并未能在政治上实

英格兰的约翰王签署了《**自由大宪章**》，宣布包括国王在内的所有人一律需**接受法律的制约**。

1215年

1275年

威尼斯商人**马可·波罗**来到了**忽必烈**的面前，而这位蒙古族领袖也即将在四年之后**征服中国南部**。

马里帝国富有的国王曼萨·穆萨高调至**麦加朝觐**，这一举动促进了**伊斯兰教**在**西非**的传播。

1324年

1325年

阿兹特克人在**墨西哥**中部建立了自己的都城特诺奇提特兰。与此同时，**印加人**也在**秘鲁**建立了自己的文明。

淋巴结鼠疫最早或许是出现在亚洲的。这一疾病传播至欧洲，并在两年的时间里**杀死**了欧洲**超过三分之一**的人。

1347年

1368年

洪武帝推翻元朝，成为**明朝**的第一位皇帝，而明朝也见证了中国其后300余年的**繁荣与稳定**。

朝鲜的世宗大王为普及识字率，发明了一种更为简单的**朝鲜语拼音文字**。

1443年

1492年

西班牙的费迪南德国王与伊莎贝拉皇后**夺取格拉纳达**，结束了伊比利亚半岛上长达800年的**穆斯林统治**。

现西欧的统一。在强势中央集权体系缺失的情况之下，封建关系维系着社会的运行。自11世纪开始，一股复兴西欧文化、贸易以及城市生活的浪潮逐渐兴起。“中世纪温暖时期”（公元950—1250年）是欧洲一段气温高于平均值的时期，而在这段时期里，农业产量有了显著增加；与此同时，许多著名的教堂与城堡也一一落成。然而，即便是在基督教十字军战士一步步攻入伊斯兰世界中心的耶路撒冷时，人口的流动却依旧是反向的，因为相较于基督教世界，伊斯兰世界的医药、哲学、天文与地理都要先进得多。

扩张与缩减

历史学家认为，到了13世纪，世界人口已增长至四亿左右，是古代帝国繁盛时期人口的两倍。纵横交错的路网将欧洲与中国及其他贸易繁荣的亚洲王国联系在了一起，陆上可经丝绸之路，海上可走印度洋。作为欧洲一端的贸易中心，开罗与威尼斯都成为极其富有的城市。

然而，开化地区的生活却依旧很不稳定。亚洲草原上的游牧蒙古人控制了从中东到中国南部的重要城市，并进行了大规模的杀戮。致命疾病也在四处传播。14世纪中期，黑死病沿贸易通路传播至欧洲，杀死了全世界约四分之一的人口。

发明与进步

中世纪之中，科技进步的速度虽然缓慢，进程却颇为可观。作为全世界最先进的国家，中国拥有全世界的大多数发明，从造纸术到印刷术，再到指南针和火药，无所不包。即便是在这之前，欧洲也在很多领域中受益于中国的发明，例如造船技术和金属冶炼技术的进步，犁与风车的发明与传播也推动了农业的变革。

到了中世纪末期，西欧国家已经从依赖于誓言与忠诚的“封建国家”发展为社会更加稳定、权力也更为集中的国家，有能力将重要资源投入到大型殖民或是勘探项目之中。与此同时，美洲地区诸如阿兹特克文明、印加文明等文明不断独立发展，丝毫未受欧亚地区与非洲地区的影响，这样的状况一直维持至16世纪。■

谋求扩张帝国，使之更为辉煌

贝利萨留斯收复罗马（公元536年）

背景介绍

聚焦

拜占庭帝国

此前

公元476年 蛮族首领奥多亚克推翻了西罗马帝国最后一位皇帝的统治，在意大利即位为王。

公元493年 东哥特统治者西奥德里克将奥多亚克驱逐下台，自己称王，整个国家则服从拜占庭帝国的统治。

公元534年 拜占庭人结束了汪达尔人在北非的统治。

此后

公元549年 拜占庭人第三次，也是最后一次自哥特人手中夺回了罗马。

公元568年 伦巴族人（蛮族部落）入侵意大利，占领了查士丁尼自拜占庭人手中夺回的土地。

公元751年 伦巴族人占领了拉文纳这一意大利北部最后一块拜占庭领地。

公元536年12月9日，东罗马帝国（也称拜占庭帝国）的军队在统帅贝利萨留斯的指挥之下，穿过古老的亚西那里亚门，一路攻入罗马城。拜占庭军队的到来迫使当时的守卫军蛮族东哥特人迅速逃离。几乎是在意大利脱离帝国统治整整六十年之后，帝国早先的发源地似乎终于回到了罗马统治者的手中。

拜占庭的幸存

西罗马帝国在经历了一个世纪的蛮族入侵之后，终于在公元476年彻底崩塌，而东边一半的拜占庭帝国则顽强顶住了风浪，将包括埃及在内的许多富有行省成功留在了自己的统治范围之内，而这也为其抵御外敌、保卫领土创造了条件。然而，帝国却未能保住自己的发源地，这也极大损伤了拜占庭皇帝的威望。皇帝拒绝接受这一现实。公元488年，芝诺皇帝派遣一支由日耳曼蛮族部落东哥特人组成的雇佣兵，铲除另一支由驱逐了上一任西罗马帝国皇帝的首领奥多亚克所统治的蛮族部落。作为回报，东哥特人可以以拜占庭皇帝臣民的身份统治意大利。除此之外，此前的哥特人也一直在侵蚀帝国的土地，而芝诺皇帝则希望通过将他们迁至意大利这一手段来达到一箭双雕的效果。

哥特战争

在接下来的四十年中，哥特人始终相对平静地统治着意大利。然而，公元527年，当查士丁尼（约公元482—565年）继位为拜占庭皇

我们不可能在意大利筹得战争所需的款项，因为敌人已然再次征服了这个国家。

——贝利萨留斯，公元545年

参见：米尔维安大桥战役 66~67页，罗马之劫 68~69页，耶路撒冷的陷落 106~107页，基督教大分裂 132页，君士坦丁堡的陷落 138~141页。

查士丁尼皇帝是一位干劲十足的统治者，他着手进行了一系列颇具野心的扩张与改革项目，以求恢复罗马帝国往日的荣耀。

帝后，情况却发生了改变。他一心想要恢复罗马的威严，这便意味着重新夺回那些被人占去了的罗马行省。公元533年，他正式开始实施自己的计划，派遣一支由统帅贝利萨留斯率领的军队前往北非。很快，他们便成功击败了汪达尔人。

这一场胜利极大地鼓舞了查士丁尼，于是，他于公元535年再次下令攻入意大利。贝利萨留斯的军队进展神速，一年之后便成功收复了罗马。然而没过多久，拜占庭人收复古代都城的兴奋之情便被哥特国王维蒂吉斯无情地击碎了。他发动反击，令罗马陷入了持续时间一年、无休无止的攻城战之中。

意大利的僵局

贝利萨留斯发动了一次意想不到的突袭，然而很快，查士丁尼便开始担忧他是否有心在意大利自封为一名不受任何国家控制的国王，于是便下令将其召回。这场战争足足在意大利持续了近20年的时间，而两方也来来回回地不断争夺罗马的统治权。

哥特人两次夺回罗马，却始终没有足够的统治资源，无法将其牢牢地把控在自己手中，两次都输给了罗马人。最终，公元552年，最后一支成气候的哥特军队败北。

战争的影响

尽管拜占庭人赢得了这场战争，但他们却并未获得什么利益。战争对意大利造成了毁灭性的打击。讲拉丁语的传统统治阶级发现君士坦丁堡的重要职位都被使用希腊语的人所占据。罗马成为拜占庭帝国眼中的边远外省，罗马再无可能成为帝国权力的中心。

战争的余波尚未平息，公元542年爆发的瘟疫又令帝国人口减少了三分之一，也令统治者更难招募到驻守意大利的军队。这个新的行省不仅无法贡献大量税收，还为财政造成了严重的负担。那些为收复罗马而欢欣雀跃的乐观主义精神很快便被深深的忧虑所取代，而公元568年另一支蛮族伦巴族人的入侵则令这种感觉更为强烈。他们攻入意大利，夺取了拜占庭帝国北部以及意大利中部的大部分领土。■

拜占庭帝国与意大利一众尚不稳定的哥特王国之间矛盾不断激化。

↓

拜占庭帝国入侵意大利，占领了罗马。

↓

战争**彻底摧毁了意大利**，国家很难通过提高**税收**来筹措抵抗外敌所需的资金。

↓

债务问题与**瘟疫**的传播极大**削弱**了帝国的**实力**，而新一轮**蛮族入侵**也开始侵袭边境地区。

↓

拜占庭帝国**结束**其西向扩张，将重点**转向国内**。

真理已经到来，谬误已然消散

穆罕默德领受天启（约公元610年）

背景介绍

聚焦

伊斯兰教的崛起

此前

约公元550年 阿拉伯南部的希木叶尔王国灭亡。

公元570年 穆罕默德诞生。

公元611年 波斯国王库斯鲁在埃及、巴里斯坦以及叙利亚战胜了拜占庭人。

此后

公元622年 穆罕默德及其追随者逃离麦加，在麦地那定居。

公元637年 穆斯林军队在一次攻城战后占领了耶路撒冷。

公元640年 穆斯林将军阿慕尔·伊本·阿斯征服了埃及。

公元661年 穆阿维叶在叙利亚的大马士革建立了倭马亚王朝。

公元711年 穆斯林军队挺进西班牙，征服了基督教西哥特王国。

公元610年左右，在阿拉伯地区中部麦加城群山的一个洞穴之中，穆罕默德这个出身于商贾家庭的四十岁男人宣称自己自大天使加百列那里领受了上天传递的信息。而在接下来的几年中，穆罕默德不断接受到类似的启示，最终创立了一个全新的一神论宗教——伊斯兰教。这一宗教信仰在不到20年的时间里便成为阿拉伯半岛上具有绝对影响力的宗教，而一个世纪之后，其追随者便粉碎了古代拜占庭与波斯帝国，建立了一个疆域西及西班牙，东至中亚地区的辽阔国度。

参见: 巴格达的建立 86~93页，耶路撒冷的陷落 106~107页，曼萨·穆萨赴麦加朝觐 110~111页，图尔战役阻挡阿拉伯前进的步伐 132页，君士坦丁堡的陷落 138~141页，阿克巴大帝的征战 170~171页。

在这幅16世纪的微型画之中，许多天使环绕在卡巴天房（真主的房屋，也是伊斯兰教中最为圣洁的殿堂）周围，等待先知穆罕默德的降生。

伊斯兰教出现之前的阿拉伯

自公元前第一个千年开始，阿拉伯半岛南部便出现了许多相对成熟的王国，从香料贸易中积累财富。早期贸易走的是西北沿海一线，然而到了公元7世纪，商人愈发频繁地开始使用途径红海的海上线路，于是，陆上贸易线路便鲜少再有人经过，而许多曾经繁荣一时的地区也逐渐走向衰落。包括麦地那以及麦加在内的少数零散分布着的城镇则更多依靠的是羊毛、皮革等本地贸易，再从外地进口一些必不可少的物品，例如谷物和橄榄油。阿拉伯半岛中部的沙漠地区十分贫穷：贝都因部落过着游牧式生活，这些人需要争夺极为有限的资源，在这样的环境之下，社会中的人们便会首先忠诚于家族或是部落。

到了穆罕默德时期，阿拉伯半岛正处于宗教与政治动荡的时期。强大的犹太人占据了南边的也门以及西北边的麦地那等绿洲城市，而基督教也逐渐在也门和阿拉伯东部站稳脚跟。尽管一神论信仰已经开始入侵贝都因阿拉伯人传统的多神论异教信仰，却并未能在很大程度上削弱异教信仰的地位。部落之间也常常发生冲突，而在麦加城中，人们在名为“哈拉目”的圣地达成了停战协定，这样一来，不同部落的人便可以在不发生暴力冲突的条件之下进行贸易交流。

穆罕默德在麦加

穆罕默德所在的古莱什人控制着麦加圣地。穆罕默德排斥异教主义，大胆宣布世上只有一个真主，信徒需要奉行一系列规定的宗教仪式，这一切都令穆罕默德的追随者显得格外与众不同。穆罕默德所宣扬的是成立一个跨越社会边界的单一宗教团体，但在传统的统治者看来，这样的主张却十分具有威胁性，因为这削弱了他们的权力来源。

逃亡麦地那

到了公元622年，麦加城笼罩在一片紧张的氛围之中，这令穆罕默德及其少数支持者不得不逃亡至北边的麦地那——这一事件被称为“希吉拉”，意为迁徙，而它也标志着伊斯兰团体的真正建立。麦地那人早就对麦加古莱什人拥有的权力倍感不平，于是，他们十分支持穆罕默德的事业，允许他在麦地那自由传教，而这也为他提供了吸引更多皈依者的机会。

穆罕默德在麦加的力量不断壮大，而这也是古莱什人所不愿看到的。仅仅过了一年多，麦加权力阶级与穆罕默德支持者之间的冲突

穆罕默德

公元570年左右，先知穆罕默德出生在麦加古莱什部落一个颇具影响力的家族之中。据传穆罕默德是一个孤儿，他的第一任妻子是一位名叫赫蒂彻的富有寡妇，这段婚姻为他未来的生活提供了经济保障。自公元610年左右开始，穆罕默德在长达12年的时间里不断领受宗教启示，而他也落笔将这些启示创作为《古兰经》。后来，穆罕默德开始宣扬《古兰经》中的内容，反对异教中的多神主义以及杀害女婴等习俗，在传统麦加上层阶级之中引发了一阵狂热。公元622年，穆罕默德逃亡至麦地那，而这也是伊斯兰教传播过程之中的一个关键时刻。穆罕默德是一名鼓舞人心的领袖，亦擅长处理新宗教所面临的挑战。于是，到了公元632年穆罕默德离世，也就是他回到麦加两年之后的时候，伊斯兰教的信徒已然遍布整个阿拉伯地区。■

伍侯德之战（公元625年）是穆罕默德领导下的麦地那穆斯林与麦加古莱什大军之间数场血腥斗争之中的一场。

便爆发了。相较于古莱什人，穆罕默德要高明得多。他先是突袭了他们的车队，后又于公元627年在一场激战之中打败了他们，最终在公元629年通过谈判的方式争取到了返回麦加朝觐的权利。到了公元632年穆罕默德离世的时候，他已然在麦加重新建立起了自己的力量，而他通过外交与军事手段成功将其他部落招揽至自己身边的能力也赋予了他不容置疑的地位。穆罕默德的威信不断提升，其宗教内容也不断得以传播。穆罕默德死后，伊斯兰教迎来了危机，这一新兴的宗教一不小心便会彻底被人击垮。东部的部落脱离了伊斯兰教团体（乌玛政权），宣布忠诚于自己的先知，而另一边的麦地那人也对麦加人在这一运动中发挥支配作用而倍感不满。穆罕默德的岳父阿布·伯克尔被推选为哈里发，这样一来，先知的家族便可以继续掌握最高权力，加之他们成功以军事力量镇压了反叛者，乌玛政权便得以继续存在下去。

阿拉伯之外的征战

穆罕默德的继任者们，尤其是乌玛尔（在任时间：公元634—644年），在自己的地位得到保障之后，便开始向更远的地区发动征战。他们很幸运地遇到了阿拉伯半岛北部边缘地区正发生深刻变革的时期。在公元602年至628年，该地区两个历史悠久的帝国——西北部的拜占庭帝国与东北部的波斯萨珊王朝正因常年的交战而处于两败俱伤的阶段。在这样的情况之下，两方都愈发依赖于阿拉伯人来保卫自己的边境，于是，两个帝国的外围处便逐渐出现了不少小型的半独立阿拉伯国家。

倏然而胜

公元7世纪30年代，阿拉伯军队的铁蹄一路向北，沿路并未遭遇强有力的抵抗，而假如是在半个世纪之前，事情绝不会如此顺利。各行省驻军的守备力量不断衰弱，公民也不再一如既往地忠诚于自己的国家，于是，阿拉伯人轻易便征服了这些地方。尽管阿拉伯军队人数并不庞大，装备也相对简单，但他们机动性强，无须守卫某块特定的阵地，这便是他们相对于敌人的优势所在。当他们于公元636年在耶尔穆克河之役中战胜了拜占庭人时，帝国在巴勒斯坦以及叙利亚地区的统治彻底倒塌。而就波斯而言，阿拉伯将领仅仅用了九年的时间便覆灭了萨珊帝国。

伊斯兰社会

这些刚刚被征服的土地成为伊斯兰王国的一部分。土地上的许多居民都皈依了伊斯兰教，而那些没有皈依的基督教徒、犹太教徒以及拜火教徒假如缴纳一项特别的税费，就可以享受宗教宽容政策的庇护。伊斯兰教从许多方面慢慢改变着这些为自己所吞并的土地。它不仅扫清了过去的帝制体系，还带来了一种全新的宗教团体归属感，而这种感觉则常常能够将征服者与被征服者团结起来。伊斯兰教学者复兴了古希腊的哲学与科学，将这些被人们遗忘了数个世纪的著作翻译为阿拉伯语。拜占庭帝国与萨珊帝国统治时期中的边缘地区如今也成为生机勃勃的崭新文明的中心。

然而，成功也为伊斯兰教带去了一些问题。他们征服了许多城市化水平远高于阿拉伯地区的地方，而这便意味着哈里发要逐渐适应身份的转变。过去的哈里发是军事首领，统率着一众紧密团结的追随者；而如今，他们却要行使君主的权力，统治这一片政治经济情况复杂的土地。

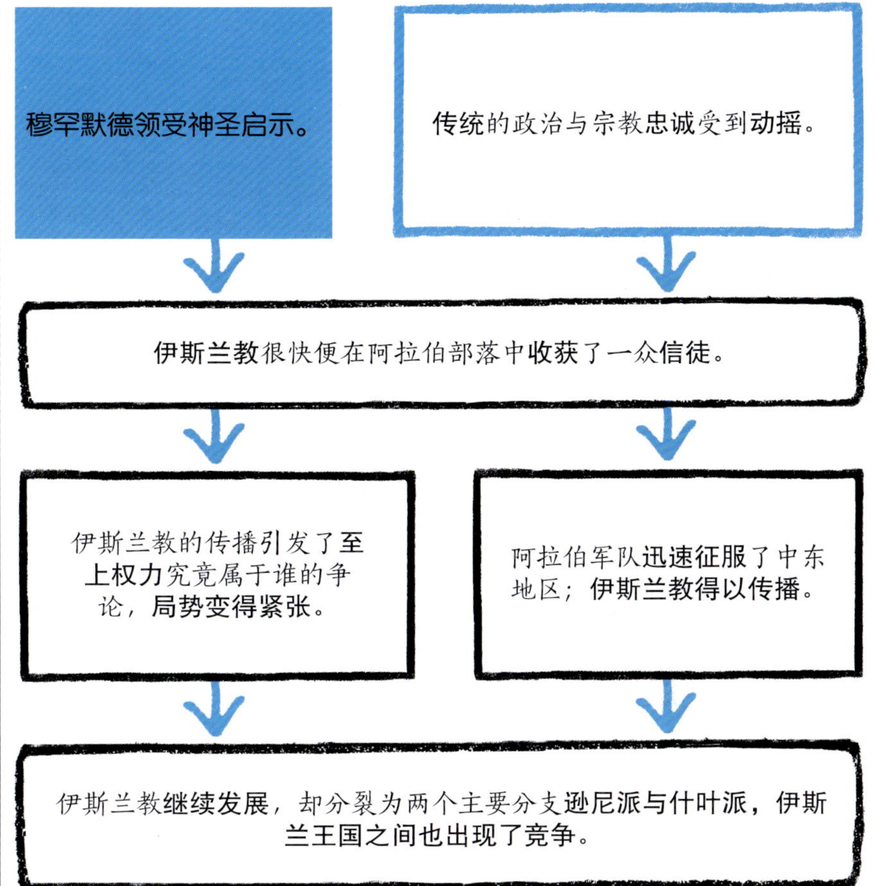

你奉创造主之名而诵读，他曾用血块创造了人。

——《古兰经》（第96章），穆罕默德最早得到的启示（约公元610年）

分歧扩大

不同派系之间就哈里发之位继承问题而产生的分歧最终令伊斯兰教发生了重大分裂。他们一派支持穆罕默德的女婿阿里，另一派则支持叙利亚总督穆阿维叶，两派之间的争斗引发了内战，最终阿里惨遭杀害，穆阿维叶则在公元661年掌权，成为哈里发。后来，穆阿维叶的后人（倭马亚人）以叙利亚城市大马士革为核心维系着自己的统治，阿里的追随者却并不承认他们的权威，声称哈里发之位只能从阿里的子嗣中挑选。公元680年，阿里的儿子侯赛因在卡巴拉遭到谋杀，之后，什叶派与更为主流的逊尼派之间的分裂便已成定局，且一直持续到今天。

伊斯兰教的分裂也体现在其他方面。任何人想要统治这样一片广袤的帝国都几乎是不可能的，在这里，最东端或是最西端发出的消息几乎要在数月之后才能传递到哈里发的手中。此外，偏远地区涌现出一批独立的穆斯林王朝。然而，即便伊斯兰世界已无法实现政治统一，穆罕默德的教义却依旧成功地传向了各个地区。■

一位能够令这个基督教国家在其庇荫之下和平发展的领袖

查理曼大帝的加冕（公元800年）

背景介绍

聚焦

中世纪基督教世界的基石

此前

公元496年 法兰克国王克洛维斯皈依基督教。

公元507年 克洛维斯击败西哥特人，将高卢纳入了自己的统治。

公元754年 教皇斯蒂芬二世承认丕平三世是法兰克的国王。

公元768年 丕平去世，法兰克王国一分为二，分别由查理曼及其弟弟卡洛曼进行统治。

公元771年 卡洛曼之死令查理曼成为法兰克王国的唯一统治者。

此后

公元843年 凡尔登条约再次分裂了法兰克的领土。

公元962年 萨克森公爵奥托一世被教皇加冕为皇帝。他统一了德国与意大利，成立了后来所谓的神圣罗马帝国。

公元800年圣诞节的那天，罗马圣彼得大教堂发生了一件不平凡的事情。教皇利奥三世将象征着皇帝权势的冠冕戴在了法兰克国王查理曼的头上，令其成为300年来西方的第一位皇帝。一直以来，罗马教皇都声称自己在西方拥有高于统治者的权威，然而，这顶皇冠却赋予查理曼及其后继者以权力，令他们可以在世俗世界中与教皇相匹敌。不久之后，查理曼便成功将其帝国（后来的神圣罗马帝国）扩张为一片广袤的疆域，也为未来西欧许多民族国家的建立打下了基础。

新的统治者

在公元476年西罗马帝国正式

西罗马帝国覆灭。

查理曼扩张法兰克王国领土。

弱势教皇自意大利之外寻求盟友。

在罗马，教皇将查理曼加冕为皇帝，而他也成为300年来第一位接受加冕的皇帝。

皇帝是基督教世界中的世俗领袖这一观念令查理曼的政权得以挺过后期法兰克王国的分裂。

参见：米尔维安大桥战役 66~67页，罗马之劫 68~69页，贝利萨留斯收复罗马 76~77页，叙任权斗争 96~97页，耶路撒冷的陷落 106~107页，马丁•路德的《九十五条论纲》 160~163页。

他勤奋学习文史知识，十分尊重教导自己的人，还授予了他们极高的荣誉。

——艾因哈德，法兰克王国学者、廷臣（约公元770—840年）

灭亡的半个世纪之前，帝国中的大多数行省都已遭到蛮族部落的入侵。他们还在从前的西罗马帝国领土上建立了许多小王国。最初，东罗马帝国的皇帝并不承认新国王们有权统治这些名义上归属于罗马的领土。然而，随着以法兰克为首的新兴王国逐渐强大起来，也变得更加统一，东罗马帝国的承认与否也就不再重要了。

从王国到帝国

公元768年，查理曼即位为王。他广泛扩张领土，征服了意大利北部与萨克森地区，还从阿拉伯人手中得到了西班牙北部的一部分领土，也争取到了多瑙河流域阿瓦尔人的地盘。他强化了法兰克的统治，还建立起"君主特使"网络，在各个行省中执行自己的旨意。几百年以来，查理曼还是第一位足够强势的统治者，能够控制从前西罗马帝国的大部分领土，还将这些地区变为一个单一的政治体。与之相比，公元8世纪之中的教皇则遭遇了困境。罗马的许多贵族家族都用尽手段，希望能够保住自己在基督教会之中的地位，而这也将教皇束缚在了狭隘的权力政治之中。公元799年，利奥在罗马遇袭，保住性命之后便跨越阿尔卑斯山，逃亡至查理曼处寻求帮助，请求他重建意大利的秩序，恢复教廷的地位。一年之后，利奥为查理曼加冕，创造出一位除东方皇帝之外的西方皇帝。

卡洛林文艺复兴

查理曼不断推进改革项目，并于公元802年发布了一项法令，法令不仅标明了附属国应尽的义务，还规定附属国需发誓忠诚于法兰克帝国。此外，他还将杰出学者邀请至宫廷之中，重新复兴自罗马帝国灭亡后便逐渐衰落的语法学、修辞学与天文学等学科。在其统治期间，音乐、文学、艺术以及建筑也都经历了蓬勃的发展。

查理曼去世之后，帝国不断分裂。法兰克人将王国分割给多位继承人的习俗削弱了中央的统治，也引发了内战；不仅如此，有权有势的地主也趁此时机逐渐显露头角，对皇室的统治造成了威胁。最终，法兰克帝国一分为二，而这两块领土大约便是如今的法国和德国。就这样，法兰克帝国作为神圣罗马帝国，一直将统治维系至19世纪早期。■

查理曼大帝

查理曼（约公元747—814年）是丕平三世（Pippin Ⅲ）的长子，而丕平三世则是在公元751年废除了法兰克墨洛温王朝的国王，自立为王的人。查理曼精力充沛又极有远见，极大地扩张了法兰克王国的领土。与此同时，他也是一位强势的统治者，推出一系列改革措施，巩固了皇室与教廷的权威。除此之外，他也改革了王国的经济，推出全新的货币制度，令度量体系变得标准化，还通过统一货币的方式鼓励商业贸易的增长。公元800年，他加冕为皇帝，进一步巩固了自己的权力。然而最开始的时候，他却并未就传位的问题做好周全的计划。他最先于公元806年将王国分为了三个部分，传给自己的三个儿子，却并未提及皇帝之位的归属问题。然而，两个儿子的死令查理曼最终下定决心，将自己的王国与王位传给了唯一的继承人——虔诚者路易（Louis the Pious）。

君富而国亡

安史之乱（公元756年）

背景介绍

聚焦

中国唐朝

此前

公元618年 李渊成为唐朝的第一位皇帝。

公元632—635年 中国军队攻占了中亚地区的喀什、浩罕以及莎车。

公元751年 唐朝大军在怛逻斯战役（吉尔吉斯斯坦）中被阿拉伯军队击败。

此后

公元762年 唐朝收复洛阳，公元763年，大燕最后一位皇帝自缢而亡，结束了安史之乱。

公元874年 各个派别的存在令唐朝分崩离析，再无力抵抗为沉重赋税所压垮的农民发动的一系列起义。

公元907年 起义首领朱温推翻了唐朝最后一位皇帝的统治，建立后梁。

公元960年 中国在大宋的统治之下再次实现了统一。

守卫中国的边境地区需要**更大规模的军队**，这令手握重权的军事统帅逐渐崛起，也导致了**赋税的增加**。

文官制度的改革**削弱**了传统**贵族家族**手中的政治权力。

唐代朝廷之中贵族、官僚以及军事统帅之间的矛盾与权力斗争最终引发了安史之乱。

唐朝恢复了自身的统治，然而**中央集权**却**遭到削弱**，最终导致了中国的分裂。

公元618年，唐朝继隋朝之后成为中国的统治者，也迎来了中国历史上最为辉煌的一段时期。唐朝令中国的边境深入至中亚地区，还建立起中央集权。后来的统治者在很长一段时间之内始终维系着国家的和平、相对的政治稳定以及经济的增长，并开启了一段文化艺术繁荣复兴、科学技术不断创新的时期。

然而到了公元755年，突如其来的安史之乱却中断了这一黄金时代。安禄山是唐朝的一位将领，因对现状不满而率军发起了针对朝廷的叛乱，使中国北部陷入了灾难性的战争。叛乱结束之后，唐朝再也未能同从前一般统治整个国家。

参见: 始皇帝统一中国 54~57页, 忽必烈征服大宋 102~103页, 马可•波罗抵达上都 104~105页, 洪武帝建立明朝 120~127页。

安禄山手下的叛乱军征服并占领了都城长安，然而安禄山本人却留在了洛阳。与这幅画作中所描绘的有所不同，皇帝已经翻越秦岭，逃向了四川。

叛乱的萌芽

在唐玄宗（公元712—756年）的统治之下，唐朝的权力与威望都达到了顶峰，然而，一些经济、社会与政治问题却时刻威胁着国家的稳定。

首先，朝廷很难募集到足够的税款以支撑国内骤然上涨的军费开支。当时的唐朝实行府兵制，这是一种低成本却高收效的自给自足式国家军事体系，士兵在无须出兵打仗的时候便耕种土地。然而，面对邻邦的不断入侵，这一制度显然无法满足国家防卫需求。于是，唐玄宗不得不在北部边境地区设立军镇，由当地管理大批军队的节度使进行统率，而这些节度使则在后来获得了巨大的权力与自主权。

与此同时，均田制也逐渐无法适应国内实际情况，一点点榨干了国库。均田制是一项土地分配与税收政策，国家定期将土地重新分配给小户农民，使其免受富有地主的剥削与掠夺。然而，均田制的逐渐瓦解却给了贵族阶级强夺土地的机会，扩大自己的地方势力，还进一步挑动了农民阶级的骚动。

最后，唐太宗所推行的科举制度改革也引发了问题。科举制度是朝廷招募文官的渠道，为那些出身贫寒之人提供了为官的机会。然而，这一改革虽创造出了一个以德论绩的官僚制度，却极大地削弱了贵族阶级的权力与势力。唐玄宗不得不设法应对朝廷之中的派别之争——有意谋反的贵族、野心勃勃的官员，还有手握军权的节度使。

然而，最终点燃叛乱之火的却是唐朝接二连三的兵败，其中便包括公元751年同阿拔斯王朝阿拉伯人的战争。这一场战争阻断了中国挺进中亚的步伐。

万户伤心生野烟，百官何日更朝天？

——王维，唐代诗人（公元756年）

唐朝的转折点

唐朝四处征战的时期已然结束，军队的崇高地位便受到了威胁，于是，军中开始出现不满情绪。安禄山是一位有能的节度使，也是朝中的红人。他起身反抗朝廷，声称皇帝命他除掉杨国忠。他组建了一支反抗军，一路南下。

最初，这场叛乱看上去似乎注定会胜利：反叛军早于公元756年便占领了东部的都城洛阳，安禄山还在那里建立了一个全新的朝代——大燕国。之后，叛军攻向了唐代的主要都城长安。唐玄宗逃离皇宫，勉强躲过了安禄山的大军。

然而八年战乱之后，唐朝最终成功镇压了反叛，国家却也受到重创。在接下来的一个世纪之中，朝廷的权力不断落入军队手中，起义再次爆发。到了公元907年，唐朝便已分裂为多个朝代与王国，权力的争夺持续了五十年之久。■

灵魂的奔涌，智慧的觉醒

巴格达的建立（公元762年）

背景介绍

聚焦

伊斯兰社会与科学

此前

公元711年 皈依伊斯兰教的阿拉伯柏柏尔军队征服了西班牙的西哥特王国。

公元756年 倭马亚王子阿卜杜·拉赫曼一世在西班牙的科尔多瓦建立了自己的王朝。

此后

公元800年 巴格达建立了第一座伊斯兰教医院。

公元825年 阿尔-花剌子模将起源于印度的十进制计数法引入了伊斯兰世界。

1138—1154年 阿尔-伊德里西为西西里的罗杰二世绘制了一份世界地图。

1258年 巴格达围城战标志着阿拔斯王朝的覆灭。

1259年 马拉盖建起了一座天文观测台。

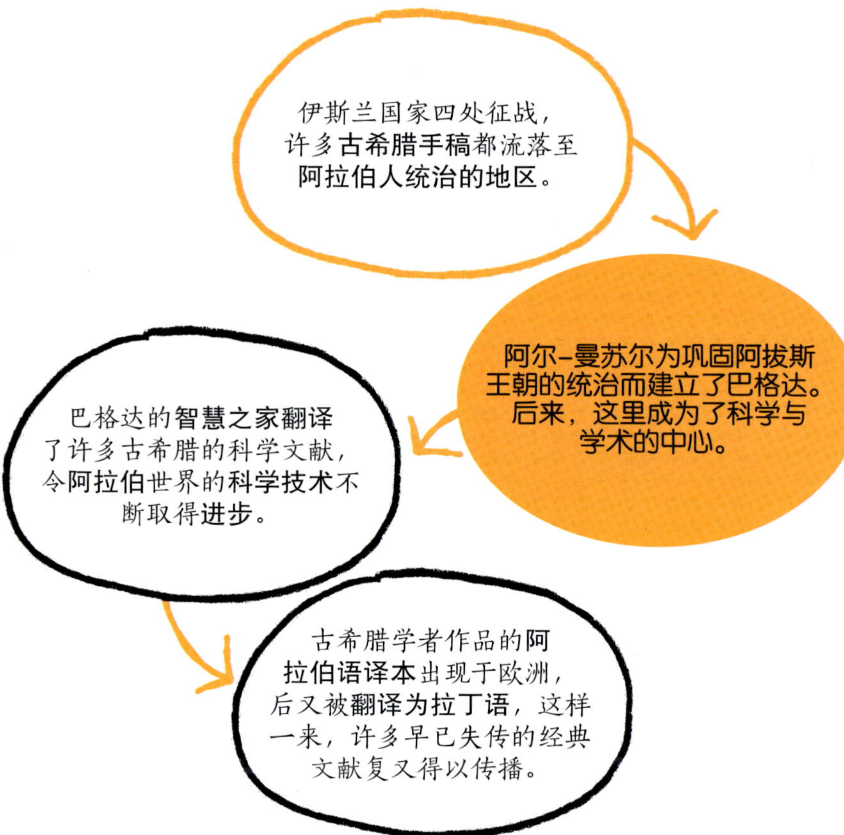

公元762年，阿拔斯王朝的第二任统治者将这一强大的伊斯兰王国的都城自大马士革迁至了新建立的城市巴格达。人们常将这一事件视作为伊斯兰黄金时代的开端，此后，科学、艺术与文化都得到了繁荣发展。伊斯兰世界技术发展的程度之深从公元802年阿拔斯王朝哈里发哈伦·拉希德的赠礼中便可窥见一斑。当时，他派遣使者至法兰克王国统治者查理曼大帝的宫廷之中进献赠礼，其中便包括一台水钟，通过使铜珠子掉落至机械底部的钹上来报时。这一精巧的钟表仅仅是阿拉伯人技术进步的体现之一，而他们的更多进步也将其欧洲对手远远甩在了身后。

阿拔斯王朝的崛起

公元632年先知穆罕默德离世之后，他的继承者接手了一个疆域不断扩大的伊斯兰帝国。而在公元744年哈里发阿尔·瓦利德（来自从公元661年便开始统治大马士革的倭马亚家族）被杀之后，内战爆发，直至公元750年阿拔斯王朝掌权才得以终结。在伊朗东北部呼罗珊军队的帮助下，阿拔斯人利用前十年平息了帝国内部的战乱。呼罗珊王朝军队之中的士兵有的使用阿拉伯语，有的使用波斯语，还有的使用中亚语种；他们都是阿拔斯人的主要支持者，为他们在除阿拉伯半岛北部、叙利亚以及伊拉克等支持倭马亚王朝的阿拉伯部落之外提供了一个独立的权力根基。

阿拔斯王朝的第二任哈里发阿尔-曼苏尔于公元762年建立了巴格达城，而这在某种程度上也是为了给呼罗珊战士们提供地盘。他选址于此，一是因为巴格达气候温和，二是因为这里位于波斯、阿拉伯半岛以及地中海地区之间的贸易路线上。此外，从这里出发向西北行进20英里便可到达波斯皇室的所在地泰西封，而泰西封很快便败落

参见：乔达摩•悉达多宣扬佛教 40~41页，克诺索斯王宫 42~43页，亚历山大大帝的征战 52~53页，穆罕默德领受天启 78~81页，曼萨•穆萨赴麦加朝觐 110~111页，图尔战役令阿拉伯发展陷入停滞 132页，阿克巴大帝的征战 170~171页。

了，于是，这个可以追溯至公元前6世纪居鲁士大帝时期的文明便落在了阿拔斯这个全新王朝的手中。新都城的中心是一片直径1英里的圆形围场，其中就坐落着哈里发的王宫以及主要执政场所。

探求知识

令阿拔斯人引以为豪的不仅有其从祖先那里传承下来的政治遗产，还有他们辉煌的文化与科学成就。尽管倭马亚帝国之中诸如埃及亚历山德里亚等地也对古希腊文化进行了探究，然而王朝却并未对科学研究进行资助。这一情况到阿拔斯王朝统治时期开始发生改变。统治者并未选择四处征战，而是将大部分精力放在巩固伊斯兰统治之上。他们出资赞助学者，研究国外文献中的知识，而不是全然依赖于《古兰经》或是《圣训集》（先知穆罕默德的言行录）中的教诲。

阿拔斯王朝最早取得的进展出现在医学领域。在公元6世纪中期到末期之间，伊朗西南部贡德沙普尔城中的一所哲学学院成为医药学者的聚集地，其中的学者大多都是来自聂斯托利派的基督徒，曾遭拜占庭帝国的迫害。据传在公元765年，阿尔-曼苏尔曾将那里的尤里斯•伊本•吉卜利勒•伊本•伯赫帖舒召至巴格达诊治胃部疾病。这位哈里发对他的治疗感到十分满意，最终说服尤里斯留下来做自己的私人医生，而直到11世纪中期为止，伯赫帖舒家族整整八代人都服务于巴格达宫廷，对古希腊智慧、希腊化时代文献以及医学治疗手段的传播做出了重要贡献。公元800年，哈里发哈伦•拉希德命尤里斯的孙子吉卜利勒•伊本•伯赫帖舒管理一家新建于巴格达的医院，而这也是伊斯兰世界中的第一家医院。

> **阿尔-曼苏尔不仅在逻辑与法律方面造诣颇深，还对哲学以及观测天文学表现出了极大的兴趣。**
>
> ——赛义德•阿尔-安达卢西，伊斯兰历史学家（约1068年）

阿尔-曼苏尔在巴格达建立了一座图书馆，存放自己收藏的原稿。后来，阿拉伯人逐渐开始使用纸张制作书籍，公元795年巴格达建起了造纸厂，书籍的存放与收藏便更加简单了。然而，由于阿拉伯语使用者并未掌握造纸这一项技艺，图书馆的建成便也未能在很大程度上推进这项阿拉伯世界中的本土科学传统。

哈伦•拉希德

公元783年，哈伦•拉希德（公元763—809年）在其长兄阿尔-哈迪（在位仅一年）莫名离世后继位为哈里发。在他统治的前二十年中，巴尔马克家族始终控制着整个王朝，建立了一个强势的中央权力体系。在哈伦的统治之下，巴格达成为整个伊斯兰世界之中最为强盛的城市，还逐渐发展为知识、文化、发明以及贸易的中心。但即便如此，哈伦在将近二十年的时间里始终将权力中心设在靠近拜占庭帝国边境地区的拉卡市，并于公元806年亲自率领数万大军突袭了拜占庭。四年之前，哈伦曾将一头大象作为礼物赠予查理曼大帝，而这事实上是他与法兰克王国之间的外交互换，旨在进一步向拜占庭人施压。

哈伦设立了“智慧之家”。这是一个集翻译机构、图书馆与学院为一体，吸纳帝国之内有能学者与知识分子的地方。这一功绩为哈伦赢得了“拉希德”一名，译为“正直者”。公元809年，哈伦在征战伊朗东北部呼罗珊王朝的过程之中不幸离世。

智慧之家

为做补救，哈伦·拉希德（公元786—809年的哈里发）与马蒙（公元813—833年的哈里发）共同建立了“智慧之家”。这里不仅容纳了大量藏书，还成为学者求知的学院以及将重要科学文献翻译为阿拉伯语的翻译中心。智慧之家中最为有名的学者包括来自伊拉克希拉城的聂斯托利派基督徒侯奈因·伊本·伊斯哈格，他翻译了超过一百余部作品，其中大多都是医学与哲学文献；异教萨比教徒泰比特·伊本·奎拉，他翻译了欧几里得的几何学著作《几何原本》以及托勒密的天文学著作《天文学大成》。

翻译成为一项极其受人尊崇的事业。一位阿拉伯人愿意支付每月2000第纳尔（第纳尔以黄金铸成，1第纳尔的重量相当于72颗大麦）的高价，以确保有人能够翻译古希腊医生盖伦的著作。在此后近150年时间里，近乎所有已知的重要古希腊文献都已有了阿拉伯语的版本。这其中的许多著作都并没有出现在西欧地区，即便出现了，那里的古希腊文化也早已消亡殆尽了。这样一来，公元850年左右的伊斯兰世界便已然做好准备，在古希腊时期与罗马帝国统治之下希腊化时期的科学基础上继续发展，并在接下来的几个世纪中始终走在基督教西欧世界之前，引领科学发展的潮流。

复杂的计算

穆斯林每日都要进行五次礼拜（在辽阔的伊斯兰帝国之中，五次礼拜的时间不尽相同），因而对于他们来说，掌握数学与天文学知识、准确计算时间是非常重要的。于是，伊斯兰世界也极其注重这两

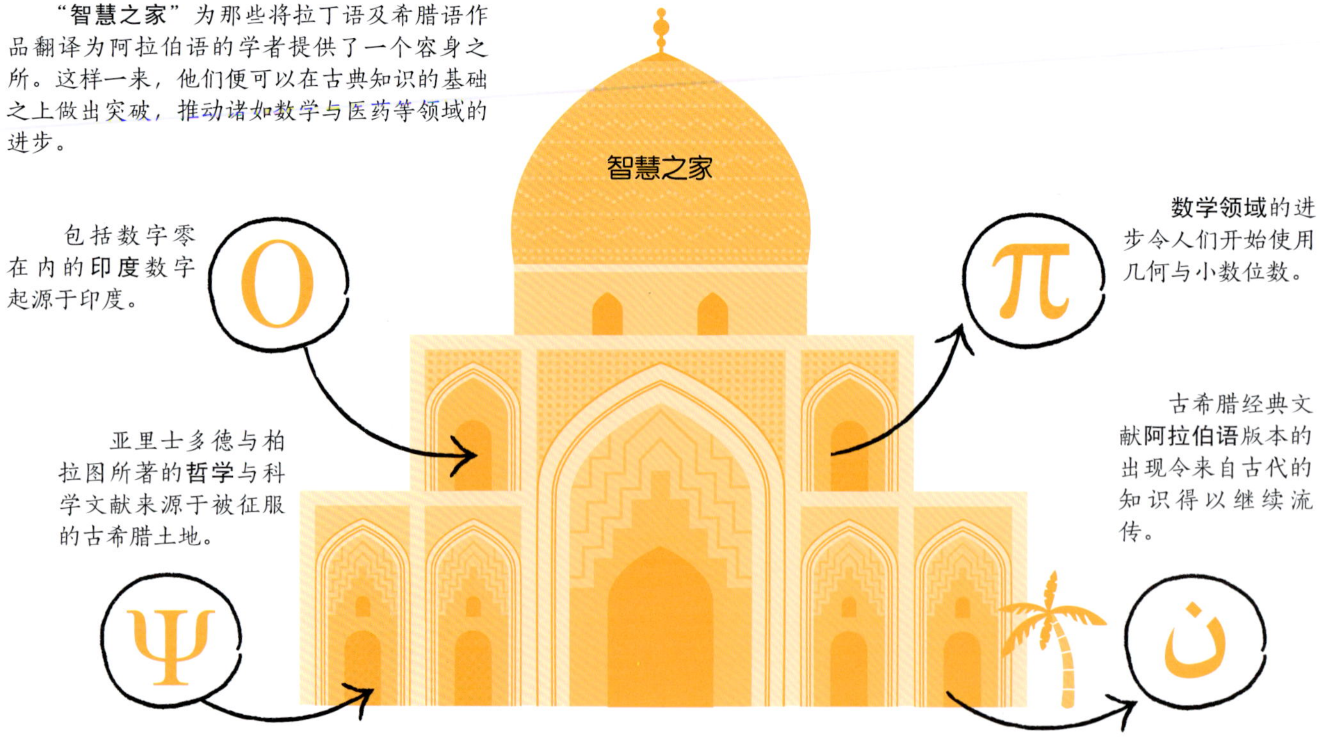

犹太人与基督徒将这些科学书籍翻译为自己的语言，还将其归为本民族的成果……然而事实上，它们却是穆斯林的作品。

——穆罕默德·伊本·艾哈迈德·伊本·阿卜杜，法学家（12世纪早期）

“智慧之家”为那些将拉丁语及希腊语作品翻译为阿拉伯语的学者提供了一个容身之所。这样一来，他们便可以在古典知识的基础之上做出突破，推动诸如数学与医药等领域的进步。

智慧之家

0
包括数字零在内的**印度**数字起源于印度。

π
数学领域的进步令人们开始使用几何与小数位数。

Ψ
亚里士多德与柏拉图所著的**哲学**与科学文献来源于被征服的古希腊土地。

ن
古希腊经典文献**阿拉伯语**版本的出现令来自古代的知识得以继续流传。

《医典》由伊本·西那（公元980—1037年，拉丁名阿维森纳）所著。这部作品为伊斯兰世界与中世纪欧洲的医学树立了标准，也在接下来的几个世纪中始终都是一部权威作品。

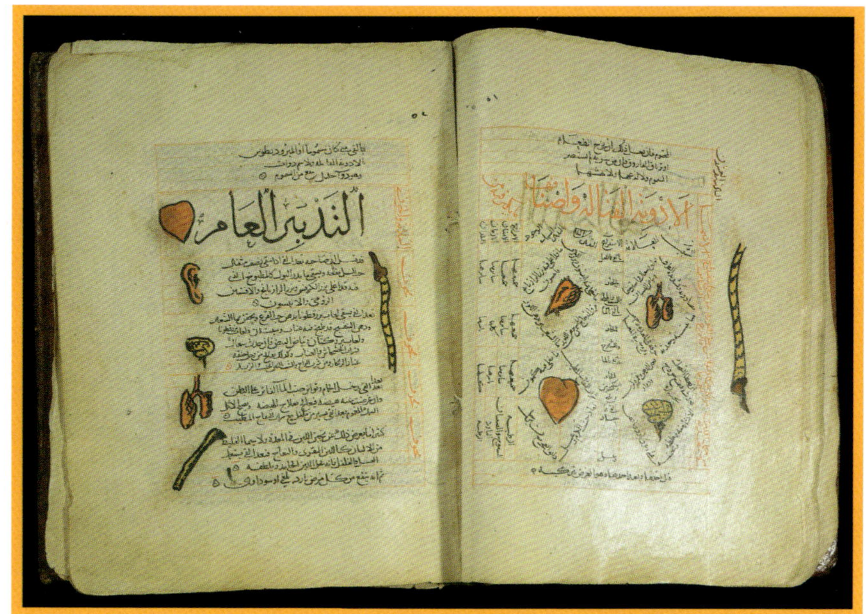

个学科的研究。公元771年，伴随着一群印度教学者的到来，另外一门智慧也促进了计算技术的提升。这些学者来到巴格达拜访阿尔-曼苏尔，还带来了印度较为先进的数学，其中包括能够用来解决代数方程的三角函数。不得不提的一点是，这些印度学者使用了十进制计数法，而后来智慧之家的一位成员阿尔-花剌子模（约公元780—830年）便在其著作《印度数字算数》中应用了这一概念。

不仅如此，阿尔-花剌子模还解释了计算平方根数的方法，并成为代数方程领域的先锋。他与同僚学者从欧几里得与阿基米德就球体与圆柱体所撰写的文章出发，在几何领域亦取得了飞速进展。

天文与医药

阿尔-花剌子模以自己对于天文的第一手观察为依据进行计算，在巴格达编纂了现存第一部每日礼拜时间表。早期的伊斯兰教天文学家自托勒密的《天文学大成》中汲取灵感，也一并接受了他将地球视为太阳系中心、其他行星依次沿着各自的轨道围绕地球进行公转的观点。此外，他们也向印度天文学家学习，翻译并完善了印度历表，还进一步改进了托勒密的体系，只有少数文献才会提及以太阳为中心的日心说。到了公元8世纪中期，天文学家开始使用星盘（将天体投射在一块标有经纬度的平面之上），而这令测量工作变得简单了许多。

到了13世纪，伊斯兰天文学的发展已经到达顶峰，而在1259年，伊朗东部的马拉盖建起了一座大型天文观测台。正是在这里，纳速拉丁·图思及其继承人对天体运行轨道出现的偏差做出了更好的解释，还使用了机械钟表，以求能够更加准确地记录下自己的观测数据。穆斯林学者同样也推动了其他许多领域的发展。他们先是以古希腊文稿的阿拉伯语译本为基础进行研究，然后再进行自己的探索。对于那些古典理论，他们并非是不加批判地全盘接受：伊本·海赛姆撰写了《光学之书》，他在这部作品中提出视觉是光线运动的结果，光线从一个物体传播至眼睛中，而非同托勒密说的那样，反向从眼睛传播至物体上。阿拉伯医生也将实践观察与理论分析相结合，不断取得进展。拉其（公元925年离世）最早对天花以及麻疹进行了解释，还编纂了一部医学汇编，开启了其后撰写此类百科全书的传统，伊本·西那（西方人常将其称为阿维森纳）所著的《医典》便是成书于这一时期的杰作。这本书于1015年左右面世，以身体不同部位的疾病或是全身性的疾病为区分，涵盖了许多独立的章节。

伊斯兰科学的传播

公元7世纪中期伊斯兰世界的扩张不仅将亚历山德里亚等古代求知的中心纳入了自己的统治，更是通过对于西班牙（自公元711年开始）以及西西里（自公元827年开始）的征战将伊斯兰世界推进到了西欧的外沿。这两个地区都蕴含着伊斯兰的智慧，尤其是伊比利亚半岛，也就是阿拉伯人口中的安达卢斯。倭马亚王朝流亡在外的王子阿卜杜·拉赫曼一世自阿拔斯革命中

在这幅阿拉伯人凭借想象创作的画稿之中，古希腊思想家亚里士多德正在向穆斯林学生传授测量太阳、月亮以及星星位置的方法。

逃离，于公元756年在安达卢斯建立了自己的王朝，而这里则逐渐吸引了许多来自东方的学者，其中的图书馆更是收藏了诸多阿拉伯语版本的珍贵古代文献。

公元967年，法国修士、学者奥里亚克的格伯特（在公元999年成为了教皇西尔维斯特二世）来到了西班牙，准备在加泰罗尼亚的一座修道院中进行为期三年的学习。在那里，他读到了许多超越了穆斯林统治之下安达卢斯边界的手稿。于是，他将许多阿拉伯的科学技术带回了法国，例如水钟与星盘，还有一种使用了小数体系的算盘。这是该系统在中世纪欧洲使用的第一个例子。这只是一个很小的开端，而在公元9世纪，意大利南部的萨莱诺建起了一所医学院。早年之中，这里只有有限几部伊斯兰书稿，但是到了11世纪末，穆斯林医生非洲人康士坦丁从突尼斯凯鲁万回到这里，同时也带回了大量手稿。他前往凯鲁万学习医学，并将阿里·伊本·阿巴斯·马居斯（西方人将其称为哈里·阿巴斯）所著的《医学全书》等作品带了回来，还在之后将一部分内容译为了拉丁语。这份译文为西方医生与学者敞开了一扇通往先进穆斯林医学知识的大门。古希腊文本直接自拜占庭帝国传到了西方，其中便包括哲学家亚里士多德的作品。然而，西班牙始终都是将伊斯兰知识传播到欧洲的通道。随着西班牙境内的伊斯兰统治区域在再征服运动的压迫之下不断缩小，材料的流通速度不断加快。基督教的收复行动迅速深入伊斯兰世界，直至1085年，卡斯蒂利亚的阿方索六世征服了托莱多。这个城市成为各国人士翻译阿拉伯作品的中心，翻译者中有英国人凯顿的赫伯特、斯拉夫人卡林提亚的赫尔曼、法国人马赛的雷蒙德、犹太学者亚伯拉罕·伊本·艾兹拉，还有意大利人克雷莫拉的杰拉德。12世纪中期，这些人将许多阿拉伯文献译成了拉丁语，内容涵盖数学、医学以及哲学。这样一来，西欧人便也可以接触到托勒密的《天文学大成》与盖伦的医学著作，还能读到阿拉伯作者在前人基础之上或撰写或总结出来的新作品，例如伊本·西那的《医典》。这套共分五部的百科全书一直到16世纪都是欧洲医学院中使用最为广泛的专著。

王室的赞助

这一将知识传入西方的过程投射出了公元9～10世纪阿拉伯语翻译繁盛时期之中伊斯兰世界吸纳古希腊文化成果的过程，贵族与皇室赞助人也在两次传播阶段中扮演了相似的角色。西西里国王罗杰二世曾在1138年将阿拉伯学者阿尔-伊德里西邀至宫廷之中，请他在伊斯兰地理与制图文献的基础之上绘制出一幅世界地图。阿尔-伊德里西耗费15年时间完成了这一工作，而那幅地图也是当时欧洲人所能寻到的最为精准的世界地图，上面的区域最东甚至已经标注到了朝鲜。伴随地图一同面世的还有一本书，名为《云游者的娱乐》。阿尔-伊德里西的赞助人可以在书中阅读到诸如婆罗洲食人族与加纳黄金贸易等许多不可思议的事情。

求知的传统

罗杰的孙子，也就是神圣罗马帝国1220—1250年的皇帝腓特烈二世延续了其祖父创立的传统，对阿拉伯文献的翻译进行资助。罗杰二世是一位通晓至少四门语言的博学大家，世人惊叹于他的学识之渊博，甚至将其称为“世界的奇迹”。他的门生之中包括翻译了亚里士多德动物学领域重要作品的苏格兰学者迈克尔·斯科特，还有被其商人家族送往北非穆斯林地区布日伊学习数学的比萨人列奥纳多·斐波那契。斐波那契在那里接触到了小数体系，并于1202年出版了《计算之书》，而这也是欧洲境内对阿拉伯数字体系记载最为详细的作品。

到了13世纪初期，阿巴斯帝国已然崩塌。这样一片广袤的帝国统治起来相当困难，加之内战不断爆发，包括西班牙、突尼斯与埃及在内的许多重要行省便纷纷脱离了帝国的统治，决心忠诚于自己的哈里发。即便是在尚未脱离阿拔斯王朝的巴格达，哈里发也只不过只是名义上的统治者罢了。真正的权力掌握在什叶派布耶王朝等王朝的手中，而自1055年起，一支发源于中亚地区的土耳其部落塞尔柱人开始掌权。阿拔斯王朝承受的最后一击来自蒙古人。他们在13世纪大举向西进发，攻入了伊斯兰世界。1258年，蒙古大汗蒙哥派兵攻打伊拉克，包围并劫掠了巴格达，还对城中的居民进行了大规模屠杀。阿拔斯王朝的最后一位哈里发穆斯台绥木遭受处决，伊斯兰世界的政治与文化权力首先移交到了开罗马穆鲁克人的手中，后来，奥斯曼土耳其人于1517年征服了埃及，便也一并掌握了权力。

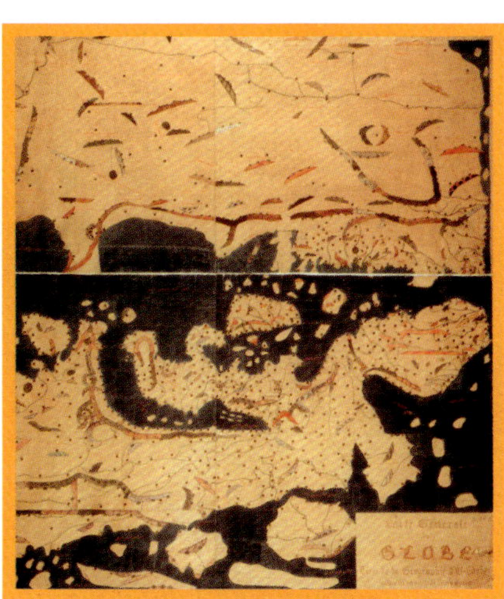

罗杰二世邀请学者阿尔-伊德里西绘制一幅世界地图，准确描绘了1138年时的世界。阿尔-伊德里西于1154年向其赞助人呈上了这张平面球体图，与之一道呈上的还有一本书。

从未有哪位王子能够像西西里的罗杰二世一样，拥有那样非凡的创造和那样神奇的发明。

——阿尔-伊德里西，约1138年

到了这时候，欧洲人已然通过对于阿拉伯文献的研究，完成了对古希腊与古罗马几乎所有学术领域的再发现。他们花了几个世纪的时间，才将这些新的知识全部纳为己用，而15世纪欧洲人对于古典文献的进一步探索更是激发了文艺复兴运动的火星。在保障古希腊与古罗马科学能够留存在伊斯兰世界的过程之中，阿拔斯王朝哈里发所创立的智慧之家起到了关键作用，令这些智慧得以在几世纪之后传向基督教笼罩下的欧洲。■

不列颠从未经历过这般恐怖的事情

维京人突袭林迪斯法恩（公元793年）

背景介绍

聚焦

维京掠夺者

此前

公元550—750年 瑞典的旺代尔时期是一段不断繁荣的时期。

公元737年 丹麦丹尼维尔克防御工事的建造体现着皇家权威的提升。

此后

公元841年 维京人在爱尔兰建立起一个永久定居点，而这里就是后来的都柏林。

公元845年 维京掠夺者沿着塞纳河不断推进，最终劫掠了巴黎。

公元867年 丹麦海盗控制了英格兰东北部的诺森比亚。

公元911年 维京人在法国北部建立了诺曼底公国。

公元10世纪 瑞典的罗斯海盗控制着俄罗斯的基辅与诺夫哥罗德。

公元794年6月，一群人在英格兰北部的林迪斯法恩圣岛上登陆，打破了这里原本平静的一天。他们对岛上的修道院发起了猛烈的攻击，杀死了许多名修道士，将其他人掳走为奴，还在逃走之前将教堂中的珍宝洗劫一空。

林迪斯法恩岛上这次残忍的突袭是最早一次有记录可循的维京人突袭，消息很快便在欧洲的基督教世界中传开，掀起了一波恐惧的浪潮。在接下来的200年中，维京人还将对这片大陆上的大部分地区发起突袭与劫掠。然而尽管如此，他们也是拥有精妙艺术文化的殖民者与商人，在其曾经侵略或是定居过的地方留下了永恒的印记。

不可阻挡的力量

在林迪斯法恩突袭发生后不到六年的时间里，维京人便将目标瞄准了英格兰、苏格兰、爱尔兰以及法国富有的基督教地区。维京人打造的海盗船是他们能够一次次取得胜利的关键，那是一种细长型的大船，底部很浅，使得船员能够一路逆流而上，也能在岸上平稳登陆。每艘船都可以容纳多达80名战士。这些战士都是由战争领主所招募的，而领主的权威则建立在其军事技能之上，以及他们能否成功为其手下夺得战利品。

维京人之所以敢于到海上冒险，还要归结于以下几个原因。在斯堪的纳维亚半岛上的一些地区之中，人口的增长或多或少地迫使年轻男人过上了海盗的生活；在其他一些地区，当地部落首领的权力不断增加，而这可能

> 野蛮人的劫掠与杀戮彻底摧毁了林迪斯法恩这片土地上上帝的教堂。
>
> ——《盎格鲁-撒克逊编年史》

参见：罗马之劫 68~69页，贝利萨留斯收复罗马 76~77页，查理曼大帝的加冕 82~83页，阿尔弗雷德大帝统治韦塞克斯 132页，克里斯托弗·哥伦布抵达美洲大陆 142~147页。

也激发了权力斗争，将弱者推向流亡的境地。此外，欧洲北部新兴的富有贸易城镇在战士们眼中简直是难以抗拒的诱惑，因为对于他们而言，若能因为自己英勇的举动而获得好的名声，这本身便无异于一笔巨大的财富。

斯堪的纳维亚半岛上出现人口**压力与政治动荡**。

听闻北海的那一端有许多**生活富足的目标**，漂泊的年轻人便纷纷选择投奔战争领主。

林迪斯法恩岛上的修道院遭到洗劫。

林迪斯法恩岛上的胜利**吸引了更多战士**，参与新一轮的突袭。

一轮轮的突袭令维京人开始在英格兰与法国地区永久定居。

征战与定居

随着维京突袭队伍的不断壮大，他们之中的许多人也开始在自己曾经侵略过的地方定居，其中便包括不列颠和法国。公元9世纪末期，英格兰分裂为许多王国，无法团结起来共同抵抗维京人的侵袭，而法国则深陷于内战的泥淖之中。

如同一盘散沙一般的对手帮助维京人征服了英格兰的北部与中部，还占领了法国北部的土地，而他们的后裔则成为诺曼人。在东部地区，维京人沿着俄国境内的河流一面进行贸易，一面继续突袭，这为他们带来了伊斯兰世界的白银，还使其与拜占庭帝国建立了联系。

到了11世纪，斯堪的纳维亚半岛上的人多数已经都皈依了基督教，也逐渐转变了生活方式，不再进行突袭和劫掠，而是更为有组织地完成定居与征服活动。1066年，挪威国王哈拉尔·哈德拉达妄图坐上英格兰王座，却最终以失败告终，而这也是以林迪斯法恩之劫为开端的维京时代的最后一段繁荣时期。■

维京人是中世纪早期西方世界之中最好的造船匠、水手，以及领航员。

维京人在北大西洋地区的扩张

维京人凭借自己对风向与潮向的了解航行于海上，发现了许多片未知的陆地。公元800年左右，他们占领了法罗群岛，并以此为踏板，继续对北大西洋地区进行探索。到了公元9世纪70年代，维京人的船只已经到达了爱尔兰，而这群开拓者也在那里建立起了一片政治上愈发独立的殖民地。

公元982年，因谋杀而被流放出爱尔兰的红发埃里克无意间发现了格陵兰岛，并在那里建立了全新的殖民地。他在海上偏离了原定的航线，来到了一片阔叶林密布，到处都是野葡萄的区域，而他则将那里命名为文兰。

文兰位于如今加拿大东部的纽芬兰地区，此后维京人又到此地进行了一系列远征，并最终在这里建立了一片面积不大的殖民地，却又很快在当地原住民颇具敌意的攻击之下放弃了这里。

罗马教会从未曾犯错

叙任权斗争（1078年）

背景介绍

聚焦

中世纪教会与教皇

此前

1048—1053年 教皇利奥九世发布教令，禁止圣职买卖与神职人员成婚，由此开启了改革运动。

1059年 红衣主教团建成，以选举新一任教皇。

1075年 拉特兰会议发布教令，宣布只有教皇才有权任命主教。

1076年 格列高利七世废黜了亨利四世，还将其逐出教门。

此后

1084年 亨利四世占领罗马，迫使格列高利七世逃亡至意大利南部。

1095年 教皇下令开启十字军东征行动，维护自己在基督教世界中的领导地位。

1122年 亨利五世在沃尔姆斯宗教协定之中几乎放弃了所有对于主教的任命与授予权。

教会就神职人员成婚问题与主教叙任权问题制定了一系列规定，然而执行过程中的松懈引发了改革的呼声。

教皇格列高利七世推动改革进程，包括禁止“平信徒授衣礼”。

皇帝与教皇就叙任权问题产生冲突；皇帝被逐出教门。

教皇在叙任权斗争中的胜利推进了改革运动，巩固了教皇权力。

在1078年的意大利卡诺萨城堡之外，神圣罗马帝国皇帝亨利四世赤脚在大雪中伫立了整整三日，乞求教皇格列高利七世的赦免。这一事件便是叙任权斗争中的高潮。叙任权斗争是皇帝与教皇之间的斗争，焦点在于世俗权威究竟能够在何种程度上干涉基督教会，而皇帝又是否有权利任命主教，并授予他们权力。

皇帝与教皇都是各自领域中的统治者，同时也相互竞争，相互争夺统领基督教世界的权威。教皇格列高利七世声称教皇在精神事务上具有最高权威，而即便是在世俗事务之中，其地位也应远高于王子。

当格列高利终于发出示意，表示自己原谅了悔罪者皇帝的时候，帝国的声望遭受了重重的一击，然而对于教会的独立而言，这却无疑是一场巨大的胜利。

教会所处的形势

11世纪初，教皇的权力正处

参见：米尔维安大桥战役 66～67页，查理曼大帝的加冕 82～83页，耶路撒冷的陷落 106～107页，奥托一世成为神圣罗马帝国皇帝 132页，马丁·路德的《九十五条论纲》 160～163页。

当亨利艰苦跋涉，穿越阿尔卑斯山脉，终于来到城堡大门之前的时候，却被拒之门外。他足足忏悔了三日，才重新为教会所接纳。

于衰落阶段。他们已经无力管理意大利之外的国家教会，也失去了自己的威信，君主纷纷开始任命自己的主教，而这一情况在德国尤其严重，那里的主教一职通常还拥有相当广阔的领地势力。人们纷纷感觉到教会已经失去了自己的根基：修道院变成了贮藏珍宝的仓库，主教开始如同世俗领主一般统治自己的领地，神职甚至变成了可以公开售卖的物品。巡回传教士开始猛烈抨击这些背叛行径，教会内部也开始听到改革的呼声。格列高利极力发扬教皇的权威。1075年，教会会议宣布只有教皇才有权任命主教或是将他们调往另一个教区。亨利在德国许多地方已然失去威信，而面对这一情况，他选择继续任命主教，还呼吁教皇让位。作为反击，格列高利将皇帝逐出教门，并宣布将其罢免。德国的贵族早已对亨利试图独揽大权的行为极度不满，而在教皇做出这样的决定后，他们觉得自己可以不必继续效忠于皇帝，便开始起身反抗。亨利深陷于教皇与贵族两方的压制之中，最终选择前往卡诺萨城堡，灰溜溜地撤退。

沃尔姆斯的最终协定

然而亨利并未一直屈服下去。叙任权的问题没有得到明确的解决，而潜在的纷争也令教皇与皇帝的拥护者之间爆发持续不断的冲突，直到1122年，亨利的儿子亨利五世同意签署沃尔姆斯宗教协定，情况才得到了好转。一方面，教皇愈发坚持自己的权力是至高无上的；另一方面，德国的贵族愈发独立。而在这样的两难困境之下，皇帝几乎对一切叙任权做出了让步。

这样的成功令罗马教廷倍感振奋，也重新得到了统一。人们更加渴望接受教育，一批大学应运而生，开设基督教教会法规学科的博洛尼亚大学便是其中之一。教皇的信心不断增长，他们残忍地处决了大量异教徒，也扫清了仪式执行过程之中的松懈与怠慢。

改革令罗马教会更为强大，在16世纪宗教改革爆发之前始终维系着统一。神圣罗马帝国的威严也受到了同等的冲击。世俗领主抓住机遇，扩大自己的权力，将整个帝国分裂成许多部分，各个领主对皇帝也不过是敷衍以对罢了。■

我，亨利，庄严上帝恩典之下的罗马皇帝，免除神圣天主教会由权戒与牧杖所赋予的叙任权，准许所有教会进行自由选举与授职。

——亨利五世，1122年

新修道主义

到了11世纪，许多人都感到修道会制定的规则已经偏离了其原本的使命，反而更加重注财富的积累，却放弃了精神的追求。包括科隆的布鲁诺在内的一些人呼吁重拾从前更为纯粹的修道主义。1084年，布鲁诺加入到格勒诺布尔附近一群隐士之中。许多人为他们的生活方式所吸引，建立了类似的组织，而这些组织后来也成为西多会的核心。成立于1098年的西多会到了1153年的时候已经拥有近350座修道院，然而随着接受过良好教育的人越来越多，人们生活越发富足，社会流动性也越来越强，这些封闭的修会已然无法完全满足社会的需求。13世纪涌现出许多托钵修会的修士，他们致力于贫穷生活，云游四方，向他人布道。阿西西的圣方济（Francis of Assisi）于1209年建立的方济各会与多明戈·德·古斯曼（Dominic de Guzman）于1216年建立的多明我会都是这一新兴使徒式修道生活的成功典范。

一个注定要主宰国家的人

源赖朝成为幕府大将军（1192年）

背景介绍

聚焦

幕府时代的日本

此前

1087年 院政时代开始：天皇自朝中退位，却依旧掌握大权，以对抗摄政者与崛起的武士阶级。

1156年 源氏首次挑战平氏，将其彻底击垮。

1180年 源氏与平氏之间的源平合战爆发。

12世纪90年代 源赖朝在各县建立自己的势力。

此后

1221年 后鸟羽天皇未能在承久之乱后重新建立帝国权力。

1333年 足利家族推翻了镰仓幕府。

1467年 应仁之乱爆发，而这也是接下来一个世纪里令日本陷入混乱的一系列战争之中的第一场。

源平合战期间，武士以骑兵方式作战；然而到了15世纪，剑，尤其是长刃武士刀却成为他们的主要兵器。

在1192年的时候，日本一位家族领袖源赖朝成为幕府大将军，而这也标志着武士这一日本军事阶层终于攀上了权力的顶峰。在此后的750年间，统治日本的始终都是一派军事领袖。

自公元7世纪中期开始，历来统治日本朝廷的都是来自藤原家族的摄政者，而天皇不过是有名无实的统治者罢了。在公元794年都城（随天皇）迁往京都之后，这一情况便更为根深蒂固。藤原家族以外的贵族无法于朝中取得晋升，只能在各县谋求职位。京都官僚与地方贵族（武士，在地方政府之中占据重要地位）之间的鸿沟不断拓宽。朝廷将最具才干的武士任命为“受领”，一方面将他

参见：安史之乱 84~85页，忽必烈征服大宋 102~103页，蒙古入侵日本与日本的反击 133页，关原合战 184~185页，明治维新 252~253页。

们束缚在朝中，另一方面也防止他们建立自己的权力基地。然而，武士却逐渐开始效忠于自己的家族以及家族中的家主，而非天皇，反而为争夺各县之中的权力根基而相互争斗。源氏与平氏家族之间爆发了一系列争斗，最终引发了源平合战，战争过后，平氏家族惨败，自此一蹶不振。

幕府

家族领袖源赖朝取得胜利后，在距离京都400公里左右的镰仓市建立了一个平行政府。他将其他家族首领纳为身边的御家人（与将军直接保持主从关系的武士），还将受领派遣至各省，进一步巩固自己的统治。1192年，源赖朝自天皇那里获得了幕府大将军的头衔，由此也成为日本真正意义上的军事统治者。

在接下来的几个世纪之中，天皇定期便会试图重新维护自己在幕府前的权威，却接连以失败告终；然而幕府也无法完全掌控武士及其战争领主，他们依旧统治着各自的区域，相互交战。日本逐渐分崩离析，每一位大名（封建领主）都有着自己的权力基地与武士随扈。

1192年建立的幕府表面上为日本带去了稳定，事实上却最终将国家引向了持续时间近150年的战国时代。1603年，内战终于结束，全新的德川幕府重新统一了日本。■

位于京都的宫廷对外界愈发漠不关心，失去了与各县之间的联系。

各县目无法纪，而这也导致了武士阶层的崛起。

大败平氏之后，源赖朝成为幕府大将军。

随着幕府权力的削弱，武士家族逐渐进入半独立状态。

幕府瓦解，权力移交至大名手中。

源赖朝

源赖朝是清和天皇的后人，也是源氏家族的继承人。1159年，源氏家族在内战中为平氏家族所摧毁。战后，失去了亲人的源赖朝被流放至伊豆的蛭小岛上。他在这里度过了二十年的光阴，后来才对平氏发出了战争的号令。源赖朝在镰仓建立了根据地，并开始从这里积聚力量，组织战争领主与武士，组成独立的政府。

1185年对战平氏过程中的一场决定性胜利锁定了源赖朝的军事胜利，也使其成为毋庸置疑的日本领袖。

源赖朝制定了一系列政策，缓和军事领主与朝中贵族之间的矛盾，还建立起一套治理体系，而这套体系很快便发展为中央政府。然而，源赖朝此后却将大部分精力投入到了镇压那些尚未臣服于源氏统治的家族之中。

王国所有臣民皆应享有上述所有自由、权利与许可

《自由大宪章》的签订（1215年）

背景介绍

聚焦

臣民权利的发展

此前

1100年 亨利一世发布的《加冕宪章》承诺废除不公正的压迫。

1166年 克拉伦登法令以牺牲贵族法庭为代价，增加了皇室的司法权。

1214年 诺曼底在布汶战役中失守；贵族对战争的代价颇为不屑。

此后

1216年 亨利三世即位时再次发布了《自由大宪章》，而另一次再发布则是在1225年，以此换取征收新税的权力。

1297年 爱德华一世再次批准了《自由大宪章》，并将其写入成文法。

1970年 一项建议撤销古代成文法的法案却保留了《自由大宪章》中的四项条款，其中便包括第39项。

英王约翰于1215年6月15日在泰晤士河畔的兰尼米德草坪上正式签署了一份宪章。《自由大宪章》旨在缓和国王与一部分反叛贵族之间的矛盾，且这份文件在最初的时候并未发挥多大的效力。然而，它却维护了臣民的权利，使其可以免受王国专断暴行的伤害，这也是法治的基本原则。即便是在800多年以后，人们始终都将《自由大宪章》中所描绘的蓝图视作英国以及其他地区对于权利的基本保障。

《自由大宪章》之中包含与皇家森林相关的条款：领主的目的是在英格兰森林法之下限制国王的权力，调整森林的边界，并对官员进行调查。

封建社会

1199年英王约翰即位之时，英格兰尚处于封建社会阶段，实行以土地为基础的等级制度，而身处最高一级的便是英王，拥有国境之内的所有土地。领主（贵族）忠诚于国王，并为其提供军事服务，以此换取土地。之后，他们再将土地租借给自己的武装侍从，侍从再将土地租借给农民。然而当时的君主，尤其是英格兰的君主，以越来越多的名目向领主征收税款，还向他们施加额外的经济负担。自亨利一世（1100—1135年）统治时期开始，英格兰国王始终致力于将权力收归至自己手中，其手段之一便是建立一系列皇家法庭。这些法庭通过罚金以及收费等方式，为皇室筹募资金，然而这却损害了领主的利益，因为在此之前，他们都是从本地区的法庭筹募资金的。

参见：耶路撒冷的陷落 106~107页，诺曼人征服英格兰132页，卡斯蒂永战役 156~157页，查理一世遭受处决 174~175页，《独立宣言》的签署 204~207页，攻占巴士底狱 208~213页。

英王约翰的苛税

英王约翰的要求越发苛刻，而领主的不满情绪亦逐渐累积。1200—1204年，英格兰在同法国对战的过程中不仅耗资巨大，还丢掉了诺曼底。“兵役免除税”这一项额外的征收使得许多领主在放贷人那里负债累累，也令众人愤恨不已。国王不仅在战事问题上十分无能，还打破了自己与领主之间心照不宣的合约，使其无法依照自己的心意管理自己的土地。

起身反叛的领主决定与国王进行正面对抗，并希望能够获得教皇（于1209年将约翰逐出教门）的支持。最初使用的外交手段并未奏效，而到了1215年5月，领主已经占领了伦敦，强迫约翰与己方缔结条约，避免内战的爆发。在坎特伯雷大主教斯蒂芬·兰顿的慎重谈判之下，双方终于签署了一份协定，而这份协定也更像是一份休战协定，而非和平协定。

宪章条款

签署的这份宪章被称为《自由大宪章》，以将其与1217年那份更具局限性的《森林宪章》相区别。《自由大宪章》的大部分内容都是为了平复领主的不满，然而最具影响力的部分却是宪章的第39项。这一开放性条款保护所有“自由人”。《自由大宪章》签署后不久，英格兰便爆发了内战；除此之外，教皇也在1215年8月推翻了宪章中的条款，并将领主逐出教门，然而，宪章却一次又一次地幸免于难，得以留存至今。1354年，爱德华三世颁布的一项法律扩充了宪章中的第39条，不仅保护“自由人”的权利，而是保护所有人的权利。相较于包括“允许领主在国王未能履行宪章规定义务的前提下夺取所有土地”这一项在内的其他条款，第39项条款在更为长久的一段时间里，始终接受住了考验。■

《自由大宪章》的影响

作为臣民权利的宪法基石，《自由大宪章》几乎已经登上了神话一般高不可攀的地位。13世纪以来，它促进了英国议会的发展，而17世纪中的叛乱者还利用这一文件来反驳斯图亚特王朝君主查理一世（Charles Ⅰ）与詹姆斯二世（James Ⅱ）所提出的君权神授理论。在一些美国殖民地中，宪章中的某些条款便是以《自由大宪章》为基础而制定的，而在美国独立战争前期马萨诸塞州所选用的印章上，我们也能看到一名卫兵一手持剑，一手拿着《自由大宪章》的图案。美国人相信，君主违背了所有英格兰臣民均应享有的基本法，而这也激发了他们的革命情绪。这份文件对政府的权力加以约束，防止其在统治臣民的时候过于专断，而此后1789年正式得到通过的美国宪法与两年之后的《权利法案》也都曾受到《自由大宪章》的影响。

就武力、土地与财富而言，他无疑是有史以来最强大的人

忽必烈征服大宋（1279年）

背景介绍

聚焦

蒙古人的统治

此前

1206年 成吉思汗建立蒙古帝国。

1215年 成吉思汗对北方金朝的都城中都（如今的北京）进行了劫掠。

1227年 成吉思汗去世，帝国分裂为效忠于一位大汗的数个小规模汗国。

1260年 忽必烈自封为大汗。

1266年 忽必烈下令重建中都，并将其重新命名为汗八里。

此后

1282年 忽必烈手下腐败的宰相阿合马遭汉人刺杀。

1289年 大运河的南向扩建完工。

1368年 蒙古人被逐出中国，汉人掌权的明朝登上历史舞台。

1279年3月，蒙古战士横扫中国南部，攻下了宋朝的最后几块要塞。这次胜利预示着元朝的崛起，也标志着蒙古在70年的时间里，迅速从中亚地区一个鲜为人知的游牧部落步入巅峰，发展为一片辽阔帝国的主宰者，其疆域更是从中国一直延伸至欧洲东部。如今，蒙古人面对的重要挑战便是如何从之前那个居无定所的部落人转变为安居稳定的征服者。

蒙古人的崛起

13世纪刚刚开始的时候，蒙古人由许许多多相互为敌的家族所组成。然而，1206年，铁木真，也就是后来的成吉思汗，自封为统一蒙古国的统治者。他精明而又无情，将其子民的注意力自家族内部斗争之中转移出来，并引导他们将精力放在更为有利可图的侵略行为上，先是攻打相邻的草原部落，之后又将目标转向波斯、俄国以及中国北部（1219—1223年）等更加有组织的国家。他为蒙古游牧部落布下了合理的军事结构，还对蒙古人自游牧式生活中收获的技能加以利用：蒙古人普遍精于骑马，士兵都是机动作战的好手，擅长以破坏性的力量与闪电般的速度突袭敌人。

蒙古人的统治

成吉思汗的孙子忽必烈自1260年开始统治中国，然而事实证明，统治者很难调和蒙古人游

纸币是由中国人在公元*800*年左右发明的。到了元朝，银票（诸如上图那张*1287*年的银票）便由政府统一发行。

参见：始皇帝统一中国 54～57页，安史之乱 84～85页，马可·波罗抵达上都 104～105页，洪武帝建立明朝 120～127页，蒙古入侵日本与日本的反击 133页，三藩之乱 186～187页。

忽必烈

忽必烈（1215—1294年）是成吉思汗的孙子，曾为其于1251年登基为大汗的长兄蒙哥治理中国北部地区。忽必烈主张恢复中原式统治方式，而这令许多蒙古人倍感不满，险些致使其在1258年遭到革职。然而，蒙哥之死令忽必烈在1260年坐上了大汗之位。在他所建立的官僚体系之中，大部分官员都是汉人，但他同时也将达鲁花赤（一种由蒙古人担任的官职）安插在重要的城镇，以确保这些地方是忠诚于帝国的。忽必烈采取了一系列措施复兴经济，最初还实行宗教宽容政策，将包括马可·波罗（Marco Polo）在内的许多外国人迎至朝中，以汲取他们所掌握的知识与技术。在中原地区取得胜利后，忽必烈还曾派兵征战日本、安南（越南）、缅甸以及爪哇；然而，蒙古军队在这些地方就算没有铩羽而归，也同样未能建立起长久的蒙古政权。在其离世之前的那一段日子里，忽必烈颇不得志，整日酗酒，还出现了肥胖问题，出行不得不依靠轿辇，被人抬往最终的战场。

牧式传统与被征服地区的复杂文化。草原上老式的松散阶级难以满足国境之内大城市的统治需求，而劫掠带来的即时报偿很快便被有效统治及税收所带来的延迟效益所取代。这样一来，许多蒙古人便开始怀念从前的生活。为安抚国民的情绪，忽必烈为他们提供了相较本地中原人而言更多的权利与优待。与此同时，为争取传统中国上层阶级的支持，他还提拔了许多儒家学者，出资建立道教寺庙，并命其子学习佛经。此外，他也设立了许多学堂，让农民接受教育，还引进了蒙古的邮递系统，用马匹与驿站将整个帝国连接起来，也为商人提供了便利。

帝国的终结

当时的中国北部急需稳定，而这也将忽必烈征服南边宋朝的计划推迟到了1268年。尽管蒙古人最终还是取得了胜利，然而这场历时11年的战争却耗资巨大。蒙古人为保有自己战士的特性，需要依靠掠夺战利品来资助自己庞大的军队。忽必烈的继任者未能找到方法，在保有战士们战斗特性的同时将权力完全掌握在自己手中，于是，蒙古军队逐渐衰落。在经历了长达数十年的饥荒、流行病与朝中腐败之后，1368年，忽必烈的后人在一次叛乱之中被明朝建立者朱元璋率领的军队所击败。这样一来，一个多世纪之后，中国又重新回到了汉人的手中。■

成吉思汗统一了大量蒙古的游牧部落。

其余部落或归顺了蒙古，或为其所征服。

蒙古人逐渐强大起来，足以征服像中原这样先进的国家。

蒙古统治者很难一面维系自己的游牧式生活，一面管理如此广袤的疆域。

蒙古人失去了军事战斗力；帝国最终崩塌。

我所讲述的尚不及我见闻的二分之一，因为我知道，没有人会相信我说的话

马可·波罗抵达上都（约1275年）

背景介绍

聚焦

国际贸易的兴起

此前

公元前106年 第一支全程走完了丝绸之路的商队将中国使节带到了帕提亚。

公元751年 中国军队在塔拉斯河的战败阻碍了中国沿丝绸之路的西向扩张。

1206年 成吉思汗统一了蒙古各部落，开启了蒙古对于中亚和中国的征战之路。

此后

14世纪40年代 黑死病沿丝绸之路蔓延，并于1347年传播至欧洲大陆。

1370—1405年 帖木儿大规模征战，短暂地复兴了蒙古帝国与丝绸之路。

1453年 奥斯曼土耳其帝国占领君士坦丁堡，阻塞了欧洲通往亚洲的陆路通道。

传统强国的崩塌**危害**了中国到中东之间的**长途贸易**。

蒙古人占领了丝绸之路途径的土地，**增强**了该线路的**安全性**。

丝绸之路上的贸易往来不断增多，吸引了包括马可·波罗在内的许多欧洲商人。

蒙古帝国统治的崩塌以及奥斯曼土耳其帝国的崛起令沿线地区的**安全性大打折扣**。

欧洲强国纷纷开始寻找通往东方的**海上贸易线路**，以**替代**传统的丝绸之路。

1275年，威尼斯商人马可·波罗（Marco Polo）到达了忽必烈大汗统治之下的都城上都，结束了自己一段长达四年的旅途。他一路沿着丝绸之路从意大利来到了蒙古帝国的都城上都。丝绸之路是古时候一段路网，几世纪以来一直承担着中国与欧洲之间珍贵货物运输的职能。最初，在公元前2世纪末期的时候，当中国的汉朝打入中亚之时，丝绸之路便成为贸易的中转之地。自那以后，玉石、丝绸等货物开始由一批批的商人率领着一支支的商队运往西

参见：乔达摩·悉达多宣扬佛教 40～41页，忽必烈征服大宋 102～103页，洪武大帝建立明朝 120～127页，《托尔德西里亚斯条约》148～151页，苏伊士运河的修筑 230～235页。

方，而西方则将毛皮、黄金与马匹等货物运送至东方。同时，火药、纸张，以及磁罗盘等中国发明也沿着该路线一路向西，最终到达丝绸之路的西端君士坦丁堡和黑海港口，在那里进行交易的则主要是热那亚商人和威尼斯商人。

蒙古复兴丝绸之路

到了13世纪，那些控制着丝绸之路各段的帝国逐渐分崩离析，这增加了商旅在该路线上运送货物的风险，也因此令许多商人对其望而却步。然而，1205—1269年，随着蒙古人一步步占领了该地区，丝绸之路便基本被纳入了大汗的单一控制之下，这样一来，商人们就能够在不离开蒙古地界的前提下，从汗八里（如今的北京）一路前往巴格达了。这般重新得来的稳定环境也促进了贸易的复兴。

大约在这段时间前后，欧洲商人的视野也在逐渐开阔。中世纪早期，经商者只能在本地活动，并将自己的货物运送至长途贸易路线的交界之处。自12世纪开始，诸如比萨、热那亚，以及威尼斯等意大利城邦率先开启了穿越地中海东部的海上贸易，这使得各地的商人能够直接通过连接了西亚和埃及的海上路线，穿越印度洋到达中国。

利用“蒙古和平”这一机遇，商人们能够获取巨大的利润。在13世纪末，组建一支商队或许要花费3500弗罗林，然而，一旦商人们成功地将货物售卖至中国，便可获得7倍的利润。到了1326年，中国主要港口“刺桐”（泉州）已随处可见热内亚商人的身影。

那些来自印度的奇珍异宝——宝石、珍珠，以及其他的珍品被人悉数带到了汗八里，每天都会有成百上千车的丝绸运送至汗八里。

——马可·波罗，约1300年

陆上贸易的衰落

在接下来的一个世纪里，丝绸之路持续繁荣。然而，1335年蒙古帝国伊尔汗国的灭亡以及1368年蒙古统治之下元朝的倾覆又一次令丝绸之路为弱国所分割。与此同时，丝绸之路西端伊斯兰国家奥斯曼土耳其帝国的崛起也阻塞了这条线路，令欧洲商人无法通行。

通过长途贸易交易奢侈品以换取利润的滋味令欧洲强国开始探索另一条替代性的丝绸之路（这条线路如今已不复存在），这一次，他们将目光锁定在了海上。1514年，葡萄牙商人到达了中国广州附近的海面，迫切希望能够再次与中国建立起前人马可·波罗在两个半世纪之前开拓出来的直接贸易连接。■

马可·波罗

马可·波罗（1254—1324年）在自己年仅17岁的时候便从威尼斯出发，来到了蒙古大汗忽必烈的领土之上。同他一道前往那里的是马可·波罗的父亲和叔叔，二人此前都曾到过中国，忽必烈还曾托付他们向教皇带信。蒙古人给予了马可·波罗极高的礼遇，而他也在中国待了17年之久。这段时间里，他游遍大江南北，效力于大汗，最终于1291年前后回归故国。

1298年海战之时，热那亚人擒获了马可·波罗，还将其拘禁起来。这期间，马可·波罗口中那些自己在大汗领土上旅居的经历吸引了狱友鲁斯提契洛（Rustichello），他将这些内容一一记录下来，并在这过程之中对其加以渲染。最终的成书曾被翻译为多种语言，其中那些与13世纪末期中国相关的信息更是弥足珍贵。马可·波罗出狱后回到了威尼斯，并在那里度过了自己的余生。

那些时至今日仍旧在为几枚硬币而财迷心窍的人获得了永恒的奖赏

耶路撒冷的陷落（1099年）

背景介绍

聚焦

十字军东征

此前

639年 一支穆斯林军队占领了耶路撒冷。

1009年 哈里发哈基姆下令摧毁耶路撒冷的圣墓教堂。

1071年 塞尔柱土耳其人击败并俘获了拜占庭皇帝罗曼努斯·戴奥吉尼斯。

1095年 拜占庭皇帝阿莱克修斯派人向教皇求助。

此后

1120年 圣殿骑士团建立。

1145年 第二次十字军东征开始。

1187年 穆斯林领袖萨拉丁占领耶路撒冷，开始了第三次十字军东征。

1198年 波罗的海十字军东征。

1291年 穆斯林军队再次征服了巴勒斯坦与叙利亚。

得胜的十字军涌入耶路撒冷，残酷地从法蒂玛王朝手中夺下这座城市，由此奠定了新王朝的基础。

在历时一个月的攻城战之后，15000余名基督教骑士于1099年7月15日涌入了耶路撒冷。得胜的十字军大举屠杀穆斯林守卫者与犹太人，而这一血腥的暴行便是此后两百年间穆斯林与基督徒在圣地交战的开始。

捍卫基督教

公元639年，耶路撒冷落入穆斯林手中。尽管对于拜占庭帝国与西欧而言，耶路撒冷都是他们的圣城，然而君士坦丁堡的拜占庭皇帝与西欧的基督教国王既没有足够的政治意志力，也缺乏军事实力，无法将其抢夺回来。到了11世纪，塞尔柱土耳其人这一新兴民族的军事推进却破坏了通往耶路撒冷的朝圣之路，他们后来又在曼齐克特击败了拜占庭帝国，很有可能便会将基督教的边沿推回至君士坦丁堡的大门之外。1095年，皇帝阿莱克修斯派遣密使向教皇乌尔班二世求

参见：穆罕默德领受天启 78~81页，巴格达的建立 86~93页，叙任权斗争 96~97页，格拉纳达的陷落 128~129页，君士坦丁堡的陷落 138~141。

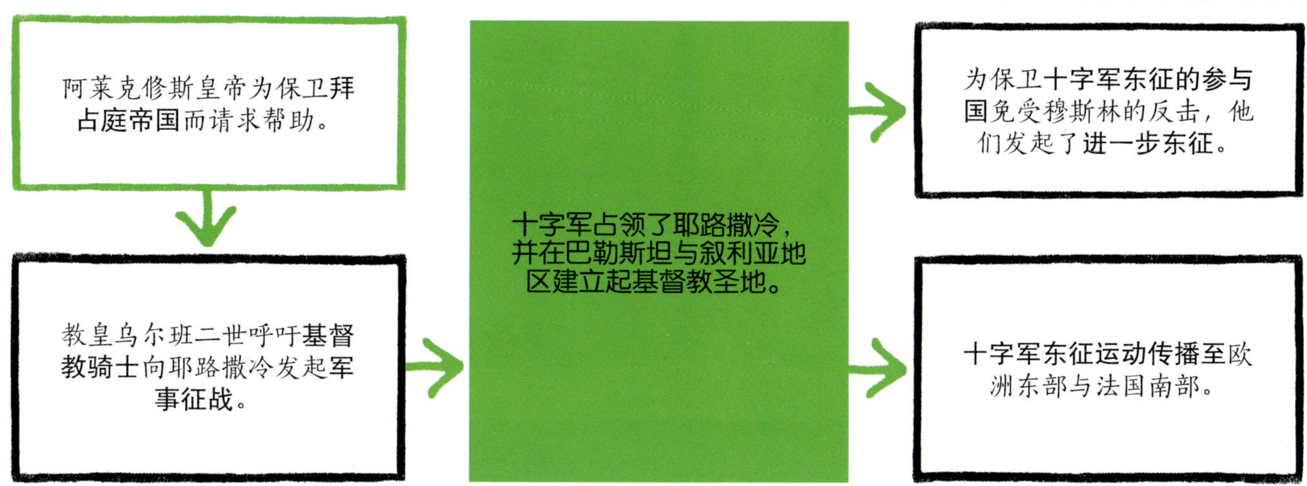

助，为拜占庭帝国的反击提供支持。

正义之战

教皇乌尔班欣然抓住这一机遇，以提升教皇的权威。在1095年的一次布道之中，他向人们描绘了圣地那里针对基督徒的残暴行径，呼吁发动远征，拯救那里的信徒。基督教战士响应号召，团结在一起，迫切希望参与到这一所谓以上帝之名而发起的正义之战中，一来求取救赎，二来掠夺财物。

1096年，十万名左右的圣战骑士（其中大多都是法国人与诺曼人）浩浩荡荡地出发了。前往耶路撒冷的征途十分漫长：十字军战士屡次在塞尔柱土耳其人手中受挫，而漫长的安提阿攻城战也极大地挫伤了军士们的士气，然而，他们依旧继续向前推进，并最终在法国骑士布永的戈弗雷的率领下攻下了圣城。

十字军在其所征服的地区中建立了四个国家，分别位于埃德萨、安条克、的黎波里和耶路撒冷王国，并将这些地方统称为“海外之地”。为抵挡穆斯林激烈的反击，十字军建筑了密集的防御工事，其中包括波弗特城堡、马尔加堡以及骑士堡，垄断了通向圣城的战略通道。随着最初的东征激情逐渐减退，海外之地开始出现人手不足的情况。解决这一问题的途径之一便是组建圣殿骑士团与医院骑士团等东征组织，誓愿保卫圣地。

一个与上帝绝不相容的民族入侵了基督徒的土地，用长剑、劫掠与熊熊火焰降服了这里的人民。

——教皇乌尔班二世，1095年

此后的东征

然而，即便是这样也还远远不够。1144年，穆斯林军队攻占埃德萨，第二次十字军东征开始了。在这一次东征以及1187年为缓和耶路撒冷所遭受的毁灭性打击而发起的第三次十字军东征之中，法国国王路易八世、英格兰国王理查一世，以及神圣罗马帝国皇帝腓特烈·巴巴罗萨等君主纷纷担起领袖之责，而这两次十字军东征也因此动员了更多的参与者。

到了1270年，基督教世界已先后发动了八次东征，其行动涵盖了对北非穆斯林地区的袭击、再征服运动（基督教再次征服西班牙的一众伊斯兰酋长国）、远征欧洲东部铲除异教组织，甚至还包括法国南部清洁派等基督教异端分子。

1244年，耶路撒冷最后一次落入穆斯林手中。1291年，圣城中的最后一个十字军大本营阿克里城被马穆鲁克所征服。■

巨人的杰作

吴哥窟的建造（约1120年）

背景介绍

聚焦

中世纪东南亚

此前

约公元700年 三佛齐王国的统治范围涵盖了苏门答腊岛的大部分地区、爪哇岛西部，以及马来半岛。

公元802年 阇耶跋摩二世建立了高棉帝国。

此后

1177年 占婆国入侵并摧毁了吴哥城。

1181—1220年 阇耶跋摩七世驱逐占婆人，再造了高棉帝国的光辉。

约1250年 首个统一的泰国王朝建成，都城设立在素可泰。

1293年 爪哇的新柯沙里国统治者击败了蒙古人，终结了他们进一步向东南亚扩张的势头。

约1440年 尽管吴哥窟始终都是佛教朝圣者的朝拜之地，吴哥城却遭到了废弃。

12世纪初，包括柬埔寨以及越南、老挝和泰国部分地区在内的东南亚大陆大部分地区都处于高棉帝国的统治之下，而帝国的都城便设在吴哥。这是一座令人惊叹的综合性城镇，城内建有居住区域、寺庙以及蓄水网络，而这全部都是数位神王的杰作，他们作为印度教湿婆神在人间的代理人，统治着这一片区域。

1120年前后，高棉国王苏耶跋摩二世下令建造一项极具野心的项目——修筑一座占地200公顷的寺庙群落，一方面将其献给印度教神明毗湿奴，另一方面也可以昭显国王的功绩。这座壮观的建筑吴哥窟于三十七年后落成，四周环绕着宽阔的护城河，里面装点着形似莲花的宝塔，还有一条八百米长的游廊，上面雕刻着精美的浮雕画作，讲述着印度神话与国王作为毗湿奴化身的故事。

吴哥窟彰显出高棉帝国这一东南亚历史上最强大国家的惊人生产力与创造力，然而其建成的同时也是帝国衰落的开端，此后，高棉帝国不断遭受外邦入侵与贸易转移的影响。在阇耶跋摩七世的统治之下，帝国开始复兴。然而，他将大乘佛教定为国教，还在吴哥城大肆修筑建筑，最终，在阇耶跋摩七世于1218年离世的时候，帝国已然奄奄一息。

> **佛陀亲自装点了这些巨大的石柱与门楣。**
>
> ——周达观，元朝使者

外部影响

在公元10世纪逐渐走向尾声的时候，高棉帝国在现今柬埔寨、缅甸、爪哇群岛以及印度尼西亚苏门答腊岛那些新兴的一众强国之中可谓是一枝独秀。当

参见：忽必烈征服大宋 102~103页，马可•波罗抵达上都 104~105页，洪武帝建立明朝 120~127页，北部湾事件 312~313页。

时，这些国家同印度和中国进行贸易交流，而这样的交流则在国家的形成过程之中对其社会产生了深刻影响。他们先是通行于孟加拉湾的海上重要贸易路线，再踏上马来半岛的陆上通路，最后回到海上的泰国湾，进入中国南部地区。这样的贸易网络不仅能够令东南亚各国之间进行稀有木材、象牙以及黄金等商品的互换，还将印度和中国的想法、观念以及印度教、佛教等宗教带入了这一地区的文明之中。

海上帝国

尽管高棉帝国在东南亚大陆地区占有绝对统治地位，然而在印度尼西亚群岛，以苏门答腊巨港为都城的三佛齐帝国却通过控制中印之间马六甲海峡与巽他海峡这两条通路牢牢掌控着商业往来。长久以来，这里通过香料贸易，尤其是欧洲、印度和中国都有很大需求的肉豆蔻贸易逐渐积累财富，但是到了12世纪末，这里便仅仅是一个小小的王国了。

13世纪末期，中国皇帝忽必烈率领蒙古军队入侵了越南、爪哇和缅甸，尽管这些侵略并未取得成功，但是在此之后，高棉王朝还是失去了泰国东部的领土。15世纪早期，占婆国（位于如今的越南）与大城府（位于如今的泰国）的军队进一步攻占高棉帝国，帝国领土不断缩小。1431年，大城府攻下了吴哥城，后来都城又被迁至沿海地区，于是，苏耶跋摩二世建造的这座宗教建筑杰作便逐渐淹没于密林之中。■

在欧洲人于19世纪末重新发现了吴哥窟之后，这里便在数十年间始终遭受着劫掠以及游客无序参观的破坏；1992年，吴哥窟被联合国教科文组织列为世界文化遗产。

苏耶跋摩二世

作为高棉帝国最伟大的国王之一，苏耶跋摩二世于1113年杀死对手之后即位为王，使得柬埔寨在经历了几十年的动荡之后重新获得了统一。即位之后，他迅速修复了柬埔寨与中国之间的外交关系，并在1128年成功使自己的王国成为中国的附属国，以起震慑作用，免受邻国的攻击。苏耶跋摩是一位好战的统治者，他在1123年至1136年向大越，也就是如今的越南发动了战争，还在1145年攻打了高棉帝国东边的宿敌占婆国。此外，他也将帝国的边境推向了泰国深处，还向缅甸蒲甘王国发起了进攻。

苏耶跋摩二世不仅下令修筑了让人心生敬畏、也直至今日仍是世界上最宏伟宗教建筑的吴哥窟，还在都城伫立起了许多同样风格的寺庙。然而，他在政治以及军事上取得的成就便没有这般不朽了——当1150年苏耶跋摩在同占婆国的对战的过程中离世时，帝国已经因内战而遭受了极大的震动，摇摇欲坠。

每一名宫廷贵族与皇室官员都收到了他送上的大把黄金

曼萨·穆萨赴麦加朝觐（1324年）

背景介绍

聚焦

西非伊斯兰教与贸易

此前

约公元500年 加纳王国崛起。

1076年 穆拉比德人征服了加纳，还在自西班牙至萨赫勒之间的地区建立起一座伊斯兰帝国。

1240年 松迪亚塔建立起穆斯林马里帝国，占领了加纳，还控制了那里具有战略意义的盐矿、铜矿和金矿。

此后

1433年 马里丢掉了廷巴克图城，后者则并入了加奥的桑海帝国。

1464年 桑海帝国国王桑尼·阿里开始扩张帝国，而马里的疆域则继续缩小。

1502年 马里为桑海帝国所击败。

自公元9世纪起，跨越撒哈拉沙漠的贸易交流逐渐兴起，伊斯兰教也随之传播至西非地区。

曼萨·穆萨的朝觐展现了穆斯林马里王国的财富与力量。

马里吸引了许多来自其他伊斯兰国家的穆斯林学者，并逐渐成为伊斯兰文化的中心。

即便是在马里王国崩塌之后，伊斯兰教仍旧持续扎根于西非地区。

14世纪初，西非的穆斯林王国马里控制着各国车队穿越撒哈拉沙漠的贸易，以此获取巨大的利益，而在这笔钱的资助之下，国家无比富有的统治者曼萨·穆萨（在位时间：1312—1337年）赴麦加进行了一次极尽奢华的朝觐，在这以后，马里迅速登上世界舞台。这位皇帝历时一年的远征成为伊斯兰世界，乃至欧洲地区的一个传奇，而此后他在国内对于伊斯兰文化以及知识的推广也标志着信仰已然逐渐渗透进了这个西非地区的贸易帝国。

非洲贸易与伊斯兰教

公元5世纪前后，在萨赫勒（撒哈拉沙漠以南的一片半干旱

参见：穆罕默德领受天启 78~81页，巴格达的建立 86~93页，阿克巴大帝的征战 170~171页，英国皇家非洲贸易公司的成立 176~179页，《废除奴隶贸易法案》 226~227页。

（曼萨·穆萨的）捐赠淹没了整个开罗，他们进行黄金交易，直到黄金在埃及已不再珍贵，金价开始下跌。

——捷哈·乌马里，阿拉伯历史学家（1300—1384年）

地区）的边缘地区，一些国家已逐渐成形，加纳王国便是最早建成的国家，后因盛产黄金而得名“黄金之乡”。公元7世纪，阿拉伯人征服北非地区，伊斯兰国家对于西非的黄金与奴隶有着巨大的需求，而这也进一步刺激了跨越撒哈拉沙漠的贸易交流。在此期间，穆斯林商人逐渐涌入尼日尔河与塞内加尔河上游地区之间，也一并将伊斯兰教带到了那里。

然而，平和的贸易交流却很快为征战所取代。1076年，摩洛哥柏柏尔人建立的王朝穆拉比德一路向南，攻陷了加纳的都城，彻底粉碎了该国在这一地区建立起的威望。

加纳的衰落为马里的崛起提供了可乘之机。马里建立在尼日尔河上游地区，于13世纪中期开始扩张。在曼萨·穆萨的统治之下，马里与埃及以及北非地区其他重要的贸易中心建立了贸易联系，将食盐、黄金和奴隶送往北边，换取纺织品和手工制品，同时从中获取巨额利润。国家逐渐走向权力的巅峰，国境面积之大更是超越了从前。

学术的中心

曼萨·穆萨并不是第一位前往麦加朝觐的西非统治者，然而其随从人数之多却令旁人惊叹不已：曼萨·穆萨共携带了六万余名随从。这样庞大的队伍极大地昭显了他的财富。

然而，这次远征的意图远不止于宣扬马里的威望。国王在回程途中邀请了数位穆斯林学者以及一位才华横溢的建筑师阿布·伊沙克·萨赫利与自己同行。在曼萨·穆萨的领导之下，廷巴克图凭借其优越的地理位置（地处沙漠贸易线路与尼日尔河水上贸易线路的交汇点上）成为马里最主要的商业中心，并逐渐成长为该地区的学术与宗教之都。萨赫里所建的桑科拉清真寺周边逐渐形成了一片教学中心，为著名的桑科雷大学以及其他伊斯兰学校的建成打下了基础。

曼萨·穆萨离世后，权力移交至其子手中。在此时期，马里曾经历短暂的繁荣，然而，统治者的软弱无能、外敌的进犯，以及防御部落反叛的需求却逐渐削弱了帝国的实力，致使其最终为加奥的桑海帝国所蚕食：到了1550年，这里已然不再是从前那个强盛的帝国了。尽管曼萨·穆萨统治之下这个14世纪中最为繁荣的国家只是昙花一现，然而他的朝圣之行却有着经久不衰的影响力，率先将伊斯兰文明传播到了西非地区。■

曼萨·穆萨的朝觐吸引了欧洲地图绘制员的注意：在这幅绘制于1375年的加泰罗尼亚地图之中，皇帝的手中正拿着一块金条和一支黄金权杖。

注：此插图系原文插图

让太阳饮下敌人的鲜血

特诺奇提特兰的建立（1325年）

背景介绍

聚焦

阿兹特克与印加帝国

此前

约1200年 印加文明在秘鲁的库斯克山谷中诞生。

约1250年 阿兹特克人来到了墨西哥谷。

1300年 阿兹特克人在库尔瓦坎国王的土地上定居。

1325年 阿兹特克人离开库尔瓦坎，逃向南边，来到了特斯科科湖地区。

此后

1376年 阿克玛皮奇特里成为了阿兹特克的第一位统治者。

1428年 印加帝国开始扩张。阿兹特克三国联盟建立。

约1470年 印加人占领了奇穆文明的中心奇穆王国。

1519年 西班牙人到达墨西哥。

1532年 西班牙人到达秘鲁。

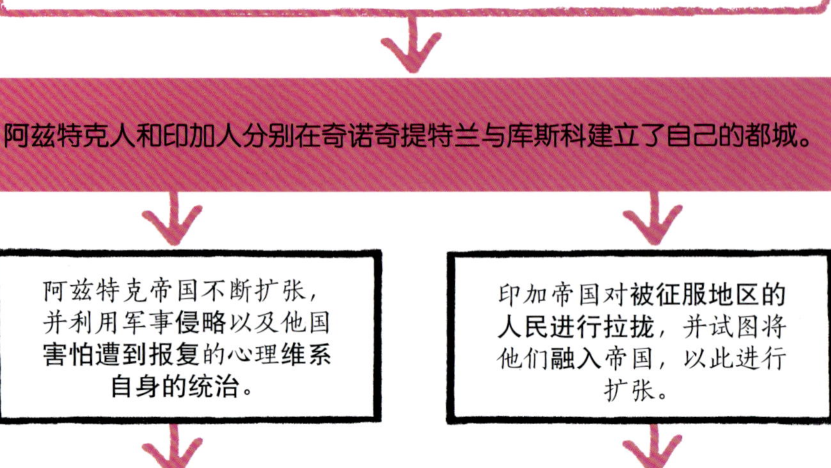

1325年，一群名为阿兹特克人的中美地区流亡武士看到了守护神维齐洛波奇特利在许久之前做出的预示——一只雄鹰栖息在仙人掌之上，而这里便是他们应当落脚的地方。不久之后，他们建起了一座神庙，这座神庙则在后来成为都城特诺奇提特兰的中心。在不到两个世纪的时间里，这座城市的周边便建立起了中美洲历史上最为繁盛的帝国。帝国建立在前哥伦布时期文化的基础之上，疆域无比辽阔，从如今的墨西哥中部地区以南一直延伸至伯利兹、危地马拉、萨尔瓦多、洪都拉斯、尼加拉瓜以及哥斯达黎加北部。同一时期之中，印加帝国的都城库斯科也在逐渐崛起。印加人来自安第斯山脉地区，从一无所有开始发展，在短短几十年的时间里便建立起了南美洲历史上最为庞大的帝国。

阿兹特克的基石

大约在1200年，阿兹特克人便开始在墨西哥北部地区流浪。在接下来的一百年中，他们或是去做雇佣兵，或是栖身在他人的居住地之中，勉强维系生存，而他们残酷善战的名声对改善自己的处境也没有起到丝毫帮助。阿兹特克人有时会用活人进行献祭，而在犯下这样的暴行之后，他们通常便不得不选择逃亡。事实上，他们也正是因为这样的原因，才来到特诺奇提特兰。当时，阿兹特克人寄居在库尔瓦坎人的土地上。他们询问库尔瓦坎国王，是否愿意将女儿嫁给己方的首领。在国王看来，假若女儿能够当上王后一定是一件十分光荣的事情，于是便同意了阿兹特克人的请求；然而，他惊恐地发现阿兹科特人残忍地杀害了自己的女儿，还将其剥皮献给了神明西佩・托堤克。于是，阿兹特克人便遭到了国王及其士兵的驱逐，被迫向南逃窜，来到了未来建立起特诺奇提特兰的地方。

特诺奇提特兰城所在的岛屿坐落在特斯科科湖区域，尽管这一地区的土壤十分湿软，也生不出多少树木，但是都城却相当易守，于是，阿兹特克人便利用这一点来加强自己的实力。为求自保，他们最初同在1371年至1426年统治着墨西哥谷地区的特帕尼克人统治者泰佐

参见：玛雅文明进入古典期 71页，克里斯托弗·哥伦布抵达美洲大陆 142~147页，《托尔德西里亚斯条约》148~151页，哥伦布大交换 158~159页，“五月花”号的远航 172~173页，玻利瓦尔建立大哥伦比亚 216~219页。

佐莫克达成了协议，受其庇护，后来又在1428年同特斯科科与特拉科班结成同盟，而这一同盟的建成则开启了一段帝国扩张的新篇章。

阿兹特克的扩张

成立之初，阿兹特克社会中并没有正规的等级制度。不同的“卡尔普伊”（氏族单位）有着自己的土地，族长与祭祀拥有重要事宜的决定权。1376年，阿兹特克人首次选出了一位统筹全局的统治者，逐渐在这个迅速崛起的帝国中担负起战争领袖、法官以及管理者的职责。在伊兹柯阿特尔（1427—1440年）、蒙特祖玛一世（1440—1469年）、阿哈雅卡特尔（1469—1481年）以及阿维索特尔（1486—1503年）的统治之下，阿兹特克军队征服了墨西哥谷之内的邻国，还继续向外推进。

随着阿兹特克帝国不断扩张，社会逐渐转型。一群精英武士逐渐崛起，而社会底层没有土地的农奴则需要将劳动力出卖给自己的主人。阿兹特克社会中的教育体系也强化了其军国主义本质。在这一体系之中，男性需接受军事训练。这既强化了社会中尚武的风气，也令阿兹特克人在墨西哥地区一众部落之间拥有了绝对的竞争优势。

帝国体制

特诺奇提特兰城中修建了许多座神庙，其中供奉着阿兹特克人信奉的神明。每一位神明都有自己的神庙，而阿兹特克大庙中则建有两间神殿，分别供奉着维齐洛波奇特利和雨神特拉洛克。不计其数的牺牲者成为这些神庙中的祭品，仅1487年阿兹特克大庙的一次献祭便动用了八万人牲。

阿兹特克的许多战役都是“荣冠战争”，这样的战争不过是仪式性行为。当时的阿兹特克人相信神明需要鲜血来维系生命，维系正常的日升日落，于是，他们便将对手掠为俘虏，用作祭品，以平息阿兹

《曼多撒手抄本》中描绘了特诺奇提特兰的建立。一名阿兹特克艺术家于1540年左右创作了这部记录下阿兹特克历史与文化的作品，并将其献给了西班牙国王查尔斯五世。

特克神明的怒火。特诺奇提特兰同样也会向其臣服者索取进献品。尽管当时的阿兹特克帝国之中并不存在系统的政府官僚体系，然而税吏却是存在的，他们往来于帝国中的38个省份，征收贡品，每年可以收得7000吨的玉米与4000吨的豆子，还有数以万计的棉毯。帝国的发展依赖于这些贡品，国家会将它们奖励给贵族和战士，而这些人则负责保证那些被阿兹特克所征服的城镇始终服从统治。

尽管阿兹特克人在一定程度上会保证臣服者的安全，但也仅止于此了。在都城特诺奇提特兰，人们建起了许多人工岛屿，尽可能地扩张每一寸土地，用这些土地来生产食物，然而，被征服地区却享受不到这样的待遇。战败国不会向阿兹特克军队提供兵力，于是便也无法分享未来的成功果实。此外，阿兹特克人也丝毫没有将精力放在推广自己的语言之上。这是一个建立在恐惧之上的帝国，而事实证明，这样的帝国虽然坚硬，却也易碎：1519年，征服者科特斯率领一小批西班牙人入侵阿兹特克，臣服者非但没有起身保卫帝国，反而同入侵者站在了一边，于是，帝国在两年之内便土崩瓦解了。

假如战争没有令这片土地（秘鲁）支离破碎，除非是一千个西班牙人同时行动，否则我们断无可能来到这里，并最终攻下这个地方。

——佩德罗·皮萨罗，西班牙征服者（1571年）

印加文明的开端

印加帝国的心脏地带高高位于安第斯山脉中部的库斯科地区，也就是如今的秘鲁。这个国家有着同阿兹特克帝国十分相似的开端，都是从一无所有开始发展，然而若说有什么不同，那便是印加帝国的崛起更为迅速。他们最初只是一个毫不起眼的小部落，却逐渐形成了自身独特的发展策略——笼络周边部落，成功组成一个强大的帝国。

印加人的起源神话讲述了他们是如何从高山里的一个山洞之中幸存下来，并在其第一任首领曼科·卡帕克的带领下一路来到了库斯科。历史学家通常认为印加人是在1200年前后到达这一区域的，并且在接下来的200年中始终都是一个不起眼的部落，依靠务农为生，整个社会则由几个地位大体相同的氏族所组成。

印加文明的扩张

1438年，与印加人比邻而居的昌卡人试图将印加人逐出库斯科谷，而印加国的逐渐强大也正是从此时开始的。到了这时候，印加人已经有了至高无上的王（萨帕·印卡，意为“独一无二的君主”），尽管当时的王维拉科查无力应对昌卡人的侵袭，但是他的儿子帕查库蒂却成功击退了入侵者，还在之后率领印加军队征服了整个库斯科谷以及喀喀湖周边的南部高地。此后，在帕查库蒂之子托帕·印加·尤潘基以及孙子瓦伊纳·卡帕克的领导之下，印加人终于在1470年前后征服了奇穆王国。之后，他们又吞并了北部高地的其余地区，并将其统治延伸至如今的厄瓜多尔与哥伦比亚的部分地区，最南边甚至到达了智利北部的沙漠地带。

特拉凯利尔

随着阿兹特克帝国的不断扩张，疆域逐渐扩大，国家愈发需要建立一种更为复杂的行政管理体系。在伊兹柯阿特尔于1427年即位为统治者后，他创建了首席顾问这一职位，而第一位任职者便是伊兹柯阿特尔的侄子特拉凯利尔（1397—1487年）。他始终都是帝国的首席顾问，直至其离世为止。特拉凯利尔曾辅佐多位统治者，为帝国平稳完成过渡做出了极为宝贵的贡献。此外，他还下令销毁早前的编年史，为阿兹特克帝国意识形态的建立奠定了基础，而这一决定也为特拉凯利尔之后推行的改革铺下了道路。

除此之外，特拉凯利尔还主持了阿兹特克三国联盟的建立，巩固了阿兹特克的地位。特拉凯利尔从未成为阿兹特克的统治者，但却又对特诺奇提特兰的发展产生了深刻的影响，这样看来，阿兹特克的权力体系或许并不像其看上去那样庞大而僵化。

阿兹特克帝国奉行扩张主义，其中的集团极具军国主义色彩。男孩子若是想成长为男人，首先要成为一名战士。出身高贵的阿兹特克青年通常会加入武士集团，通过俘获献祭用的俘虏来逐渐晋升至更高的等级。

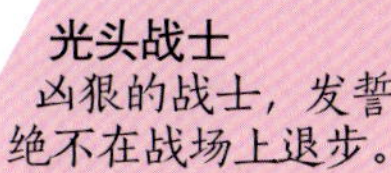

光头战士
凶狠的战士，发誓绝不在战场上退步。

奥托米
得名于阿兹特克人善战的盟友奥托米人，而奥托米或许也是最早踏上战场的战士。

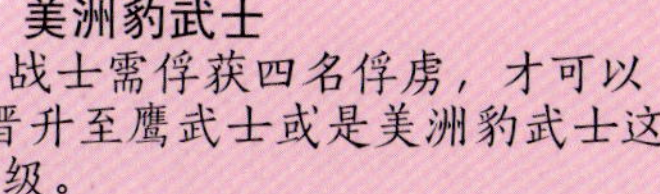

美洲豹武士
战士需俘获四名俘虏，才可以晋升至鹰武士或是美洲豹武士这一级。

鹰武士
鹰武士与美洲豹武士或许都是阿兹特克精英武士集团之中地位最低的武士。他们华丽的制服对应着集团的名称。

人们割开他们的胸膛，掏出里面跳动的心脏，将其进献给面前的神像。

——贝尔纳尔·迪亚斯·德尔·卡斯蒂略，
《征服新西班牙信史》（1568年）

印加帝国的通信

印加帝国权力十分集中；据人口调查显示，当时的农民全部将劳力出卖给印加的萨帕·印卡。这种高度集中的组织形式令国家得以大规模修建公共项目，而其中尤其重要的便是帝国中广阔的道路网。这些道路全长四万公里，每隔一段距离便设有一处休息所，这样不仅方便了军队的迅速移动，也提高了印加帝国的通信效率。

与阿兹特克人不同，印加人积极向外传播自己的语言（盖丘亚语）以及宗教信仰体系，他们的信仰最初是建立在对于太阳神因蒂的崇拜之上，后来却逐渐以维拉科查为主神。维拉科查是至高的创世神，因此也更适合被视为象征着征服之力的神明。此外，印加人还将殖民地的定居者遣送出去，并将那些有可能为帝国带来麻烦的族群送往更为平静的区域，冲淡他们的反抗情绪，也在帝国边沿地区建构起一个由忠诚臣民构成的网络。到16世纪早期，那里的人口已达到400万～600万，国家的统治方式也有利于印加少数民族与其臣服者的发展。

尽管印加帝国有许多优势，然而在16世纪30年代早期，其权力高度集中的本质还是令帝国出现了致命性的问题。西班牙侵略者在皮萨罗的带领之下俘虏了萨帕·印卡阿塔瓦尔帕，而群龙无首的印加帝国很快便彻底瓦解了。

新的殖民者

阿兹特克人与印加人在其居住的美洲地区最早建立了真正意义上的帝国。他们之所以能够取得这般成就，是因为这些人能够利用灌溉系统，生产出充裕的食物，节省人力，令更多人能够外出参军打仗，不断扩张领土。两国四处征战的势头都相当迅猛，这就意味着他们需要不断地打仗，用战利品赏赐战士阶级，或是为那些刚刚被征服的人们提供奖励，令他们对帝国保持忠诚。

西班牙人成功在1521年征服了阿兹特克人，并在1572年击败了最后一波印加军队，终结了两个帝国的野心，也奠定了自身于接下来的三个世纪之中在该地区的殖民霸主地位。■

几乎每十人之中便有一人死于这场疾病

欧洲黑死病的爆发（1347年）

背景介绍

聚焦

黑死病

此前

1315—1319年 饥荒席卷了欧洲西部：荷兰的城市居民人口大约减少了15%。

1316年 英格兰国王爱德华二世调整了因粮食短缺而上涨的主食价格。

14世纪30年代末 淋巴结鼠疫逐渐从中国西部向西传播。

此后

1349年 德国将犹太人视为瘟疫的始作俑者，于是便处决了成千上万的犹太人。

1349年 教皇取缔了自行鞭笞以求救赎的“十字架兄弟会”。

1351年 英格兰通过了《劳工法令》。

1381年 农民起义在英格兰大部分地区引发了政治叛乱。

1424年 巴黎圣婴公墓回廊的墙壁上绘制了一幅《死神之舞》。

1347年11月末，一艘军舰在成功自克里米亚卡法城鞑靼人的围困中脱逃后，驶入了意大利热那亚的港口。这艘船带来了一样致命的货物——淋巴结鼠疫。在不到两年的时间里，这一传染病便已杀死了欧洲和中东地区超过三分之一的人口，彻底改变了该地区的经济、社会和宗教构成。

黑死病的传播

这场瘟疫大约是在14世纪30年代最先出现在中亚地区或是中国西部的，后来才开始向西方传播。起初，瘟疫的传播速度并不快，然而当它在1347年到达克里米亚和君士坦丁堡后，便开始迅速沿着海上贸易线路传播。到达热那亚后，瘟疫很快又传播至西西里和马赛；至1348年，这场瘟疫已然席卷了西班牙、葡萄牙和英格兰，又在第二年到达德国和斯堪的纳维亚半岛。

这场流行病的主要载体是受到感染的跳蚤和老鼠，而在当时，这两种生物又很容易在卫生条件不好的地方迅速繁殖。疾病的主要症状是腹股沟、颈部和腋下部位的淋巴结肿胀。随后，皮肤上便会出现黑色的斑点（“黑死病”便由此而得名），紧接着，大约四分之三的病人都会因病去世。

现代人对这一次传染病暴发的解释各不相同，有的将其归结为上帝对人类不道德行为的惩罚，有的认为这是行星反向会合的结果，还有人认为疾病可能是由地震或是有害气体所引发的。黑死病在当时并无治疗之法。

这场瘟疫很可能杀死了一亿

除非薪水极高，否则雇员便会拒绝出门上班。

——劳工法令，1349年

参见: 查理曼大帝的加冕 82~83页, 马可·波罗抵达上都 104~105页, 哥伦布大交换 158~159页, 埃利斯岛正式开放 250~251页, 全球人口超过80亿 334~339页。

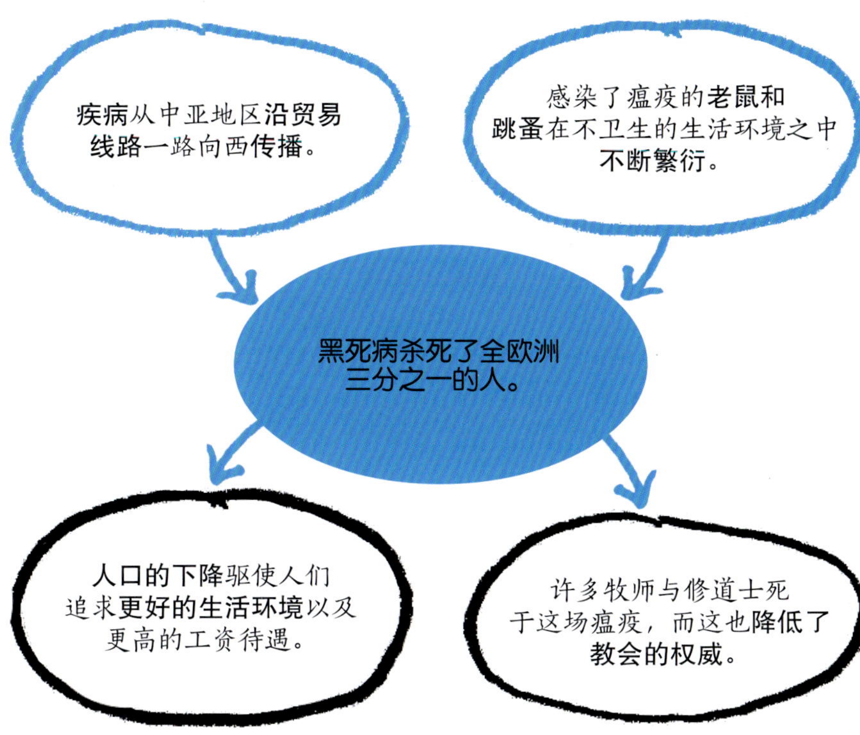

多人；据估算，黑死病爆发之前，世界人口大约在4.5亿，而之后则仅剩3.5亿。在某些地区，黑死病的影响力则更为致命——瘟疫过后，埃及的人口减少了40%。在接下来的三百年间，世界人口始终未能恢复至瘟疫爆发前的水平。

瘟疫的余波

幸存者对于这一场灾难的回应各不相同。德国指责其境内的犹太群体以向井中投毒的方式引发了这场瘟疫，许多犹太人都受到了攻击。而仅在斯特拉斯堡，便有2000名犹太人惨遭杀害。

随着人口的不断减少，大量土地开始闲置，劳动力短缺，农民有了议价的资本。到了1350年，英格兰境内劳工的工资已经涨到了1347年时的五倍，住户也开始使用现金付租，而非用强制劳动抵扣。政府试图施加压力，将工资降下去——1351年出台的《劳工法令》便旨在将工资水平维系在1346年的标准，然而这却激发了农民的反抗情绪，法国的扎克雷曾便于1358年爆发叛乱，而英格兰也在1381年发生了农民起义。

在这一场浩劫之后，从前将中世纪社会牢牢捆绑在一起的纽带已然开始松动，只余下如今这些更加自由、更加反复无常的人去应对未来文艺复兴、宗教改革，以及16~17世纪经济扩张所发出的挑战。■

崩塌的社会

瘟疫带来的毁灭性打击在人们心中蒙上了一层阴影，也在很长一段时间中改变着当代的社会态度。一望无际的墓地、废弃的村庄，以及人们心中对于死亡的恐惧，都越发让人觉得上帝已然抛弃了他的子民，这同时也冲淡了传统的道德观念。犯罪率不断攀升；乡村中四处游荡着那些依靠自我鞭笞来求得赎罪的宗教教徒，用打了结的绳子狠狠抽打自己，直到1349年教皇以教皇训令的形式禁止了这一行为。慈善机构，尤其是医院中的遗赠数量不断增加，而这也是富人幸存下来后表示感谢的方式。艺术创作的内容往往带有几分病态的恐怖：艺术家开始就“死神之舞”这一主题进行创作，描绘死神在生者之中放荡欢跃的场景；而包括薄伽丘在内的一众作家则倾向于强调生命的短暂与脆弱。

在这幅讽喻画作“死神之舞”中，死神不加区别地从社会各个阶层之中挑选自己的牺牲者。

受命代兴，或禅或继

朱元璋建立明朝（1368年）

背景介绍

聚焦

中国明朝

此前

1279年 忽必烈推翻宋朝，建立了蒙古族统治的元朝。

1344年 在中国的中部地区，黄河的流向逐渐发生改变，而这也导致了干旱的发生以及随之而来的农民起义。

1351年 反抗元王朝统治的红巾起义爆发。

此后

1380年 明太祖朱元璋废除丞相制，为专制统治文化奠定了基础。

1415年 永乐帝重新疏通了大运河，并在其原有规模上进行了扩大，使得商品得以自中国南方运送至北京。

1520年 葡萄牙首次将其贸易触角延伸至中国。

约1592年 中国历史上的文学经典之一《西游记》面世。

1644年 崇祯皇帝的自缢终结了明王朝的统治。

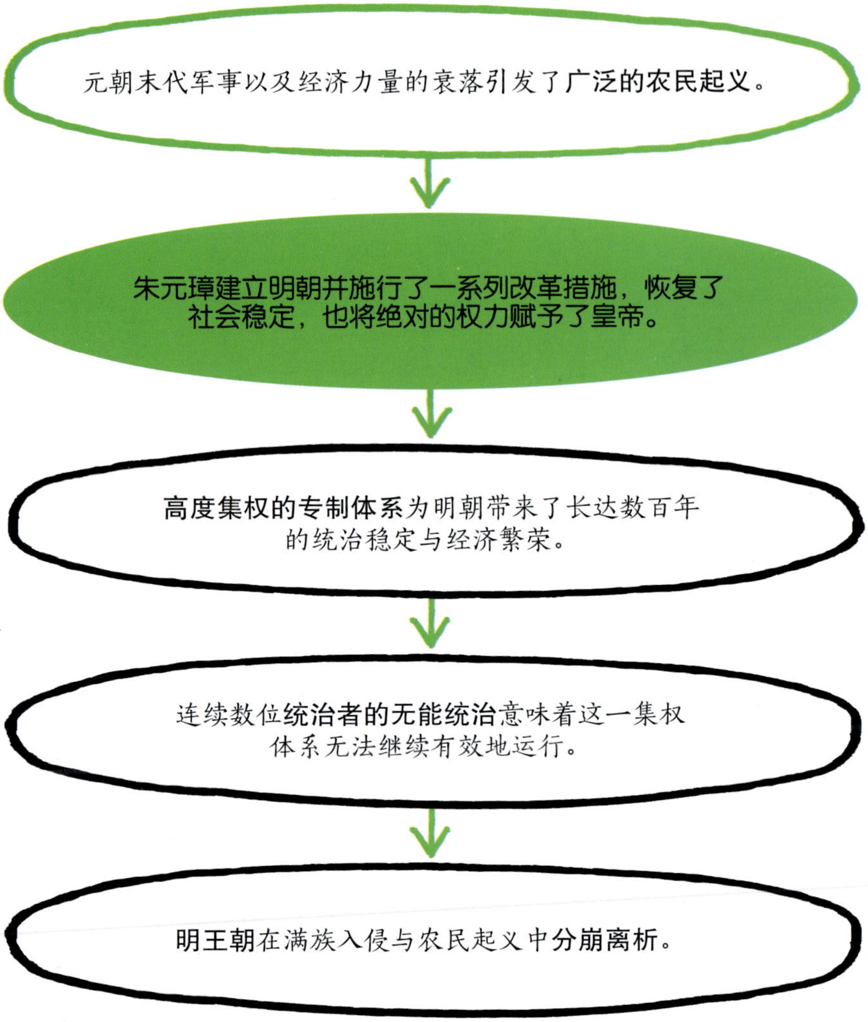

元朝末代军事以及经济力量的衰落引发了**广泛的农民起义**。

朱元璋建立明朝并施行了一系列改革措施，恢复了社会稳定，也将绝对的权力赋予了皇帝。

高度集权的专制体系为明朝带来了长达数百年的统治稳定与经济繁荣。

连续数位**统治者的无能统治**意味着这一集权体系无法继续有效地运行。

明王朝在满族入侵与农民起义中**分崩离析**。

出身于贫穷农民家庭的朱元璋在文武百官的簇拥下于南京的明故宫祭拜天地，正式宣告成为中国明朝的第一位皇帝。

这便是朱元璋一步步掌权，最终登上权力巅峰的时刻。他原本是一名和尚，后来成为起义首领，最终推翻了蒙古征服者忽必烈于1279年建立的元朝。1368年，朱元璋称帝，国号大明，年号洪武（意为彰显武事之威），直到1398年离世，而在此期间，他坚定地建立了中国历史上最具影响力，却也是最为专制的王朝之一。他与自己的后继者共同为国家创造了长达三个世纪的繁荣与安定，建立了明朝政府与官僚体系，而这些举措仅经历了简单的修正便一直被沿用至1911年帝制消亡，还扩大了国家经济发展的基础。

驱逐蒙古人

朱元璋于元朝衰落的乱局之中建立了一个全新的王朝。在14世纪40～50年代中，蒙古族皇室中盛行的实用主义、政府中猖獗的腐败现象以及一系列包括瘟疫与流行病在内的自然灾害导致了法律、秩序与政权的大规模崩塌，并最终令农民群体奋起反抗这个外来君主统治下摇摇欲坠的王朝。朱元璋本人也

参见: 始皇帝统一中国 54~57页，忽必烈征服大宋 102~103页，马可•波罗抵达上都 104~105页，三藩之乱 186~187页。

在1344年的一场瘟疫中失去了自己绝大多数的亲人，而在那之后，他在寺庙中做了几年的托钵僧，依靠乞讨为生，后来才加入了由当地汉族农民发起、反抗元朝统治的秘密团体红巾军。这位意志坚定、冷酷无情而又颇具才干的年轻起义者一点点向上爬，成为红巾军的领袖，并在后来战胜了自己的对手，成为国家境内反抗元王朝的首领。

朱元璋控制了中国南部和北部的大多数地区，并在1368年彻底将蒙古人逐出元大都（如今的北京）之前便开始称帝。后来，尽管蒙古人在遥远的北部极力抵抗至14世纪70年代早期，但其他地区最终还是为朱元璋所征服。1382年，最后一支蒙古军队战败，中国完成了统一。

改革与专制统治

几十年来的争端令中国遍体鳞伤，也让农民们一贫如洗，因此，朱元璋成为洪武帝后的首要任务便是建立秩序。这位皇帝贫寒的出身或许也对其早期制定下的政策产生了影响：征税估价的责任落到了乡村里甲组织的身上，彻底阻断了贪婪税收者对贫困地区的剥削；奴隶制得以废除；许多大规模地产被收归国家；而为鼓励那些没有土地的农民迁居至人口稀少的北部地区，国家还将自己手中的土地分给了他们。

自1380年开始，洪武帝开始实行一系列政治改革，以使自己能够对国家一切事务拥有掌控能力。在诛杀了筹谋推翻自身统治的丞相之后，朱元璋废除了丞相制以及中书省，还命朝廷下一级机构六部的尚书直接向他汇报，以确保自己能够对朝中之事事无巨细地一一进行监督。

自那之后，洪武帝便开始自己“担任”丞相。他所承担的工作量近乎令人难以负荷——在一周的时间之内，他需要认真审阅并批准近1600份奏章，而这所带来的直接

朱元璋早年经历的磨难促使他改善中国大部分地区农民的贫困状况，然而，这段经历同时也将他塑造成了一个残暴而缺乏理智的人，并在其即位后残忍地杀害了所有他所认为的不忠之人。

紫禁城，这座坐落于北京的皇家宫殿遵循的是儒家传统的等级观念：一个人的社会地位越高，他便可以行至宫殿的越深处。

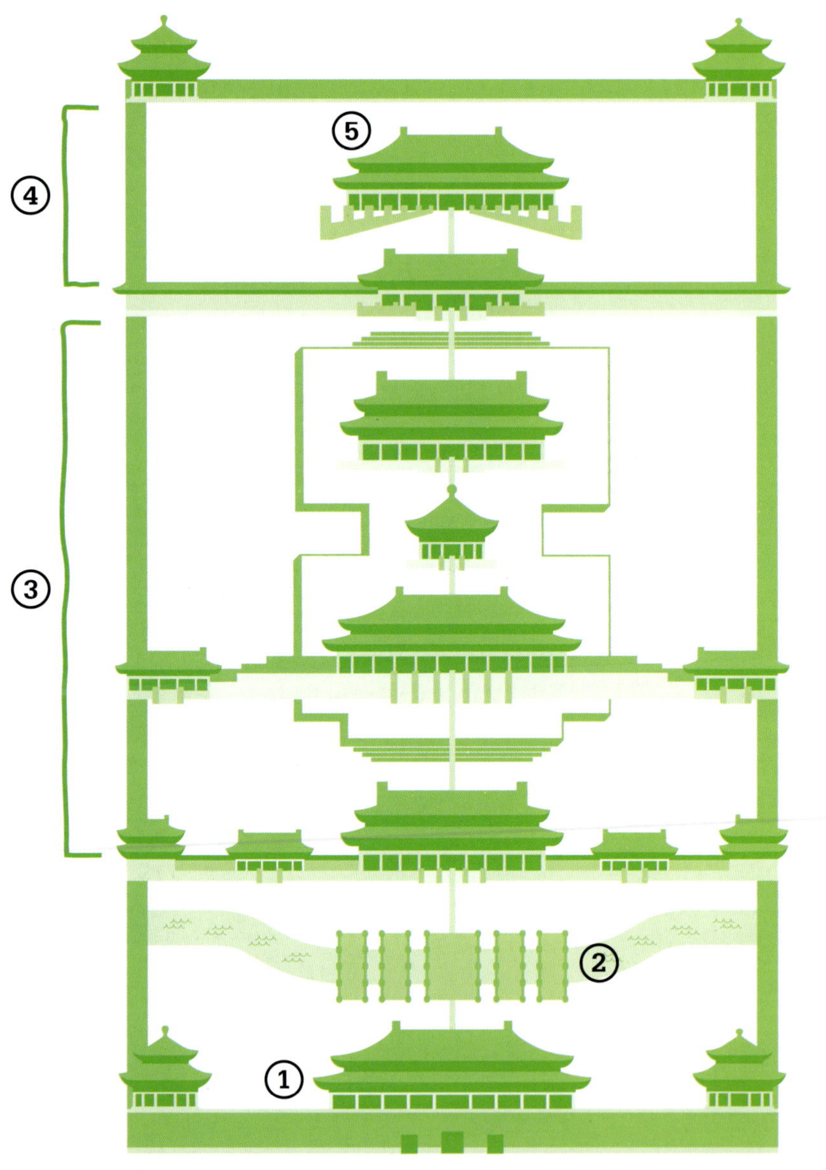

① **午门**：这座宏伟的入口共有五扇大门，而中间那一扇永远都是留给皇帝的。

② **金水桥**：诸如桥梁这样的通路总会设置为单数。只有皇帝才能使用最中间的那一条道路，官位居次的人则可以使用相邻的通道。

③ **外朝**：这一区域作处理政务与举行仪式之用。

④ **内廷**：只有皇帝及其家人能够进入内廷。

⑤ **乾清宫**：为混淆刺客的视听，这座宫殿共有九间寝宫，而皇帝每晚都会在不同的寝宫入睡。

后果便是国家无法迅速应对危机。尽管在这之后不久，朱元璋又设立了殿阁大学士一职以作咨询之用，并经由他们对六部及其他机构的事务进行反馈，然而，相较于中国此前的王朝而言，明王朝始终都更为专制，权力也更为集中。这一点也在明朝的宫廷礼仪上有所体现：在大宋的统治之下（960—1279年），皇帝的臣子可以站在他的面前与他一同商讨国事；然而到了明朝，大臣们则需在皇帝面前叩头，以表示自己对天子无上权力与崇高地位的敬意。

制约军权

元朝末年，中央政府之外的各股竞争势力已经使国家变得支离破碎，而为了避免这种情况的发生，洪武帝削弱了军队的力量。尽管他沿用了元朝的军事体系，派兵驻守重点城市（尤其是北部边境一带游牧民族不断入侵的城市），还设立了世袭的军户，依靠国家分配的土地维持生计。除此之外，洪武帝还要确保军队定期在都城中轮值训练，且一群由中央选派的官员会分担驻军首领的权力，以此防止具有强大地方势力军阀的崛起。

完善文官制度

除此之外，洪武帝还对几世纪以来占据朝廷核心地位的精英学者阶层有着深深的不信任。然而，他也清楚知道这些人在国家事务的有效运行中扮演着极其重要的角色，于是，他开始专门为维系官僚体制而推广教育、培养人才。1373年，洪武帝废除了朝廷用以招募文官的科举制度，并下令地方兴建学校。这些学校中最为优秀的学子会经历选拔程序，而最终通过选拔的一万名学子将会进入京师国子监（如今的南京国子监）继续深造。1385年，当洪武帝认为这些接受了良好教育的学子已经准备好面对考验的时候，明朝恢复了科举制度。学子们各个怀揣雄心壮志，竞争无比激烈，考生就座的每一间号舍之外都驻守着军士，防止他们相互勾结或是夹带材料。

这样一来，朝廷便可以在更广的范围内选拔可塑之才。然而，文官们所接受的教育依旧十分保守，他们所学习的都是儒家思想体系之中的四书五经以及经过筛选的心学经典，这些作品阐述的都是效忠天子的美德，与中国传统思想一脉相承。创新思想受到压制，而官僚主义者的行事作风已然根深蒂固。那些跨越界限之人会被当众处以鞭刑，一些人甚至会被鞭笞致死。

文官所遭受的暴行在某种程

陛下好善而善不显，恶恶而恶日滋，或朝赏而暮戮，或忽罪而忽赦。

——解缙，《大庖西室封事》（1388年）

度上反映了洪武帝性格中残酷的一面。此外，他也十分多疑，还常以暴虐的手段镇压反对声音。1382年，洪武帝创建了一个秘密军事机构——“锦衣卫”，其中的1.6万名护卫负责铲除一切反抗的迹象。锦衣卫既拥有权势，又具有影响力，因此，大明王朝直至其统治的最后一年都未曾发生过大规模的军事暴动或是贵族夺权事件。

国际外交

洪武帝过世后，永乐帝即位（在位时间：1402—1424年），而到了此时，明王朝的自信心似乎愈发高涨。永乐帝将都城自南京迁至北京，还雄心勃勃地启动了一系列重建计划与公共工程，其中的工作之一便是增强京杭大运河的适航性。此外，他还下令建造了奢华的紫禁城，城中所容纳的帝王宫殿群共包含超过9000个房间。

永乐帝即位之初施行的对外政策极具侵略性，直接引发了明王朝与蒙古之间的四场战役，明军还于1417年攻入了安南（位于如今的越南），并将其收归明朝。此外，永乐帝也希望能够获得远方国度君主的认同：自1405年至1433年，他六次派出大规模的海上远征部队，去往东南亚、东非以及阿拉伯地区。在杰出总兵郑和的率领下，这只海军部队的任务便是接受他国进献给明朝的贡品以及他们对大明皇帝其他

这幅丝绸画卷描绘了郑和自海外带回来的贡品之中最为著名的一件——1414年那一只来自非洲的长颈鹿。

郑和航海

郑和是蒙古人的后裔，信仰伊斯兰教，自小便被明军掠为俘虏，遭受阉割，后被送入军队，并在那里习得军事与外交技能，成长为一名极富才识的低品级官员。后来，他逐渐成为了朝廷中一位颇有势力的宦官，到了1405年，永乐帝选派郑和指挥一支具有宏大构想的海上远征军出使印度洋，并将其任命为“钦差总兵”，兼行外交职责。在接下来的28年间，郑和领导了历史上最具规模的海军部队：第一次任务便派出了63艘大船，其中包含数艘长达1340米的“宝船”，船上载有超过2.7万名船员。

尽管这些航行在其管理及规模上都颇令人印象深刻，最后三次航行甚至到达了非洲东岸的蒙巴萨岛，然而，它们都无法算是真正意义上的商业行为或是勘探冒险。这些航行全然服务于外交目的，旨在对外宣扬中国的国威，并为永乐帝收获他国的臣服与奇异的贡品。

形式的效忠，以此确立中国在该地区的支配与统治地位。

明朝后期

郑和的探险虽颇具雄心，然而其中所投入的庞大开支却为国家财政造成了巨大的压力。为保证明朝此后再不进行此类活动，朝廷销毁了与郑和航海相关的所有记录。当时的主流思想将中国视为世界的中心，于是，明朝后期的统治阶级便觉得没有必要再继续进行海上活动。中国并不认为其他国家有资格与自己保持平等的关系：明朝在与他国建立外交关系的时候，他国永远都是明朝的附庸（至少明朝自己是这样认为的）。与此同时，国家的自信与官僚制度的稳定也营造出了一种自给自足的心态，无须外部的介入。

那时候，国家制造远洋航行的大船用以汇报它们打捞上来的货物，私人海上贸易也暂时遭到取缔（国家直至1567年才再度敞开该项贸易，只将日本列为禁止往来对象）。在北京，假如店家未经官方许可便私自与外国人进行联络，官府甚至会收缴他的所有货物。军事上的不确定因素也进一步加深了明朝的外交孤立局面：1428年，安南再次取得了独立，而政府却将大量的人力物力投入于遏制中国北部边界蒙古部落带来的威胁。1449年，正统帝亲自率军北伐蒙古。然而，这次战争却无疑是一场灾难。明朝五十万大军中多数士兵因饥饿而死，或是为敌人所射杀，不然就是在于撤退过程中爆发的最后一场战役中死亡。

扩建长城

15世纪70年代，长城的扩建进入了最后阶段。这座城墙始建于公元前3世纪的秦朝，而如今的扩建则是为了预防此类灾难的再次发生，同时也能够为日渐衰弱的明王朝重新注入活力。同自己的先人一样，明朝无法将北部边境地区游牧部落的地盘收为己有，派出的远征军队也不能长久地打压对方的突袭。因此，最好的妥协办法便是修筑一道防御线，并派重兵驻守。

即位之初，洪武帝便发行了一批全新的铜钱，尽管在这之后，金属的短缺使得桑树皮制成的纸钞重新回归市面。

16世纪，连续数位在位时间极短的皇帝都曾遭受其配偶、母亲或是宦官的操控，而万历皇帝（1573—1620年）漫长的统治为这一情况画上了句号。然而，他的应对手段也只是全然自公共生活中抽身：在其统治阶段的最后几十年中，万历皇帝甚至拒绝面见阁臣。明王朝开始进入衰败期：朝廷机构变得不堪一击，而面对满洲里（如今中国的东北部）女真族的严重威胁，军队也毫无反击之力。1619年，这一后期更名为满族的部落逐渐开始侵占中国北部边境地区。

国际贸易

然而，从经济角度看来，中国明朝巨大的生产力就像是一块磁石，吸引着欧洲具有海岸线的国家寻求与东亚建立全新的商业联系，

洪武帝的最终的安葬之所明孝陵坐落于南京紫金山的山脚之下，一对对石制的动物雕像排列在道路两端，守护着这座陵墓。图中便是一对骆驼。

而在16世纪早期，欧洲商人终于到达了中国的沿海地区。1514年，一支葡萄牙舰队来到了中国南部的广州，而到了1557年，葡萄牙已经在澳门建立了永久性基地。西班牙与葡萄牙商人（前者以日本长崎以及菲律宾马尼拉为据点进行运作）同中国国内建立了稳定的贸易联系，且收益颇丰，荷兰商人也在1601年成功进入中国。

尽管明朝的政策并不支持对外海上贸易，中国商人却积极参与到了复苏的经济活动之中。没过多久，马尼拉及印度尼西亚的爪哇岛（靠近荷兰控制下的贸易城市巴达维亚）便出现了许许多多的中国侨民，这些商人也分得了东南亚地区大量的贸易份额。明朝工艺精妙的陶瓷制品首次大批量生产并运往欧洲市场。

然而，贸易增长所带来的影响并不都是积极的：当时的欧洲人自美洲地区与日本带来了大量白银，用以购买中国的丝绸、漆器以及陶瓷等商品，白银的大量流入虽刺激了经济的增长，却也在同时引发了国内的通货膨胀。

技术变革

明朝自宋朝继承了无数宝贵的科学与技术发明，也令中国在许多科学领域中始终居于世界前列，其中便包括航海以及火药在军事领域的应用（火药最早发现于中国唐朝，后在13世纪中传入了欧洲）。然而到了明朝，科技发展的步调逐渐减缓，甚至在明朝后期，新的观念已经开始反向自欧洲传入中国。中国军队开始使用欧洲制造的火

今文武大臣百司众庶合辞劝进，尊朕为皇帝，以主黔黎。

——洪武帝即位诏书，1368年

炮，而出现在欧洲的数学以及天文学等知识则被包括利玛窦（1601—1610年生活在北京）在内的耶稣会传教士带入中国。利玛窦将古希腊数学家欧几里得创作的《几何原本》译成了中文，还翻译了与星盘（用于测量太阳或是星体高度的天文工具）相关的文章。1626年，德国传教士汤若望首次用中文撰写了一部关于望远镜的专著，将日心说介绍给了中国人。

明朝的灭亡

明朝到了末期开始出现许多问题，而正是这些问题导致了前朝元朝的灭亡。作物减产降低了中国大片农业地区的生产力，而饥荒与洪水则令农村地区出现了大规模的骚乱。国家开始拖欠士兵的军饷，于是军队中也不断出现军纪散漫与擅离职守等问题，而地方的农民起义却不断联合，发展成规模更为壮大的叛乱。与此同时，在国家东北边区，满族人已经沿着边境线在满洲里的奉天建立起自己的国家，并于1636年将自己创建的这一政权命名为清王朝，而明朝不断迫近的瓦解局势恰好为他们提供了时机。在这一过程之中，一股由李自成率领的反抗势力为他们的行动带去了便利。1644年，李自成及其军队未遭任何阻挠便进入了北京城，皇帝在绝望之下自缢身亡，明朝军队慌忙请求满族人的帮助。满族大军涌入都城，驱逐了叛乱者，同时也夺取了皇权，正式宣告清王朝的成立。

不朽的财富

同一时段发生的农业危机与边境地区再次袭来的游牧民族入侵彻底击垮了明朝，然而尽管如此，此前的许多王朝也曾因着同样的原因而覆灭。官僚制度虽在数百年来为中国带去了安定，减少了内部发生异议的概率甚至是需要，但是与此同时，这一制度却也很难及时对迅速发展的危机做出反应。

然而即便是这样，明朝还是为中国创造了巨大的财富与成功。明朝统治之初，中国的人口大约是6000万，然而到了1600年，这一数字却增长了近两倍。人口增长大多集中在中型市镇而非大型城市，而农作物产量的增加也使得各地富有的商人阶级不断壮大。洪武帝开创的许多治国措施被沿用至清朝，这令中国在一定程度上更加团结统一，也更为繁荣稳定，而这些都是同一时期的欧洲国家可望而不可即的。■

铲除我基督教同族的敌人

格拉纳达的陷落（1492年）

背景介绍

聚焦

再征服运动

此前

公元722年 伯拉纠在西班牙北部的阿斯图里亚斯击败了穆斯林。

1031年 科尔多瓦倭马亚王朝的集权统治画上了句号。穆斯林统治之下的安达卢斯分裂为多个小型酋长国。

1212年 在托洛萨的那瓦斯战役之中，基督教徒击败了阿尔摩哈德王朝。

1248年 卡斯蒂利亚的费迪南德三世在塞维利亚击败了穆斯林。

此后

1492年 费迪南德与伊莎贝拉颁布法令，驱逐了卡斯蒂利亚以及阿拉贡境内的犹太人。

1497年 西班牙人占领了北非沿海地区的梅利利亚。

1502年 西班牙境内剩余的所有穆斯林都遭到了驱离。

1568—1571年 皈依基督教的穆斯林在阿尔普哈拉斯起义中起身反抗基督教的压迫性统治。

1492年1月2日午夜，格拉纳达的埃米尔阿布·阿卜杜·安拉将城门钥匙交到了基督教西班牙国家阿拉贡与卡斯蒂利亚联合统治者费迪南德国王与伊莎贝拉女王的手中。这一举动为伊比利亚半岛上长达800年的穆斯林统治画上了句号，也标志着一个以瑰丽建筑与学术底蕴闻名于世的伟大文明彻底崩塌。与此同时，一个自信而统一的西班牙就此诞生了，并将在不久之后，将其精力自讨伐伊斯兰教邻邦之中转向在新大陆上建立一个全新的海外帝国。

一个有着这般多城市和村镇，这般多地方的王国。假若这不是上帝的安排，将其交到他们的手中，那么这又是什么呢？

——安德烈斯·贝尔纳尔德斯，塞维利亚大主教（1450年）

基督教征战

穆斯林统治下西班牙（安达卢斯）的崛起可追溯至公元711年伊斯兰征服西哥特王国的时候。当时，一部分基督教反抗势力在偏远北部地区的阿斯图里亚斯幸存下来，然而卡斯蒂利亚、阿拉贡、莱昂，以及纳瓦拉等王国耗费了数百年的时间才逐渐积聚起实力，慢慢向着南边的穆斯林统治区域进发。这一历时数百年的过程被称为“再征服运动”，也叫“收复失地运动”。11世纪之时，穆斯林地区分裂为无数个相互为敌的酋长国，还在1085年丢掉了西班牙中部托莱多这一极具战略意义的城市，而直到这时，再征服运动才逐渐加快了进程。

西欧地区东征情绪的滋长也推动了再征服运动的进程。14世纪中期以来已有过数次针对西班牙穆斯林的正规东征运动，这同

参见：巴格达的建立 86~93页，耶路撒冷的陷落 106~107页，君士坦丁堡的陷落 138~141页，克里斯托弗·哥伦布抵达美洲大陆 142~147页，《托尔德西里亚斯条约》 148~151页。

科尔多瓦王朝的分裂削弱了穆斯林的实力。

占领了穆斯林的土地与财产后，基督徒积累了大量财富。

阿拉贡与卡斯蒂利亚这两个王国之间的联合，结束了基督教基督徒之间的内讧。

随着基督教国家因其丰富的资源和统一的环境而愈发强大，再征服运动也逐渐走向高潮，最终，格拉纳达落入了卡斯蒂利亚与阿拉贡联军的手中。

西班牙境内的犹太人和穆斯林遭到了驱逐。

统一的西班牙王国将其自身的资源运用在新大陆地区的海外扩张之中。

时也滋长出一种军事文化，令基督教世界突袭安达卢斯的行径看上去好像是正义的远征。12世纪之中出现了许多包括圣地亚哥与阿尔坎塔拉在内的军事修士会。他们时常会独立侵入穆斯林领地，并在这一过程中收集大量的财富，继续发动大规模的战役，为那些在战争中被虏为战俘的基督徒交付赎金。

穆斯林西班牙的破灭

葡萄牙的再征服运动终结于1249年阿尔加维的易主，而在西班牙，穆斯林则紧紧把握着南部地区的控制权。然而，这一情况却并未持续多久。1474年，伊丽莎白女王登基成为西班牙北部卡斯蒂利亚的君主，而她的丈夫费迪南德当时已经是邻邦阿拉贡的国王。于是，两人便决定联起手来，将穆斯林永久驱离南部地区。两位君主的联合令他们能够将更广泛的资源投入到再征服运动之中，也结束了长达几个世纪的基督教内讧。不仅如此，同一时期，伊斯兰世界正处于分裂阶段。自1482年以来，两位君主发动了一系列军事行动，意图征服格拉纳达这一穆斯林在伊比利亚半岛地区的最后一个酋长国。最终，格拉纳达的主要城市也于1492年投降。

“天主教君主夫妇”费迪南德与伊莎贝拉相互联手，利用军事力量重复了基督教在西班牙的威信，压制了其他宗教，并在美洲地区建立了殖民地。

双方在投降过程中达成了一致，保障人民的宗教信仰自由，然而尽管如此，1502年，君主夫妇仍旧颁布法令，规定年满14岁的穆斯林假如拒绝皈依基督教，便必须在十一个星期之内离开西班牙。十年之前，西班牙便曾将大批犹太人驱离格兰纳达，而眼下的这一条法令更是让这个国家变成了一个更加统一却也更加排异的国家，而国内缺少了明显目标的东征热情也不得不通过其他渠道进行纾解。

1492年，克里斯托弗·哥伦布向着新大陆发起了远征，而这便为西班牙人提供了一个发泄精力的出路。于是，西班牙逐渐在美洲建立起了殖民地，并在之后成功崛起为第一个全球超级大国。■

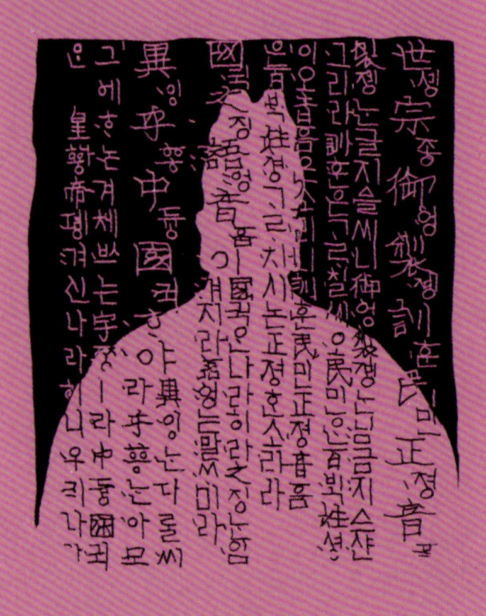

寡人不久前创造了二十八个字母

世宗大王引入全新文字（1443年）

背景介绍

聚焦

朝鲜王朝

此前

公元918年 高丽王朝建成。

1270年 蒙古人统治下的元朝在其结构、军事与管理上对高丽王朝产生了影响。

1392年 李成桂建立了朝鲜王朝。

1420年 世宗大王设立了研究机构集贤殿。

此后

1445年 一部长达365卷的医学百科面世。

1447年 第一部以韩文印刷的书籍面世。

1542年 第一间私家书院成立。这些地方逐渐成为学术辩论的中心，还收藏了许多新儒学典籍。

1910年 日本强占朝鲜，并罢免了朝鲜王朝的最后一位统治者。

1443年，朝鲜王朝的世宗大王宣布发明朝鲜语字母，并启动了一系列书籍编纂项目，意图推广这一全新的文字。而这也仅仅是世宗大王所推广的众多策略之一，他希望能够通过这些手段巩固社会稳定，促进国家繁荣，使朝鲜王朝（或是李氏王朝）能够在未来另一个450年中始终存在下去。

李氏王朝的崛起

蒙古人统治下的元朝很早便开始插手朝鲜半岛的事宜，这一情况一直持续到1368年元朝被明朝推翻为止。高丽王试图转变一个世纪以来专制统治残留下的影响，却令社会陷入一片混乱。他对土地进行了再分配，还铲除了朝中亲蒙古的朝臣，然而这一系列举措却险些引发了内战。但是到了1392年，世宗的祖父、前任将军李成桂起身推翻了最后一位高丽王的统治，登基为王，成为朝鲜太祖。

他即位后的第一要务便是恢复社会稳定，而若想达成这一目标，关键还在于建立一个基于新儒学之上的国家意识形态。这样一种意识形态试图重建君主与子民之间的关系，并为官僚阶级提供特权地位，通过这种手段维护社会等级制度。在高丽王朝统治时期，佛教曾是社会主流意识形态，然而太祖拆解了佛教寺庙控制下的大片地产，将这些土地进行重新分配，还将其中一些分给了儒家祠堂，以

朝鲜王朝的世宗王也叫世宗大王，他令社会精英阶层之外的普通人也有成为官员的可能，彻底改革了朝廷。

参见: 安史之乱 84~85页，忽必烈征服大宋 102~103页，汉武帝建立明朝 120~127页，明治维新 252~253页。

乡校是儒家学院，分布在朝鲜各地，承担着举办仪式、推行教育的功能。

新儒学

朝鲜王朝时代中逐渐成为社会主流思想的新儒学大约是于11世纪至12世纪时在中国逐渐演化而成的。当时，道教与佛教在唐朝与宋朝早期逐渐崛起，而儒家思想却慢慢走向衰落，因此，新儒学最初的目的便是复兴儒学。这是一种更为理性、也更为现世的儒家哲学思想，反对自汉代以后开始影响儒家思想的迷信与神秘元素。包括儒家学者朱熹在内的一些作家着重强调了道德、社会和谐以及教育在领悟太极这一宇宙潜在法则之中的重要性。新儒学强调忠诚与坚定等美德，并认为就像宇宙由太极所统治一般，国家也应由一名至高无上的君主所统治。然而，这些思想在实践过程中却更有利于建立起一个等级分明的官僚主义国家，而出于一己之私，国家之中的学者也会更加倾向于维持社会现状。

此削弱佛教在该地区的影响力。新儒学强调教育的重要性，培养出有能力维系国家和谐稳定的文人阶级。太祖的孙子世宗大王（在位时间：1418—1450年）将这一原则提升到了一个全新的高度。他在1420年设立了集贤殿，殿中共招纳二十名精英学者，齐力研究治国理政的方法。

新儒学的重要理想之一便是在更广的范围内推广教育，而太祖便曾经下令建立朝廷资助的学堂。然而在那时，朝鲜使用的文字是汉字，无法很好地体现出该语言的发音。于是，世宗大王便亲自发明了一种简化版文字——朝鲜语字母体系，关于其原则的阐释可见于1445年出版的《训民正音》。这一文字体系之中仅有28个字母（还在后来缩减至24个），远比中文学起来要简单；然而，朝鲜语文字的推广过程却遭到了一些守旧派贵族的激烈反对。他们唯恐这一举措会为其他社会阶层的人士敞开通过科举制度为官的大门，分散自己手中的权力。这样一来，朝鲜语文字便逐渐走向衰落，成为底层人民才会用的“粗俗语言”，直到19世纪才得到了再发现，成为复兴朝鲜民族主义的工具。

然而即便如此，朝鲜太祖与世宗大王所推行的一系列改革措施仍旧得以幸存，还创造出了两班阶级这样一群致力于延续国家统治的朝廷官员。同时，两班阶级还肩负着监督的职责，防止李氏君主出现专制独裁倾向，令朝鲜王朝的统治得以在此后延续了5个多世纪。■

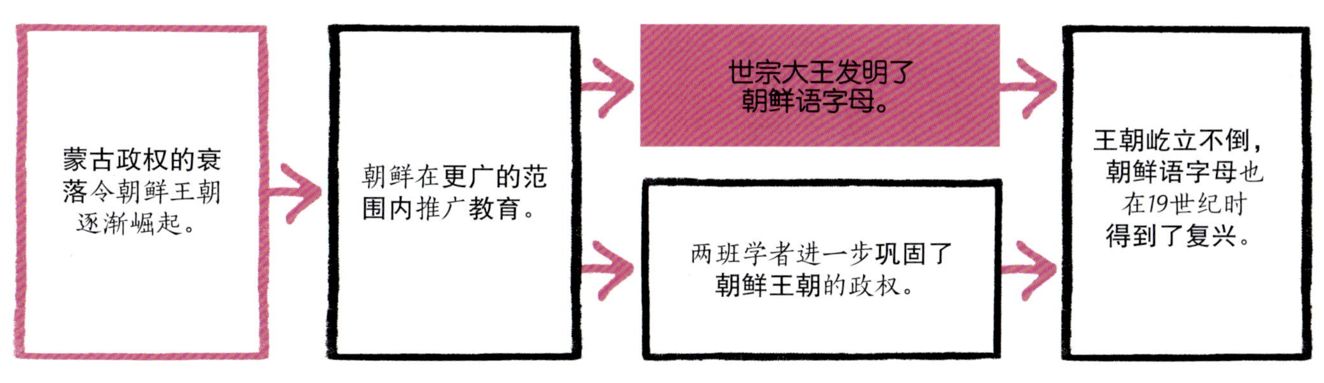

延伸事件

图尔战役阻挡阿拉伯前进的步伐
（公元732年）

到了公元8世纪，阿拉伯半岛上的伊斯兰民族已然征服了北非大部分地区，并将视线转移至欧洲，占领了西班牙，开始向法国南部进发。他们似乎成为一股不可阻挡的力量，一路向北推进，直至公元732年，他们在图尔遭遇了法兰克与勃艮第的联合军队。法兰克人和勃艮第人赢得了这一场战役，还成功除掉了阿拉伯方面的领袖阿卜杜勒·拉赫曼。尽管阿拉伯人在公元735—739年曾经再一次发起入侵，却再也未能攻入图尔以北的地区。法兰克人始终维持着自身在西欧的影响力，基督教仍旧是这片大陆上的主流信仰，而穆斯林的统治区域则只余下西班牙而已。

阿尔弗雷德大帝统治韦塞克斯
（公元871—899年）

阿尔弗雷德是一位有能力的统治者与军事领袖。他成功抵御了丹麦人的侵略，守卫了自己的王国。他以韦塞克斯（位于英格兰中南部）为中心，不断扩张自己的领土，统一了英格兰南部的大部分地区。此外，阿尔弗雷德还下令筑起了防御工事，成立海军，推行教育，并试图通过对于拉丁语书籍的翻译，将古英语推为正式的书面语言。后来，尽管东北部地区始终处在丹麦人的控制之下，阿尔弗雷德却逐渐成为"盎格鲁-撒克逊之王"，人们普遍认为他是第一位致力于将英格兰打造成一个统一国家，并逐渐在国内建立以基督教与英语为基础的独特文化的君主。

密西西比文化的传播
（约公元900年）

在北美洲地区，人们会筑起大大的土丘，或是在那里举行仪式，或是供统治阶级居住，而这一传统已经持续了数千年。从俄亥俄到密西西比地区的这些社群大多都被束缚在本地，然而密西西比文化却在北美洲东部得到了广泛传播。他们大面积种植玉米，铸造铜器，还建立了等级分明的社会。假若人们能够看到这样复杂的文化，便可以认识到美国原住民并非是原始而落后的，也能够对他们的文明形成更为清楚的认知。

奥托一世成为神圣罗马帝国皇帝
（公元962年）

日耳曼统治者奥托一世镇压反叛，统一了日耳曼部落，并击败了包括马札尔人在内的外来入侵者。除此之外，他还对神职人员实行严格的控制，改变了统治者与天主教会之间的关系，并利用自己与教会之间的紧密联系增强皇室权力。与此同时，他还将统治范围扩大至意大利北部，创造了后来的神圣罗马帝国。帝国的皇帝将自己视为基督教欧洲的世俗领导者，与教皇争夺权力，而神圣罗马帝国这一支重要的政治力量则在此后的900多年间始终统治着欧洲的大部分地区。

基督教大分裂
（1054年）

在第一个千年的后几百年之中，基督教会的东西两边就权力问题（教皇认为自己比东部地区的宗主教资历更深，而后者却并不认同这一观点）、教义措辞问题，以及礼拜仪式问题等事宜产生了一系列分歧。这些分歧在1054年教皇利奥九世与弥格尔一世将对方革出教门时达到了高潮，由此爆发了基督教大分裂。这一次分裂之后，基督教内部出现的裂痕便再未能愈合，而如今的天主教与东正教便是那一次分裂的产物。

诺曼人征服英格兰
（1066年）

1066年，英格兰国王忏悔者爱德华未能留下子嗣便与世长辞了，于是，人们便就王位继承人这一问题而产生了分歧。其中一个有力的竞争者是诺曼底公爵威廉。他入侵英格兰，并在黑斯廷斯战役中击败了英国军队，自此加冕为王。这一事件令英格兰与欧洲大陆建立起长久的联系，英格兰统治者拥有法国的土地，还在日常生活之中使用法语。诺曼人引入了一个全新的统治阶级，建立城堡与教堂，将许多发源于法语的单词引入英语，彻底改变了这种语言，而这一切如今已经全部变成了这个国家经久不衰的遗产。

百年战争

（1337—1453年）

百年战争是英格兰与法国之间爆发的一系列冲突，其开端可追溯至爱德华三世主张自己拥有法国王位继承权的时候，而法国瓦鲁瓦王朝则对这一说法表示了异议。到了战争结束的时候，英格兰在法国的领土已只剩下沿海小镇加来及其周边地区。这一结果将英格兰这个渴望成为庞大欧洲帝国的国家变成了一个与欧洲大陆隔海相望的岛国，而法国则尤其受到了圣女贞德领导的影响，产生了更为深刻的民族身份认同感。

格伦瓦德之战

（1410年）

波兰与立陶宛联军在格伦瓦德之战中重创条顿骑士团。这一军事组织最初的建立是为了协助十字军以及朝圣者，控制东欧地区包括普鲁士和爱沙尼亚在内的大片领土，并向波罗的海地区的斯拉夫人与异教徒发起战争。这一场决定性的战役结束了骑士团的军事统治，中止了日耳曼人的东向扩张，并使得波兰-立陶宛联盟成为东欧地区最为强大的力量。

蒙古入侵日本与日本的反击

（1274年、1281年）

13世纪末期，忽必烈统治之下的蒙古正处于其权力的巅峰时期，他们已然从中亚地区一路向东，控制了整个中国。1271年，他们派遣军队跨海征服日本。然而这一场突袭并未获得成功，其中的一部分原因便是因为蒙古军队的船只遭遇了台风，而日本人则将其称作“神风”。蒙古人的战败对日本产生了决定性的影响，令他们开始仔细审视自己的优势，并同时下定决心建立一个强大而独立的日本，不受外部的干预或影响。自此之后，日本人强烈的国家意识一直持续了几个世纪。

苏格兰在班诺克本战役中维护独立

（1314年）

发生在苏格兰的班诺克本战役是英格兰与苏格兰之间战争中的一次主要冲突。尽管苏格兰军队在人数上不及英格兰，却在国王罗伯特·布鲁斯的率领下大胜英格兰军队及其统治者爱德华二世。这次战役的胜利令布鲁斯得以完全控制苏格兰，并以此为踏板，向英格兰北部发动突袭。这一次战争持续了数十年，而苏格兰的独立也一直持续至1707年。苏格兰在这次战役中取得了压倒性的胜利，而班诺克本战役也成为苏格兰历史中的一次重要事件，标志着该国彻底自不列颠剩余地区获得了独立，而即使到了今天，这也是许多苏格兰人的期盼。

帖木儿的征战

（1370—1405年）

帖木儿是蒙古这一伟大游牧民族的最后一位征服者。他试图复兴忽必烈创造出的辉煌帝国。从印度北部到安纳托利亚，再到俄国，帖木儿走遍了欧洲和亚洲的大部分地区。到了14世纪结束的时候，他已然征服了波斯、伊拉克、叙利亚、阿富汗以及俄国东部，在1398年的时候彻底摧毁了德里，并于1405年继续推进至中国地区。然而，帖木儿却在征战途中不幸离世。他所统治的帝国未能一直存在下去，而蒙古人骑马作战的技巧也无法抵抗15世纪之后愈发推动战争进程的火器。

胡斯战争

（1415—1434年）

宗教改革领袖扬·胡斯的追随者胡斯派是生活在波西米亚地区（如今的捷克共和国，当时是奥地利哈布斯堡帝国的一部分）的新教徒先驱。他们对抗天主教统治者，极力争取以自己的方式信仰宗教的自由。1415年，胡斯因被视为宗教异端而遭到处决，而这则激起了一系列战争，最终导致了胡斯派的失败。战争过后，这一地区仍旧由哈布斯堡的天主教会所统治，然而波西米亚大多数人则继续信仰新教。1618年，他们针对天主教统治者的起义引发了三十年战争，波西米亚的新教徒则在这一次战争中再次战败。

THE EARLY MODERN ERA
1420–1795

近代早期

1420–1795年

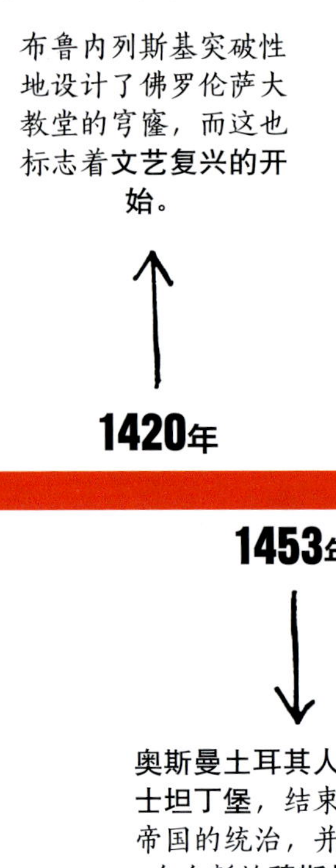

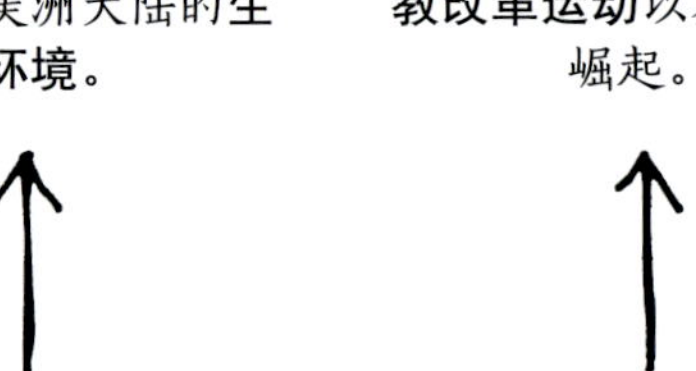

1420年

布鲁内列斯基突破性地设计了佛罗伦萨大教堂的穹窿，而这也标志着**文艺复兴的开始**。

1453年

奥斯曼土耳其人征服了君士坦丁堡，结束了东罗马帝国的统治，并创造了一个全新的**穆斯林都城**。

1492年

克里斯托弗·哥伦布抵达美洲大陆，开启了**欧洲贸易与殖民的时代**，也改变了美洲大陆的**生态环境**。

1494年

西班牙与葡萄牙签订了**《托尔德西里亚斯条约》**，瓜分了他们在**美洲大陆上刚刚征服的土地**。

1517年

马丁·路德针对天主教会撰写了《九十五条论纲》，引发了后来的**宗教改革运动**以及**新教的崛起**。

1556年

阿布·阿克巴成为**印度莫卧儿帝国**的统治者；波斯和印度的艺术形式相互融合，创造出了一种独特的风格。

1603年

关原合战开启了日本的**江户时代**——一段**统一、稳定、艺术繁荣的时代**。

1618年

新教徒与天主教徒之间**紧张的宗教局势**在“布拉格掷出窗外事件”中达到了顶峰，引发了**三十年战争**。

当我们回望过去的时候，世界历史进程中的每一次事件看上去都会与当时有所不同，然而鲜少有哪一时期会同横跨15世纪、16世纪，以及17世纪的近代早期一样形成视角上的极端反差。如今，人们常将这一时期视作是欧洲逐渐攀向世界顶峰的时期，但是对于当时的欧洲人而言，他们的身边却似乎总是充斥着前所未有的灾难。宗教改革运动打破了基督教世界的统一，天主教与新教之间产生了派系冲突，加之相互竞争的皇室王朝之间不断爆发权力争端，这一切都令欧洲成为了战乱之地——一片将自己变得支离破碎的大陆。与此同时，奥斯曼帝国的穆斯林军队不断威胁着欧洲腹地，占领了拜占庭帝国的城市君士坦丁堡，并两次深入至维也纳地区。

然而，回顾历史，我们定然也会看到那些令欧洲各国成为近代世界奠基者的深刻变革。文艺复兴时期艺术与思想的繁荣意味着欧洲已不再是文化上的一潭死水。欧洲人开始对起源于中国的印刷技术与造纸技术加以利用，大规模印刷书籍，而这也在很大程度上革新了信息的传播方式。同样是中国人发明的火药武器也在欧洲陆军与海军中得到了最大限度的应用。最重要的是，欧洲西部沿海地区的探险者与海员建立了海上贸易线路，为全球经济的发展奠定了基础。

殖民主义的开端

我们无论如何都无法否认1492年克里斯托弗·哥伦布横跨大西洋航行的重要性。它将两个在一万年间始终独立演化的完整生态体系永远联结在了一起。最初，这次航行为美洲大陆当地的居民带去了毁灭性的影响。欧亚大陆上的疾病以及西班牙征服者恶名昭彰的残暴行径令美洲的人口锐减。堪堪几名欧洲侵略者却轻而易举地征服了这片大陆上最为先进的国家，令这一整片新大陆向欧洲人敞开了剥削与殖民的大门。

然而，欧洲海员抵达亚洲之后却并未带去同样的深刻影响。最开始的时候，包括印度、中国、蒙

1620年

英国**宗教分离主义者**（清教徒）乘坐“五月花”号，起航追求全新的人生，并在**北美地区**建立了**殖民地**。

1649年

英国内战在国王查理一世遭到**处决**的时候进入了高潮时期；在接下来的11年中，英格兰始终都是**共和制国家**。

1660年

皇家非洲贸易公司在英格兰成立；他们从西非海岸地区**将奴隶带走**，卖到美洲地区。

1687年

艾萨克·牛顿在**数学与逻辑学**的基础之上发表了自己的**引力**理论，为启蒙运动的到来铺平了道路。

1703年

沙皇彼得大帝在波罗的海沿岸建立了**圣彼得堡**，试图促进俄国与欧洲之间的**贸易**往来，推动俄国的**现代化**进程。

1751年

狄德罗发表了其《百科全书》（全书共分为三个部分）的第一卷，其中提取了**启蒙运动中理性观念**的精华。

1759年

魁北克战役结束了**法国在加拿大的统治**；这场战役是七年战争中的一部分，而大多数欧洲强国都曾参与到这场战争之中。

1768年

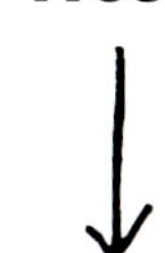

库克船长**扬帆**开启了自己的第一次航行；他绘制了**新西兰**海岸的地图，还宣布**澳洲**东南部地区为英国领土。

占以及日本在内的一众强国皆对欧洲人采取了包容的态度，允许他们以商人的身份在不干涉国家事务、不造成任何麻烦的前提下，控制少量岛屿或是沿海地区的领土。

经济增长

自17世纪后半期开始，欧洲的经济增长迹象便越发引人注目。贸易与农业领域劳动者生产力的提升在荷兰等地最为明显。包括中央银行与股份制公司在内的新兴金融机构为现代资本主义的发展奠定了基石。海上贸易的复杂线路将美洲地区的欧洲殖民地与欧洲、非洲和亚洲联系在了一起。大量奴隶（以欧洲商人从西非带来的为主）被运送至殖民地种植园中工作，因此，在新大陆的部分地区之中，非洲人的后代在数量上要远大于欧洲人与原住民的人口。在欧洲，当地人消费着来自中国和印度的奢侈品，以及产自加勒比海地区和巴西的糖和咖啡等食品。北美、西印度群岛与印度都成为殖民者相互争夺的地区，而莫卧儿帝国的骤然衰落也为欧洲征服者敞开了通向印度多数地区的大门。

学术运动

即便到了这一时期，我们也无法过分夸大欧洲的支配地位。17世纪中期，中国在经历明朝向清朝的过渡过程时遭遇了许多困境，然而到了18世纪，皇帝统治下的中国已然处在了政治权力与经济繁荣的黄金时期。欧洲地区的人口急速增长，总量之大前所未见，而这则是食物产量增加以及流行疾病减少的结果，然而同一时期的中国也在经历着大规模的人口增长。

在这一时期，真正令欧洲异军突起的是其知识与思想的发展。17世纪之中的科学革命开始转变我们对于整个宇宙的认知；一场名为启蒙运动的理性主义运动则挑战着人们既有的观念、传统和习俗。在欧洲人的心中，近代世界正逐渐成形。■

当这座城市覆灭的时候，我也将与其一同覆灭

君士坦丁堡的陷落（1453年）

背景介绍

聚焦

奥斯曼帝国

此前

1071年 土耳其军队在曼兹克尔特战役中重创拜占庭帝国。

1389年 奥斯曼人在科索沃大败塞尔维亚，为其推进欧洲创造了条件。

1421年 穆拉德二世继位为奥斯曼帝国的国王，并规划了一系列征战。

此后

1517年 奥斯曼人征服了埃及马穆鲁克王朝。

1571年 奥斯曼帝国海军在勒班陀遭受重创。

1922年 伴随着现代土耳其的建立，奥斯曼帝国的统治画上了句号。

奥斯曼土耳其人于1453年攻入拜占庭帝国的都城君士坦丁堡，顺利夺取了这座城市。毫不夸张地说，拜占庭这一拥有千年历史的基督教帝国曾统治着整个地中海地区，然而如今却惨遭攻陷，对于基督教世界而言，这无疑是一个巨大的打击。仿佛是为了昭示穆斯林的胜利，奥斯曼人将圣索菲亚大教堂这座基督教世界中最为著名的教堂改造为了清真寺。

在苏丹穆罕默德二世对君士坦丁堡发起攻城战，并不断用炮火轰炸那里之前，奥斯曼土耳其人便已经占领了周边的大部分地区。当城墙最终在炮火的攻击下出现缺口

参见：贝利萨留斯收复罗马 76~77页，穆罕默德领受天启 78~81页，巴格达的建立 86~93页，耶路撒冷的陷落 106~107页，青年土耳其革命 260~262页。

的时候，穆罕默德手下的八万大军便迅速击溃了城内的一小批力量。拜占庭帝国的最后一位皇帝康斯坦丁十一世遭到杀害，而伴随着君士坦丁堡的陷落，他的帝国也走向了终结。

衰落的帝国

君士坦丁堡遭到攻陷的时候，拜占庭帝国俨然已经处于衰落的最后阶段了。帝国的领土严重缩小，只剩下都城及其西边的一部分土地，还有希腊南部。拜占庭的衰落起始于曼兹克尔特战役（1071年），其间土耳其塞尔柱王朝的军队将拜占庭赶出了安纳托利亚这片至关重要的领土。自这时起，拜占庭国内对于皇帝之位的竞争、就税收问题而产生的争端、贸易额的减少，以及军事领导的不力都或多或少地造成了帝国的缩小。

1203年，第四次十字军东征同帝国的政治问题纠结在了一起。十字军中的一些领袖人物承诺将遭到废黜的拜占庭帝国皇帝伊萨克二世·安格洛斯重新扶上皇位，条件便是帝国需对其远征进行支持。最开始的时候，这次行动是成功的：安格洛斯的儿子被封为共治皇帝，然而到了1204年，民众的一次暴动却又将其推翻了。拜占庭帝国的元老院推举尼古拉·科纳波斯这位年轻的贵族担任国王，而他却拒绝对十字军进行支援。十字军未能获得承诺好的回报，便连同其盟友威尼斯人向君士坦丁堡发动了残酷的攻击。他们肆意虐杀平民，劫掠教堂，还毁掉了无数价值连城的艺术品。君士坦丁堡顷刻间便覆灭了。

鲜血四处流淌，就同一场骤雨过后排水沟中的雨水一般无二。

——尼科洛·巴巴罗，君士坦丁堡陷落的见证者（1453年）

当点燃的木条伸向城墙周围延伸四英里那些“不计其数的机器”时，世界上最早的协作炮火网瞬间便爆发出了一声声震耳欲聋的巨响。

奥斯曼人的崛起

在攻占君士坦丁堡之前，奥斯曼帝国已经将其领土自安纳托利亚地区扩张至巴尔干半岛。在那之后的16世纪之中，帝国进一步推进到地中海东部，并沿着红海海岸一路踏进了北非。1536年，奥斯曼人击败了埃及马穆鲁克王朝，还战胜了波斯最为强盛的统治王朝萨法维帝国，这令奥斯曼人得以掌握整个中东阿拉伯地区的统治权。

奥斯曼帝国是一个伊斯兰国家，在其苏丹看来，推动伊斯兰教的传播是其职责所在。然而尽管如此，国家还是对处于附属地位的基督教教徒与犹太教教徒实施了宽容政策。帝国境内的人们使用着不同的语言，也有着不同的信仰，然而国家却通过在一些地区建立附庸国的方式解决潜在的宗教争端与政治冲突。包括特兰西瓦尼亚与克里米亚在内的一些地区会定期向皇帝进献贡品，但是他们却并不受他的直接统治，只充当穆斯林地区与基督教地区之间的缓冲区域。诸如保加利亚、塞尔维亚以及波斯尼亚在内的一些附庸国最终被吸纳为帝国的一部分，其他国家则保持着自己附庸国的地位。

管理与军事

奥斯曼人逐渐衍化出一个强有力的管理体系，将地方行政与中央统治结合在一起。苏丹是最高统治者，而其兄弟则通常都会在他即位之后遭到杀害。苏丹拥有自己的顾问委员会，后来还设置了副手一职，以他的名义进行统治。军事领导者省督会在皇帝的全局把控之下对地方进行统治，而地方委员会则负责对他的权力进行制约。

帝国之内的非穆斯林群体有权通过米勒特制度（宗教自治制度）在一定程度上实行自治，米勒特制度令亚美尼亚人、犹太人和东正教群体在不涉及穆斯林的前提之下，依照自己的法律进行统治。相较于一个全然集权的体系而言，这一中央统治与地方统治相结合的平衡模式让奥斯曼人得以更加长久地将这样一个辽阔而多元的帝国维系下去。奥斯曼的军队也在帝国取得成功的过程之中扮演了不可或缺的角色。军队在作战技巧上极为先进，在军事策略上又极为精妙。他们快速行进的骑兵军团可以将表面上的撤退转变为破坏性巨大的包抄式侧面攻击，用新月形的阵形包围敌人，达到攻其不备的目的。

奥斯曼帝国的加尼沙里军团（近卫军团）身穿独特的制服。与其他军事组织不同，他们住在军营之中，并有固定的工资。此外，加尼沙里军团也是最早大规模使用火器的军队。

奥斯曼帝国军队的核心所在是加尼沙里军团。这是一支步兵队伍，最初是皇家近卫军，后来逐渐扩展为那一时期最令人闻风丧胆的精英军团。最开始的时候，军团中的成员都是自小便被人从巴尔干半岛上的基督教家庭绑架过来的人。奥斯曼帝国实行“血赋制度”，军队会将十八岁以下的男孩带走，强迫他们皈依伊斯兰教，并将他们送到土耳其家庭之中，同土耳其人一起生活，学习土耳其语和当地的习俗。随后，他们需要接受严酷的军事训练，而那些在某方面展现出特殊天赋的人便会被人挑

穆罕默德二世

奥斯曼帝国统治者穆拉德二世之子穆罕默德（1432—1481年）出生在土耳其的埃迪尔内。同大多数奥斯曼帝国的王位继承人一样，穆罕默德接受了伊斯兰教的教育，并在11岁的时候被指派为阿马西亚省的总督。一年之后，穆拉德为了自己的儿子而选择了退位，却在退隐之后不久便被穆罕默德从安纳托利亚召回，在军事领域为其提供帮助。穆罕默德的第二段统治时期是1451—1481年，而这也是他的主要统治时期。君士坦丁堡一役胜利之后，他又进行了一系列征战，先后攻下了摩里亚半岛（希腊南部）、塞尔维亚、黑海沿海地区、瓦拉几亚、波斯尼亚以及克里米亚半岛的部分地区。他下令重建君士坦丁堡，将其作为自己的都城，还在那里建起了清真寺，同时也允许基督教徒与犹太教徒保有信仰自由。穆罕默德虽以其残酷无情的军事领导作风而闻名，但也在同时将许多人文主义者招至都城之中，鼓励文化的发展，还建立起了一座大学。

托普卡帕宫中装饰着的这块伊兹尼克墙砖绘制于土耳其艺术的古典时期，中间的伊斯兰书法周围装饰着钴蓝色和铬绿色的自然主义图案。

选出来，从事弓箭手、机械师等专业性工作。加尼沙里军团中的成员服役期间都不得结婚，但是与此同时，他们也拥有一些特殊的待遇和特权，以此确保他们对于统治者的忠诚。尽管这支军团只是奥斯曼军队中很小的一部分，却担负着极其重要的角色，并为包括埃及、匈牙利以及君士坦丁堡在内等多场战役的胜利做出了卓越贡献。

奥斯曼帝国鼎盛时期

帝国在皇帝苏莱曼大帝的统治之下进入了鼎盛时期。他同法国人建立了联盟，共同对抗神圣罗马帝国哈布斯堡的统治者，还与波斯萨法维帝国的统治者签订协定，瓜分了亚美尼亚与格鲁吉亚地区，并将伊拉克纳入了奥斯曼帝国的统治之下。苏莱曼征服了匈牙利的大部分地区，甚至还曾向维也纳发动攻城战，尽管他最后并未能成功攻下这座城市。

奥斯曼人将自己的伊斯兰教信仰带入了这片土地，四处建筑清真寺，而伴随着清真寺的建成，这里也逐渐成为学术与教育的殿堂。奥斯曼城市皆十分令人赞叹。君士坦丁堡本身几乎就是一座重建后的新城：奥斯曼人加固了城市的防御工事，还建起了许多清真寺、集市和饮水处。这座城市之中最为引人注目的建筑便是苏丹穆罕默德二世于15世纪60年代命人建造的皇家宫殿托普卡帕宫。为确保这一建筑群能够成为一座永恒的经典，泥瓦匠、石匠与木匠被人从四面八方传唤至这里。这些人共同建造了清真寺、医院、面包房，以及铸币厂等诸多建筑，宫殿中还招纳了帝国之内最为优秀的艺术家和手工匠人。

逐渐衰落

苏莱曼离世后，这样的文化繁荣盛景也并未衰退，然而，帝国却开始在其他领域之中面临严峻挑战。人口的增长为可用的土地造成了严重的负担；国家遭受着外来的军事威胁和内在的人民起义。

奥斯曼帝国逐渐失去了自己的威望与影响力，而到了后来，国家的逐渐衰落更是令其被人扣上了“欧洲病夫”的帽子。帝国无力应对19世纪爆发的动乱，失去了大片领土。最终，奥斯曼帝国悠久的历史在第一次世界大战的失败中书写了终章，凯末尔・阿塔土克则在这片土地上建立了如今的土耳其。■

内部分裂削弱了拜占庭帝国的力量。

奥斯曼人攻入并占领了君士坦丁堡。

奥斯曼军队军事侵略与绥靖政策并用，夺取了欧洲东部与中东地区的大片领土。

奥斯曼人尊重被征服地区的地方习俗，并允许他们在一定程度上实行自治，以此管理这些地区。

广阔而又多元的奥斯曼帝国传播了伊斯兰教，却未能创造出一个统一的文化。

跟随着太阳的光芒，我们离开了旧世界

克里斯托弗·哥伦布抵达美洲大陆（1492年）

背景介绍

聚焦

航海发现

此前

1431年 葡萄牙航海家贡萨洛·维利乌起航探索亚速尔群岛。

1488年 巴尔托洛梅乌·迪亚士绕过好望角，发现了经绕非洲南部的通路。

1492年 西班牙国王费迪南德与王后伊丽莎白同意赞助哥伦布的航行。

此后

1498年 瓦斯科·达·伽马的舰队到达了印度的卡利卡特。

约1499年 意大利探险家亚美利哥·韦斯普奇发现了亚马孙河口。

1522年 斐迪南·麦哲伦在1519—1522年率领西班牙人前往东印度群岛探险，而这也是历史上的首次环球航行。

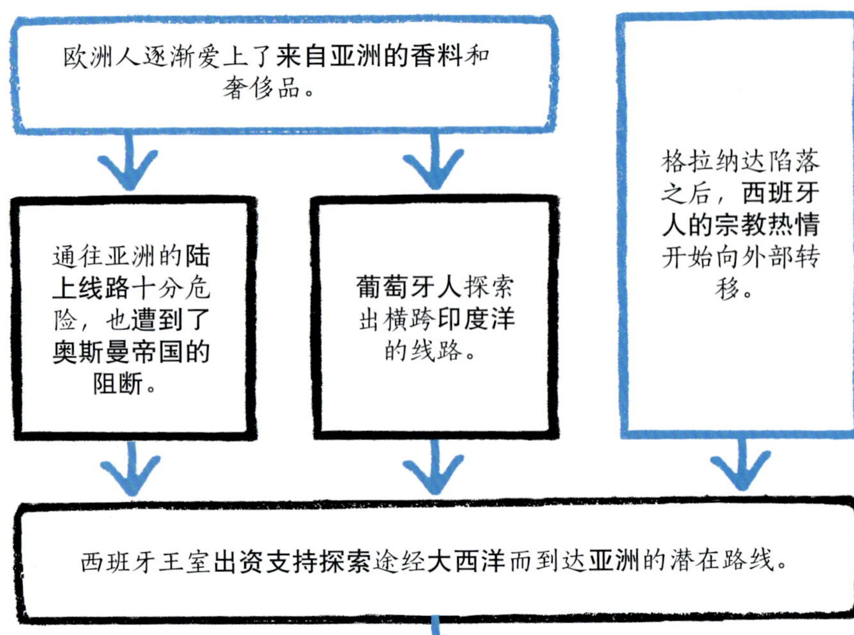

克里斯托弗·哥伦布（约1451—1506年）出生在意大利，是一位来自热那亚的航海家和商人。他于1492年进行了一次远航，而正是这次航行将美洲大陆与欧洲大陆永远联系在了一起，也改变了整个世界。

哥伦布起航的时候原以为自己会抵达亚洲大陆，因为在那个时候，没有哪个欧洲人知道世界上存在着一整块大陆，阻断了从欧洲向西到达亚洲的路线。出发五个月后，哥伦布来到了巴哈马群岛之中的一座小岛，而他却以为自己到达的是印度尼西亚的外延地区。哥伦布以那里为起点，继续探索加勒比海，还曾到达古巴、伊斯帕尼奥拉岛（又名海地岛）以及其他几个小岛。这些地方的大多数人在看到他的时候都并未产生什么过激的反应，因此，哥伦布也认为这些人很适合做仆人或是奴隶。

此后，哥伦布又赴加勒比海地区进行了三次远航，而不计其数的欧洲来访者与殖民者也追随着他的足迹，来到了这片土地。

探索动机

西欧统治者与商人渴望对大西洋地区进行探索的首要动机便是经济利益。欧洲的气候并不适宜种植包括肉桂、丁香、生姜、胡椒以及肉豆蔻在内的许多香料，这些香料同时能够帮助人们更好地储存食物。

沿陆路线路将这些商品自亚洲带到欧洲是一件十分困难的事情，同时也很不安全，因为沿线经常会爆发战乱；不仅如此，这样的方式也会大大提高商品的价格，因为货物在一路上会经手多个卖家。无疑，开发海上线路的经济理由十分充分：假若哪个人能够找到一条将商品直接运送至西欧的线路，那么他一定会变得极为富有。中世纪末期欧洲人开始探索海上线路的另

参见：维京人突袭林迪斯法恩 94~95页，《托尔德西里亚斯条约》148~151页，哥伦布大交换 158~159页，“五月花”号的远航 172~173页，英国皇家非洲贸易公司的成立 176~179页。

一个原因便是想要调查在亚洲设立欧洲殖民地的可行性。这些殖民地不仅可以用作贸易站，还能成为传教者的基地，方便他们说服当地人皈依基督教。

到了14世纪和15世纪，西班牙人、葡萄牙人、英国人和荷兰人已经造出了远洋航行的大船，还对航海员进行训练，培养他们远距离领航的能力。探险者使用着各种各样的大船，而其中最为出众的便是“卡拉维尔帆船”。这是一种轻型快速帆船，操纵极为灵活，船上通常装备有长方形和三角形的船帆。三角形船帆令船只得以迎风航行，即便是在不同的风力条件之下，探险家依旧能够继续前进。此外，探险家也会使用“克拉克帆船”这种有着相似船只装帆模式的大船。

造船技术与航海技术的发展十分迅猛。船员利用十字测天仪（一种基础的瞄准设备）以及后来的航海星盘来测量船只所在的纬度。这一手段背后的原理是角度的测量，例如太阳与地平线之间的角度。不仅如此，他们还会用磁罗盘来判断方向，而伴随着每一次航行的结束，他们的航海图便会更加完整一些，而对于盛行风与洋流的认识也会更加全面一些。

葡萄牙航海家

数十年以来，欧洲航海家一直都在开辟大西洋上的航线。葡萄牙人在马德拉群岛上建立了殖民地，而在15世纪之中，葡萄牙国王约翰一世之子航海家亨利王子曾无数次派人航行至亚速尔群岛进行探索。1418年，亨利王子设立了第一所专攻远洋航行的学校，还在葡萄牙的萨格里什修建了一座天文观测台。他以这所学校为起点，推动航海、绘图以及科学领域的教育。亨利王子派人航行至非洲西部海岸地区，而这也是因为他看中了那里发展奴隶与黄金贸易的潜力。他的船只一路向南，沿路设立了许多贸易站。1488年，葡萄牙船长巴尔托洛梅乌·迪亚士已经绕过了非洲的最南端。不久之后，另一位西班牙航海家瓦斯科·达·伽马再次率领船只绕过好望角，并继续穿越印度洋，首次用海上线路将欧洲和亚洲联系在了一起。

由于葡萄牙掌管着非洲沿岸一线的海上通路，这样一来，其欧

我打算去看看自己究竟能否找到日本岛。

——克里斯托弗·哥伦布，1492年

克里斯托弗·哥伦布

克里斯托弗·哥伦布出生在热那亚，曾做过代理商，也曾为经商而航行于欧洲以及非洲沿海地区。

哥伦布首次抵达美洲大陆之后，又在1493年再次去到那里，发现了小安的列斯群岛和大安的列斯群岛，并在伊莎贝拉岛（位于如今的多米尼加共和国）上建立了殖民地。哥伦布的第三次航行（1498—1500年）将他带到了加勒比海上的伊斯帕尼奥拉岛以及特立尼达岛，而他也在那里发现了南美洲海岸，并从奥里诺科河的规模猜测出自己大约发现了一大片广袤的陆地。而在这一次航行期间，殖民者向王室控诉哥伦布未能得当地统治其在加勒比海地区的殖民地，于是，王室将他从总督一位上撤职。

在其最后一次航行（1502—1504年）之中，他试图搜寻通往印度洋的海峡。哥伦布始终认为自己没有得到应有的赏识与承诺好的赏赐，因此，当他回到西班牙时，他的健康状况和精神状况已然十分糟糕。1506年，哥伦布离开了人世。

洲邻居和对手西班牙若想去往富饶的东方，便需要寻找另一条路线。尽管到了这时候，接受过教育的人已经知道地球是球形的，然而他们却并不清楚美洲大陆的存在。因此，对于他们而言，去往东方的另一条路线似乎便是向西航行，穿越大西洋。在包括克里斯托弗·哥伦布在内的许多海员看来，地球的直径要远比如今我们所了解到的真实距离短得多，于是，这条路线对他们来说似乎格外具有吸引力。

寻求资助

1485年，哥伦布向葡萄牙国王约翰二世呈上了一份横跨大西洋，去往“香料群岛”的计划。然而，约翰二世却拒绝向这一方案投资。

于是，哥伦布便将网撒得更加广泛，试图从热那亚和威尼斯这两个强盛的沿海城市那里寻求支援，同时也让自己的弟弟去英格兰看一看，然而，他的努力依旧没有获得回报。最终，他只得求助于共同统治着西班牙的“天主教君主夫妇”——阿拉贡国王费迪南德与卡斯蒂利亚女王伊丽莎白。最开始的时候，他们也同样拒绝了哥伦布，因为他们的航海顾问也一样认为他所计划的航行路线实在是太长了。然而，在一番旷日持久的交涉之后，他们终于同意资助哥伦布。探索出一条全新的贸易线路固然能够为国家带来物质回报，然而伊丽莎白同时也将这次航行视作是一次宗教任务，一次将基督教光辉照射至东方的机会。

（他们）犯下了如此野蛮而不人道的行径，全然背离了人类的本性，而我一面将其记录下来，一面还在战栗。

——巴托洛梅·德·拉斯·卡萨斯，西班牙历史学家（约1527年）

哥伦布向西航行

女王向哥伦布承诺，假若他

哥伦布的航行无疑是一次大胆的任务。尽管当时的人们都知道世界是球形的，然而许多人却仍旧认为哥伦布的西向航行注定会失败，担心船员们在到达陆地之前便会因缺水而死亡。

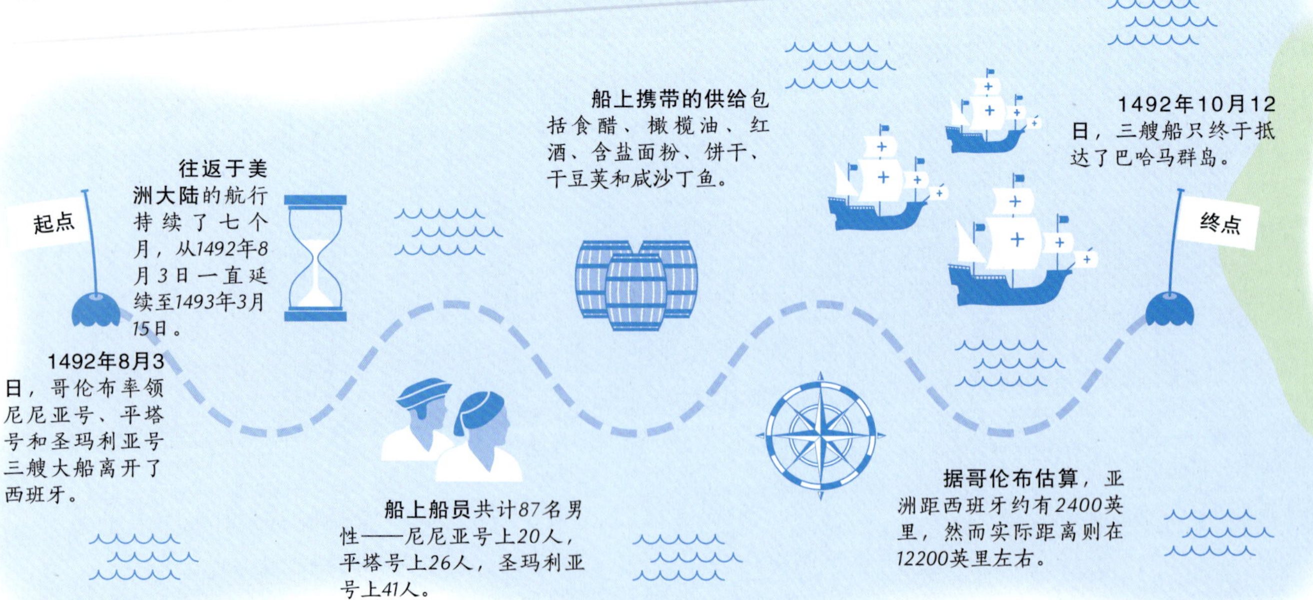

1492年，哥伦布率领的旗舰在岛上搁浅了，而他也因此于无意间发现了伊斯帕尼奥拉岛。1496年在那里建立起的“伊莎贝拉”则是美洲大陆历史上最为悠久的永久性欧洲殖民地。

能够为西班牙征服任意哪片领土，那么他便可以成为那里的总督；此外，他还可以获得包括总收益10%在内的其他一些回报。得到这样的承诺之后，哥伦布便于1492年开始了他的西向航行。正式向西出发之前，他曾短暂停靠在大加纳利岛，五周后便看到了陆地。1493年初，他率领两艘船只回到欧洲（第三艘船在如今的海地地区搁浅，彻底损坏），被正式封为印度群岛总督。

仅仅几个月之后，哥伦布便开始了自己的第二次航行。这一次，他共率领了17艘船只，船上装载着1200多人，负责在加勒比海地区建立西班牙殖民地。这些殖民者中不仅包括农民和士兵，还有专门负责令当地人皈依基督教的牧师。宗教皈依成为欧洲殖民过程中的一个重要组成部分，而这也体现出了殖民者渴望将自己的文化强加于被殖民者，并对他们加以控制的野心。

我不应继续依照惯例，沿陆路到达东方，而是应当向西航行。

——克里斯托弗·哥伦布，1492年

人们常将1492年哥伦布取得的成就形容为欧洲人对美洲大陆的“发现”，但这样的说法事实上是有问题的，一方面因为哥伦布以为自己到达的是亚洲，另一方面也是因为来自斯堪的纳维亚半岛的维京人早在500年前便曾抵达北美洲地区，而纽芬兰地区兰塞奥兹牧草地上发现的考古学遗迹甚至显示他们曾在那里定居。然而，维京人却并未在那里居住很长时间，因此，哥伦布及其同一时代的人对于这一点也并不知情。

然而无论如何，1492年哥伦布的航行却的确为美洲大陆与欧洲大陆之间建立起了永久的联系。在哥伦布首次抵达美洲的时候，他曾遇到许多居住在西印度群岛的原住民，然而，他和他的手下却冷酷无情地为这些人带去了毁灭，同时也开启了此后一个世纪针对美洲原住民人口的残杀。■

这条线应被视为永恒的标记与束缚

《托尔德西里亚斯条约》（1494年）

背景介绍

聚焦

西葡两国征服美洲

此前

1492年 哥伦布首次起航前往新大陆，西班牙也自此开始关注这一地区。

此后

1500年 佩德罗·阿尔瓦雷斯·卡布拉尔占领巴西，使其成为葡萄牙的领地。

1521年 埃尔南·科尔特斯成功征服了阿兹特克帝国。

1525年 佛朗西斯科·皮萨罗打响了西班牙对于印加帝国的征服之战。

1598年 胡安·德·奥尼亚特在加利福尼亚建立了第一个西班牙殖民地。

西班牙与葡萄牙于1494年6月7日在西班牙的托尔德西利亚斯签订了一份条约，解决两国就新领土归属问题而产生的争端。双方的统治者达成了共识，决定将佛得角群岛以西370里格（1里格约合4千米）的子午线作为分界线，分界线西边的所有土地皆归西班牙所有，而东边的土地则属于葡萄牙。两国之所以选择了这一条线，考虑到的主要是其地理位置：这条线大约位于佛得角群岛与加勒比群岛的正中，而佛得角群岛已然是葡萄牙的领土，另一边的加勒比群岛也在1492年克里斯托弗·哥伦比亚到

参见: 马可•波罗抵达上都 104~105页，特诺奇提特兰的建立 112~117页，克里斯托弗•哥伦布抵达美洲大陆 142~147页，哥伦布大交换 158~159页，英国皇家非洲贸易公司的成立 176~179页。

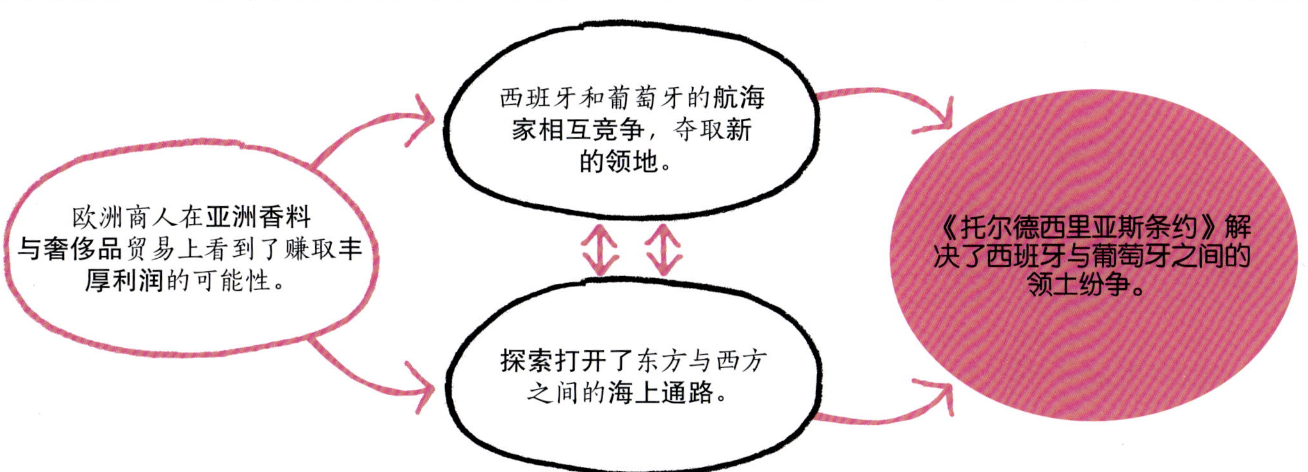

达这里后归属了西班牙。到了15世纪90年代，两国都已探索出大片领土，其中便包含新大陆，虽然在这一时期，欧洲人还并不清楚美洲大陆究竟有多大。尽管哥伦布的航行是由西班牙皇室所赞助的，然而西班牙却并不能因此就对其发现的土地宣称所有权。1479年西班牙天主教君主与葡萄牙统治者之间签订的《阿尔卡苏瓦什条约》将加那利群岛以南所有新发现的土地划分给了葡萄牙。当哥伦布结束第一次航行后在里斯本登陆时，他告诉葡萄牙国王约翰二世说他决定将伊斯帕尼奥拉岛以及古巴献给自己的资助者西班牙。听闻此言，约翰立刻便写信给西班牙统治者，说他正在筹备将本国的船只派往加勒比海地区，将那里收归为葡萄牙的领土。

属地合法化

每当有航海家发现新陆地的时候都会出现此类争端，为防止此类情况的反复发生，两国领导者决定对《阿尔卡苏瓦什条约》中的内容进行检讨。1479年的条约中涉及教皇的权力，而如今，教皇亚历山大六世提出在亚速尔群岛以及佛得角群岛西南部100里格的位置划定一条南北方向与东西方向相结合的分界线，并将分界线以西南的地区划归西班牙所有。约翰拒绝了这一提议，认为这一决定有失公允，而最终，所有人都同意将佛得角群岛与加勒比群岛之间的子午线作为分界。

我和我的同伴都患上了一种心病，唯有黄金才能将其治愈。

——埃尔南•科尔特斯，1519年

葡萄牙殖民地

到《托尔德西里亚斯条约》签订完毕的时候，葡萄牙在探索非洲及南亚的过程中已然取得了进展。探险家们以北非地区的休达为基地，一路向南推进，并在西非海岸地区建立了一系列贸易站点，直到1498年，瓦斯科•达•伽马绕过好望角，驶入了印度洋。16世纪，葡萄牙已在印度、摩鹿加群岛、苏门答腊岛、缅甸以及泰国建立了殖民地。

条约划定的分界线穿过南美地区，将西北一半的土地分给了葡萄牙人。1500年，探险家佩德罗•阿尔瓦雷斯•卡布拉尔在巴西沿海地区登陆，并将那里变成了葡萄牙的领土。征服者对其新建的殖民地进行剥削，强迫原住民种植甘蔗，后来又让他们种植咖啡，开采金矿，大量劳工不幸死亡。殖民者还从非洲带来了大量奴隶，替换当地的原住民。巴西从16世纪中期便开始受到葡萄牙总督的统治，而直到

19世纪早期，那里依旧是葡萄牙的殖民地。

美洲大陆上的西班牙人

在哥伦布的跨大西洋航行以及《托尔德西里亚斯条约》的签订之后，西班牙越发开始关注美洲这片大陆，多次资助前往那里的远洋航行，一面进行探索，一面进行征服与殖民。第一次远航时，船队在埃尔南·科尔特的带领之下来到了墨西哥，这里便坐落着当时阿兹特克帝国这一面积虽小却格外富裕的国家，特诺奇提特兰（如今的墨西哥城）就是帝国的都城，也是其心脏地带。科尔特率领着区区600人便攻下了这个有着百万人口的帝国，还屠杀了其统治者蒙特苏马。另一位西班牙领袖佛朗西斯科·皮萨罗则同样凭借一小部分兵力（180人）便征服了以秘鲁为中心，却也同时涵盖了智利、厄瓜多尔以及玻利维亚大部分地区和阿根廷西北部的印加帝国。

科尔特与皮萨罗之所以能够取得如此卓越的战绩，还应归功于如下几个因素。首先，当时的西班牙人已经开始使用火器，兵士们也一心只想着屠杀对手，这样的作战方式令阿兹特克人倍感无措，因为他们一直以来都习惯于在战争中俘获俘虏，之后再将这些人杀掉以作献祭。此外，西班牙人在当地结交了许多与阿兹特克人为敌的盟友，这些人也为他们提供了很大的助益。在这之后，财富不断自大西洋对岸涌入西班牙，而那里也成为这个国家继续在美洲大陆扩大殖民的基地。

后来，西班牙人又进行了一系列殖民扩张行为，其中便包括征服哥伦比亚，也就是西班牙人口中的新格拉纳达。到了17世纪即将结束的时候，西班牙已经控制了南美洲中西部的大部分地区。这些征服者瓜分了被征服的土地和生活在那

特诺奇提特兰围城战这一场发生在阿兹特克帝国都城的战役在西班牙征服墨西哥的过程中起到了决定性的作用，使得西班牙征服者距离其征服整个美洲大陆的目标又更近了一步。

我们同舰队一起发现并探索的这些区域，或许应当把它命名为新大陆。

——亚美利哥·韦斯普奇，1503年

里的人民，还迫使当地人皈依了基督教。不仅如此，他们还强行将那些原住民变成了劳工，其中大部分人都被派到了银矿之中。同在巴西的劳工一样，这些人也成为疾病与剥削的受害者，只不过死亡的规模没有那么大罢了，而西班牙人同样也从非洲带来了许多奴隶，填补死亡劳动力的空缺。

西班牙王室试图控制这一片广袤的帝国，指派总督对定居者以及美洲原住民进行管理，并从银矿的收益中抽取1/5。后来，定居者愈发反感这样的外来干预，然而到了19世纪，随着哥伦比亚与智利等地获取了独立，帝国也逐渐开始走向衰落。

环球航行

《托尔德西里亚斯条约》许可了西班牙在美洲地区的活动，却并未令西班牙和葡萄牙停止寻找通向亚洲东部的西向航海线路，而那里才是欧洲商人眼中香料、奢侈品以及大量财富的所在地。效力于葡萄牙王室的意大利航海家亚美利哥·韦斯普奇是对那里进行深入探索的先驱者。他考察了南美洲海岸地区，而人们之所以知道他，也是因为那片大陆正是以他的名字命名的。葡萄牙航海家斐迪南·麦哲伦是第二个探索这一路线的人，而他所代表的则是西班牙。他认为如果从条约线一路向西航行的话，那么从西班牙到香料群岛的距离大约要短于环地球一周的半程距离，而这则可以令那些岛屿归入西班牙的管辖范围。1519年，他雄心勃勃地率领五艘船只扬帆起航，试图完成第一次环球航行。尽管麦哲伦本人在途中离世了，这次远航中的一些幸存者却成功完成了航行，令西班牙有了将东南亚地区归为己有的理由。

1529年，西班牙和葡萄牙这两个互为竞争对手的王室在萨拉戈萨签订了另一份条约。这份条约将菲律宾分给了西班牙，摩鹿加群岛则分给了葡萄牙。

条约的影响

没有参与《托尔德西里亚斯条约》的欧洲国家直接忽略了这份条约，很快便也行动起来，发展自己的帝国。然而，这一条约却对世界绝大多数地区产生了影响。它令欧洲之前便已悄然开始的变革浮上了水面——传统中欧强国手中的财富与影响力正逐渐转移至那些渴望在新领土上建立帝国的沿海海事强国手中。这些帝国为西班牙和葡萄牙带去了巨大的财富，而它们的海外帝国也产生了深远的文化影响：南美洲与中美洲的大部分地区都使用西班牙语，非洲与亚洲的一些地区也深深受到了葡萄牙的影响，其中最为突出的便是巴西。■

斐迪南·麦哲伦

麦哲伦（1480—1521年）出生在葡萄牙的一个贵族家庭之中，年幼时便失去了父母，被人送至葡萄牙宫廷中做侍童。

长大后的麦哲伦成为一名年轻的海军军官。他曾在印度的葡萄牙殖民地中服役，并参与至摩鹿加群岛的征战。然而后来，他与葡萄牙国王之间产生了分歧，便决定前往西班牙，为自己的西行探险寻求支持。到了1518年，他已经获得了西班牙国王查理一世的援助，并在第二年中率领五艘船只顺利起航。

在麦哲伦的指挥之下，船队成功通过了如今南美洲大陆与火地岛之间狭窄的海上通路，而这里也为纪念他而得名"麦哲伦海峡"。后来，他来到了一片大洋，并因那里平静无波而将其命名为"太平洋"。他横渡了这样一片广阔的水域，最终停在了关岛，后来又去到了菲律宾，并在那里惨遭杀害。

古人从未筑起过这般高大的建筑

意大利文艺复兴的开端（1420年）

背景介绍

聚焦

文艺复兴

此前

1296年 佛罗伦萨的圣母百花大教堂动工。

1305年 乔托完成了其在帕多瓦竞技场礼拜堂（又称史格罗维尼礼拜堂）的壁画作品。

1397年 美第奇银行在佛罗伦萨正式成立，这里后来成为欧洲最大的银行。

此后

1434年 科西莫·德·美第奇成为佛罗伦萨事实上的统治者，支持艺术的发展。

1447年 弗朗切斯科·斯福尔扎在米兰掌权。他的宫廷逐渐成为艺术的中心。

1503年 列奥纳多·达·芬奇开始创作《蒙娜·丽莎》。

1508年 米开朗基罗开始绘制梵蒂冈西斯廷教堂的天顶画。

在1418年，资金雄厚的佛罗伦萨羊毛商会发起了一项比赛，意图为其尚未竣工的圣母百花大教堂寻找一份穹顶设计。佛罗伦萨是意大利最为富有的城市之一，也是银行与贸易的中心。正是有了这样的财富积累，这座城市才能够委托他人建造一个规模庞大、前所未见的教堂穹顶。

伴随着国家的不断繁荣，统治者和那些富有的市民慢慢开始有能力将钱花在美化城镇与提高声誉之上，于是，除佛罗伦萨之外的整个意大利也逐渐出现了在艺术与建

参见：雅典民主政治 46~51页，恺撒大帝遇刺 58~65页，罗马之劫 68~69页，君士坦丁堡的陷落 138~141页，克里斯托弗·哥伦布抵达美洲大陆 142~147页，马丁·路德的《九十五条论纲》 160~163页。

这一宏伟的建筑直入云霄，其阴影足以覆盖所有生活在托斯卡纳的人。

——莱昂·巴蒂斯塔·阿尔伯蒂，《论绘画》（1435年）

筑领域斥巨资的现象。意大利强大的经济与深刻的公民自豪感为此后历史上影响最为深远的一次文化运动——文艺复兴奠定了基石。

圣母百花大教堂

这个穹顶将会成为罗马时代后期以来规模最大的圆顶建筑，而商会也明确表示穹顶上不应有任何支撑用的扶壁，因为他们认为那样的建筑是法国、德国和米兰等政治对手所青睐的风格，早已过时。这一切都令穹顶的建筑看上去似乎变成了一个不可能完成的任务。曾经做过金匠和钟表匠的年轻建筑师菲利波·布鲁内莱斯基凭借其大胆的设计赢得了比赛。他计划建造一个巨大的八边形砖制穹顶。

建筑过程中最大的难题便是如何支撑这一结构，使其不至于因为重量过大而垮塌。布鲁内莱斯基巧妙地解决了这个问题。他设计了两个同心的穹顶——内层的穹顶做支撑之用，更大的穹顶则建在外层。之后，他还用巨大的砖石拱形结构以及复杂交错的“锁链”结构将两层穹顶连在了一起。

穹顶于1436年完工，直至今日都是世界上规模最大的砌筑穹顶。这个建筑融合了复古的风格与全新的工学技术，成为文艺复兴时期古代智慧与现代知识相结合的典范。

意大利文艺复兴

文艺复兴是一场在14世纪中期起源于意大利的运动，后传播至整个欧洲。这场运动植根于人们对古希腊与古罗马文化的再发现，对艺术领域乃至科学和学术都产生了深远的影响。画家、雕塑家和建筑家挣脱了中世纪艺术传统的束缚，他们前往古罗马纪念碑的所在地，仔细观察古典雕像与罗马建筑上的雕刻图案，以古典风格创造艺术作品。这场运动为包括莱昂·巴蒂斯塔·阿尔伯蒂与布鲁内莱斯基在内的许多建筑家带去了创作灵感，而这一时期之中也涌现出了诸如米开朗基罗和列奥纳多·达·芬奇等许多伟大的艺术家。这些人大多都活跃于多个不同的领域：布鲁内莱斯基不仅是建筑家，还是一位工程师和雕刻家；米开朗基罗不但精通绘画和雕塑，还对诗歌创作颇有研究；而达·芬奇更是在艺术与科学等多个领域取得了非

佛罗伦萨大教堂的穹顶出自布鲁内莱斯基之手。这一突破性的建筑始终都是城市中最高的建筑物，以其114米的高度庄严傲立于周遭的红瓦屋顶之间，是佛罗伦萨天际线中最为显眼的一片。

梵蒂冈西斯廷教堂中米开朗基罗创作的天顶画将文艺复兴时期人们对于人体美以及现实主义的关注与宗教题材融合在了一起。

凡的成就。文艺复兴时期的画家与雕塑家试图以一种相对于中世纪艺术家而言更为写实的手法描绘这个世界：他们十分注重结构上的准确性，甚至还创造出了一种体现透视的科学方法。而在古典艺术领域，人们则更加关注人体美与裸体作品。

与此同时，许多来自拜占庭帝国的希腊学者在1453年君士坦丁堡陷落后纷纷定居在了意大利，而受到他们的影响，人们再次开始关注古典文化与知识。这些“流亡者”将许多早已在西方失传了的古希腊文学、历史与哲学典籍重新带到了意大利，还将希腊语传授给意大利人，让他们可以阅读并翻译这些著作。这便引发了意大利的人文主义文艺复兴运动，其中涉及对于包括语法、修辞、历史、哲学与诗歌等人文学科的研究，而从更广义的层面上来看，人们也愈发开始重视人类的尊严与潜能。

文艺复兴时期，一些强盛的城邦支配着意大利的生活、商业以及政治，其中便包括佛罗伦萨、米兰、费拉拉还有威尼斯，而罗马也是其中之一，那里是教皇行使世俗权力的地方，也是天主教会的灵魂核心。这些城邦可以自贸易（佛罗伦萨便是如此）与银行业之中积累巨大的财富。城邦中的统治家族都

“文艺复兴人”（代指那些兴趣广泛、多才多艺，在许多领域皆有建树的人）这一概念描述的是那一时期之中的伟大思想家，例如列奥纳多·达·芬奇这样的博学家，从艺术到科学，无所不知。

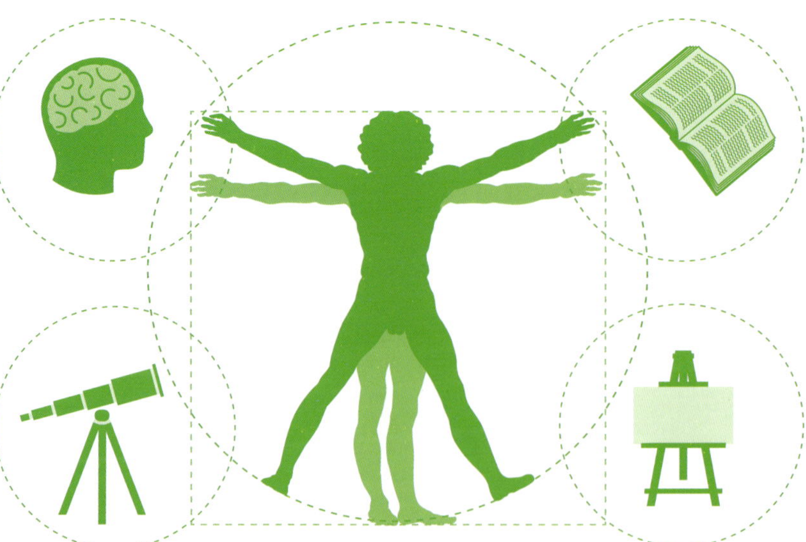

人文主义将人类置于宇宙的核心位置。它将人类取得的成就归功于人类本身，而非上帝。

对于经典文献的再发现给思想家以灵感，令他们能够创作出赶上甚至超越亚里士多德等伟大哲学家的作品。

科学以及人类对于地球运行规律的逐渐了解推动了包括建筑与医药在内等诸多不同领域的发展。

文艺复兴时期发现了很多栩栩如生的古希腊与古罗马雕塑，也对透视法有了新的认识。这一时期的艺术家受此启发，取得了许多伟大的成就。

会斥巨资修建宫殿和教堂，购买艺术作品，因此，他们也成为文艺复兴时期许多伟大艺术家的赞助人。这些富有的家族同时也会雇佣学者做子女的家庭教师，便也侧面推动了古典学术的复兴。除此之外，美第奇家族中的几位家庭成员还曾经担任过教皇一职。

文艺复兴的传播

自15世纪末期开始，文艺复兴逐渐自意大利扩散至欧洲其他地区，北方文艺复兴也开始悄然兴起。以荷兰和德国为首的欧洲北部国家慢慢有了自己的艺术家，例如同为优秀现实主义画家的阿尔布雷特·丢勒（1471—1528年）和小汉斯·荷尔拜因（1497—1543年）。文艺复兴中的人文主义同样也开始向北传播，但是北方的作家和哲学家却往往比他们在意大利的同僚更关注基督教信仰、教育和改革，其中的代表便是鹿特丹的伊拉斯谟（1466—1536年）。

15世纪30年代，德国的约翰·古腾堡发明了西方的活字印刷术，这令文艺复兴时期的思想得以传播得更加迅速。在古腾堡之前，人们若想要实现印刷功能，只能将每一页的内容亲手篆刻在一块木板上，但这样的工作实在过于费时费力，于是人们只得一页一页地誊写书籍。古腾堡的方法是将一块块金属制成的字母和标点符号排列成行，再进一步排列成页；当人们印完一页的内容时，便可以将这些金属块重新打乱后再利用。他将这一想法与当时已有的造纸技术相结合，还借用了用于制造红酒的压平机，最终以这种方法首次实现了图书的多份印刷。

古腾堡的发明引发了巨大的反响。这项发明的面世意味着人们如今可以以更加低廉的价格轻易购买到从前需要花费数月才能制作好的昂贵图书，这样一来，思想与信息的传播也就变得更加快捷，受众面也更广了。教会的通用语言大多都是拉丁语，然而当时的作家却开始用自己的语言进行创作；于是，以法语、英语、德语和其他语言创作而成的文学作品蓬勃发展。与此同时，人们也开始大量印刷古代经典文献的复本，以此传播那些文艺复兴和启蒙运动中的核心思想。

对于智者而言，这世上没有什么东西是不可见的。

——菲利波·布鲁内莱斯基

文艺复兴的影响

到了16世纪中期，文艺复兴在欧洲南部的影响力已经开始衰落，却在北部持续得相对长久一些。然而，这一时期中的许多伟大作品却得以流传至今，为后世一代代画家与建筑家带去了无尽灵感。■

菲利波·布鲁内莱斯基

菲利波·布鲁内莱斯基（1377—1446年）出生在佛罗伦萨。菲利波在艺术方面展现出了惊人的天赋。成为建筑师之前，他曾做过金匠，也曾学习过钟表的制作。菲利波在其25岁左右时曾同友人多纳泰罗（著名雕塑家）一同来到罗马，对古罗马建筑遗迹进行了研究，还阅读了古罗马作家维特鲁维奥创作的专著《论建筑》。1419年，菲利波得到了自己人生中第一份重要的工作——设计一座孤儿院，于是便诞生了佛罗伦萨的育婴堂，其拱形的门廊令这座建筑成为文艺复兴时期的第一座杰作。后来，菲利波相继设计出许多包括佛罗伦萨礼拜堂以及城市防御工事在内的杰出作品，而这也令其声名鹊起，但他的代表作仍旧是圣母百花大教堂那令人惊叹的穹顶。

除建筑之外，菲利波也为线性透视理论的发展做出了重要贡献，还设计了许多机器，为戏剧舞台制造特效。

战争已与从前大不相同

卡斯蒂永战役（1453年）

背景介绍

聚焦

军事革命

此前

1044年 一部中国军事汇编中出现了现存最早的火药配方。

1346年 爱德华二世在克雷西会战中使用了火炮。

1439年 让·布隆被任命为法国炮兵部队的炮手长。

1445年 查理七世创建了一支法国常备陆军。

1453年 奥斯曼军队用重炮攻下了君士坦丁堡。

此后

16世纪20年代 意大利战争向人们展示了佩带火器的步兵究竟有多么大的威力。

1529年 米开朗基罗为佛罗伦萨设计了一座星形要塞。

约1540年 一些德国骑兵将转轮手枪作为自己的主要武器装备。

随着王权的不断增强，欧洲的封建制度逐渐走向衰落。

人们发明出了威力更加强大的火器。

卡斯蒂永战役中火炮所起到的作用凸显了雇佣专业军队相较于自贵族之中征募部队的优势。

贵族渐渐失去了自己的军事与政治力量，于是，王权变得更为集中。

手执长枪与火器的步兵逐渐取代了身披战甲的骑士和弓箭手。

英国什鲁斯伯里伯爵约翰·塔尔博特率领6000名士兵于1453年7月离开波尔多，前往英军占领的小镇卡斯蒂永，而法国正计划着向那里发起围攻。法方此前已经建立起一座足以容纳一万人的设防营地，还配备了约300台火炮，由炮兵专家让·布隆统一指挥。塔尔博特一面等待援军的支援，一面下令发起攻击。然而，当英国军队逐渐逼近的时候，他们才发现敌众我寡，且对方已经做好了十分充分

参见：《自由大宪章》的签订 100~101页，欧洲黑死病的爆发 118~119页，君士坦丁堡的陷落 138~141页，克里斯托弗·哥伦布抵达美洲大陆 142~147页，布拉格掷出窗外事件 164~169页。

的准备。法国炮兵开始攻击，弓箭手也一一行动，于是，英国士兵大批大批地倒下。这是欧洲历史上第一场由火器决定胜利的战役。

百年战争结束

长久以来，英国与法国都因其统治家族而紧紧联系在一起。1337年，两国之间爆发了百年战争，而卡斯蒂永战役正是这场战争的高潮。到了这时候，欧洲的社会结构已然发生了巨大的变化，而这也深深改变了英国与法国皇室之间不断交战的军队。

15世纪的欧洲首先是货币经济的欧洲，包括士兵在内的每个人都指望拿到应得的报酬。这样一来，皇室在战争中也愈发依赖于拿钱办事的雇佣兵。这与从前的封建制度（贵族向皇室提供士兵，以此换取领土）形成了鲜明的差别。最终，统治者开始长期使用雇佣兵，而这便是常备军。然而直到17世纪末，这一模式才正式成为常态。

无论是多厚的墙，火炮都能在几日之内将其彻底摧毁。

——马基雅维利，1519年

这幅15世纪绘制的插图出自记录了国王查理七世生平的法国编年史，上面描绘的正是卡斯蒂永战役。图片中居于左侧的法国部队正隔着一道木质防线同英国部队交战。

火炮与枪支

为争夺法国控制权而战的国王愈发重视大规模军队和昂贵火炮的作用。那些帮助法国在卡斯蒂永一战中取得了胜利的火炮也改变着战争的面貌。在炮弹面前，中世纪城堡厚重而牢固的城墙简直不堪一击。自16世纪开始，为更好地抵御炮火的攻击，统治者开始修筑一种全新的堡垒——星形要塞。这样的要塞将墙壁深埋在壕沟之中，一方面抵抗敌方的直接攻击，另一方面也可以使用火炮来进行积极防御。

与此同时，能够发射枪弹的手持火器这种既可以穿透骑士铠甲，也无须太多技巧便可轻松使用的武器也逐渐取代了弓箭。训练有素、手持长枪和火器的步兵也取代了大规模的弓箭手兵阵，成为战争的核心。

为负担全新军队产生的庞大军费，统治者渐渐将自己的权力集中起来。他们建立更为高效的税收体系和官僚系统，抑制贵族的权力，而事实上，贵族的影响力早已随着封建制度的衰落而逐渐下滑。

火药帮助法国取得了卡斯蒂永一战的胜利，而这也维系了国家的独立，使其逐渐发展为一个集权国家，而非专制王国。这次胜利令法国得以将其控制的领土统一起来，而欧洲西部的版图也同如今的版图更为相似了。英格兰失去了其在欧洲的属地，也同法国一样愈发集权。国家的统治者慢慢将目光自欧洲大陆上移开，充分运用国家的资源，开始了针对大西洋与北美洲的海上探索。■

他们同我们之间的差别就像是黑夜与白昼

哥伦布大交换（自1492年起）

背景介绍

聚焦

生态变化

此前

1492年以前 美洲大陆与欧亚大陆上的生态系统完全处于相互独立的状态。

此后

1518年 西班牙国王查理五世准许在美洲大陆上的西班牙殖民地中贩卖非洲奴隶。

1519年 西班牙征服者将马匹带到了墨西哥。

约1520年 西班牙定居者开始在墨西哥种植小麦。

约1528年 西班牙商人将烟草带到了“旧世界”。

约1570年 西班牙船只最早将马铃薯带到了欧洲。

1619年 荷兰商人俘获了一艘西班牙船只，将船上运送的非洲奴隶带到了弗吉尼亚的詹姆斯敦。

1620年 清教徒将鸡和猪等家禽与家畜带到了马萨诸塞。

15世纪90年代，第一批欧洲人踏上了北美及中美地区的土地，而他们的到来将两个数千年以来始终独立发展的生态系统重新联结在了一起。在所谓的“哥伦布大交换”过程中，新作物、动物、技术和病原体的涌入突然令前几个世纪之中始终一点一点变化着的生活和经济发生了巨大的变化。当时的欧洲人和美洲原住民都未能预见到其中的诸多影响，也产生了许多误解；然而，在哥伦布等人踏上美洲大陆的那一刻起，人们便再也没有回头路可走了。

食物与农业

当欧洲人开始在美洲大陆上定居的时候，他们也将各种不同的食物和自己驯化好的动物一并带到了那里，包括柑橘、葡萄、香蕉这样的水果，咖啡、甘蔗、大米、燕麦、小麦这样的作物，还有牛、羊、猪、马这样的牲畜。为种植作物、放牧动物，定居者清理了大片大片的林地，过程中也毁坏了许多当地野生物种的栖息地，还在无意之中用蒲公英和苦苣菜等野草的种子污染了美洲大陆的田野。从美洲到欧洲的贸易流通则将马铃薯、番茄、甜玉米、豆荚、南瓜、西葫芦和烟草带到了旧世界，一同带过去的还有火鸡和豚鼠。

（这些土地）十分适宜开垦种植，饲养各种家畜。

——克里斯托弗·哥伦布

全新的大宗作物改变了大西洋两岸的生活。马铃薯和玉米富含碳水化合物且极易生长，解决了欧洲地区长期存在的食物短缺问题，与其类似的木薯和甘薯也一并传到了非洲和亚洲。而在新大陆上，小麦在北美和南美的温带地区以及墨

参见: 克里斯托弗•哥伦布抵达美洲大陆 142~147页,《托尔德西里亚斯条约》 148~151页,“五月花”号的远航 172~173页,《废除奴隶贸易法案》 226~227页。

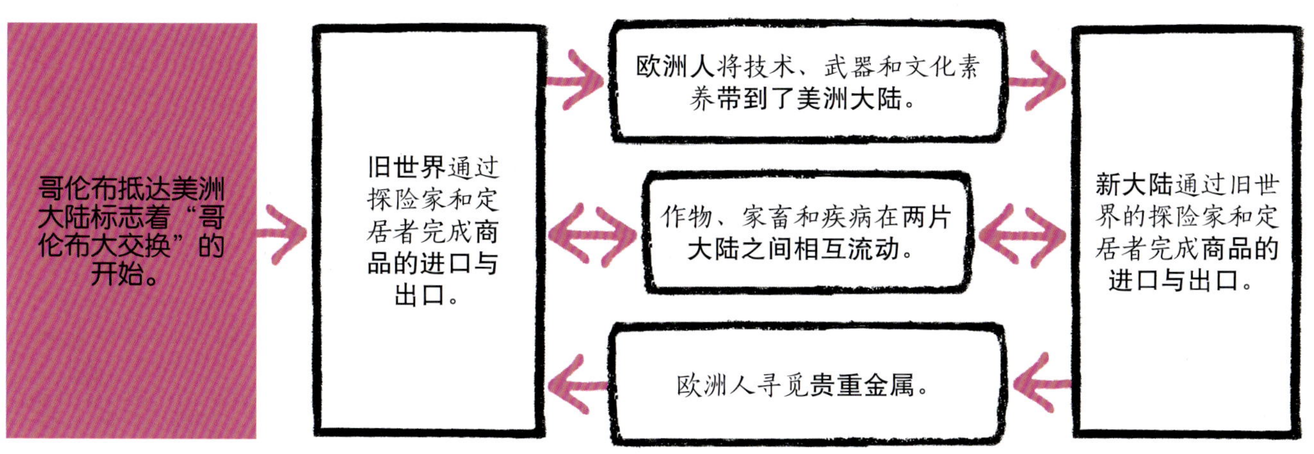

西哥高地上蓬勃生长,最终成为成千上万定居者赖以生存的粮食作物。与此同时,新大陆上马匹的出现也带来了巨大的变革,令那里的人们能够高效而有选择性地进行捕猎,同时也为出行和交通带去了便利。

生物灾难

哥伦布大交换将新的疾病带到了美洲大陆,而这也是其所带来的最直接的毁灭性影响。定居者以及随之而来的鸡、牛、老鼠和蚊蝇将其携带的传染性疾病散布给了对这些疾病并不具备生物防卫功能的美洲原住民。当地人的免疫系统无法应对天花、麻疹、水痘、流感、痢疾以及黄热病等疾病;于是,当他们接触到这类疾病时,便开始成百上千地相继死去。1738年的一次天花疫情杀死了切罗基人的一半人口,其他一些部落甚至无一幸存。

一些欧洲探险家在遇到美洲人后,便将他们的疾病带回了欧洲,例如恰加斯病(锥虫病);然而相比于旧世界病原体对新大陆地区产生的打击,这些疾病对旧世界人口的影响几乎可以忽略不计。

经济交流

从最开始,经济因素便是哥伦布大交换背后最为强劲的驱动力。从黄金、白银到咖啡、烟草和甘蔗,这些商品大量运送至欧洲,而其中获益最大的便是欧洲商人和种植园主。

很快,奴隶买卖也成为这一贸易网络中的重要一环。商人大规模地将奴隶从一个大陆运送至另一个大陆,源源不断地为新兴经济的扩张输送劳动力,然而代价却是发生在一代又一代人身上无法言说的压迫、痛苦和早亡。哥伦布大交换为大西洋两岸带去的变革巨大且不可逆,而在未来的几个世纪之中,这样的变革始终影响着人们的生活。■

文化交流

从前,新大陆上的人们一直都在使用石器时代的工具,他们没有轮式车辆,也很少饲养家畜;然而,正是这样的一群人遇到了旧世界社会,那些使用枪支,运用文字,饲养猪、牛、羊,还懂得如何养蜂的人。这两个社会之间对于人类对自然和财产的“所有权”有着截然不同的理解,而这也进一步使接下来的文化变革变得更为复杂。欧洲人将马匹带到了美洲大陆,于是,一个过着游牧式生活的美洲原住民部落逐渐崛起,很快统治了南部大平原。基督教开始在新大陆上传播,其中的一些元素也同前哥伦布时期印加帝国与阿兹特克帝国的信仰融合在了一起。西非地区的宗教也传播到了这片大陆,而文字、金属工具以及机器的到来则推动了美洲地区教育、农业以及作战方式的发展。

我的良知为上帝之道所俘虏

马丁·路德的《九十五条论纲》(1517年)

背景介绍

聚焦

宗教改革与反宗教改革

此前

1379年 英国宗教改革家约翰·威克里夫在《论教会》中批判了教会的作为。

1415年 捷克宗教改革家扬·胡斯被绑在火刑柱上活活烧死。

1512年 马丁·路德在罗马期间看到了教会的腐败。

此后

1520年 哥本哈根定期会举办路德会仪式。

1534年 英格兰国王亨利八世与罗马教廷决裂，成为英格兰的最高宗教领袖。

1536年 约翰·加尔文在瑞士发起了宗教改革。

1545—1563年 特伦托会议重申了天主教教义，拉开了反宗教改革运动的序幕。

1517年秋天，德国维滕堡大学教授神学的修道士马丁·路德（Martin Luther）引发了一系列即将为欧洲带去深刻变革的连锁反应。他看到了天主教会中的腐败现象，并为此深深感到担忧，于是便撰写了《九十五条论纲》，亦将其在大学之中广泛传阅，对天主教会进行抨击。据一些报道所称，他还将论纲钉在维滕堡城堡教堂的大门之上。很快，《九十五条论纲》便传播至大街小巷；于是，教皇利奥十世指控马丁·路德为宗教异端，

参见: 叙任权斗争 96~97页, 意大利文艺复兴的开端 152~155页, 布拉格掷出窗外事件 164~169页, 查理一世遭受处决 174~175页, 亨利八世与罗马教廷决裂 198页。

假若在一场布道之中，花在赎罪券上的讲解时间等于甚至多于上帝之道，那便是对上帝之道的损害。

——马丁·路德，1517年

而路德的反应则是与天主教信仰决裂，以此正式拉开了宗教改革的序幕。基督教世界之中涌现出许多以改造后仪式为基准的教会，人们也开始更加重视《圣经》之言，而非神职人员的权威。鉴于这些教会皆成形于对天主教仪式与信仰的抗议过程，便也因此得名新教教会。

宗教改革的传播

路德并非唯一一位寻求宗教改革的人。瑞士传道者胡尔德莱斯·慈运理（1484—1531年）创建了一个以苏黎世为基地的新教教会，而法国人约翰·加尔文也在1530年左右挣脱了天主教会的束缚。他被迫逃离法国，前往日内瓦，在那里推动宗教改革，并最终为新教教义的成形做出卓越贡献。

这些改革家的信仰并不一定全然一致。加尔文派教徒便同路德会教徒有着截然不同的观念，而再浸礼教徒也曾因其激进的观点而遭到新教徒和天主教徒的迫害。路德本人便曾支持以暴力手段镇压16世纪20年代之中再浸礼派领导的农民起义。新教徒的共同之处是他们的观点令其在神学问题上与天主教会产生了根本冲突。

印刷文字这一相对新兴的技术促进了宗教改革者观点的传播。这样一来，信息的传播也就变得更加廉价，也更加快捷；书籍以各国语言写作而成，而人们对于这些书籍的需求也以惊人的速度不断增长着。最开始的时候，路德用拉丁语写就了《九十五条论纲》，但很快，这份文件便被翻译为包括德语、法语和英语在内的多种语言，广泛印刷。紧接着，社会上又出现了大量书籍和小册子，详细描述教会的权力滥用，同时也对新教的神学观点进行了论述。

上帝之道的重要性

新教神学的核心观点是，权威并非来自神职人员，而是来自《圣经》本身，因此，对于改革者以及他们的追随者而言，《圣经》的阅读至关重要。16世纪，人们逐渐开始接触到以欧洲各国文字印刷而成的《圣经》，路德便在1522年发表了他所翻译的《新约》，而包括经外书在内的《圣经》全本翻译则出现于1534年。次年，一度做过修士的传教者、埃克赛特主教迈尔斯·卡佛岱尔（1488—1569年）首次完成了英文版的《圣经》全本。法国神学家雅克·勒菲弗·戴塔普勒（约1450—1536年）则在1528年至1532年完成了《圣经》的法文版。

在1521年举办的沃尔姆斯会议上，路德拒绝公开认错：“除非《圣经》中有证据表明我是错误的……那么我就不能、也不会收回自己说过的话……这就是我的立场。上帝保佑我！”

到了16世纪中期，宗教改革观点已经得到了广泛传播。路德教传遍了德国和斯堪的纳维亚半岛；加尔文教则在瑞士大部分地区生根，还在苏格兰取得了非凡进展。尽管当时的法国已分为天主教和新教两派，双方还在发生于16世纪后半段中的宗教战争里兵戎相见，但那里也有加尔文教教徒。西班牙、葡萄牙和意大利依旧处于天主教的控制之下。

英格兰很早便埋下了宗教改革的种子。包括教皇以及外国主教在内的神职人员用教会资金过着奢华的生活，而很多人也对这样的腐败现象感到深恶痛绝。然而，新教观点根基尚浅，难以占据上风。1534年，英格兰国王亨利八世同罗马教廷决裂，拒绝承认教皇的权威，宣告自己才是英格兰的最高宗教领袖，而从这时起，情况开始发生改变。作为基督教会的最高领袖，亨利八世全权授权了卡佛岱尔版英文《圣经》的出版，然而英国国内却依旧沿用天主教的宗教仪式和信条。后来，在亨利八世女儿伊丽莎白一世的统治时期之中，一种相对温和的新教主义才逐渐在英格兰兴起。

画中的教皇以一个野兽一般凶残的怪物形象出现在人们面前，这幅漫画向全世界的人们（无论识字与否）传递出了一个最基本的新教观点——教皇是恶魔所创设的职位。

在当时，宗教异端会被处以死刑，然而改革家却甘愿冒着生命危险发声。1415年，捷克改革家扬·胡斯被绑在火刑柱上活活烧死，慈运理则在1531年新教徒与天主教徒之间的战争中失去了生命，而1536年，英文版《圣经》的翻译者威廉·廷代尔也遭到了处决。1520年，教皇利奥十世勒令马丁·路德公开认错，收回自己的主张，而路德却将这封书面请求掷到了篝火之中，于是，教会便将他交由萨克森选帝侯、维滕堡大学创始人智者腓特烈处置。腓特烈在沃尔姆斯召集了一次正式会议，并请德国皇帝查理五世担任主持。这位皇帝拒绝接受路德的说法，下令禁止在帝国境内传播其观点，然而路德却依旧没有退缩。他的公民权利遭到了剥夺，还被逐出教门，但是腓特烈却制造出了他被绑架的假象，帮助其藏身在沃特堡城堡，就这样救下了他。路德继续写作，组织改革运动，获得了越来越多人的支持。

强大的同盟

位高权重之人的支持促进了宗教改革运动的传播。同英格兰的亨利八世一样，德国的诸侯也对教会的财富、税收和其所设置的独立法庭倍感不满，同时也迫切希望能够强化自己的权力。纵观整个中世纪，教皇始终联合着国王和皇帝，插手世俗事务。德国王室之中的许多成员都希望能够通过切断与罗马教廷之间的联系，剥夺主教的诸侯地位来防止此类联合的生成。这般说来，他们对于宗教改革者的支持也是受政治私利与个人敬虔所驱使的。此后，天主教徒与新教徒之间爆发了无数次争端，而在第一次争端之中，神圣罗马帝国皇帝查理五世入侵了路德会的领地，试图扑灭这场运动。路德会教徒团结起来共同对抗查理五世，尽管这位皇帝在1547年的米尔贝格战役之中取得了胜利，却始终未能彻底镇压他们。1555年，双方最终在奥格斯堡达成了暂时的妥协，皇帝允许帝国诸侯在其各自的领土之内决定自己的信仰原则。然而，这样的和平仅仅是昙花一现。宗教改革引发的分裂令欧洲人再次拿起了武器，而长达一个多世纪的宗教争端也为这片大陆带去了严重的创伤。

我无法承认教皇或是议会的权威，因为他们之间是相互矛盾的。

——马丁·路德，1517年

天主教会沉寂千年，难道正是为了等待马丁将其复兴吗？

——红衣主教吉罗拉莫·阿莱安德罗，1521年

内部改革

即便是在马丁·路德写下《九十五条论纲》之前，教会内部也已经开始了改革运动。文艺复兴时期的人文主义推动了学术与哲学的复兴，而这也在某种程度上激励了包括西班牙人弗朗西斯科·西曼乃斯在内的一批教会人士，将《圣经》翻译为希伯来语、希腊语、拉丁语和亚拉姆语。1545年，保罗三世召开了特伦托会议，在这次会议上，众主教和红衣主教重申了天主教教义，从牧师与圣事的重要性一直说到赎罪券的合法性。但是与此同时，这次会议也推出了一系列改革措施：严禁牧师担任多个职务等权力滥用行为，设立培训牧师的神学院，还为减缓新教教义的传播速度而正式成立了一个委员会，详细罗列出天主教徒不得阅读的书目。除此之外，自保罗三世起，教皇开始过上简朴的生活，任命与其志同道合的主教，并负责对教会的财政情况进行审查。

反宗教改革

1534年，西班牙骑士依格那丢·罗耀拉建立了全新的耶稣会，而作为对宗教改革的回应，教皇在1540年正式承认了这一组织，同时

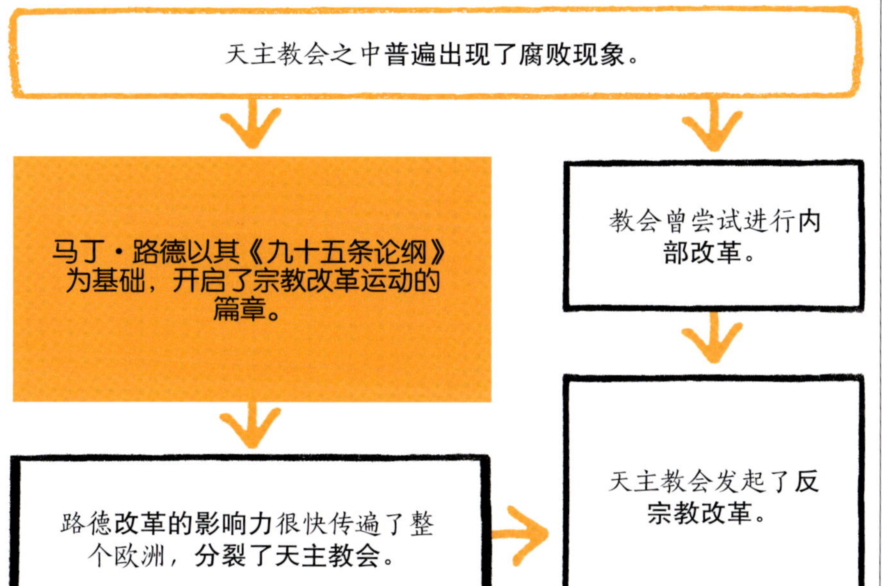

《圣特雷萨的沉迷》是罗马巴洛克艺术的巅峰之作。这是一座以白色大理石雕刻而成的祭坛作品，出自当时首屈一指的雕塑家乔凡尼·洛伦佐·贝尼尼之手。

也强有力地向整个欧洲传递了反宗教改革的信息。在意大利巴洛克风格繁荣发展的时候，基督教艺术也悄然复兴，这进一步为反宗教改革注入了活力。巴洛克教堂壮丽而华美，这一切都凸显了天主教教堂与朴素而不加修饰的新教教堂之间的差别。巴洛克艺术与教皇和耶稣会牧师的改革热情，确保即便新教运动正在其他地方逐渐积蓄力量，天主教也能够在诸如意大利以及西班牙等国之内长久存在并繁荣下去。曾经在罗马天主教会教皇领导下统一起来的欧洲如今却注定永远分裂为天主教国家和新教国家。在接下来的一个多世纪之中，臣民拿起武器，对抗自己的统治者、国王和诸侯，而国家与国家之间则纷纷以宗教之名投入了战争。■

他在波西米亚发起战争，征服了那个地方，迫使他们信仰自己的宗教

布拉格掷出窗外事件（1618年）

背景介绍

聚焦

宗教战争

此前

1562年 法国宗教战争开启了法国一段长达36年的冲突时期。

1566年 佛兰德斯滕福德一座修道院遭到劫掠，这一事件引发了后来的荷兰独立战争。

此后

1631年 古斯塔夫·阿道夫在布莱登菲尔德会战中的胜利保证德意志诸侯不会被迫改宗天主教。

1648年 《威斯特伐利亚和约》是一系列和约，结束了神圣罗马帝国的三十年战争（1618—1648年）以及西班牙与荷兰之间的八十年战争（1568—1648年）。

1685年 南特敕令撤销之后，法国新教徒再次开始遭受迫害。

新教贵族将帝国的大臣自市政厅的窗户扔了出去，这一事件成为反抗哈布斯堡帝国皇帝的开端，也是三十年战争的起始阶段。

1618年5月，布拉格的一群新教领袖在布拉格城堡楼上同一众议员聚在了一起。这些议员都是天主教徒，效力于波西米亚的新国王斐迪南大公。新教领袖希望能够确保新王和他的大臣不会夺回前任统治者赐予他们的宗教信仰自由，而当大臣拒绝做出承诺时，新教徒便将其中两位大臣和一名书记官自城堡的窗户扔了出去。三人掉在了20米开外城墙边的粪堆里。这一事件被称为“布拉格掷出窗外事件”，开启了三十年战争这一系列摧毁了欧洲大部分地区的冲突。

宗教差异

长久以来，天主教与新教之间始终就人们是否拥有信仰自由这一点而争论不休、冲突不断，布拉格掷出窗外事件便发生在这一系列争端之中。天主教与新教之间的差异对欧洲大部分地区产生了影响，而在波西米亚地区的战火点燃之前，这片大陆上的其他一些地区便已经出现了宗教冲突。

这场争端同时也包含着王室与贵族家族之间的权力斗争，他们各自支持一方，利用冲突为自己争取利益。举例而言，尼德兰王国（荷兰）是许多新教徒的居所，然而整个国家却处于天主教西班牙的统治之下，其统治者腓力二世希望能够彻底铲除新教。于是，低地国家北部以新教为主的七省联合起来，反抗国王的统治。很快，宗教冲突便升级为针对哈布斯堡王室压迫的暴力起义，而这也促成了该地区北部独立荷兰共和国的诞生。

腓力二世也计划征服英格兰那个伊丽莎白一世统治下以新教为主的国家，希望能够让一位天主教君主坐上英格兰的王位。1588年，他派遣著名的无敌舰队入侵英格兰，然而英国海军的战术更加高明，加之舰队遇到了暴风天气，这次尝试便搁浅了，英格兰仍旧是一个独立的国家。

这些宗教差异为16世纪的法

我宁愿失去所有土地，丢掉一百次性命，也不愿成为异教徒的国王。

——西班牙国王腓力二世，1566年

参见: 格拉纳达的陷落 128~129页，克里斯托弗·哥伦布抵达美洲大陆 142~147页，马丁·路德的《九十五条论纲》 160~163页，阿姆斯特丹证券交易所的成立 180~183页。

国带去了格外严重的打击，那里占据少数的新教徒，也就是人们口中的胡格诺派教徒大部分都遭到了处决。许多新教徒，尤其是加尔文派牧师都被割掉了舌头，或是被人绑在火刑柱上活活烧死。在1572年所谓的“圣巴托罗缪之夜”中，一群暴徒先是对胡格诺派教徒实施了暴力，后又发起一系列有目标的刺杀，这一次大屠杀持续了数周，上千人失去了性命。

在此后的36年间，欧洲又爆发了一系列“宗教战争”。战争共持续了八个阶段，其间也曾有过数次难以作数的停战协议和最终破裂的协定。1598年，战争终于画上了句号。继承王位之前曾是一名新教领袖的法国国王亨利四世颁布了南特敕令。这一条敕令将诸如（在某些特定地区之内实行的）信仰自由等权利赋予了胡格诺派教徒，天主教依旧是法国的国教，新教徒需庆祝天主教节日，并向教会支付税金。然而，天主教与新教之间却依旧会时不时地爆发矛盾，许多胡格诺派教徒也离开了法国，前往英格兰与尼德兰等国寻求安稳。

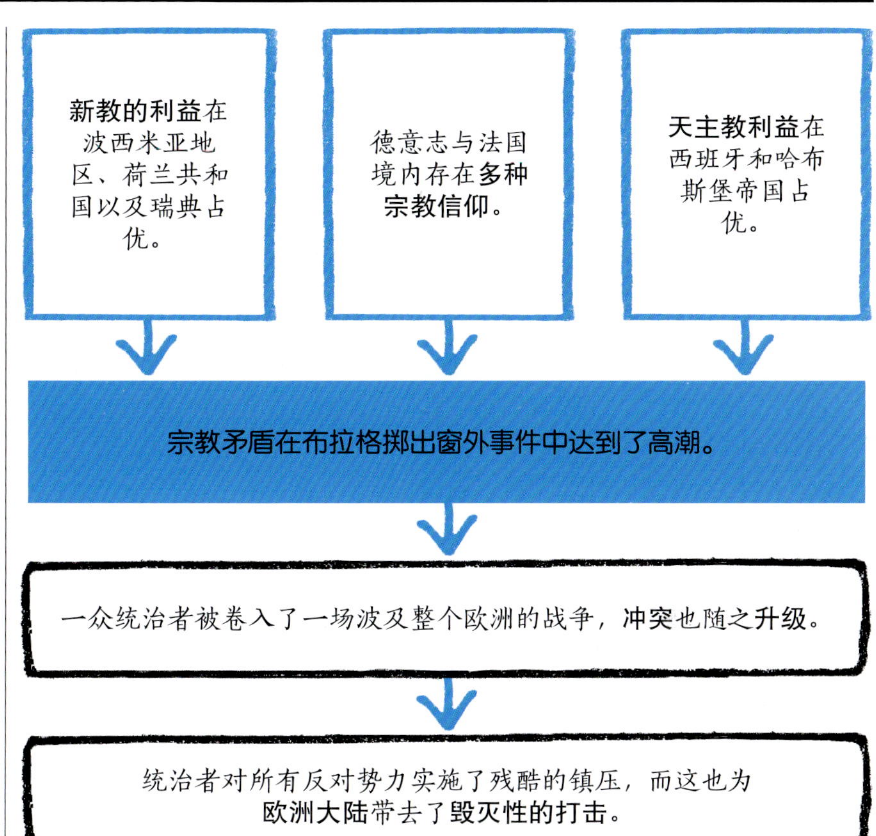

三十年战争

法国、尼德兰以及英格兰的宗教战争以及争端为欧洲的三十年战争埋下了混乱的伏笔。波西米亚境内的大多数人都是新教徒，然而这一地区却同德国、奥地利和匈牙利一样，归属于神圣罗马帝国，由天主教哈布斯堡皇帝统治。皇帝作为大君主，统领各国国王、诸侯以及君主。他们之中以马蒂亚斯（Matthias，于布拉格掷出窗外事件发生时即位）为代表的一些人如其新教臣民所愿，授予了他们信仰自由的权利。他正式发表了前任皇帝鲁道夫二世签署的宪章《与陛下书》，令新教徒得以拥有包括信仰自由在内的一些基本权利。然而，马蒂亚斯的继任者斐迪南却是一名狂热的天主教徒。他认为自己并没有遵守《与陛下书》的必要。于是，斐迪南压制新教教会，还将天主教徒扶上了高位。这重新点燃了波西米亚境内自15世纪第一次新教改革以来便开始存在的宗教争端。

布拉格掷出窗外事件发生之后，双方都在为即将打响的战争做准备，然而1619年马蒂亚斯的离世却急速加快了这一进程。当时已经坐上波西米亚王位的斐迪南后来也成为神圣罗马帝国的皇帝。波西米亚本地的新教领袖试图将其推下波西米亚的王位，并将己方的候选人巴拉丁选帝侯腓特烈五世推举为王，以此削弱斐迪南在波西米亚本地的势力。

腓特烈是一位足够忠诚的新教徒，这不仅是因为他自身的宗教信仰，还与他的婚姻有关：他的妻子是伊丽莎白·斯图尔特，是英格兰新教国王詹姆斯一世的女儿。然而，要想成功让腓特烈坐上王位，波西米亚人就必须要废除斐迪南这位经由合法程序受到加冕的君主，而这会令他们失去一众潜在同盟者的支持。

1620年，波西米亚军队在布拉格城外的白山迎战神圣罗马帝国军队。两方势均力敌：腓特烈与安哈尔特公爵克里斯蒂安所率领的新教徒人数更多，但是帝国的军队则经验更加丰富，更是有战地指挥官西班牙-佛兰德贵族蒂利伯爵和著名将领阿尔布雷赫特・冯・华伦斯坦坐镇统帅。仅一个小时之后，波西米亚军队便遭受了重创——总4000人或被杀死，或被俘虏，而神圣罗马帝国一方仅损失了700人。蒂利帅兵攻入了布拉格。腓特烈选择逃亡，而许多新教领袖则遭到了处决；平民新教徒假若不顾驱逐，坚持选择留在布拉格，便要被迫皈依天主教；战后的波西米亚一片狼藉，人口骤然减少，近乎毫无反抗能力。直到20世纪，这一地区始终由天主教主导。

动荡的改革

波西米亚地区的遭遇只不过是神圣罗马帝国大规模动荡的体现之一。纵观其历史，帝国皇帝常常与地方统治者爆发冲突，但是在皇帝决定尊重帝国境内各国的权利之后，国内的情况便大体取得了平衡。然而，宗教改革带来的变革却彻底打翻了这样的平衡，一些地方（例如萨克森）的新教信仰逐渐崛起，而另一些地方则主要信奉天主教。很快，一系列争端便升级为武力冲突。大部分战役的战场都在德国和欧洲中部地区。没过几年，为斐迪南而筹建的哈布斯堡帝国军队便在阿尔布雷赫特・冯・华伦斯坦这位将领的领导下彻底击败了德国，并进一步推进至丹麦。到1629年，斐迪南已然有能力成功收回新教手中的领土。

（新教这块）伤口变成了坏疽；唯有烈火和利剑才能将其彻底除掉。

——费尔南多・阿尔瓦雷斯，约16世纪60年代

然而，新教一方还有两个强大的盟友：一个是极具军事才华的国王古斯塔夫・阿道夫统治下的瑞典，另一个便是希望能够削弱帝国统治力量的天主教国家法国。1630年，古斯塔夫率领大批军队抵达德国，并在法国的资金支援之下，于1631年取得了布莱登菲尔德会战这一场关键性战役的胜利。

17世纪30年代中期，哈布斯堡军队在西班牙的支持下发起了反击。至此，这场冲突已经演变成了一场无所不包的战役，几乎每个在欧洲拥有一定话语权的国家都参与进来，为争夺权力而战。皇帝希望能够夺回他在德国的领地，而西班牙人则希望能够扶植盟友哈布斯堡帝国，因为如此一来，他们便可以

古斯塔夫在布莱登菲尔德会战中实施了全新的联合作战模式，令各个步兵、炮兵和骑兵部队相互配合，最终取得了决定性的胜利。

随着不同力量一一参与到三十年战争之中，这场争端逐渐自宗教分歧演变成了法国与哈布斯堡帝国之间对于欧洲至高权力的争夺。

图例

战役

奥地利入侵了波西米亚与德国腓特烈五世的领地。

丹麦出面支援德国北部的路德教教徒。

瑞典对德国的天主教势力发起了战争。

法国向哈布斯堡王朝统治下的西班牙和神圣罗马帝国宣战。

宗教区域划分

新教势力占优

天主教势力占优

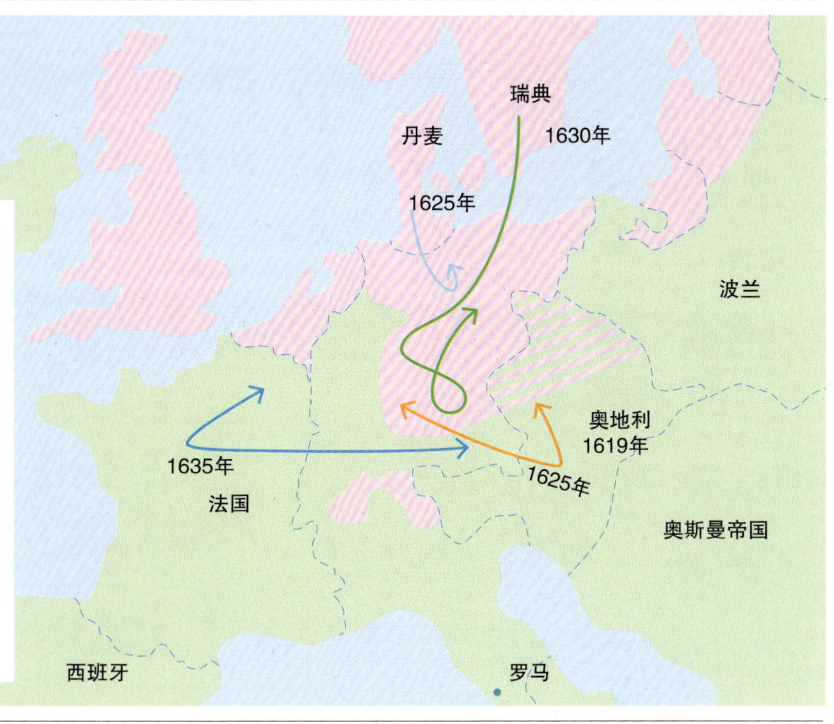

轻松穿行于欧洲地区，攻打尼德兰。法国唯恐自己会被哈布斯堡帝国及其同盟所包围，于是便继续致力于削弱帝国的权力。

结束与余波

到了17世纪40年代，反帝国力量开始占据上风。法国在1643年的罗克鲁瓦战役中击败了西班牙，而瑞典则于1645年在布拉格东南部同帝国军队进行了正面对抗。在这一场血腥的战役之中，帝国军队牺牲了其总1.6万名士兵中的半数，而瑞典军队似乎准备继续向布拉格或是维也纳推进。然而到了此时，双方皆已筋疲力尽，瑞典军队终究也未能进入这两座城市。

三十年战争中的战役皆规模庞大。成千上万的骑兵冲锋前阵，背后还有火器的支援，此外，各国还使用了大量雇佣军。大多战役皆是速战速决，专业的作战手段甚是冷酷无情，然而有时，战争的余波却比战役本身还要可怕。多支军队都在战争过程中做出过极其残暴的行径，恶名昭彰：他们沿路进行大规模劫掠，寻找食物，摧毁一切可能为其敌人所用的东西。在这些军队的所过之处，乡村地区受到了格外严重的打击，德国的人口甚至减少了1/5。战争所造成的毁灭性影响也波及了商业和制造业。尽管在包括英格兰与尼德兰在内那些拥有强大贸易网络和海上实力的国家之中，战争带去的打击相对较小，但中欧地区却足足用了几十年才从战争中恢复。

一次又一次的火炮战争也逐渐消磨了战争双方的实力。最终，疲惫不堪的新教徒与天主教徒决定和解。1648年，神圣罗马帝国、西班牙、法国、瑞典、荷兰共和国的代表，以及德国众诸侯国和城市的统治者与其他相关方齐聚在奥斯纳布吕克和明斯特这两个德国北部城市之中，共同签署了《威斯特伐利亚和约》。这一次会谈并未能解决政治与宗教领域中各个利益方之间的根本冲突；然而，与会人员却的确在结束战争这一点上达成了共识，这一和约也在一众独立国家之间建立起了大体上的权力平衡。

尽管战争结束后的欧洲已经永久性地成为一片由天主教国家和新教国家组成的大陆，但这些国家也决定学习相互共存之道。《威斯特伐利亚和约》创造了各国之间通过高规格外交会议缔结协议的先例，而自那以后，此类会议始终在国际关系中扮演着重要角色。■

皇权是反叛之心的纠正之法

阿克巴大帝的征战（1556年）

背景介绍

聚焦

伊斯兰帝国

此前

1501年 萨法维王朝统一了波斯；他们将伊斯兰教什叶派定为国教，并对其他所有宗教和伊斯兰教派别实施镇压。

1526年 在第一次帕尼帕特战役之中，蒙古统治者帖木儿和成吉思汗的后裔巴布尔成功征服德里，建立了莫卧儿帝国。

1540年 巴布尔的继任者胡马雍很快便丢掉了帝国的大片领土，最终遭到流放。

此后

1632年 皇帝正式命人建造莫卧儿时期建筑的登峰造极之作——泰姬陵。

1658—1707年 莫卧儿帝国在奥朗则布的统治下达到了其扩张的顶峰，然而这位皇帝严酷的统治也引发了叛乱。

1858年 英国人推翻了最后一位莫卧儿皇帝。

阿卡巴大帝的父亲胡马雍在被流放至波斯期间，同**萨法维帝国**的统治者建立了密切的联系，而萨法维帝国也帮助他重新寻回了他在**印度的部分领土**。

阿卡巴大帝赢得了第二次帕尼帕特战役的胜利，莫卧儿帝国也成为印度次大陆上最为强大的力量。

阿卡巴大帝**加强了波斯与印度之间**的文化、商业以及政治**联系**。

莫卧儿帝国的辉煌将许多波斯艺术家和学者吸引到了印度。

波斯文化对印度北部的文学、建筑以及艺术传统产生了深刻影响，**一种独特的莫卧儿风格**由此诞生。

1526年，来自中亚地区的突厥化蒙古侵略者在印度北部建立起穆斯林莫卧儿王朝。三十年后的1556年2月，阿布·阿克巴正式成为这一王朝的新任统治者。即位后不久，阿克巴的军队便在第二次帕尼帕特战役之中遭遇了希穆所率领的大军，试图与其争夺德里的统治之位。莫卧儿人大败希穆军，重新夺回了阿克巴父亲胡马雍丢失的土地。此后，阿克巴逐渐巩固统治，扩展自己的势力，成功吞并了印度北部以及中部部分地区。他推翻了一众国家的统治者，并对他们和国家中的人民进行了残忍的屠杀，将那些曾经

参见：穆罕默德领受天启 78~81页，巴格达的建立 86~93页，格拉纳达的陷落 128~129页，君士坦丁堡的陷落 138~141页，波斯萨法维王朝的建立 198页。

独立的王国收归为帝国的省区。

支持与存活

阿克巴建立起一个能够随着领土扩张一同完成扩充的政治制度，以此在这个蔓生的国家之中维系政治统一。此外，他还建构了一个由贵族组成的网络，令这些贵族之中的一部分人担任省长，并将另一部分人雇佣为野战军统帅或是中央军这一帝国脊梁中的一部分，为他们提供极为优渥的薪资待遇。他还从整个印度（以及波斯）境内招募印度教和伊斯兰教的有才之士，将金钱和土地赏赐给他们。

这一体系奖励那些德才兼备又忠诚于帝国的人，同时也避免政治制度过于集权，而对于一个很难从一处掌控全局的帝国来说，这无疑是一项独特的优势。皇帝本人时常同廷臣和后宫一起四处巡游，夜宿在设施完备的帐篷之中。

在这幅微型画中，莫卧儿人正在帕尼帕特战役之中对抗来自印度的敌军。后来的一次次征战令帝国军队拥有了更多的资金、战士和武器，逐渐变成了一支难以战胜的力量。

伊斯兰教及其艺术与文化的传播也起到了巩固帝国统一的作用；然而，阿克巴却信奉宗教信仰自由，允许帝国境内的非穆斯林（其中大多都为印度教徒）拥有自己的信仰、法律以及习俗。

莫卧儿与波斯

莫卧儿王朝的建立者巴布尔与阿克巴的父亲胡马雍曾与该地区的另一个伊斯兰帝国萨法维波斯建立起外交、文化与政治联系，而这也进一步激发了莫卧儿人对于微型画以及“图书艺术”等波斯精妙艺术的兴趣。阿克巴在法塔赫布尔西格里和拉合尔（位于现今的巴勒斯坦）两座城市中设立画室，绘制插图书籍，还将波斯建筑师和手工匠人带到印度，设计并修建宫殿、堡垒、清真寺以及公共建筑，其中便包括位于德里的胡马雍之墓。这一圆顶建筑为后来许多重要的建筑发明带去了灵感。

阿克巴大帝的儿子贾汗季即位后延续了莫卧儿帝国的繁荣，然而到了17世纪，这个国家却在不断的宗教斗争与经济问题中逐渐走向了衰落。后来，莫卧儿帝国先是被阿富汗侵略者所击败，最终在1818年英国人击败马拉塔人后落入了英国人的手中。■

阿克巴大帝

阿克巴即位为莫卧儿帝国皇帝的时候年仅十三岁，最初由摄政王拜拉姆汗辅佐，帮助他将印度境内的众多区域王国统一为一个整体，建立起集权政治，使皇帝拥有至高无上的权力。

在阿克巴的统治之下，莫卧儿王朝逐渐成长为一支强大的军事力量，同时也孕育了灿烂的艺术文化。在这位皇帝的资助之下，绘画和文学蓬勃发展；阿克巴从各地搜罗了两万四千多部藏书。尽管阿克巴从未正式宣布与伊斯兰教决裂，但他却同时对其他宗教信仰持开放的态度，还曾邀请印度教、基督教以及佛教的哲学家到宫廷中同穆斯林神学家进行辩论。他甚至还将所有这些宗教的元素结合在一起，构思出了一个全新的宗教，而这个宗教中的神明便是他本人。

他们怀揣着厚望与热忱

“五月花”号的远航（1620年）

背景介绍

聚焦

北美洲的殖民地化

此前

1585年 英国殖民者在北卡罗来纳地区建立了洛亚诺克岛殖民地，却又在不到五年的时间里便将其遗弃。

1607年 英国在弗吉尼亚的詹姆斯敦建立了其在北美洲的第一个永久性殖民地。

1608年 法国殖民者在加拿大建立了魁北克。

此后

1629年 英国殖民者在北美洲的东海岸建立了马萨诸塞湾殖民地。

1681年 英国贵格会教徒威廉·潘恩建立了宾夕法尼亚，以为同是贵格会教徒的人提供避难之所。

1732年 英国殖民者在东北部海岸地区建立了北美最初13个殖民地之中的最后一个——乔治亚。

1620年，一群无法在英格兰境内依照自己心意进行礼拜的英国人起航跨越大西洋，追寻宗教信仰自由。这群人便是后来的清教徒。他们出发时乘坐的是两艘船只，后来，其中一艘出了问题，只乘坐“五月花”号继续向前。冬日的风暴为这场为期66天的远航带去了严重的破坏。这群清教徒在船上起草了《五月花号公约》，一方面向皇室表明自己的忠心，另一方面也重申了自身在英国法律框架之内制定法律的权利。这些人落脚在普利茅斯；尽管他们中的许多人都未能熬过第一个冬季，然而这一个群体却成功幸存了下来。

早期殖民

在那时，英格兰为在北美地区建立殖民地而竞争。詹姆斯敦建立于清教徒登陆普利茅斯的十三年之前，但那里却并不是一片宗教社区。英国殖民者获得皇室特许之后，于1607年以詹姆斯敦

英国的新教徒乘坐着“五月花”号航行至北美洲地区，寻求宗教信仰自由。他们刚一到达这片大陆，便开始建立殖民地。

更多宗教独立主义者经由这一线路到达美洲地区，殖民地人口迅速增长。

其他获得英国皇室皇家特许资格的公司在美洲建起了更多的殖民地。

殖民者在追求宗教信仰自由的基础上，以英国议会制为原型，发展出了自己的治理模式。

参见：克里斯托弗·哥伦布抵达美洲大陆 142~147页，阿姆斯特丹证券交易所的成立 180~183页，《独立宣言》的签署 204~207页，埃利斯岛正式开放 250~251页。

“五月花”号曾三次试图从英格兰出发：这艘船先是从南安普敦离港，后又在8月从达特茅斯起航，最后终于在1620年9月6日驶离了普利茅斯。

为中心建立了弗吉尼亚殖民地，这是他们在美洲大陆上建立的第一块永久性定居处。法国探险家沿加拿大的河流建立了一连串皮草贸易站；荷兰及瑞典殖民者则在17世纪早期到达北美洲，而荷兰人也于1613年在曼哈顿岛的西岸地区建立了贸易站。

治理与贸易

普利茅斯与詹姆斯敦都逐渐发展出代表机构，殖民者通过这一机构选举官员管理自己的事务。这一成果诞生于《五月花号公约》之中所主张的权利，殖民者受英国议会制模式的启发，成功建立了一种自治制度，而这种模式也逐渐成为英国在北美洲殖民的一大特征。

每一块殖民地都设有一名由英国君主指派的总督和一个由殖民者选举产生的立法机构；二者之间时常会产生矛盾，因为立法机构一定要在现存英国法律的框架之下制定法律法规。然而，英格兰国王以及其在伦敦的统治机构却将殖民地视作盛产原材料的资源之地，并从自己的利益出发，同总督一起对殖民地进行彻底地剥削。

为保证英国工业生产的产品始终都能够销往美洲地区，英国先后颁布了一系列航海条例，对殖民地区的贸易进行限制。殖民者察觉到这些手段都是对其贸易与生产的蓄意压制。英国方面与殖民国家的商人都想要保障自己的利益，于是，大西洋两岸的矛盾逐渐加深。

殖民地的扩张

殖民者与东海岸地区原住民之间的关系越来越紧张。殖民地人口的不断增加对土地和资源造成了极大的压力，迫使人们向西迁移，定居在属于美洲印第安人的土地上。

不同群体努力寻求和谐共存。而在此后的许多年中，殖民者与美洲印第安人之间不时会爆发暴力冲突，平和也始终都是暂时性的。■

宗教迫害

17世纪之初，依照法律规定，英国人必须遵循英格兰教会的规定进行礼拜。尽管当时的英国教会已经同天主教会决裂，但许多人仍旧认为其神职等级的划分以及宗教仪式、赞美诗和祷告文都是应当被扫除的天主教残存因素。

清教徒（因追求宗教纯粹，主张清除天主教残余而得名）希望能够从教会内部进行改革。其他被称作为独立主义者的团体也建立了自己的“独立”会众；然而，当他们的首领或是遭到囚禁，或是遭到处决时，这群人便迁移到更具包容性的尼德兰。在这里，他们可以依据自己的心意，更加简单地进行礼拜；但是与此同时，他们却很难维持生计，因为这个国家的行业协会并不对他们开放。这也是清教徒以及后来的许多人决定前往北美洲追寻新生活的原因之一。

我们要将他的头颅连同皇冠一起砍下

查理一世遭受处决（1649年）

查理一世接受了**神授的君权**，开始**统治**英格兰。

国王需要**征收税金**，负担军费开支。

议会试图**限制国王的权威**。皇室与议会之间为争夺**统治权**而爆发了**内战**。

由克伦威尔率领的**议会派军队赢得了战争的胜利**。

国王遭到处决，英格兰开始实行共和制。

背景介绍

聚焦

英国内战

此前

1639年 英格兰与苏格兰军队在第一次主教战争中交锋。

1642年 英国内战在华威郡的埃奇希尔打响。

1645年 奥利弗·克伦威尔手下的新模范军在内兹比战役和朗波特战役中大获全胜。

1646年 查理被迫向对手投降。

此后

1649年 英吉利共和国宣告成立。

1653年 克伦威尔受封终身护国公，自此有了召集或解散议会的权力。

1658年 克伦威尔逝世，他的儿子理查继任为护国公。

1660年 君主制得以恢复，查理二世成为英格兰国王。

17世纪40年代之中，为决定英格兰的未来，国家陷入了一系列战争，而这些战争便统称为英国内战。战争的一方是保皇派，主要由支持国王查理一世的乡绅和贵族构成，这一派人认为他有权独立于议会进行统治；另一方是议会派，主要由小地主和商人构成，他们中的许多人都是清教徒，并不认同查理一世的独裁式统治。到了1648年，议会派已经在战场上击败了查理一世，而议会派的领导者奥利弗·克伦威尔驱逐了议会之中所有打算同国王进行谈判的人，并在剩下的人之中举行投票，决定是否结束君主制。查理一世以叛国罪接

参见：《自由大宪章》的签订 100~101页，马丁•路德的《九十五条论纲》 160~163页，布拉格掷出窗外事件 164~169页，阿姆斯特丹证券交易所的成立 180~183页。

受审判，并在1649年遭到斩首。在这之后，英格兰进入了一段为期十一年的共和制时期。

战争起因

查理对天主教怀有好感，而议会成员则信仰新教；此外，查理一世还信奉“君权神授”，认为君主是由上帝所任命的，拥有绝对的权力。

双方之间的首次冲突在国王屡次试图筹措资金投入至法国战场时达到顶峰。议会于1628年提出了《权利请愿书》，规定征税需经过议会的同意；他们希望能够通过这种方式抑制查理一世的权力，阻止他随意征税。然而，查理一世利用一项古老的中世纪法律成功规避了这项条款，还通过售卖贸易垄断权集资，绕过议会进行统治。1640年，国王被迫在1[illegible]年来首次召集议会，为镇压苏格兰起义而筹措资金。于是，议会便试图利用这一次机会，进一步出台措施，限制国王的权力；然而查理一世对此的回应却是尝试逮捕五名议员。

战争与影响

最初占得上风的是保皇派，然而到了1644年，议会派在克伦威尔的领导之下重整了军队。纪律严明、训练有素的新模范军成功于1646年逼迫查理一世投降。然而，国王却在两年之后再次发动了战争，而这第二次内战则在1648年保皇派的失败中画上了句号。第二次内战也开启了之后的一系列事件，最终，查理一世在1649年遭到处决，克伦威尔建立了英吉利共和国。

同查理一世一样，克伦威尔也未能与议会和平共处，然而他却试图引入改革措施。他实行严苛的清教统治，无情地将这种信仰施加到苏格兰人与爱尔兰人身上。后来，人们或许是厌倦了清教的苦行，便在克伦威尔去世后不久迎回了查理一世遭到流放的儿子，将他捧上了王位。查理二世同意对王权进行制约，也同意对新教进行支持，然而他的继任者——查理二世信奉天主教的弟弟詹姆斯二世却同英国圣公会的主教发生了冲突，并将宫廷之中的重要职位赐给了天主教徒，就此与新教结下了矛盾。

英国人唯恐再次出现一位天主教国王，便在1688年的光荣革命中推翻了詹姆斯的统治。詹姆斯二世遭到流放，其新教教徒女儿玛丽同她的荷兰丈夫奥兰治的威廉开始共同统治英格兰。1689年，玛丽和威廉接受了一项《权利法案》；这项法案为其臣民能够拥有包括陪审审判在内的基本公民自由提供了保障，同时也保证英国法律对君主具有约束力。自那以后，英国始终实行君主立宪制度，再没有哪位国王或是女王会像查理一世一样蔑视议会。■

英格兰国王查理一世

查理一世是英格兰斯图尔特国王詹姆斯一世（James Ⅰ，同时也是苏格兰国王詹姆士六世）与丹麦公主安妮（Anne）的儿子。他出生在1600年，于25岁时登基为国王。继位之初，查理一世便主张“君权神授”，还大量征收税金（大部分投入到了法国战场），逐渐失去了臣民与议会的支持。此外，他还因为支持天主教（他的妻子是法国天主教公主亨莉雅妲•玛利亚）而与教会发生了冲突。与此同时，查理一世在苏格兰也并不受拥戴。他试图以等级更为分明的主教制（遵循英国圣公会的模式，设有主教一职）取代当时的长老制（不设主教一职），而这则导致了1639年与1640年主教战争这一政治军事冲突的爆发。英国内战期间，他积极率领保皇派军队，直至遭到俘虏为止。最初，查理一世被囚禁在家中，后来才在1649年行刑之前住进了监狱。审判期间，他始终主张自己的统治权力是上天授予的神圣权力。

种植园的存在全然依赖于黑奴的供应

英国皇家非洲贸易公司的成立（1660年）

背景介绍

聚焦

奴隶与殖民地

此前

1532年 葡萄牙人在巴西建立了第一个殖民地。

1562年 约翰·霍金斯的海上航行开启了英国在非洲地区的奴隶贸易。

1625年 詹姆斯一世统治时期之中，英国宣称对巴巴多斯岛拥有所有权。

1655年 英国人自西班牙殖民者手中夺取了牙买加。

此后

1672年 公司经历改组后成为英国皇家非洲贸易公司。

1698年 所有英国商人只要向英国皇家非洲贸易公司支付占非洲出口商品贸易总额10%的税款，便可以合法地从事非洲地区贸易。

1660年，皇家探险者非洲贸易公司在英格兰正式成立。这家公司拥有国王颁发的特许，只要将利润的一半交给英国皇室，便可以独家享有在西非海岸地区进行贸易活动的权利，还可以在那里设立边界贸易站。十二年之后，这家公司成为英国皇家非洲贸易公司，也拥有了更大的权力：公司可以建立边界贸易站和“工厂”（奴隶在被运送至美洲地区之前便待在这里），还能雇用自己的军队。这家公司之所以格外重要，是因为它在推动奴隶贸易发展的过程中扮

参见：克里斯托弗·哥伦布抵达美洲大陆 142~147页，《托尔德西里亚斯条约》 148~151页，哥伦布大交换 158~159页，《废除奴隶贸易法案》 226~227页。

大西洋奴隶贸易自*1807*年便遭到了禁止，却又继续进行了数十载。这幅版画刻画的便是*1860*年前后俘虏乘坐着美国船只“野火号”前往古巴的场景。

演了极为关键的角色。它令数以万计的非洲人从此沦为奴隶，还同西非地区的领袖进行合作，共同建立起奴隶贸易，而这项贸易即便是在1752年公司解散之后仍旧存在，致使数百万非洲人被迫离开家园，在美洲大陆过上了艰苦的生活。

公司的成立

公司成立后不久，便被卷入了第二次英荷战争。在这次战争中，英格兰与荷兰就贸易问题爆发了激烈的冲突，最终，荷兰占据了数座边界贸易站，还将英国人挤出了奴隶贸易之中。这场战争几乎令皇家探险者非洲贸易公司走向破产，然而在1672年，英格兰国王颁发了一项全新的特许，令公司成功摆脱了破产的境地，自此有了在美洲大陆上贩卖奴隶的权利。很快，公司便有了起色，在1672年至1698年运送了十万名左右的奴隶，而在1698年，《权利法案》对王权进行了制约，公司也失去了对于奴隶贸易的垄断。1698年之后，其他商人也可以参与至奴隶贸易之中，但他们需要向公司支付自己在非洲地区出口总额的10%作为税金。这些商人的加入急速扩张了这项贸易，奴隶贸易甚至成为英国商业生活的一部分，并一直贯穿了整个18世纪。

奴隶贸易本身的历史要远比英国皇家非洲贸易公司来的悠久。14世纪末期，葡萄牙商人成

英国皇室需要财政收入。

英国商人在奴隶贸易之中看到了利益。

非洲是潜在的奴隶来源地。

→ 英国皇家非洲贸易公司的成立是为了组织贸易交流活动，令商人和皇室富裕起来。

→ 数百万名非洲人被迫离开家园，成为奴隶，跨大西洋奴隶贸易迅速发展。

我就像驱赶牛群一样，将他们赶到了船上。

——第奥古·戈麦斯，葡萄牙探险家（1458年）

为最早从西非地区运输奴隶的欧洲人。到了16世纪，葡萄牙人将大量奴隶运送至巴西，并让他们在甘蔗种植园中工作。最早的英格兰奴隶贸易远征发生在16世纪60年代，当时，商人将他们从非洲统治者那里俘获的奴隶带到了美洲大陆。在17世纪之中，随着英国殖民地数量的不断增加，非洲奴隶的市场也不断扩大，英国皇家非洲贸易公司便从中赚得盆满钵满。

三角贸易

很快，跨大西洋奴隶贸易便成为三角贸易网络之中的一环：船只将奴隶从非洲运送至美洲；重新用商品将货舱装满，运回欧洲；之后再将欧洲的工业制成品带到非洲地区进行销售，完成三角贸易之中的最后一环。货船从加勒比海地区装载蔗糖、糖浆和咖啡等商品，从北美洲南部殖民地装载水稻、靛蓝植物、棉花和烟草，再从东北部殖民地装载皮草、木材和朗姆酒，将这些商品一一运送到英格兰。在英格兰到非洲地区的航段之中，货船会运送包括布料、枪支、钢铁以及啤酒在内的物品。象牙和黄金等商品则直接从非洲运送至欧洲，虽不作为三角贸易之中的一环，却也同样强化了这一体系。

这个贸易网络为美洲地区的种植园主、英国制造商，还有参与至奴隶及其他商品贸易之中的商人带去了巨大的利润。售卖奴隶的港口经营者和西非领导人、向远征行动放款的银行家，甚至是那些依靠进口原材料谋生的英国工厂工人都能够从这个贸易网络之中获益。

作为贸易网络之中的一个关键部分，奴隶贸易为18世纪西方资本主义的迅速崛起创造了可能。就连那些距离英格兰贸易港口尚有一些距离的工厂也参与到其中。武器制造业便是其中一个突出的例子，这些工厂设立在英格兰中部伯明翰等人口密集的地区，为自身获取钢铁原材料提供了便利。每年都有约十五万支枪支出口到西非地区，其中大部分的枪支都产自这些中部工厂；这些枪支几乎都用来同非洲商人交换了奴隶。产自伯明翰和谢菲尔德地区的英国餐具也以同样的方式出口到了非洲。三角贸易之中掺杂了太多人的既得利益，欧洲政客甚至很难对这一体系进行批判，更不用说是彻底将其废除了。

四周充斥着妇女的尖叫声和将死之人的呻吟声，你几乎难以想象眼前的一切有多么骇人。

——奥拉达·艾奎亚诺，非洲作家、重获自由的奴隶（1789年）

弗吉尼亚地区的烟草在欧洲十分畅销。种植园主通过海路运输直接将产品运送回本国，并用其中的收益来购买非洲奴隶和欧洲商品。

无数人沦为奴隶，任人买卖。据估算，截至1807年英国将奴隶贸易列为非法行为之时，英国商人已经逼迫三百万名非洲人前往美洲大陆，过上为奴的生活。葡萄牙商人很可能将更多的奴隶贩卖到了巴西，其他国家的船只也曾参与到奴隶贸易之中。一些历史学家估计，遭到贩卖的奴隶总数或许可以达到一千万名，而另一些人则认为这一数字甚至还会更高。

欧洲殖民地

西班牙、荷兰和法国殖民者

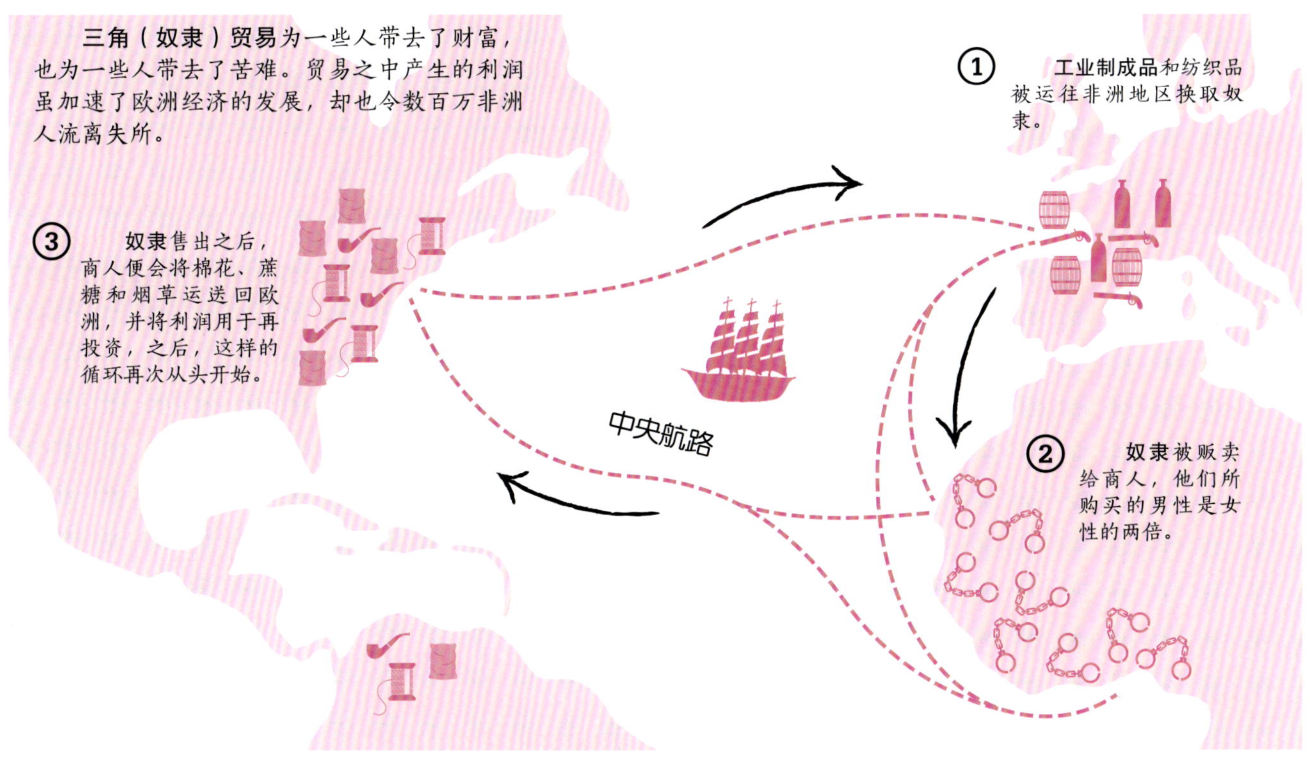

率先在加勒比海地区创立了种植园体系，利用大型农场或种植园生产种植甘蔗及咖啡等作物。加勒比海地区最早的殖民地包括古巴（西班牙殖民地）、海地（法国殖民地）和荷属安的列斯群岛。在这些种植园中使用奴隶为种植园主创造了巨大的财富。17世纪，英国殖民者的身影逐渐出现在这一地区。英国最为成功的殖民地便是巴巴多斯岛，而到了17世纪80年代，岛上的奴隶已达到46000人。18世纪，牙买加也出现了种植甘蔗的热潮。

在欧洲人征服美洲地区的过程之中，大多数原住民都遭到了彻底的消灭，而欧洲工人也并不适应当地的条件；于是，种植园主愈发依赖于对奴隶的残忍剥削。北美地区的殖民地也普遍使用奴隶，尤其是在南部种植烟草等作物的种植园之中。奴隶常常遭受非人的对待，被迫工作，不得不忍受种植园主的肆意打骂和烙印，而一些奴隶的待遇甚至更糟。

三角贸易之外的奴隶制

欧洲殖民者也在大西洋三角贸易之外实行奴隶制。荷兰人首先在东南亚地区开始了奴隶贸易，还会同印度洋对岸的马达加斯加和毛里求斯等地进行贩卖交流。这些贸易大多受到荷兰东印度公司的保护，而这家公司的东部总部便设立在雅加达岛（也就是荷兰人口中的巴达维亚）和斯里兰卡岛上。他们以这些地方为起点，将奴隶运送至从东部印度尼西亚到南部非洲的印度洋各处。而当葡萄牙人和英国人也开始设立贸易站点后，印度沿岸的奴隶贸易也逐渐发展起来。

然而，三角贸易却成为全球经济诞生过程中的重要因素，其背后的驱动力则是欧洲人及其殖民地分支对于自身利益的追求。对于那些从事奴隶贸易的国家来说，这项活动为他们创造了惊人的财富增长。例如，英国的对外贸易总值便从18世纪之初的1000万英镑上升到了世纪末的4000万英镑。直至今日，依旧无法计算出奴隶贸易过程之中的人员损失，而奴隶贸易也对接下来几个世纪人们的思维模式和行为模式产生了深远的影响。■

每一个角落都有人在谈论股票

阿姆斯特丹证券交易所的成立（1602年）

背景介绍

聚焦

荷兰黄金时代

此前

1585年 荷兰共和国建立；南部的新教徒向北迁移。

1595年 科内利斯·德·霍特曼率领远征队前往亚洲，开启了荷兰的香料贸易。

此后

1609年 阿姆斯特丹银行正式成立。

1610—1630年 改造荒地；荷兰共和国的国土增加了1/3，农业产量上升。

1637年 一个郁金香球茎的价格可以达到一位熟练工匠年收入的十倍。

1650年 共和国内半数的人口都生活在城镇之中；尼德兰成为全欧洲城镇化水平最高的地区。

1602年，世界上第一家进行证券与股票交易的永久市场阿姆斯特丹证券交易所在荷兰东印度公司的赞助之下正式成立。荷兰东印度公司是一家规模极为庞大的企业——事实上，它也是第一家跨国公司，其成立是为了向前往亚洲地区的贸易远征提供支持。在荷兰政府的授权之下，荷兰东印度公司除了可以进行贸易交流外，还可以建筑防御工事，设立定居点，招募军队，甚至还能与外国统治者签订条约，而一家公司能够拥有这些权力也是极不寻常的。该组织有着庞大的船舶、港口和人员网络，也因此而收获了大量的资金和投资人。阿

参见：克里斯托弗·哥伦布抵达美洲大陆 142~147页，《托尔德西里亚斯条约》148~151页，布拉格掷出窗外事件 164~169页，斯蒂芬森的“火箭号”投入使用 220~225页，苏伊士运河的修筑 230~235页。

荷兰东印度公司拥有自己的造船厂，而这家造船厂也是全阿姆斯特丹最大的一家，如左图所示。公司在17世纪十分强盛，却在1800年破产解散。

姆斯特丹证券交易所最初成立的目的便是为了令投资者能够对荷兰东印度公司的股份进行买卖，但是到了后来，交易所逐渐发展成了一个生机勃勃的金融资产市场，也成为荷兰共和国中资本主义经济不断发展的一大驱动力。

经济扩张

17世纪，尼德兰虽与西班牙交战不断，经济上却也取得了非凡的增长。16世纪末，该地区的北部（信仰新教的荷兰共和国）已同南部（信仰天主教的佛兰德）彻底分裂。共和国内共有七个独立的行省，每个行省都有极大的自主权，但同时也受到邦联议会的统一管辖。生活在安特卫普等天主教城市的新教商人为逃避迫害而移居北部，也一并将自己的资本与贸易纽带带到了那里。与此同时，许多擅长制作纺织品的佛兰德工匠也搬到了北部的哈勒姆、莱顿以及阿姆斯特丹等城市，进一步推动了荷兰共和国经济的发展。

荷兰共和国在17世纪真正开始走向繁荣，而这一面积并不大的区域之所以能够取得如此成就，归功于几个因素，其中最重要的便是该国强大的航海业传统，这一传统令共和国拥有了比其他国家较大的优势。除此之外，国家的公民也有着极强的职业道德，而这在很大程度上是因为新教相信世俗的工作是一种责任，也是通向救赎的道路，这样一来，国家便有了很高的生产力。此外，荷兰共和国的人口不断增加（尤其是城镇之中的中产阶级），以阿姆斯特丹为首的主要城市也在不断扩张，这些城市则成为商业贸易的理想中心。在所有这些因素的推动之下，荷兰的经济逐渐向造船业、商业和金融业倾斜。

剥削与贸易

作为一个沿海国家，荷兰共和国中曾涌现出许多著名的航海家和探险家，而长距离贸易也自然而然地成为这个国家海事历史中的产物。除此之外，共和国造船技术的进步也令荷兰商业船队迅速扩张；到了1670年，荷兰商船的

农业改革

17世纪，荷兰共和国的人口不断增加，而这也令农民开始想方设法实现农业增产。荷兰的农业增产在很大程度上是通过开垦荒地这一自中世纪末期便已顺利起步的手段来实现的。与此同时，荷兰人也改变了自己的土地利用模式。他们不再一年耕作、一年休耕，而是开始种植一些能够产生氮素养分的作物（如豌豆、芜菁和苜蓿，这些作物可以用作动物饲料），用以改善土壤质量，为下一年种植庄稼做准备。草料种植规模的增加让农民有能力饲养更多的牲畜，由此一来也能产出更多的肉类、奶品和粪便（以做施肥之用）。尽管这时候的荷兰依旧需要进口小麦来填补食物的短缺，但农业生产力的提高却无疑为不断增长的人口提供了更多供给。此外，高产的农业也解放了大量的劳动力，令更多人得以在商业和金融领域工作，而不必被束缚在农田之中。

数量已经超过了整个欧洲的总和。不断扩大的商人阶层在同亚洲地区的香料贸易中看到了巨大的潜在利润，于是，荷兰的航海家也开始探索到达东方的全新航线。荷兰人的足迹踏遍了世界上的每个角落，还建立起许多片殖民地，其中便包括位于北美洲的新阿姆斯特丹。1624年，荷兰人正式在这里定居，而当英国人占领这里之后将其更名为纽约。1596年，荷兰探险家威廉·巴伦支试着寻找出一条通往亚洲的北部通路，并在这一过程之中发现了斯瓦尔巴群岛（斯匹茨卑尔根岛），这里后来成为荷兰捕鲸者的目的地。

自1595年开始，荷兰人开始定期前往东南亚进行香料贸易，尤其是胡椒、肉豆蔻、丁香和肉桂，而这也是共和国繁荣背后的最大驱动力。他们在那里建立起殖民地，还建立了巴达维亚，也就是后来的雅加达。这极大地推动了该国经济的发展。

巴达维亚是荷兰东印度公司在亚洲地区的总部。1619年，荷兰人将当时的查雅加达夷为平地，后来便在这里建起了这座港口城市。

投资需求

剥削行为与商业贸易过程中产生的财富重新注入到了荷兰的经济之中，但与此同时，国家也需要大量的投资来填补海外远征所产生的庞大资金消耗。17世纪，航海前往亚洲进行贸易交流是一件风险极高的事情——尽管这项贸易的潜在利润很高，但海上风暴、海盗劫掠、战争或是意外都会造成船只、船员或是货物的损失，而这些损失也足以抵消所有的利润。因此，一次航行之中通常会包含许多人的投资，以此分散风险，而不是让一家承担所有的成本和责任。社会上出现了许多私人贸易公司，每家公司都投入一点点，一同构成总体的庞大投资；假如一切顺利的话，这些公司都会分得相当的利润。

假如有谁在领着一位异乡人穿越阿姆斯特丹的街道时，问他他身在何处的话，他一定会回答说‘在投机商之中。’

——约瑟夫·德·拉·韦加，《混乱中的混乱》（1688年）

交易所的诞生

1602年，这些贸易公司合并在了一起，共同组成了荷兰东印度公司，公司中的股份则在阿姆斯特丹新成立的证券交易所中进行分配。起初，交易所的成立是为了给股份所有者买入或卖出股份创造条件；很快，其他公司也开始在交易所中上市，以筹集更多的资金。人们可以对股份进行买入和卖出，于是证券交易所很快便繁忙起来，为欧洲这一地区资本主义的发展提供了动力；这一过程之中诞生了更多的产业，而这也进一步激发了更多的投资，创造出更大的财富。

交易历史

阿姆斯特丹证券交易所并非是在真空环境下发展起来的。证券（包括股票在内的可交易金融资产）的买卖在欧洲已经拥有十分悠久的历史。14世纪，也有可能是在更早以前，威尼斯、热内亚等城市的商人已经开始进行证券交易。自16世纪以来，阿姆斯特丹便形成了

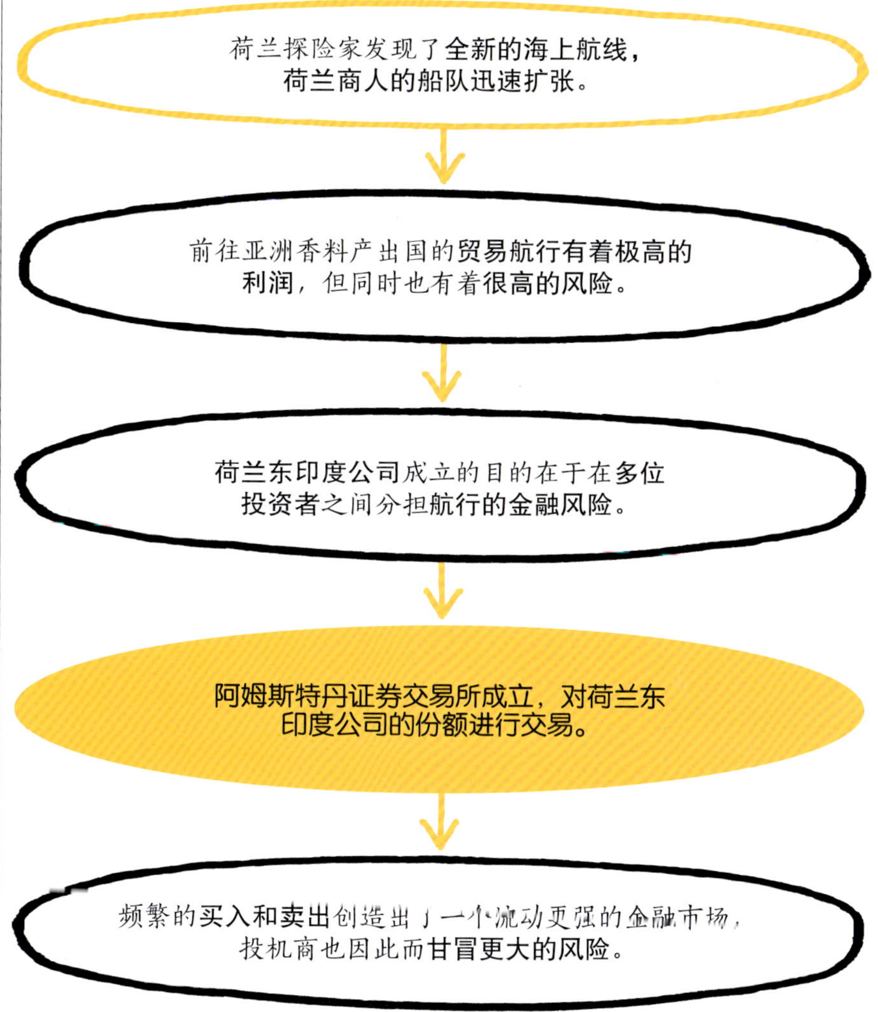

一个强有力的金融市场，人们在市场中进行商品交易和投资买卖，从鲸油到郁金香，种类无所不包。因此，在这样一个具有创业精神的社会中，股票的买卖便具有充足的吸引力，而在亚洲贸易利润前景格外乐观的情况下更是如此。除此之外，交易所进行贸易活动的独特方式（仅在固定时间开放）进一步激发了商人的买入和卖出行为，也创造出一个流动性极强的市场。

经济的推力

阿姆斯特丹证券交易所开幕之后，1609年，阿姆斯特丹银行也正式成立，成为现代国家银行的先驱。银行为人们提供了一个存放现金和金条的安全之所，同时也保证本地货币不至于贬值。这样一来，阿姆斯特丹银行令荷兰共和国的金融市场更加安全，也进一步在这个急速成长的市场之中为海上贸易这一充满活力却也风险十足的活动提供了保障。

1623年，荷兰的金融市场经历了又一轮的蓬勃发展。当时，荷兰东印度公司经过谈判取得了另一项特许，使得投资者能够定期获得股息，而那些想要离开公司的人也可以在证券交易所中将自己的股份卖掉。这进一步增加了证券交易所的贸易量，同时也开拓了更多包括未来贸易在内利润丰厚的业务。

同一时期，阿姆斯特丹的保险业也逐渐兴盛起来，尤其是出现于16世纪的海事保险。这种保险保护了船主和投资者的利益，令其可以不必承担远程航行的风险。而当证券交易所开幕时，大厅中还专门为保险的买卖开辟出了一块空间。

文化的繁荣

17世纪阿姆斯特丹繁荣的金融活动促进了中产阶级的扩张，也为他们购买精美家具、油画等消费品提供了更大的动力，同时还令这一原本就格外成功的区域取得了进一步的经济增长。阿姆斯特丹艺术市场的发展趋势格外强劲，这便涌现出了许多包括维米尔和伦勃朗在内的伟大画家。大多数艺术家都有自己的专攻，而这也满足了人们对于各种艺术作品不断增长的需求，像伦勃朗这样的伟大艺术家却在诸多题材和艺术形式上都颇有建树，包括油画、素描画，还有版画。

财富的不断积累也扩大了城镇的规模，崭新的市政厅、仓库和商人住宅如雨后春笋般拔地而起。阿姆斯特丹和代尔夫特至今仍旧保留着无数中产阶级的砖房，其中大部分都位于运河沿岸。这些砖房大多建成于这一时期。■

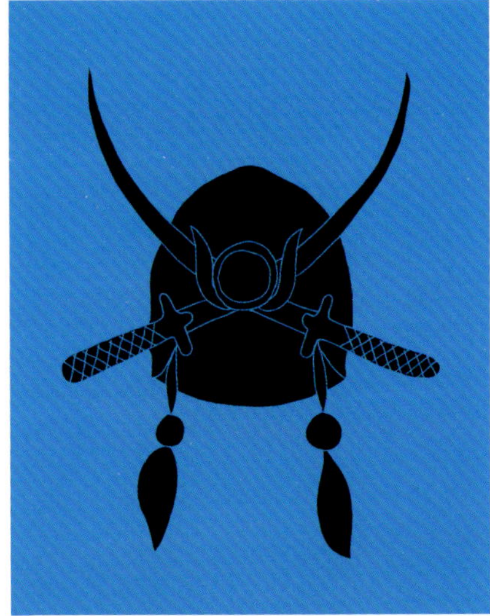

即便取得了胜利，也要仔细绑好头盔上的带子

关原合战（1600年）

背景介绍

聚焦

江户时期

此前

1467年 战国时期拉开了帷幕，天皇的权力逐渐落到了由大名和幕府将军所率领的敌对派别手中。

1585年 丰臣秀吉被天皇赐封为关白。

此后

1603年 德川家康成为幕府大将军。

1610—1614年 日本驱逐传教士，还禁止了一切天主教活动。

1854年 向西方闭关锁国多年之后，日本对美洲航运及贸易开放了港口。

1868年 德川幕府终究走向了终结，帝国权力在明治天皇的统治下得以恢复。

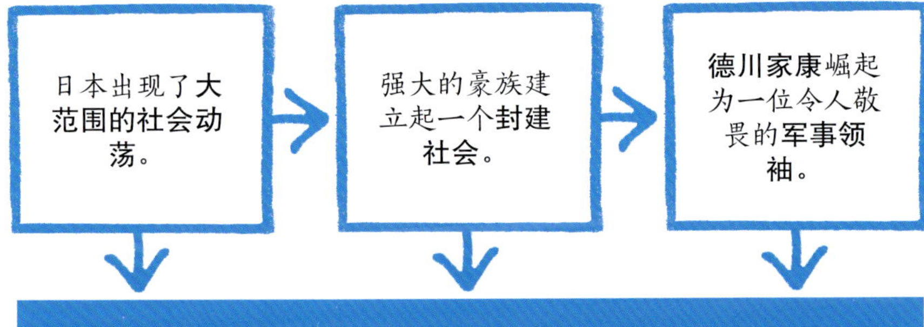

德川家康在关原合战一役中击败了对手石田三成，随后凯旋。

德川家康成为幕府大将军，德川幕府也成功统一了政治权力。

1600年10月21日，日本中部的关原爆发了一场重大的战役，对战的双方是东军与西军两派，目的则是为了争夺国家的控制权。德川家康领导下的东军在这场战役之中取得了决定性胜利。三年之后，日本天皇将德川家康封为幕府大将军，还一并赐予他代表天皇统治国家的权力。德川家康为日本带去了和平与稳定，并将国家的都城迁到了江户城（如今的东京），就此建立起一个全新的日本文化中心以及权力中心。

派系斗争

自1192年以来，日本天皇始终更像是一位傀儡统治者。他将自己的权力授予幕府大将军。幕府大将军是世袭的高级军队统帅，拥有绝对的统治权威。然

参见：源赖朝成为幕府大将军 98~99页，阿姆斯特丹证券交易所的成立 180~183页，明治维新 252~253页，第二次鸦片战争 254~255页。

德川家康

武士领袖德川家康（1542—1616年）的父亲是日本中部三河国一位相对弱小的豪族。德川家康小的时候便开始接受军事训练，后来与包括织田信长（1534—1582年，日本战国时期这一动荡年代之中最为残暴的领袖之一）及其继任者丰臣秀吉（1536—1598年）在内一些更为强大的豪族结成了同盟。在与织田信长和丰臣秀吉的合作过程中，德川家康不仅逐步建立了更为广阔的私人领土，还学会了忠诚和军事力量等重要观念，正是这些观念令丰田秀吉得以为日本迎来短暂的统一。丰田秀吉过世之后，德川家康脱颖而出。作为幕府大将军，德川家康充分有能力令祖国长治久安，然而，他仅在两年之后便正式退位了，这一举动是为了保证自己的儿子德川秀忠能够顺利继位。此外，德川家康还建立了一种继任模式，以确保德川幕府能够长久存在下去。尽管德川秀忠正式接任了幕府大将军一职，但是日本的实际统治者却始终都是德川家康，直至其离世为止。

而，到了15世纪60年代，各地的大封建主（大名）已然拥有了极强的权势，又因这些人和他们所率领的武士集团通过武力赢得了任命幕府将军继任者的权利，于是便没有哪位幕府大将军能够控制大名了。待至关原合战爆发时，日本已经在长达一个世纪里见证了无数次统治阶级之间激烈的派系斗争。

德川家康在关原合战之中的胜利为这段战国时期画上了句号。而在德川幕府时代，德川家康和他的一众继任者也为日本创造了一段持续时间长达250年的太平治世。

德川幕府

从许多方面看来，德川幕府的统治都仿效了早期的统治者，尤其是丰臣秀吉。尽丰臣秀吉的出身并不足以使其成为幕府大将军，然而他却以关白这一略低于幕府将军的头衔进行统治，并在16世纪80年代之中为日本带去了统一。丰臣秀吉实施了一种封建的军事化统治，借大名及其武士集团之手来运用自己的权力。德川幕府也决定以同样的方式进行统治，将地方交由大名管理。此外，德川家康还谨慎地要求大名轮番到江户城来居住几年，以免他们在地方建立起自己的基地。

幕府将军崇尚忠诚这一德行，还逐渐发展出一种精英官僚体制。他们改善了日本的道路交通网，广泛推行教育，还统一了货币。不仅如此，德川幕府也驱逐了许多外国人，限制本国与外部世界的交流沟通，以此抵御外界对日本的影响。幕府将军对其他所有欧洲人采取猜疑态度，认为他们计划令日本皈依基督教，意图夺取政治权力。与此同时，日本人也不得四处游历或是建造航海用的船只。这一孤立政策实实在在地断绝了日本与西方之间的联系，使其直到19世纪中期都丝毫没有受到西方的影响。

“浮世”

德川幕府时期，都城江户城成为不断繁荣的城市文化中心。包括俳句（由三行十七个音节所构成的短诗）在内的许多日本文学形式百花齐放，而歌舞伎与净琉璃文乐木偶戏等诸多独特的戏剧形式也是如此。同时，这也是一段观赏艺术急速发展的时期，尤其是风景画与木版画。

都城中的精英阶层愈发奉行享乐主义，而他们的生活方式则常常被人们称作为“浮世”。起初，浮世一词在佛教中意为“悲伤的世界”，这也反映出佛教徒观念之中“世俗中的一世犹如昙花一现”这种想法，也表达了他们渴望“居有常”、远离苦痛与一切世俗欲望的心愿。然而，到了江户时期，日语中的“浮世”形容的却是这个短暂物质世界的欢乐一面，折射出当时人们渴望寻欢作乐的心态。■

以夷制夷

三藩之乱（1673—1681年）

背景介绍

聚焦

清朝三帝

此前

1636年 满族人在自己的家园满洲里建立起清王朝。

1644年 清王朝征服了中国北部。

此后

1683年 清王朝铲除了所有明朝的残余势力，开始统治整个中国。

1689年 康熙帝同俄国签订了《尼布楚条约》，阻止了俄国的东向扩张。

1750年 中国建筑设计的瑰宝颐和园建成。

1751年 西藏成为受到中国保护的领地。

1755—1760年 乾隆帝扫清了突厥人和蒙古人对中国东北部地区的威胁。

1792年 清朝入侵了尼泊尔。

乾隆皇帝将意大利的耶稣会会士郎世宁召入宫中做宫廷画师，而他所绘制的皇家肖像画将中国卷轴画与西方现实主义元素和透视法技巧融合在了一起。

1644年，在长城以东北建立起一个庞大国家的半游牧民族满族人自摇摇欲坠的明王朝手中夺取了北京，建立了自己的王朝——清朝，自此开始统治中国北部地区。十七年后，清朝在经历了大规模的激烈战争后，终于战胜了明朝忠臣所率领的抵抗势力，入主整个中原地区。然而，他们的王朝依旧不够稳固。1673年，清朝的第二位皇帝康熙被迫应对一场大规模的叛乱，而这场叛乱即人们后来所说的“三藩之乱”。

三藩位于中国南部地区，是清朝赏赐给那些变节明朝将领的半独立封地，以肯定他们在帮助清朝夺取中原这一过程之中所做出的贡献。时间一久，这些封地便愈发自治，然而当康熙宣布撤藩的时候，这些藩王便决定起身叛变。接踵而来的斗争令许多人失去了生命，也对经济造成了严重的打击。其间曾有一段时期，其中一位藩王吴三桂似乎就快要成功颠覆清朝皇帝的统治；然而，他终究还是为康熙帝的支持者所击败。

到了这时，清朝已然不容置疑地成为整个中国的统治者，康熙帝更是在随后发动了一系列军事征战，将西伯利亚与蒙古的部分地区收入了帝国的囊中，并将其统治范围一直延伸到了西藏。在康熙帝以及后来两位继任者的

参见：马可·波罗抵达上都 104~105页，洪武帝建立明朝 120~127页，第二次鸦片战争 254~255页。

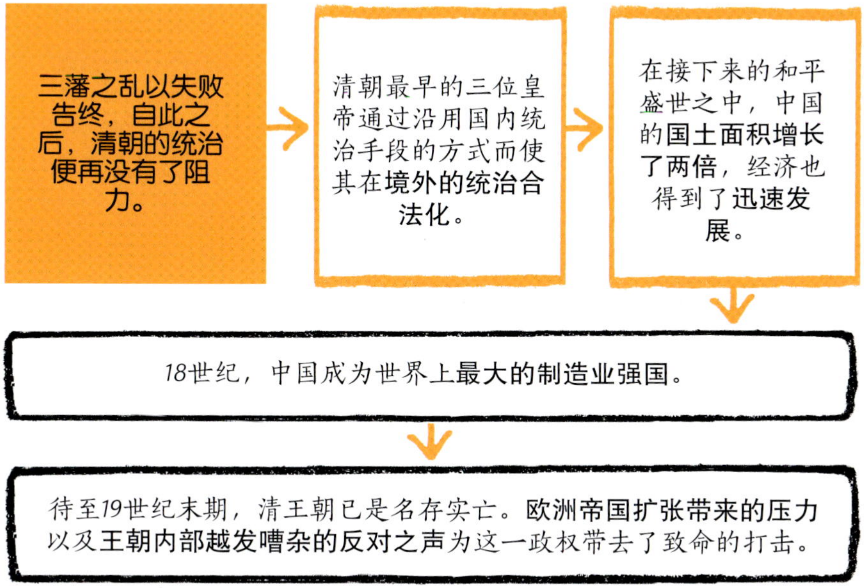

三藩之乱以失败告终，自此之后，清朝的统治便再没有了阻力。

清朝最早的三位皇帝通过沿用国内统治手段的方式而使其在境外的统治合法化。

在接下来的和平盛世之中，中国的国土面积增长了两倍，经济也得到了迅速发展。

18世纪，中国成为世界上最大的制造业强国。

待至19世纪末期，清王朝已是名存实亡。欧洲帝国扩张带来的压力以及王朝内部越发嘈杂的反对之声为这一政权带去了致命的打击。

卓越统治之下，中国经历了一段社会安宁、经济繁荣、政治稳定的黄金时期，而这一情形也一直持续到了18世纪末。

全球超级大国

在康熙帝长达61年的统治之中，他成功通过传承并尊敬中原地区文化遗产的方式赢得了本地汉民族臣民（曾将满族人视作野蛮人）的配合与忠诚。此外，他还沿用了先前王朝的统治模式，允许明朝官员保留他们在地方的职务，同时派遣满族官员，对大部分的工作进行监督。

在接下来两位皇帝的统治之下，清朝更是变得无比强大。雍正帝（1722—1735年）同康熙帝一样，对朝廷及官僚进行严格的控制，并通过改革税收体系的方式增加国家财政收入；而到了乾隆帝（1735—1796年）统治时期，帝国的领土面积达到了最大，人口不断增长。乾隆皇帝酷爱艺术，他本人便会写诗，还会出资支持文学项目，以提高本民族的声望；尽管与此同时，他也下令禁止并销毁了许多被认为具有“反清”内涵的书籍。

清朝社会

从许多方面看来，在三位皇帝的统治时期之中，社会都十分保守：汉族人必须留满族人的发式，将前额和两侧的头发剃光，其余的头发编成辫子；社会遵循严格的等级制度，针对同性行为的法律、对女性行为举止的要求，以及审查制度均极为严苛。然而，在清朝早期，国家的经济却取得了长足的发展，而这要归功于西方对丝绸、瓷器还有茶叶等奢侈品的强烈需求。

然而，自进入19世纪以来，清王朝对汉族人的不断压制，以及饥荒的爆发和鸦片（由欧洲商人带入中国）成瘾的问题开始令国家走向衰落。与此同时，这些因素也为19世纪中期的起义、贸易纷争以及中国同欧洲贸易对象之间爆发的战争埋下了伏笔。■

耶稣会会士在中国

1540年，来自西班牙的天主教神学家伊纳爵·罗耀拉创建了耶稣会，希望能够通过传播耶稣的教义来达到推广这一信仰的目的。天主教教会在明朝以及清朝早期的时候曾将许多耶稣会传教士派到中国，而这些人最初也受到了当地的欢迎。康熙帝对这些耶稣会会士所掌握的科学（尤其是数学和天文学）和技术（尤其是武器制造与水泵技术）十分感兴趣。他将这些耶稣会会士指派到钦天监工作，而北京地区最早的准确地图便是由一位耶稣会会士绘制的。

康熙帝准许天主教徒在中国拥有信仰自由，而耶稣会会士也同意那些皈依了基督教的中国人继续祭拜自己的祖先。然而到了后来，一位梵蒂冈使节来到了中国，他决定禁止基督教徒进行祭祖仪式，教皇也随即做出了相同的裁决；于是，康熙帝便将那些反对这一仪式的耶稣会传教士驱离了中国。

我在这部著作中将数学研究得极为深入，你甚至可以将其视作为哲学

牛顿发表《自然哲学的数学原理》（1687年）

背景介绍

聚焦

科学革命

此前

1543年 哥白尼提出了太阳是宇宙的中心这一观点。

1609年 德国人约翰尼斯·开普勒对行星的椭圆轨道以及运行速度进行了描述。

1620年 弗朗西斯·培根出版了《新工具》。

1638年 意大利人伽利略·伽利雷的著作《关于两门新科学的对话》为力学的发展奠定了基础。

1660年 皇家学会在英格兰成立。

此后

1690年 荷兰人克里斯蒂安·惠更斯发表了《光论》这一部关于光的波状运动的理论著作。

1905年 阿尔伯特·爱因斯坦的狭义相对论证明牛顿所提出的运动定律之中仍旧存在谬误。

1687年，英国科学家艾萨克·牛顿发表了第一版《自然哲学的数学原理》。这部作品探讨了物体在运动过程中的样子，对重力进行了研究，还解释了行星与卫星的运动。尽管这部作品建立在包括伽利略、惠更斯、开普勒等前人研究的基础之上，但也无疑是一部具有革命意义的著作。这本书向人们展示了同一种力——重力分别会对地球上与宇宙中物体的运动产生怎样的影响，并以这种方式将两个此前并不相干的科学领域联系在了一起。

（牛顿）为从前始终深陷猜想与假设黑暗之中的科学洒下了数学的光芒。

——亚力克西斯·克莱罗，法国数学家、天文学家（1747年）

深远的影响

牛顿利用以数学为基础的理论来解释自然现象，而这本身便是科学革命的一部分。英国散文家弗朗西斯·培根坚持认为科学家应当以理性论断检验自己的结论，而法国哲学家勒内·笛卡儿亦主张科学家应当利用数学与逻辑来解决科学问题。这些哲学家通过强调人类理性的重要性，挣脱了从前对于物质世界的解释应依赖于基督教信仰与教会教义这一束缚。这为启蒙运动这一学术运动铺平了道路，甚至也为后世科学家的作品奠定了基础，例如阿尔伯特·爱因斯坦便对牛顿的理论进行了修改和润色。■

参见：巴格达的建立 86~93页，意大利文艺复兴的开端 152~155页，狄德罗发表《百科全书》 192~195页，达尔文发表《物种起源》 236~237页。

走到人类所能到达的最远处

库克船长的航行（1768—1779年）

背景介绍

聚焦

太平洋与澳大拉西亚的探索

此前

1642—1644年 荷兰人阿贝尔·塔斯曼成为第一个到达新西兰和塔斯马尼亚岛的欧洲人。

1768—1771年 詹姆斯·库克开启了自己前往澳大利亚和新西兰的第一次航行。

1772—1775年 库克驶到了南极洲附近，并绕南太平洋一周。

1776—1779年 库克的第三次航行将他带到了夏威夷，在那里，他与当地人发生了争斗，最终不幸离世。

此后

1788年 第一批罪犯从英国来到杰克逊港（悉尼港）罪犯流放地。

1802年 英国航海家马修·弗林德斯进行了一场环绕澳大利亚的航行。

1768年，英国航海家詹姆斯·库克航行至大溪地，希望能够科学地记录下金星凌日这一只能从南半球观测到的天象奇观。记录完成后，库克继续向前航行，找寻传说中“南半球的未知土地”。他绘制了新西兰海岸的地图，然后向西北方向航行，发现了澳大利亚的东部海岸。他将这里占为了英国的领土，还将其命名为新南威尔士。在同植物学家约瑟夫·班克斯与丹尼尔·索兰德工作的过程中，库克船长也完成了一部记录着当地种族、植物群和动物群的宝贵文献。

永久的纽带

欧洲人早前便有探索太平洋的海事传统，库克的航行只是其中的一次；荷兰人阿贝尔·塔斯曼就是一位伟大的航海家，塔斯马尼亚岛便是以他的名字命名的。库克在澳大拉西亚与欧洲之间建立起永久性的连接，也开启了此后两地的一系列活动，包括殖民、将英国罪犯流放至澳大利亚，还有诸如悉尼与墨尔本等城市的建立。

在离开陆地17周又3天后，眼前新西兰山脉的美景令我们心生喜悦，这是多么不一样的景象啊！

——理查德·皮克斯吉尔，“决心号”上的海军上尉

库克在其后期的航行之中开始应用英国人约翰·哈里森的最新发明——航海精密计时器。它能够帮助人们在海上准确把握时间，因此也能计算出准确的经度。■

参见： 马可·波罗抵达上都 104～105页，克里斯托弗·哥伦布抵达美洲大陆 142～147页，《托尔德西里亚斯条约》 148～151页，“五月花”号的航行 172～173页。

朕即国家

法国路易十四开始专制统治（1661年）

背景介绍

聚焦

专制主义的法国

此前

1624—1642年　路易十三的首相红衣主教黎塞留改革并加强了中央权力。

1643—1661年　路易的母亲代行统治之权，巩固了皇室的权力。

1648—1653年　贵族在投石党运动这场争斗中起身反抗皇室的权威。

此后

1685年　路易十四推翻了准许胡格诺派教徒自由信仰的南特赦令。

1701—1714年　西班牙王位继承战争近乎榨干了法国的资源。

1789年　法国大革命推翻了国王路易十四的统治，也结束了法国的皇权专制。

23岁的法国国王路易十四在其首相枢机大主教马萨林离世时宣布自己将作为绝对君主，单独进行统治。在其在位的72年间（1643—1715年），路易十四始终主宰着自己的臣民，逐渐建立起“太阳王”的形象，整个国家都应围绕他运转。路易十四认为自己的权力是上帝赐予的，而他自己则是国家的化身，贵族、中产阶级还有农民都应向他寻求正义和庇护。

为维护自己的统治地位，路易十四控制了历来难以驾驭的贵族。他逼迫他们成为廷臣，并在宫廷之中举行仪式，分发特权和职务。他指派中上阶层的人士到各个行省中征税，以此填满了枯竭的国库。当时的税收名目众多，而负担则主要落在了农民身上。路易十四的财政大臣让-巴普蒂斯特·柯尔贝尔曾彻底改造了法国的贸易与工业，将这个国家打造为欧洲的领军者。

扩张的法国

路易十四用征收上来的税金建造了耀眼的凡尔赛宫。这是一座由古老的狩猎小屋扩建而成的皇家宫殿，也是奢华娱乐的场所。自1682年起，这里便永久性地成为宫廷的所在，也是全法国的政治中心。此外，路易十四还发动一系列耗资巨大的王朝战役，希望能够将法国的边境线继续向外推移，而这令其他欧洲国家开始联起手来对抗法国。

1713年签订的《乌得勒支条约》终于带来了和平与安定，却并未为法国赢得多少好处。国家陷入了深深的债务，舆论纷纷开始攻击皇室。尽管如此，路易十四仍旧建立了一种专制模式，这种统治模式贯穿了18世纪的大部分时期，直到人们开始试图改革这一体系，而这一改革试图又引发了1792年的法国大革命，最终推翻了君主制。■

参见：查理一世遭受处决 174~175页，狄德罗发表《百科全书》 192~195页，攻占巴士底狱 208~213页，滑铁卢战役 214~215页。

不要忘记你们的大炮，它们是捍卫王权的最佳武器

魁北克战役（1759年）

背景介绍

聚焦

七年战争

此前

1754年 法国与英国在北美地区开战，所谓的法因战争正式打响。

1756年 普鲁士国王腓特烈二世为阻止俄国建立基地而入侵了萨克森，就此拉开了七年战争的序幕。

1757年 普鲁士在罗斯巴赫一战中重创了更为强大的法国和奥地利军队。

1759年 俄国在库勒斯道夫战役中消灭了2/3的普鲁士军队。

此后

1760年 蒙特利尔的法国军队向英国投降。

1763年 七年战争在《巴黎和约》与《胡贝尔图斯堡和约》的签订中画上了句号。

1759年9月13日，24名英国人攀上了魁北克下面的峭壁，为将军詹姆斯·沃尔夫所率领的英国军队开辟出一条道路，攻占这座城市。这场决定性的战役结束了法国在加拿大的统治，也成为七年战争（1756—1763年）之中的一个重要事件。

大多数重要欧洲国家都被卷入了这场战争，相互争夺领土与权力。这场战争主要围绕两个冲突展开：一个冲突是海事与殖民冲突，其中主要是英国与法国波旁王朝之间在北美大陆和印度展开的陆地战役；另一个冲突是欧洲陆地上发生的战争，主要是法国、奥地利以及俄国与普鲁士之间的对抗。除此之外，海外殖民地也参与到了战争之中，令七年战争成为第一场真正意义上的全球冲突。

相互竞争的力量

英国在对阵法国的过程中取得了显著的胜利。英方利用其强大的海军重挫了法国的入侵者，还在西非、加勒比海以及北美地区的殖民地中接连战胜法国。英国迫使法国割让了它们在密西西比河以东的全部领土，令法国再也无法对英国在北美地区的殖民地构成威胁。

1757年，英方将领罗伯特·克莱武在普拉西战役中击败了孟加拉的纳瓦布，彻底打乱了法国军队的脚步。七年战争结束之时，英国已然成为世界上最强大的殖民宗主国。■

没有哪支军队能够在缺少补给的情况下英勇起来。

——腓特烈大帝（1747年）

参见: 克里斯托弗·哥伦布抵达美洲大陆 142~147页，布拉格掷出窗外事件 164~169页，“五月花”号的航行 172~173页，滑铁卢战役 214~215页，巴雪戴尔战役 270~275页。

汇集散落在世界各地的所有知识

狄德罗发表《百科全书》（1751年）

背景介绍

聚焦

启蒙运动

此前

1517年 挑战了天主教教会权威的宗教改革拉开帷幕。

1610年 伽利略·伽利雷发表《星际使者》，将自己对天空的观测写入了书中。

1687年 牛顿在《自然哲学的数学原理》一书中对以自然法则和理性认识为基础的宇宙观进行了阐释。

此后

1767年 美国思想家、外交家本杰明·富兰克林从巴黎将启蒙运动中的思想带回了美国。

1791年 英国作家玛莉·渥斯顿克雷福特创作了《女权的辩护》这部具有开创意义的作品，将女性主义思想注入了启蒙运动之中。

18世纪中期，法国哲学家德尼·狄德罗邀请包括文学家、科学家、学者以及哲学家在内的一众国内顶尖知识分子为一部大部头的著作《百科全书》（或《科学、艺术和工艺详解辞典》）撰写文章，而他本人既是这部作品的主编，同时也是供稿人。这部《百科全书》的第一版于1751年面世，而全本则是在21年之后成书的，其中共包含17卷正篇文字和11卷图册。

《百科全书》并非世界上第一部包罗万象的百科全书，却无疑是第一部由明确作者编写内容的百

参见：牛顿发表《自然哲学的数学原理》188页，《独立宣言》的签署 204~207页，攻占巴士底狱 208~213页，斯蒂芬森的“火箭号”投入使用 220~225页，《废除奴隶贸易法案》226~227页。

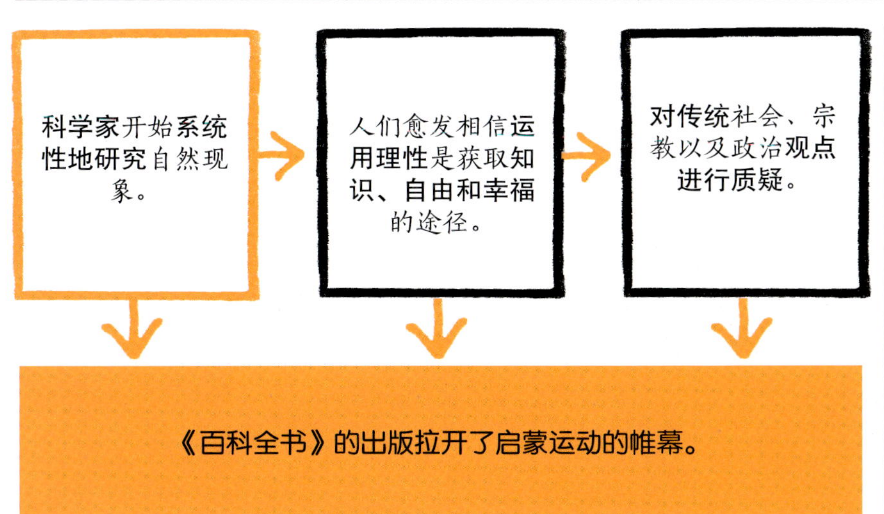

科全书，还特别对手工艺这一项内容给予了关注。然而，这部《百科全书》最为突出的一点却是它从批判性的角度出发，介绍了当时的诸多观点与制度——其背后的作者都是科学思想与世俗价值的捍卫者。他们试图用理性和逻辑，而非宗教或政治教条去解释自然世界之中发生的现象。正因如此，这部作品同时对自神圣旨意、永恒秩序等传统观点中汲取权威的天主教教会与法国王室发出了质疑之声。

思想革命

《百科全书》创作的目的是本着启蒙运动的精神，对西方世界的知识进行分类记录。启蒙运动是一场多方面的学术运动，尽管这场运动发源于17世纪里那些具有先锋意义的现代科学与哲学思想作品之中，但其真正的开始时间还应追溯至1715年。《百科全书》中大约有7.2万篇涉及多门学科的文章，提取了法国重要启蒙思想家观点与理论之中的精华，包括作家与哲学家伏尔泰、让-雅克·卢梭和孟德斯鸠。

《百科全书》中的文章无所不包，但大体上围绕着三个领域展开：将社会建立在理性思想之上，而非信仰与天主教教会教条之上的必要性；科学中观察与实验的重要性；以及寻找一种通过自然法则与正义之道管理国家和政府的途径。

狄德罗将《百科全书》之中的文章主要分为了三类：记忆（与历史相关的主题）、理性（哲学）和想象（诗歌）。颇具争议的是，书中并没有为上帝或是神明单独开辟出一块内容，而是将宗教视作哲学之中的一部分，就像魔法和迷信一样。这样的观念十分具有突破性，但也很容易引发争论。几世纪以来，宗教始终都在欧洲人的生活与思想之中居于最核心的地位，而《百科全书》以及启蒙运动本身却都拒绝将宗教捧到如此高的位置上。

尽管当局曾多次试图禁止书中的某些文章，还曾经对其编辑进行恐吓，然而，《百科全书》却依旧成为当时影响最大、也最广泛为人所查阅的作品。18世纪末期，书中传递的思想激发了法国与美国的革命运动。

科学与理性

启蒙运动的核心便是关注人类理性的力量，并对公认的知识进行怀疑，而这也正是人们能够将这一时期同过去划分开来的重要一点。从前，人们对于世界的认知是从宗教教义以及教会信条之中汲取的；这样的思想渗透至社会的方方面面，从婚姻法到人们理解行星运动与宇宙诞生的方式。然而，对于启蒙运动之中的思想家来说，人类的感知以及他们对于理性的运用要远比盲目遵从信仰重要得多。在他们看来，真实世界之中的“真

> 勇于求知！敢于运用自己的理性！
>
> ——伊曼努尔·康德，‘何谓启蒙？’（1784年）

伏尔泰

弗朗索瓦-马利·阿鲁埃（François-Marie Arouet）以伏尔泰这个笔名走入了大众的视线。他是启蒙运动时期最伟大的作家与社会活动家，因其智慧与学识而闻名于世。伏尔泰于1694年出生在巴黎，尽管他云游四方，会说多国语言，但他一生之中的大部分时间仍旧是在巴黎度过的。作为一名作家，伏尔泰十分多产，几乎每种文学体裁他都有涉及，包括小说、戏剧、诗歌、散文、历史研究，甚至还出版过哲学著作和无数本时事刊物。

伏尔泰公开支持社会改革，捍卫公民自由以及言论和信仰自由。他曾直言谴责政治机构与宗教机构的虚伪本性；因为这些言论，他的一些作品遭到了禁止，本人也曾多次短暂入狱，还曾被流放至英格兰（他将自己的这一段经历写入了《哲学通信》这部极具影响力的作品之中）、日内瓦和瑞士（他在那里写下了自己最为著名的作品——哲学中篇小说《老实人》）。

从古至今，神父始终都是自由的敌人。

——大卫·休谟

相”，也就是古时候亚里士多德等人所记载的内容以及教会始终拥护的内容，应当经过实验与观察的检验，再以理性的方式进行探讨。

这种理性的思考方式起源于17世纪之中的科学革命。包括弗朗西斯·培根、约翰尼斯·开普勒、艾萨克·牛顿以及伽利略·伽利雷在内的一众科学家和哲学家改变了人们对于自然和物理宇宙的研究方式，令其更加依赖于观测这一手段。他们进行了细致的实验，并将实验结果交由数学分析进行检验；在这一过程中，他们对物理、化学、生物以及天文等学科进行了彻底的更新和拓展。

启蒙运动时期的科学家进一步推动了人类对于现实的探索；举例而言，我们可以说没有这样的努力，瑞典植物学家卡尔·林奈就无法在18世纪早期研究出一份更为准确、也更为合理的生物学分类。除此之外，启蒙运动时期从理性出发的探索方式还激发了技术领域的进步。18世纪60年代之中，苏格兰物理学家约瑟夫·布莱克发现了二氧化碳；而在1769年，苏格兰人詹姆斯·瓦特改进了蒸汽机，提高了机器的工作效率，也令工厂得以发展。《百科全书》便将包括蒸汽机在内的许多18世纪科学家及其先驱者的诸多发明推广了出去。

《百科全书》在启蒙运动时期涌现出的学术团体、学院以及大学之中也颇受欢迎。尽管在欧洲一些较为古老的天主教大学之中，许多教师和学者都对这些崭新的科学思维方式听而不闻，但仍旧有很多更为开明的人将它们运用到了教学当中，推动了这些思想的传播。

平等与自由

科学革命与启蒙运动也传递出了“理性可以揭示人事之中的自然法则”这一观念。启蒙运动时期的思想家并不从信仰之中获得结论；相反，他们认为政治应当与宗教相分离，而两者也都不应对个人的权利进行限制，人们应当自由表达自己的观点，以自己的方式信仰宗教，阅读自己想要阅读的读物。这一常常被冠上自由主义标签的政治信条植根于17世纪英国人约翰·洛克（自由主义之父）等一众哲学

怀疑是接近真相的第一步。

——德尼·狄德罗，
《哲学思想录》（1746年）

放弃自由便是放弃为人。

——让-雅克·卢梭，
《社会契约论》(1762年)

家的作品之中。在洛克看来，人类拥有一些不依赖于法律或是习俗的固有权利；换句话说，这些权利的存在是独立于教会或王室的法令裁决的。自然权利有很多种不同的表达方式，但其中应当包括生命权、自由权，以及财产权。这些观点对于启蒙运动时期的思想家而言十分重要；在洛克提出这些观点之后，他们逐渐认为这样的自然权利应当是任何一种政治体制的基石。

自由主义还表现在启蒙运动时期作家的作品之中。举例而言，伏尔泰的《哲学辞典》等作品便强调了天主教教会的非正义行径和权力滥用行为，还对宽容、出版自由、理性优于教条，以及宗教启示等价值进行了拥护。在《论法的精神》之中，孟德斯鸠提倡分权（立法、司法、行政），还迫切要求废除奴隶制。而在《社会契约论》之中，让-雅克·卢梭认为权力不应掌握在王室手中，而是提倡主权在民；他认为，人民一定要平衡权利与义务之间的关系，还应当有能力决定用什么样的法律来管理自己的生活。此外，《百科全书》内容的贡献者也提倡在经济生活之中实行自由主义。他们反对设立集会（外来的商人会在这里售卖商品，然而本地的商人却常常不得不在这期间关停生意），主张建立市场，让本地的商人去满足本地居民的需求。

诸如此类的观点很快便传播至整个欧洲。英国、法国、德国与荷兰的城市之中涌现出了许多咖啡屋；到了启蒙运动时期，人们常常可以在这些地方听到关于哲学、政治还有科学问题的探讨和辩论。这些咖啡屋俨然已经成为人们交流信息的中心，包括作家、政客、哲学家与科学家在内各行各业的人都能够聚集在一起，分享彼此的看法。

走向光明

启蒙运动，以及起到传播启蒙运动思想作用的《百科全书》本身，对欧洲的社会、政治还有学术生活起到了极为深远的影响。这场运动的支持者认为他们是在努力扫清中世纪之中压迫性的世界观，开启一个全新的时代，而他们也希望这个时代能够成为一个思想自由、心胸开阔而宽容大量的时代。

启蒙运动不断发出质疑的理性态度以及对自由的迫切追求为人们能够拥有公民权利而铺平了道路。这场运动影响了君主统治者的政策，例如在18世纪80年代，神圣罗马帝国的皇帝便宣布解放了农奴。那些接受了启蒙运动价值观的君主冠上了这场运动的名称，将自己封为“开明君主”。启蒙运动时期的思想也为1787年到1799年的法国大革命（革命的发起者便是接受了启蒙运动之中个人自由与平等等思想的人民）以及19世纪之中主张废除大西洋奴隶贸易的运动提供了思想武器。

包括自由主义在内的一些启蒙运动时期政治哲学也逐渐影响了世界其他地区的统治者（尤其是在羽翼渐丰的美国，该国家1789年出台的宪法便采用了孟德斯鸠的分权观念）；他们开始建立法律体系，保障公民应有的权利。

总体而言，这场运动鼓励人们为追求知识而追求知识，同时也逐渐令所有人认识到，一个人对世界的探求也可以惠及整个人类。■

1783年，法国的孟格菲兄弟首次向人们展示了自己的新发明——热气球，以这种令人惊叹的方式将科学带到了公众的视线之中。

我建起圣彼得堡这扇窗，让欧洲的光芒照耀进来

圣彼得堡的建立（1703年）

背景介绍

聚焦

俄国的崛起

此前

1584年 俄国沙皇恐怖的伊凡离世。后来的几任统治者令俄国更加统一。

1696年 彼得大帝成为俄国唯一的统治者。

此后

1709年 俄国在对阵瑞典的波尔塔瓦战役中取得了关键性的胜利。

1718年 彼得大帝的儿子阿列克谢反对父亲的改革措施，后遭酷刑而死。

1721年 俄国同瑞典签署了《尼斯塔德条约》，承诺进行防御互助。

1725年 彼得大帝去世，就此开启了一段弱势沙皇的时期。

1762年 凯瑟琳大帝成为俄国的女沙皇，继续开始推行彼得大帝的改革措施与扩张计划。

1703年5月27日，俄国统治者彼得大帝在涅瓦河的河口上建立了圣彼得堡。这座波罗的海旁边崭新伫立起来的城市、堡垒和港口令俄国能够直接通过海路前往欧洲，也为他们提供了新的贸易可能与军事征战机会。1712年，彼得将自己建造的这座城市定为俄国的首都，就此将这一头衔自莫斯科那里夺了过来。

彼得大帝十分欣赏西方的宫殿，于是，他在命人建造政府大楼、宫殿、大学以及住宅房屋的时候便都采用了欧洲建筑之中时兴的巴洛克风格。他每年还会逼迫三万名农民、俄国定罪劳工，以及瑞典战俘加入建筑施工队伍。这一体系十分严苛，而他们的生存环境也极为恶劣：死亡的工人数量超过了十万人，但那些有幸存活下来的人便得以重获自由。

圣彼得堡为这个国家开辟了全新的视野。其颇具战略意义的地理位置为贸易提供了便利，城市中的风气也推动了教育的发展，而一座座华美的建筑则展现了俄国的辉煌成就。

彼得大帝的这些建筑造型奢

参见： 法国路易十四开始专制统治 190页，狄德罗发表《百科全书》 192~196页，攻占巴士底狱 208~213页，俄国解放农奴 243页，十月革命 276~279页。

华，规模庞大，不仅显示出他对欧洲文化的喜爱，也昭示了他渴望成为一名像路易十四那样地位崇高的西方专制统治者的决心。彼得大帝利用自己的权力，为俄国带去了重大变革。他建立了俄国海军，还改革了军队（当时的俄国军队依赖于一群群由村中长者所率领的男性，而这些领头人也大多并未接受过正规训练）。他还沿欧洲一线重组了军队，并发展起全新的铸铁和军工产业，升级军队的装备。待至1725年，俄国的职业军人数量已达到13万人。

全新的现代文化

彼得大帝对自己的宫廷进行了一番改革，令其朝臣放弃传统长袍，改穿法式服装，还命他们剪掉自己的长胡须。他建立了多所学院，强迫贵族阶层将子女送去接受教育，同时实行用人唯贤的政策，再不像从前那样看重出身。

彼得一世访问西欧，吸纳并借鉴了那里的观念与影响力。

当代的统治理论为各国提供了一个建立开明专制的模型。

巴洛克式的西方宫殿与城市彰显了其统治者的权力。

彼得大帝建立起圣彼得堡，并将其作为西化后俄罗斯帝国的首都。

这位沙皇也以其对反叛的残酷镇压以及极具侵略性的对外政策而闻名，其中最为突出的事件便是他对瑞典发起的一系列战争，而这些战争最终也令他取得了波罗的海地区的控制权。后来的几位沙皇，尤其是凯瑟琳二世（凯瑟琳大帝），也沿用了彼得大帝的统治方式，继续推行彼得所发起的现代化政策。在欧洲启蒙运动思想的影响之下，凯瑟琳不断推动教育和艺术的发展，还对外国文学作品的翻译进行资助，自己本人也创作书籍。同彼得大帝一样，她也提升了俄国的帝国实力，并在对阵奥斯曼帝国的军事战争中取得了胜利。■

彼得大帝

1682年，彼得（1682—1725年）成为俄国的统治者。最初，他与自己同父异母兄长伊凡共同即位为沙皇，并由母亲摄政，后来才成为俄国唯一的君主。彼得接受过良好的教育，对一切都怀有好奇心。他曾游历至尼德兰和英格兰，体验西方的生活、建筑和管理模式。他还曾学习过造船与木工等专业技术，且技艺十分卓越。彼得大帝的统治深受其游历经历与西方顾问团的影响。他曾实施军事改革，并采取独裁式统治。我们可以自圣彼得堡这座新城的地理位置以及城中的宏伟建筑中看出，彼得大帝十分看重西欧的文化与权力。

尽管彼得大帝与西欧建立了永久性的外交联系，但他却未能同欧洲联合起来，共同对抗奥斯曼帝国。他最为辉煌的成就还是体现在俄国同瑞典的对战以及国内改革措施之中，还有他成功地成为这样一片广袤帝国的沙皇与君主，而这个帝国也一直延续到了1917年革命的爆发。

延伸事件

波斯萨法维王朝的建立
（1501年）

萨法维王朝在沙阿（波斯语皇帝）伊斯玛仪一世的统治之下逐渐崛起。伊斯玛仪一世是什叶派十二伊玛目派的领导者，这一派别相信十二位伊玛目（伊斯兰教领袖）是先知穆罕默德的继承人。沙阿伊斯玛仪一世以什叶派的名义，在一系列持续至1509年的军事战争中征服了波斯（如今的伊朗）和伊拉克的部分地区。他的儿子沙阿塔赫马斯普（约1524—1576年）在同邻国奥斯曼帝国（其统治者是敌对势力逊尼派伊斯兰教的追随者）的对抗中捍卫了本国的领土。萨法维王朝在波斯建立了强大的什叶派统治，还创建了高效的治理体系与官僚系统，而这个王朝也一直延续到了1736年。

查理五世成为神圣罗马帝国皇帝
（1519年）

作为西班牙哈布斯堡帝国的国王和勃艮第以及尼德兰的统治者，查理五世是欧洲最具权势的君主之一。1519年，查理五世被选为神圣罗马帝国的皇帝，随即便将中欧的大部分地区与意大利北部纳入了自己的统治范围。这赋予了他前所未有的权力，但是与此同时，帝国的邻国（一面是法国，另一面是意大利）以及国内的新教徒也为他带来了极大的挑战。查理退位之后，他将西班牙的王位交到了儿子腓力的手中，而皇帝之位则传给了另一个儿子斐迪南。

亨利八世与罗马教廷决裂
（1534年）

英国国王亨利八世曾面临王朝危机：他需要一位男性继承人来继承自己的皇位，但他与妻子阿拉贡的凯瑟琳却没有办法生出儿子。这样一来，亨利便想要与凯瑟琳离婚，然而教皇却并不允许他这样做。于是，亨利决定同罗马教廷决裂，还自封为英格兰教会的领袖。尽管在亨利的统治时期，英格兰教会依旧沿袭着天主教的教义与仪式，然而国王的这一决定却也为之后英格兰接受新教铺平了道路。除此之外，亨利八世还解散了许多修道院，而这也令他拥有了更多的土地和财富，并且进一步斩断了他与罗马天主教教会之间的联系。

卡蒂埃探索加拿大
（1534—1542年）

法国航海家雅克·卡蒂埃对加拿大北部海岸以及纽芬兰地区进行了探索，还沿圣劳伦斯河一路北上，一直行驶到了如今的蒙特利尔。尽管他并未在那里建立殖民地，卡蒂埃的探险却也激发了法国人对加拿大这片地区的兴趣，还对后来17世纪法国人在那里建立殖民地并占领加拿大起到了决定性的作用。自那以后，加拿大便始终深受法国的影响。

荷兰革命的爆发
（1568年）

1568年，新教控制之下的尼德兰北部行省向其天主教统治者西班牙的腓力二世发动了叛乱，宣布独立，由此开启了一段长达八十年的战争岁月，直到他们所建立的共和国正式得到承认为止。腓力二世强硬地将他所信仰的天主教强加给民众，于是，尼德兰南部（仍旧忠诚于国王）的许多新教徒便迁居到了北部。这样的人口流动推动了共和国在科技领域之中的进步，还令其取得了瞩目的艺术成就；而在海上贸易的促进之下，共和国也迅速成长为一个经济稳定、文化繁荣的国家。

圣巴托罗缪之夜
（1572年）

16世纪的法国时常会发生暴力冲突，而在1562年，天主教徒与新教徒之间爆发了内战。这场战争中最为惨烈的事件发生在1572年新教争取法国王位的过程之中。纳瓦尔的亨利在巴黎成婚，而在那之后不久，数以千计的新教徒遭到了屠杀。亨利成为法国国王之后，便在1598年发布了南特赦令这一主张宗教宽容的文件。然而1685年，路易十四推翻了南特敕令，对法国境内的新教徒施以残酷的镇压。路易十四在位期间，许多新教徒被投入监狱，另外一些则逃离了这个国家。

西班牙无敌舰队
（1588年）

1588年，西班牙天主教君主腓力二世派遣由130艘船只组成的舰队入侵英格兰，试图征服这个新教统治之下的国家。英格兰利用火攻船成功击毁了部分战舰，后来，西班牙无敌舰队又在格拉沃利讷海战中失利，被迫向北撤退至苏格兰，而更多的船只又在风暴之中遭到了摧毁。最终，仅有86艘战舰返回了西班牙。这一次的失败为西班牙带去了重创，而这场为维系天主教在英格兰统治地位的战争也不得不画上句号，伊丽莎白一世统治之下的英格兰终究还是成为一个新教国家。

万历朝鲜战争
（1592—1598年）

日本武士首领丰臣秀吉曾在1592年和1597年两次试图征服朝鲜，而这也是其意图积蓄实力、入侵中国这一大计划之中的一个环节。在这两次行动之中，日本都曾取得巨大的优势，然而朝鲜一方却都在中国军队的支持下成功反击。尽管朝鲜的统领李如松数次在海上击败日本，然而他们却无法彻底驱逐日方的军队，而这也导致了陆路上双方僵局的形成。日本军队一而再、再而三地在海上受挫，陆路上也被困在了为数不多的几处要塞，于是不得不放弃入侵计划。直至1910年，朝鲜都始终是一个独立的国家，但是在那之后，日本便在朝鲜维系了长达35年的统治。

德罗赫达攻城战
（1649年）

1641年，爱尔兰的天主教徒将国家自英格兰统治者手中夺了过去。这样一来，到了1649年，英格兰的议会派领袖奥利弗·克伦威尔便向爱尔兰发动了战争，试图再次征服那个地方。在克伦威尔占领了都柏林后，德罗赫达便成为爱尔兰天主教领袖的基地。于是，克伦威尔率军包围了这座城市，并在城内人拒绝投降之后对其进行了大规模屠杀。那里共驻扎了约2500名军士，而他们中的大多数人以及许多平民都惨遭杀害。尽管这场杀戮并未违反当时的军事法规，但英军的行径之残忍以及被害者的人数之多都是前所未见的，而这一事件也为未来英格兰与天主教爱尔兰之间的关系埋下了隐患。

荷兰在开普敦建立殖民地
（1650年）

尽管最早发现好望角的人是15世纪的葡萄牙探险家，然而真正建立开普敦的却是荷兰人。1652年，一群来自荷兰东印度公司的人在赞·范·里贝克的带领之下于那里建立了殖民地，为往来亚洲的荷兰船只创建了一处停靠点。后来，这里成为一个大型荷兰裔社区的中心，而这些人也在南非历史中扮演了关键角色。他们掌控了这一地区的贸易和农业，还逐渐创造出自己的语言——阿非利坎斯语。

奥斯曼帝国围攻维也纳
（1683年）

奥斯曼土耳其帝国的国土面积在1683年时达到了巅峰，其中涵盖了北非的大片地区、中东地区以及东欧。奥地利位于帝国的西部边界，而当时的土耳其人也已经做好了征服维也纳的准备。1683年，他们发起了最后一次攻城战：哈布斯堡统治下的神圣罗马帝国军队以及波兰军队前来营救维也纳，彻底击败了奥斯曼人。自这时起，奥斯曼帝国的实力便开始衰退。他们再也无法对基督教欧洲构成威胁，也逐渐失去了自己在欧洲地区的领土。

卡洛登战役
（1746年）

在苏格兰的卡洛登战役之中，由汉诺威国王乔治二世之子坎伯兰公爵率领的军队击败了查理·爱德华·斯图亚特王子领导的一小支詹姆斯党（其中包括许多苏格兰高地的氏族）力量。斯图亚特王子本希望能够将英国的王位重新收回到自己家族的手中，然而卡洛登一战却彻底击碎了他的复辟之梦。与此同时，这场战役也解除了苏格兰高地（詹姆斯党人势力最强的地区）的威胁，瓦解了那里的氏族体系，也开启了苏格兰文化所遭受的残酷压迫，人们不得继续穿着高地裙装，也不得继续使用苏格兰的盖尔语。

CHANGING SOCIETIES
1776–1914

变革中的社会
1776—1914年

《独立宣言》签署。这份文件维护了**基本人权**，还建立起一个全新的国家——**美利坚合众国**。

1776年

1789年

巴士底狱的陷落标志着法国大革命的开始，而在这场革命之中，**君主制遭到推翻，法兰西共和国成立。**

英国通过了《废除奴隶贸易法案》，**以法律的形式禁止奴隶买卖**；然而，奴隶制本身却直到1833年才得以废除。

1807年

1815年

拿破仑在**滑铁卢战役**中被英国人、荷兰人和普鲁士人**击败**，而这场战役也结束了欧洲境内持续时间长达23年的战争。

西蒙·玻璃瓦尔建立了大哥伦比亚这一个**独立**于西班牙统治的**南美洲**共和国，而这个国家也一直维系到了1830年。

1819年

1830年

乔治·斯蒂芬森的“火箭号”**蒸汽机车**为世界上**第一条商业铁路运营线路**（连接利物浦和曼彻斯特）提供了支持。

随着人们对**自由主义**、**社会主义**以及**民族自决**的需求不断增加，欧洲各地频繁发生叛乱，而所有**叛乱**最终都遭到了军事镇压。

1848年

1856年

西方列强发动了第二次鸦片战争，强迫**中国**向他们敞开**贸易港口**。

自18世纪末以来，历史便似乎总是在给我们一种“进步”的错觉。变革的速度不断加快，看上去好像也有明确的方向。世界人口在1804年超过了10亿人，而到了1914年时就已接近20亿人。这样的增长还应归功于经济产出的迅猛提升。农业更加高效，人们也开发了更多的土地，以作耕种之用。当时，人类对于新型能源（尤其是蒸汽）的利用、全新技术的使用以及工厂之中的组织工业生产为商品的制造带去了巨大的变革。相比于骑马或是马车，铁路让人们更加高速地出行，而这在交通运输历史上还是第一次；城市不断扩大，举例而言，伦敦的人口便从1800年的100万人增长到了1910年的700万人。在最为发达的国家中，公共健康以及医药领域的发展甚至延长了人们的寿命。

人权与平等

尽管人类已经取得了如此大的进步，但我们却很难肯定地说人民的生活已经得到了明显的改善。在这一时期开始的时候，美国和法国爆发的政治革命阐明了人权与公民平等等原则，而这也从根本上改变了当时的社会秩序。及至20世纪初期，欧洲与北美洲大陆上的自由主义者及民主主义者已经可以为选举权范围的广泛扩大、奴隶制的废除，以及言论自由等一系列成就而感到些许的得意。然而，大多数女性却依旧无法参与到投票之中，社会上也谈不上经济平等。在世界上最为富有、最为先进的社会之中，极度富裕与极端贫穷呈现出两极化的趋势，而工人的生活境遇常常十分艰难。浪漫主义运动之中的艺术家和学者纷纷开始批判机械化工业对人类以及环境造成的影响，与此同时，社会主义运动又期盼着能够进一步通过革命的方式结束人与人之间的剥削，创造出一个人人平等的社会。

西方帝国主义

在工业资本主义创造出的全新世界秩序之中，最显而易见的输家便是全球经济边缘国家之中的人民。西方的工业化国家需要对象来将自己过剩的资本投入进去，而他

1859年

查尔斯·达尔文发表了《物种起源》，并在书中提出了“**进化论**”这一颇具争议的学说。

1860年

朱塞佩·**加里波第**率领1000名志愿军**推翻**法国波旁王朝在**意大利南部**和**西西里**地区的统治，一年之后，意大利获得了统一。

1863年

美国内战期间，美国总统亚伯拉罕·林肯发表了葛底斯堡演说这一历史上**最伟大的演说**。

1868年

德川幕府遭到**推翻**，明治天皇成为**日本的统治者**，而这个国家也逐渐成为了一支强大的**帝国力量**。

1869年

苏伊士运河开通，将红海与地中海**联系在了一起**，极大地**缩短**了**欧洲与东方**之间的**航行时间**。

1892年

埃利斯岛在纽约港开放，处理**移民到达美国**后的**入境事务**，而这些移民之中的大多数人都成为美国公民。1954年，埃利斯岛正式关闭。

1908年

一个名为**青年土耳其党**的改革派联合组织推翻了**专制奥斯曼帝国苏丹**的统治，企图自己登上统治之位。

1913年

艾米丽·戴维森在德比马赛中冲向了国王乔治五世的赛马，后遭踩踏而死。这一事件令全世界开始关注**女性的选举权**。

们的工厂也需要原材料，产品也需要市场；于是，这些国家便将目光投向了亚洲、非洲和拉丁美洲。与此同时，他们也开始为国内不断增长的人口寻觅安身之所，这样一来，地广人稀的北美洲平原以及澳大利亚地区便成为他们的目标。在这一过程之中，他们扫清了一切拦路的人。欧洲人开始在这些地区进行扩张，并对那里实施直接的统治或管理。19世纪中期前后，英国人掌控了印度次大陆，而欧洲列强也如同当地人根本不存在一般，毫不犹豫地瓜分了撒哈拉沙漠以南非洲，这些都是帝国主义行径最为鲜明的例证。

世界各地对西方帝国主义的态度不尽相同。大多数地区都爆发了战争或起义等形式的抵抗运动，以反对欧洲人的控制。然而，西方社会之中逐渐领先于世界的科学技术、军事力量以及社会结构也开始令一些欧洲之外的政府以西方模式推进现代化。在伊斯兰世界之中，埃及、土耳其和伊朗试图进行现代化改革，但结果却并不总是成功的。而在东亚地区，日本成功转型为一个高效的现代化国家，其本身也成长为一支帝国主义力量。相比之下，中国却经历了接连不断的动荡与入侵，其帝国统治也终于在20世纪初期分崩离析。

民族主义情绪高涨

大多数欧洲人与欧洲人的后裔都为其自身的种族以及相比世界其他地方都要先进的文化而感到骄傲，然而欧洲却依旧是一片四分五裂的大陆。法国大革命所释放的好战民族主义情绪对和平稳定造成了威胁。到了1815年的时候，拿破仑战争已经引发了大规模的冲突。19世纪中期的战争为意大利和德国带去了统一，而在那之后，这两支强大的力量依旧拥有大批军队，还形成了相互敌对的联盟体系。他们的军队都配备有高爆炸弹和速射武器。

高度组织化的国家体系与经济为欧洲的军事力量提供着支持，而这无疑也是欧洲得以统治整个世界的关键因素之一。假若欧洲人将这样的力量用在相互对抗之中，那这个世界必将迎来巨大的灾难。■

我们认为下述真理是不言而喻的：人人生而平等

《独立宣言》的签署（1776年）

背景介绍

聚焦

美国革命

此前

1773年 “波士顿倾茶事件”对高额的茶叶进口关税进行抗议。

1775年 爱国者民兵与英国军队之间爆发了武力冲突。

此后

1777年 英国在萨拉托加一战中的失败令法国下定决心支持美国的起义。

1781年 英国在弗吉尼亚的约克镇投降。

1783年 英国承认美国的独立地位。

1787年 宪法开始起草。

1789年 乔治·华盛顿被选为美利坚合众国的第一任总统。

1790年 美国宪法正式生效。

《独立宣言》以最为洪亮的声音宣告了美利坚合众国的成立。1776年7月4日，第二届大陆会议通过了这份宣言，与会的56名代表都在上面签上了自己的名字。美利坚合众国包含13块17世纪以来逐渐建立起来的英国殖民地，分布在北美洲的东海岸地区。从地理上看，这些殖民地不仅与其母国相距甚远，彼此之间也隔着大段的距离。它们的经济十分脆弱，也并没有清晰的政治身份（举例而言，弗吉尼亚的公民将自己视为弗吉尼亚人，而不是美国人），就连对于英国皇室的忠诚之心都在逐渐消退。

参见：魁北克战役 191页，攻占巴士底狱 208~213页，《废除奴隶贸易法案》 226~227页，1848年欧洲革命 228~229页，葛底斯堡演说 244~247页，加利福尼亚淘金热 248~249页。

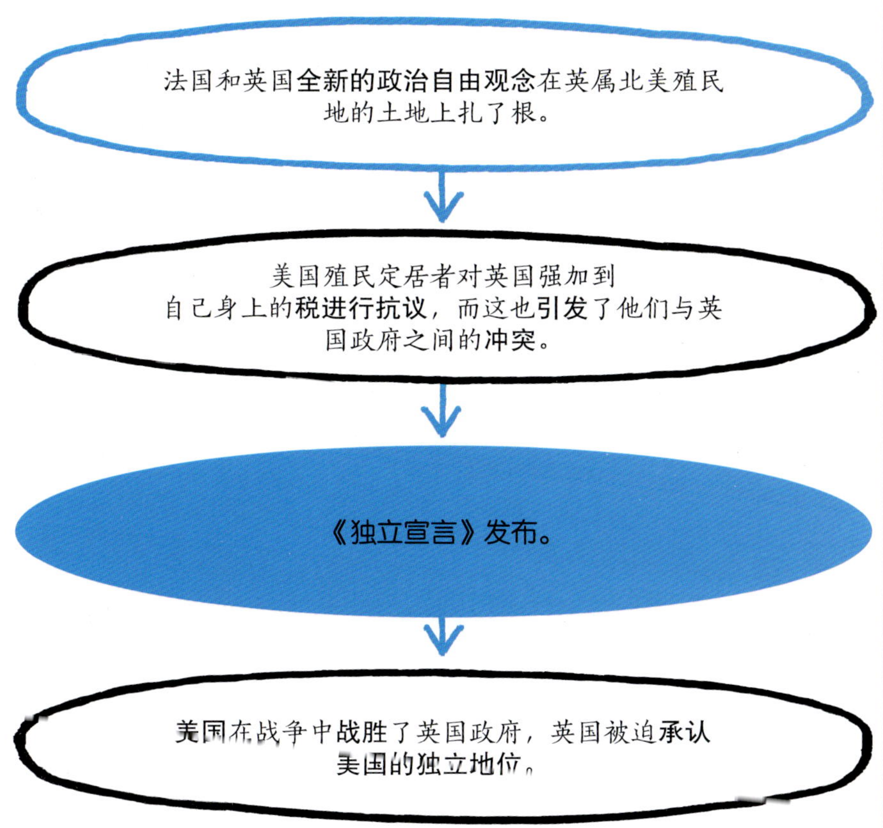

然而，这些殖民地却也极具自我意识，同时也敏锐地察觉到了启蒙运动之中觉醒的政治自由等观念，他们愈发担忧自己是否会在英国的统治下完全失去自由。这些殖民地上的定居者一方面无法维护自己的自然权利，另一方面还要忍受加诸自己身上的高额税金，于是，他们渐渐产生了这样的疑问：为何大洋彼岸的议会和大洋彼岸的国王要将他们的意志强加在自己的身上？在一系列杰出领袖的带动下，1776年，定居者终于起身反抗英国的统治，还决心建立起一个全新的国家，而在这个国家，统治的权力应来自“被统治者的许可”。这样的观点可谓是闻所未闻，然而正是在这一观点的影响之下，一个崭新而经久不衰的共和制国家就这样诞生了。

然而，殖民地内部却并未就正式宣告美国独立这一问题达成共识。尤其是在纽约州、新泽西州、马里兰州、特拉华州和宾夕法尼亚州之中，这五个地方担心独立会对贸易造成损害，也担心一旦独立失败，英国将会展开残酷的报复行动。同样，250万人口之中的50万人直至斗争结束都始终忠诚于英国王室，而他们之中的许多人也在后来选择定居加拿大。

冲突的爆发

没有漫长而艰难的战争，独立便无法成为现实。英国执意要维系其在北美地区的“合法”统治，美国这个初生国家匆忙间组织起来的军队也同样坚定地维护自己的独立权。在之后的六年时间里，这两支同样弱势的军队（英国弱势是因为他们很难大规模地将军队派遣至美洲地区，而殖民定居者弱势则是因为他们始终缺乏渠道，难以组织起一支真正具备实力的武装军队）在一系列小型战争中相互对抗。

美国的军队即便是在其巅峰时期也仅有四万人左右，且几乎不具备海军。英国部署的军队人数也大体相同，但他们却有着更多的战舰。然而，到了1778年，法国宣布对殖民地方面进行支持。1781年10月，英国在经历了一系列战败之后，终于在弗吉尼亚州的约克镇投降。这场战争真正画上句号是在

这些联合起来的殖民地如今是自由而独立的，并且按公理来说也应当是自由而独立的。

——理查·亨利·李，第二届大陆会议上提出的决议（1776年6月）

约翰·特朗布尔创作的这幅《独立宣言》刻画了起草委员会将文件提交给国会的场景。我们可以看到，托马斯·杰斐逊便是画面最中间身穿红色马甲的那一位。

一年之后，然而无论怎么说，殖民定居者及其法国同盟都为英国这位“主宰者”带去了巨大的打击。

法国之所以参与到这场战争之中并帮助美国获得了独立，是因为他们希望能够洗刷自己在七年战争之中战败的耻辱。但是颇具讽刺意味的是，这一举动却成为法国王室最终走向破产的其中一个原因，并侧面推动了1789年法国大革命的爆发。另外一点也极具讽刺意味——专制主义的法国帮助美国人民赢得了自由，但自己却不愿将自由赐给本国的公民。

革命理想

美国革命的核心是包裹在《独立宣言》之中的全新政治哲学。这份宣言的拟定者是一位弗吉尼亚贵族，也是一位傲慢自大的奴隶主，他便是托马斯·杰斐逊。他是《独立宣言》编写委员会五人之中的一个，然而1776年6月诞生的两版草稿几乎完全是杰斐逊一人的成果。我们很难用言语说明《独立宣言》究竟有多么重要。当时，这份宣言做出了“人人生而平等”这样震惊四座的主张，还进一步宣称“政府之正当权力，是经被治理者的同意而产生的”。

这样的情绪极具煽动性，但英格兰国王乔治三世和法国国王路易十四却绝不会对其产生共鸣。然而无论如何，《独立宣言》依旧成为未来美利坚合众国，甚至是整个西方世界自由政治体系的基石。这些起源于启蒙运动之中英国及法国思想家的政治信条推动了世界上第一个现代国家的诞生，也由此改变了整个世界。

美国的命运

杰斐逊本人始终都是一个神秘的人。他憎恨君主制，却十分喜爱大革命前的法国；他曾担任第一任驻法美国大使，为那里典雅有礼的氛围而倾倒。他说自己蔑视高层，却又在后来连任美国总统。除此之外，担任总统期间，他曾在1803年通过路易斯安那购地案，从其名义上的统治者法国的手中以极低的价格将密西西比河以西的大片土地收入了美国的囊中。杰斐逊清楚明白美国的命运依赖于西部广阔

上帝在赐予了我们生命的同时，也赐予了我们自由。

——托马斯·杰斐逊

的殖民地，认为应将当地的原住民悉数清走，而他本人手下也有许多奴隶。他曾说“黑人无论是从体魄上看还是从头脑上看，都要逊色于白人，而这也是天生的。”尽管同为弗吉尼亚贵族的乔治·华盛顿将自由还给了奴隶，杰斐逊却并没有做出同样的选择。

然而，这些都无法抹杀杰斐逊在阐述自由这一理念之中所发挥的关键作用，而直至今日，他的声音也依旧回响在我们的脑海之中。尽管他并不认为奴隶制是正确的，但是他同时也认为，解放奴隶无论对于奴隶本人还是白种美国人而言都并非是一件好事，除非人们能够将奴隶重新送回非洲。

全新的宪法

尽管我们可以将杰斐逊视为《独立宣言》背后的灵魂人物，他却并未参与起草美国宪法这份《独立宣言》之后再一次对美国起到塑造作用的文件。1783年，美利坚合众国正式脱离英国的统治，成为一个独立的国家。然而在接下来的四年之中，美国的局势却愈发不稳定，国家的命运掌握在逐渐分裂的联邦国会手中。

当时的人们充分有理由相信这个新成立的国家终究会垮台：一派认为各州的权力应凌驾于中央政府之上，而另一派则认为应当建立一个强大的中央政府甚至是美国君主制，而这两派之间的争论也几乎令国家四分五裂。1787年春天，制宪会议在费城召开。会议上提出了一份正式的成文宪法，而直到第二年的6月，在经历了漫长的争论之后，这份法律文件才暂时获得批准。宪法宣告了一种全新政治体制的诞生。这份文件既是一份权利法案，也是理想政府的蓝图，国家的立法、司法以及行政这三个部门将以分权制衡的模式运行下去。这份宪法对1791年法国大革命期间提出的宪法产生了深刻的影响，直至今日都仍旧是此类法律文件的范本。

“未竟之业”

美国的开国元勋曾对国家的发展持乐观态度，而事实证明，他们的想法也是正确的；然而，他们却未能解决一个关键问题。杰斐逊在《独立宣言》的初稿之中将奴隶制称作是“一项可恶的贸易”“一场针对人性本身的残酷战争”。然而，为了安抚南部的奴隶州以及北部的奴隶商人，这些激进的言论便自宣言中删除了。近90年之后，为结束奴隶制，完成亚伯拉罕·林肯口中《独立宣言》与美国宪法的“未竟之业”，美国终究付出了一场内战与62万条生命的惨痛代价。■

乔治·华盛顿

乔治·华盛顿出生于1732年。英法七年战争（1754—1761年）期间，华盛顿效力于英国皇室，成绩斐然。他曾担任弗吉尼亚当地的下议院议员，还在1774年和1775年两次代表弗吉尼亚出席大陆会议。美国独立战争爆发后，人们一致将他推选为大陆军的领导者，而他也勇于承担起这项责任，以其卓越的创造力取得了非凡的成就，尤其是在战争早年的艰苦时期：华盛顿所率领的军队“骨瘦如柴”，装备严重落后，就连军饷都难以得到保障，还不得不在宾夕法尼亚的福吉谷熬过1777年到1778年那个格外寒冷的冬天。自1783年开始，华盛顿试图在这个全新的国家中建立起一个立宪政体。后来，他成为美利坚合众国的第一位总统，并在第一轮任期结束后成功连任。1797年，华盛顿选择了隐退；当时，杰斐逊领导下的民主共和党与脾气火爆的亚历山大·汉密尔顿领导下的联邦党之间的冲突正愈演愈烈。1799年，华盛顿离世。

陛下，这是一场革命

攻占巴士底狱（1789年）

背景介绍

聚焦

法国大革命

此前

1789年5月 路易十六召集三级会议。6月，第三等级代表组成国民议会，以人民之名夺取了政权。

此后

1792年4月 立法议会向奥地利和普鲁士宣战。法兰西第一共和国宣布成立。

1793年1月 路易十六遭到处决。

1794年3月 法国恐怖统治（又称雅各宾专政）进入巅峰时期。7月，雅各宾派的实际首脑罗伯斯庇尔遭到处决。

1795年10月 拿破仑凭借武力令陷入动荡的巴黎重复秩序。

1799年11月 拿破仑成为法国的实际统治者。

1789年7月14日，一群愤怒的巴黎民众四处搜寻武器，抵抗传言中来自皇室的袭击，保卫自己的城市。他们涌向了崩塌的堡垒巴士底狱，杀死了监狱的管理者和守卫士兵。这一反抗皇权的暴力行为已然成为法国大革命的标志。法国大革命不仅席卷了整个法国，还震颤了整个世界。革命中传达出的思想标志着欧洲的君主专制开始走向终结，也激励人们用另一种更为民主的政府取代皇权。

法国大革命最初的目的是希望能够扫清贵族的特权，建立一个以启蒙运动时期自由、平等、博爱等原则为基石的全新国家。然而，尽管大多数人在革命刚刚开始的时候都保持着乐观的态度，但是革命很快便沦为一场持续数年的暴力冲突，并最终在拿破仑·波拿巴的独裁统治之下才得以结束。直至今日，法国大革命始终都是一个充满了困惑与混乱的故事，一个特权阶级旧秩序与在暴力之中谋求创造新秩序的新世界之间相互碰撞的故事。

法国大革命是人类历史上自基督降临以来最伟大的进步。

——维克多·雨果，
《悲惨世界》（1862年）

混乱之中的国度

法国国王路易十六是一位善良却优柔寡断的君主。他几乎不具备处理危机的能力，更不要说是一场同1789年法国大革命这般巨大的危机。在17世纪，路易十六的曾曾曾祖父“太阳王”路易十四在法国确立了君主专制制度，将国家的所有权力集中在国王手中，而他在凡尔赛的宫殿既是全欧洲最华美的宫殿，同时也是捍卫贵族特权的堡垒。

启蒙运动时期的思想令人们渴望建立起一种基于自由之上的**全新政治秩序**。

→

法国出现**政治危机**，人们突然看到了**推翻旧秩序**的希望。

→

一群暴徒攻占了巴士底狱。

↓

人们尝试建立起一个**全新的社会**：君主制被推翻，共和国宣布成立。

←

之后便是一段**社会动荡、暴动不断**的时期，法国爆发了内战，国家还接连下达了一系列处决令。

←

大革命背后**自由、平等、博爱**的思想不仅改变了法国，也改变了整个世界。

参见：法国路易十四开始专制统治 190页，魁北克战役 191页，狄德罗发表《百科全书》 192~195页，《独立宣言》的签署 204~207页，滑铁卢战役 214~215页，1848年欧洲革命 228~229页。

攻占巴士底狱标志着法国大革命正式开始。1789年7月时，狱中仅关着七名犯人，然而巴士底狱的陷落却具有格外重大的意义。

因此，在路易十六统治下的国家，贵族们拒绝交出自己的特权，而国家的税收近乎全部来源于受到压迫的农民阶级，法国实际上已然进入破产状态。18世纪末，法国人口迅速增长，然而不同于英格兰，法国并没有经历过农业革命，一场荒年便有可能为这个国家带去致命的打击。人们挨过了几乎颗粒无收的两个夏季，却又迎来了1788年与1789年两个格外艰苦的冬季，法国国内出现了大规模的饥荒。

国王的应对之策

面对国内严重的金融危机，路易十六一面迫切地筹募资金，一面试图维系自己的统治权力。于是，他召集了所谓的三级会议。三级会议的参会者包含第一等级的教士、第二等级的贵族，以及第三等级的市民（实质上主要由中产阶级律师组成）。1789年5月5日，三级会议在凡尔赛宫正式召开。会议刚开始，贵族与教士便试图宣称，相比于平民，自己投出的票应当占有更高的权重。针对这一情况，平民在6月17日宣布成立国民议会，将权力授予自身，而非王室。到了8月，法国乡村开始出现大规模农民起义，于是，国民议会废除了封建税收，剥夺了贵族的特权，还发布了后来的《人权宣言》，对人民的基本自由加以维护。

1789年8月，事件的发展突然开始加速。巴黎出现粮食短缺问题，而愤怒的民众大批涌入凡尔赛宫，迫使皇室迁移至巴黎，还对宫殿进行了一番彻底的洗劫。这些人将凡尔赛宫守卫的人头割了下来，钉在木桩之上，并在路易十六及其家人被人护送回巴黎的途中手举人头示众，而这一事件似乎也预兆着即将到来的一连串暴力与恐怖。

推翻现有的皇室统治并非是一件难事，真正困难的是建立新的政权。多数人都认为建立君主立宪政体是解决之法。在这样的情况下，法国陷入了一种两难境地，一批人倾向于君主立宪这种相对温和的选择，而另一批人则支持建立一个更为激进的共和制国家。

法兰西第一共和国

从关键层面看来，路易十六的统治似乎终将走向终结，然而这位国王却并未完全放弃重树威信的希望。此前便有大批法国贵族（政治流亡者）逃出法国，唯恐革命会令国内变得不再安全。为说服欧洲

恐怖统治不过是急速、严苛而僵化的正义；这样说来，它其实是美德的产物。

——马克西米连•罗伯斯庇尔（1794年2月）

其他政权，尤其是奥地利（奥地利的皇帝是法国女王玛丽·安托瓦奈特的哥哥），他们开始煽动反革命情绪，却并未成功，反而进一步加深了法国人将革命进行到底的决心。

1791年6月，路易十六试图逃走，却在靠近低地国家的边境地区遭到拦截，复又被带回巴黎，沦为了“无套裤汉”（一群越发暴力、越发政治化的平民，得名于他们松垮的条纹裤子）的笑柄。巴黎不同敌对政治派别之间的状态愈发僵持，吉伦特派与更为极端却拥有无套裤汉与法国政府支持的雅各宾派便是如此。

外部威胁

无论当时的法国社会有多么动荡，人们仍旧在努力建立起一个全新的社会秩序。1791年9月，法国成为君主立宪制国家。同王室一样，教会的特权地位也被迫终结，尽管这也引发了持久的动荡与暴力。同样值得一提的是，公民的言论出版自由也在此时得到了维护。

与此同时，革命中的法国还面临着来自奥地利和普鲁士的外部威胁。这两个国家都决心重新在法国建立世袭君主制，通过这种方式预先扼杀掉本国的革命倾向。1792年4月，法国同时向奥地利和普鲁士宣战，这场战争持续了23年之久。到了8月，奥地利与普鲁士联军已经行进到距离巴黎160公里的地方。

整个城市陷入了一种歇斯底里的情绪。一群暴民涌入皇室家族所在的杜伊勒里宫，对那里的瑞士守卫进行屠杀。而在一个月之后，民众又发起了第二轮杀戮行动——9月大屠杀，杀死了所有可能支持保皇党的人。1792年9月同时也见证了经直接选举产生的国民公会以及法兰西第一共和国的诞生。公会通过的第一项法令便是将路易十六以叛国罪推上审判台。1793年1月，路易十六遭到处决，成为断头台之下最早的牺牲品。

因此，立法者们，请将恐怖政治提上日程！……法律的利刃始终都应在有罪之人的上空盘旋。

——公安委员会（1793年9月）

危机感持续攀升。1793年4月，为捍卫革命，公安委员会正式成立。在接下来一年左右的时间里，公安委员会在其主席马克西米连·罗伯斯庇尔的领导下成为法国实质上的管理机构。然而，这一机构虽如昙花一现，却为法国带去了毁灭性的打击，它开启了恐怖统治。国内的反革命运动遭到了残酷的镇压，尤其是在西南部的旺代地区，那里的死亡人数甚至达到30万人。事实证明，教会成为镇压者最大的目标。恐怖统治下的主要受害者并非是残存下来的贵族，而是在罗伯斯庇尔看来心思并不单纯的人，其中几乎包括了他的所有政治对手。罗伯斯庇尔一心追求的革命纯洁在其于1794年创建出“最高主宰教”这一全新宗教时进入了一个

路易十六于1793年遭到处决。处死路易十六时所用的是当时唯一的行刑工具（无论皇族还是乞丐）——断头台，而这也是为了进一步强调平等这一革命原则。

法国大革命的初衷是为了建立一个崭新的国家，并将启蒙运动时期中的自由、平等与博爱等原则作为国家的根基。

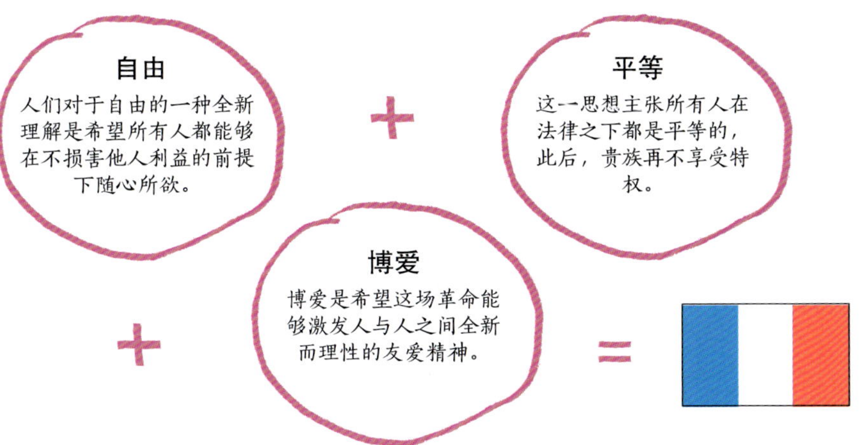

荒谬的高潮时期。罗伯斯庇尔希望这个宗教能够成为爱国与革命的核心，激励人们追求这两种美德，并以一种赞颂宇宙自然之法的理性信仰取代天主教教会的迷信。最高主宰教中透露出的狂妄自大促成了罗伯斯庇尔的垮台，而到了1794年的7月末，他也被推上了断头台。

重塑秩序

伴随着杀戮的结束，尤其是伴随着1795年年底督政府的建立，社会秩序得以重塑。很明显，这在某种程度上还应归功于督政府倾向于利用武力对抗巴黎的暴民。这些命令都是由拿破仑·波拿巴下达的。

除此之外，大规模征兵后得以扩充的法国军队逐渐开始扭转前期的败局，显然，他们已经做好准备，将革命带入一片全新的领域。此时的法国俨然底气十足，他们进一步强调莱茵河地区是其“自然边境”，然而事实上，这只是法国希望能够将统治区域延伸至德国的大胆扩张行为。待至1797年，法国已在低地国家和意大利北部大败奥地利，随时做好了维护自身在欧洲地区固有霸主地位的准备。

历史意义

无论法国大革命具有怎样的重要意义，它始终都是历史所争论的焦点。大革命的理论目标十分清晰——结束压迫公民的君主制度以及根深蒂固的特权制度，建立代议制政府，捍卫普遍权力。然而，现实却常常是混乱而充满暴力的。

不仅如此，至1804年，拿破仑已经成功建立起自己的专制统治。但是即便到了20世纪，法国大革命依旧深刻影响着这个社会。那是一个关键的时刻，一个人们坚信自由应成为文明世界之根基的时刻。■

马克西米连·罗伯斯庇尔

马克西米连·罗伯斯庇尔（1758—1794年）是一名律师，也是1789年三级会议中第三等级的代表。他是恐怖统治的缔造者之一，而这一统治在1793年9月至1794年7月始终笼罩着整个法国。罗伯斯庇尔是被剥夺财产之人权利的坚定捍卫者，也是一名极为出色的演说家，能够凭借令人惊叹的激烈演说将其支持者与反对者带动起来。除此之外，他也是革命战争的坚决反对者，在他看来，一支实力强大的军队一不小心便会成为反革命热情的来源。至少是在最初的时候，罗伯斯庇尔也反对死刑。然而，他的转变决绝得令人震惊。他逐渐相信恐怖统治是推进革命的最有效方式，而在那之后，他便开始坚决贯彻这一原则，声称恐怖是美德的自然根基，也应成为革命的驱动力。此后，那些为追求所谓“大局”而选择捍卫国家暴力的人，始终都将罗伯斯庇尔奉为令人胆寒的恐怖统治先驱者。

我定要将欧洲的所有民族合为一个民族，令巴黎成为整个世界的首都

滑铁卢战役（1815年）

背景介绍

聚焦

大革命战争与拿破仑战争

此前

1792年 针对法兰西共和国的法国大革命战争正式打响。

1799年 拿破仑在一次军事政变中掌权。

1804年 拿破仑自封为“法国人的皇帝”。

1805年 英国在特拉法尔加海战之中击败了法国和西班牙。

1807年 法国入侵葡萄牙。

1809年 拿破仑在其最后一次重要胜利中击败了奥地利。

1814年 拿破仑在经历了一系列战败后退位。

此后

1815年 拿破仑最后一次遭到流放，波旁王朝复辟。

1830年 波旁王朝的统治遭到推翻。

法国**大范围征兵**，其所创建的军队规模之庞大史无前例。

→ 拿破仑称帝，发誓要**让法国重新站上欧洲的顶峰**。

→ **大规模征战**创造出了一个自查理曼大帝时期以来最为庞大的**欧洲帝国**。

→ 俄国的入侵令**拿破仑捉襟见肘**，法国的人力资源也已走向枯竭。

→ 法国再也**无力维系军费**开支巨大的拿破仑征战。

→ **拿破仑最终在滑铁卢一役中失败。**

1815年6月18日，拿破仑·波拿巴在布鲁塞尔以南的滑铁卢战役中败北，这一事件将拿破仑推下了法国的皇位，也结束了欧洲境内长达23年的战争。这是一场漫长而艰难的对战，地面被雨水打湿成泥，英国、荷兰以及普鲁士方面的11.8万名士兵终于击败了拿破仑草草召集起来的7.3万名法国士兵。

1792年爆发的法国大革命战争旨在将革命原则传递给邻邦，保卫法国不受其敌人的侵袭。而在拿破仑的统治下，这场战争尽管在名义上是大革命战争，实际上却已

参见：法国路易十四开始专制统治 190页，魁北克战役 191页，狄德罗发表《百科全书》 192~195页，《独立宣言》的签署 204~207页，攻占巴士底狱 208~213页，1848年欧洲革命 228~229页。

拿破仑·波拿巴

拿破仑·波拿巴（1769—1821年）出生在科西嘉岛阿雅克肖城一个没落的意大利贵族家庭。1785年，他进入法国军队服役，积极支持法国大革命。1796年，26岁的拿破仑被任命为意大利方面军的总司令，率军取得了一系列令人瞩目的成就。两年之后，拿破仑带领法国军队入侵埃及，却以失败告终。

后来，拿破仑愈发坚信自己终将做出一番大业。待至1800年，已经筹划过一次政变的拿破仑掌握了法国的大权，也将在未来掌控整个欧洲。他既是一位才华横溢又精力充沛的统治者，也是一位这样的士兵。统治期间，他最为不朽的革新之举便是在1804年推出了《拿破仑法典》，而这部法典直至今日仍旧是法国法律的基石。1814年，拿破仑被迫退位，后又被流放至地中海地区的厄尔巴岛；但他成功自那里脱逃，这才有了后来他在滑铁卢一役中的最后一次战败。1815年，拿破仑被发配至西太平洋上的圣赫勒拿岛，六年之后在那里去世。

然成为以征战为目的的战争。

重塑欧洲大陆

大革命战争期间，法国已经在意大利北部和低地国家建立了姐妹共和国；在拿破仑的统治之下，其中的许多国家都被改造成了王国，王国的君主也来自这位皇帝的家族。以牺牲普鲁士为代价，德意志境内的许多国家都遭到了瓜分，成为法国的傀儡国，而拥有八百年历史的神圣罗马帝国也不复存在。这些都是一番征战之后法国边界线周围的国家：神职人员的权力遭到了削弱，农奴制被废除，贵族也不再享有特权。

拿破仑之所以能够一次又一次地在征战中大获全胜，不仅应归功于其卓越的军事才华，还应归功于法国军队的大规模扩充。在一众国家之中，只有英吉利海峡庇护下的英国没有被法国击败，而1805年西班牙南部特拉法尔加海战之中的胜利也巩固了英国作为海事强国的地位。然而仅有强大的海上实力并不足以击败拿破仑；英国所扮演的关键角色便是为对抗法国的一个又一个联盟提供经济支持。

为应对这一情况，拿破仑开始实行“大陆经济封锁”政策，禁止欧洲大陆与英国进行贸易往来。然而，葡萄牙和俄国却继续同英国维系着贸易合作，于是，拿破仑便分别在1807年和1812年对这两个国家发起了侵略。

越来越多的国家开始反抗拿破仑的统治；西班牙发起了一场残暴的游击战，榨干了法国的资源，成为拿破仑口中的“西班牙溃疡”。

最后一击

拿破仑令整个世界产生一种“法国所向披靡”的感觉，在这样的氛围下，他最终所遭受的那场败仗也就格外使法国受创。1812年，他率领45万名士兵对阵俄国，但最终幸存下来的不足4万名士兵。

拿破仑过高地估计了自己。在1813年的德国莱比锡战役之中，奥地利、普鲁士、俄国以及瑞典联军的人数是法国军队的三倍，而这也是拿破仑的第一次惨败。待到滑铁卢战役之时，双方兵力的差异也缩小到了两倍，但拿破仑的军事才华却终究未能令他扳回一城，于是，他的帝国野心也深深跌入滑铁卢的泥淖之中。■

所有法国人随时都应做好应征服役的准备。

——《征兵宣言》（1793年）

让我们抛却恐惧，奠定美国自由的基石，迟疑便等同于灭亡

玻利瓦尔建立大哥伦比亚（1819年）

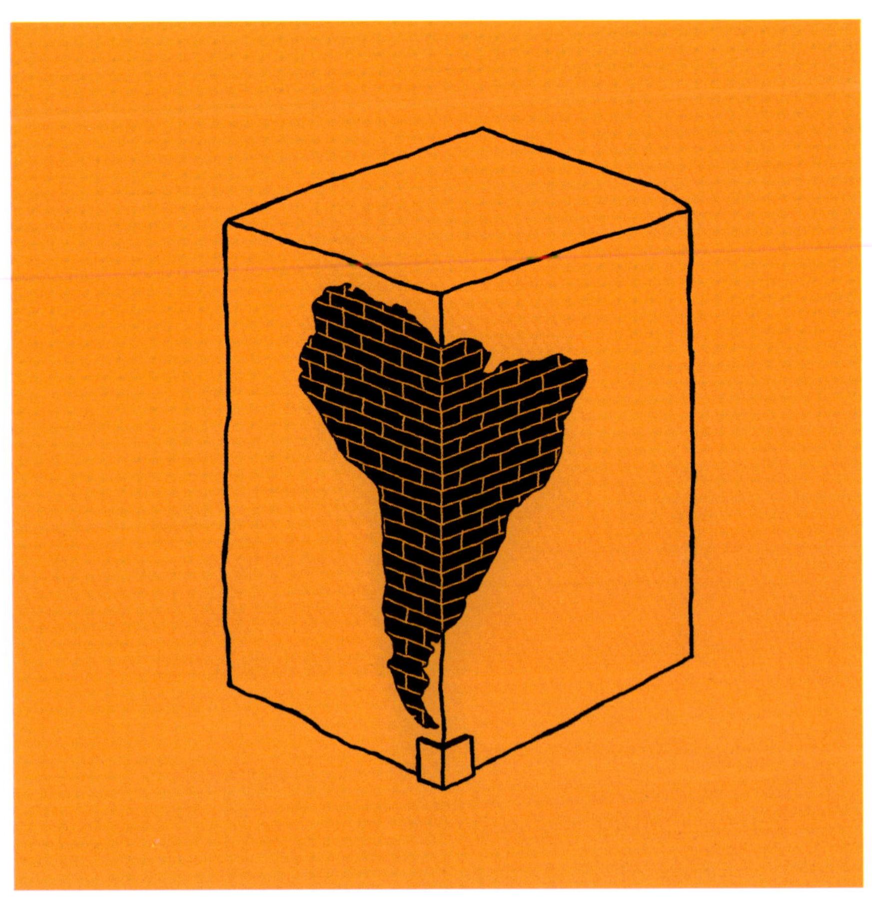

背景介绍

聚焦

拉丁美洲的独立

此前

1807—1808年 拿破仑领兵入侵伊比利亚，伊比利亚在南美洲的殖民地出现统治危机。

1819年 西班牙被驱逐出其从前的行省新格拉纳达，哥伦比亚共和国宣布成立。

此后

1822年 葡萄牙同意巴西成为君主立宪制国家，由佩德罗一世进行统治。

1824年 西班牙在秘鲁投降，而他们的新大陆帝国也就此崩塌。

1830年 哥伦比亚共和国分裂。厄瓜多尔、哥伦比亚和委内瑞拉成为独立的国家。

1819年，西蒙·玻利瓦尔这位自封的“解放者”建立了哥伦比亚共和国，也就是我们后来所说的大哥伦比亚，而这个国家的建立也是拉丁美洲独立过程中的一个关键时刻。

及至1825年，南美洲大陆已经成功结束了持续时间近300年的西班牙与葡萄牙统治。巴西于1822年赢得了独立，且这一过程相对轻松，并没有发生大规模的流血冲突。但是其他地区的情况则更为复杂，它们获得独立的过程也更为漫长且充满了暴力。当时的社会由许多不同的阶级和种族所构成，其中

参见:《独立宣言》的签署 204~207页,攻占巴士底狱 208~213页,《废除奴隶贸易法案》226~227页,墨西哥革命 265页。

政治自由理念开始在西班牙和葡萄牙的南美地区殖民地中传播。

这些观念动摇了西班牙在这片大陆上的统治根基。

南美地区爆发了抵抗殖民力量的激烈战争，在这样的环境之下，大哥伦比亚这一全新的独立国家诞生了。

这个新国家面临着分裂和动荡。政治内部斗争逐渐令人们失去了统一的希望。

因种族问题与社会问题而处于混乱状态的南美洲地区始终都在抗争，试图维护自身的经济以及政治权利。

包括欧洲统治者、印第安原住民、黑人，还有混血人种，这些人似乎永远无法共同组成一个和谐的政治整体。大哥伦比亚这个共和国始终饱受激烈争端的困扰，很快便在1830年分崩离析。

巴西的独立

尽管南美洲的独立在某种程度上也是受到了美国革命与法国革命中自由信条的影响，然而其背后的原因却并不总是为了追求社会正义或是建立代议制政府。我们暂且不论1810年与1813年两次夭折的墨西哥革命，南美洲的革命都可被归为平民同统治精英之间的权力斗争；可以说，这些革命的目的从来都不在于像法国大革命一样，以自由原则改造社会，从而引发社会变革。话虽如此，推动南美洲革命向前发展的力量也绝对与拿破仑战争的影响脱不开关系。1807年，拿破仑入侵葡萄牙，迫使葡萄牙国王若昂六世及其王室成员逃往葡萄牙在巴西的殖民地。后来，即便是1815年拿破仑倒台之后，若昂六世也始终待在巴西，直到1821年才正式返回葡萄牙。然而，他的儿子佩德罗却继续留在了巴西。

同西班牙在拉丁美洲的殖民

西蒙·玻利瓦尔

1783年，西蒙·玻利瓦尔出生在委内瑞拉的加拉加斯市，他的家族是当地最为古老、也最为富有的贵族家族。玻利瓦尔在欧洲接受了教育，并在那里自美国革命和法国革命中汲取了共和制观点。

1810年，玻利瓦尔在加拉加斯市一次夭折的起义中开启了自己的革命生涯。1814年，极具领袖风采的玻利瓦尔自封为“解放者”，还成为委内瑞拉共和国这个新国家的元首。1817年，他部署了一次大胆的行动，入侵哥伦比亚，并在1824年继续向厄瓜多尔和秘鲁推进。玻利瓦尔梦想着能够将除阿根廷、巴西以及智利之外的整个南美地区统一为一个巨大的共和国。然而，他的独裁倾向以及手下军队的残暴行径最终引发了国内的不满情绪，直接导致了1830年大哥伦比亚的分裂，而玻利瓦尔本人也于同一年离开了人世。

巴西国王佩德罗一世是葡萄牙国王的儿子，葡萄牙国王将他留在了巴西，作为摄政王进行统治。这幅由让·巴蒂斯特·德布雷创作的油画描绘的便是佩德罗一世的加冕仪式。

地一样，巴西也由拥有土地的上层人物所掌管，而在经历了一代又一代人的统治之后，现任统治者之中的大多数也都是出生在南美洲。这些人逐渐无法接受最高统治权掌握在远方王室手中这一事实。

南美洲革命与美国革命有很多相似之处；然而不同的是，美国革命争论的焦点是生而自由之人的基本自由，但是在巴西，革命的焦点问题却并没有那么宏大，巴西人在意的只不过是谁来统治的问题。

1822年，为维护出生在本地的贵族的利益，佩德罗宣布将巴西独立为一个君主立宪制国家，自己则是这个国家的皇帝。然而我们很难将这次革命视为一次真正意义上的革命，因为巴西虽获得了独立，但真正获益的却仍旧是那些手中已然握有权力的人。此外，这次革命之中还存在一个显而易见的问题：革命并未改变巴西的社会秩序或是经济秩序，奴隶制依旧合法，直到1888年才得以废除，而这一问题在当时的西方世界却早已得到解决。

统治西班牙殖民地

一方面而言，西班牙殖民地争取独立的驱动力是统治阶级克里奥尔人（出生在本地的西班牙后裔）维护自身利益的愿望，尤其是经济利益。当时的西班牙对南美洲的贸易进行严格的控制，还制定了苛刻的税收政策，而这极大地损害了殖民地的利益。然而从短期看，殖民地的独立也同拿破仑的侵略战争不无关系。1808年，拿破仑入侵西班牙，推翻了西班牙国王斐迪南七世的统治，意欲扶植自己的兄长约瑟夫。

尽管南美洲的解放者将约瑟夫视作取代斐迪南七世专制统治、建立公正社会新秩序的先驱者，但是在殖民地那些拥护君主制的人看来，这样的自由化倾向会从根本上威胁社会的稳定。于是，内部斗争的种子悄然开始生根。

墨西哥的社会革命

当时的墨西哥是新西班牙的总督辖区，地域广阔，几乎从如今的怀俄明州一直延伸至巴拿马，其中还包括得克萨斯州的大部分地区。正是在那里，事件开始发生转变。1810年，一位名为米克尔·伊达尔哥的神父对墨西哥的不平等状况倍感震惊，于是便率领民众起身反抗，然而到了第二年，这场革命便遭遇了残酷的镇压，伊达尔哥本人也遭到了处决。1813年到1815年，由另一位天主教神甫何塞·莫雷洛斯率领的民众起义也同样遭遇了镇压。1821年，墨西哥终于获得独立。当时，墨西哥将军阿古斯汀·德·伊图尔维德领兵对抗西班牙。第二年，伊图尔维德将自己封为了墨西哥的皇帝，然而他的统治时间甚至还不满一年。待至1838年，墨西哥已经丢掉了自己在中美洲地区的所有领土，而到了1848年，就连北美洲地区的领土也不再属于墨西哥人。

为了我的家族，我的荣耀，我的上帝，我发誓要为巴西带来自由。

——佩德罗王子，
未来的巴西国王佩德罗一世（1822年）

愿奴隶制不复存在，各个等级之间也不再有所区别。

——何塞·莫雷洛斯，1813—1815年墨西哥起义（以失败告终）的领袖

大哥伦比亚

西班牙在南美洲地区的殖民地包含三大总督辖区：新格拉纳达、秘鲁以及拉普拉塔，然而在这三个地区，事情的发展轨迹却大相径庭。这其中的重要人物是西蒙·玻利瓦尔。玻利瓦尔出生在如今的委内瑞拉，他是一名克里奥尔贵族，接受过良好的教育，曾多次前往欧洲，对于建立在法国大革命之上的现代国家建构模型十分狂热。他尤其相信人们可以通过建立共通的南美洲身份认同感来将不同的民族团结在一起，维护南美洲的利益，而若要建立这样的身份认同感，首先便需要建立起一个庞大的南美洲国家。这个国家即后来的大哥伦比亚，其疆域涵盖了南美洲北部的大部分地区。

玻利瓦尔希望能够为南美洲地区争取到独立，然而这一愿景却常常与一系列政治现实相冲突。例如，1824年，玻利瓦尔率军分别从南北进行包夹，最终在安第斯山脉中部地区彻底击溃了西班牙在秘鲁的剩余要塞。

玻利瓦尔是一位理想主义者，同时也坚决反对奴隶制。在他看来，那样一片迥然不同的土地和那样一群迥然不同的人民只能由一个强大的中央政府进行统治。他将自己视为天生的领导者，便提出要担任大哥伦比亚的终身总统。然而，这一点却招致了激烈的反对。

大哥伦比亚的分裂

1830年，年仅47岁的玻利瓦尔因感染肺结核而离开人世，而当时，大哥伦比亚已然四分五裂。可以说，这样的结果还应归结于当时欧洲已经多少显露出端倪的民族主义。具体而言，大哥伦比亚的分裂是因为人们无法就国家的未来发展达成统一意见：一些人认为国家应奉行政治自由，一些人认为统治还应以保守为佳，而另一些人则支持建立专制独裁的统治。尤其是委内瑞拉，这个国家在19世纪经历了激烈的战争，据估算，战争期间的死亡人数很可能达到了一百万人。大哥伦比亚缺乏明确的发展方向，而这也导致了未来一个多世纪之中的社会动荡与不平等。除此之外，这样的环境之下也诞生了数位独裁军事领袖，为土地所有者谋求利益。军队和农民毫无效率地在大庄园中工作，其中收获的利益则落入了残暴土地所有者手中。

1910年，墨西哥掀起了进一步的革命热潮。究其原因，当时的国家正陷于两种不同的政体之中，左右为难。

当时的南美洲社会极度不平等，人们无法就国家的发展命运达成共识，各派之间常常以暴力手段相互竞争，维护自己一方的特殊利益，而这又进一步削弱了国家的力量。在这样的社会现实中，玻利瓦尔永远无法实现自己的抱负，建立起一个崭新而独立的南美洲。■

阿亚库巧战役（*1824年*）见证了西班牙军队在南美洲解放部队手下的失败。这场战役标志着西班牙在秘鲁以及南美洲地区统治的结束。

没有干劲的人生
会令人悔恨

斯蒂芬森的“火箭号”投入使用（1830年）

背景介绍

聚焦

工业革命

此前

1776年 亚当·斯密发表了作品《国富论》。

1781年 瓦特发明了第一台旋转运动式蒸汽机；英格兰的科尔布鲁克代尔搭建起了世界上第一座铁桥。

1805年 连通了伯明翰与伦敦的“联结运河”正式竣工。

1825年 世界上第一条商业运营的蒸汽火车铁路建成通车，将史托顿与达灵顿连接在了一起。

此后

1855年 贝塞麦酸性转炉炼钢法面世。

1869年 第一条横跨大陆的铁路在美国落成。

1885年 德国将世界上第一台实用的汽油动力内燃机安装到了机动车上。

西方的一场科技革命令人们产生了一种自己可以进一步理解并进一步开发这个世界的想法。

蒸汽动力机器的进步推动了工厂化大规模生产的发展。

斯蒂芬森发明的“火箭号”机车开启了一个更为快捷，也更为可靠的交通运输新时代。

西方强势向世界上的其他地区施加影响，创造出了一个相互连接的全球市场。

工业化社会对于化石燃料的依赖对自然环境造成了巨大的压力。

1830年9月15日，世界上第一条商业客运铁路——利物浦及曼彻斯特铁路正式建成通车，而奔驰在这条铁路上的便是乔治·斯蒂芬森发明的“火箭号”蒸汽机车。利物浦及曼彻斯特铁路全长56公里，其上运行着同为斯蒂芬森所设计的火车头，行驶速度可以达到每小时48公里。

斯蒂芬森“火箭号”的面世标志着人类自农业社会向工业社会的转变，不再依赖于风车、水车、马匹以及其他力畜，而是能够利用蒸汽机生产出从前难以想象的大量动力，这样的转变即便到了今日都仍旧算得上是世界历史在过去250年间的一大重要发展。

背景

工业化进程最早起源于18世纪中后期的英国，而这一进程的开始还应归功于17世纪末期欧洲的科学革命。此外，首先出现在荷兰，后才传播至英国的金融变革也同样功不可没：获得贷款更加容易，而这也提升了企业活动的活力。在这一时期，愈发富有的中产阶级不断寻找着可供投资的目标。

工业革命的第三个驱动力是农业革命。这一进程起源于荷兰和英国，那里的农民逐渐意识到有了轮作法，他们便不必每隔两年就进行一次休耕。在这两个国家之中，土地复垦扩大了可供种植的土地面积。这样一来，农作物产量便得到了提高，而与此同时，人工选择性繁育也提高了饲养利润，还增大了家畜的个头，为人们提供了更多的食物和羊毛。这一切的一切都降低

参见：阿姆斯特丹证券交易所的成立 180~183页，牛顿发表《自然哲学的数学原理》188页，狄德罗发表《百科全书》192~195页，苏伊士运河的修筑 230~235页，达尔文发表《物种起源》236~237页，埃菲尔铁塔正式开放 256~257页。

了饥荒爆发的可能性，于是，英国人口迅速增长。而人口的增长反过来也扩大了潜在市场，增加了劳动力。

最后，英国的交通运输网络得到了改进，令当时数量空前的商品得以以更为快捷的速度和更为可靠的方式运送至各地。在1760年至1800年，英格兰境内所建造的运河长度达到了6840公里。

思想家试图分析出这种社会变革背后的驱动力。1776年，苏格兰哲学家亚当·斯密发表了《国富论》。这部作品成为日后政治经济学的发展基石，其中指出利润动机在经济活动中扮演着关键角色，而提高效率、降低价格则是企业竞争的主要手段。

这一经济转型推动了全球市场的形成，而全球市场的形成同时也进一步加深了经济转型。全球市场是欧洲殖民帝国迅速发展所带来的必然结果，殖民活动为生产提供了更多的原材料，也为制造出的商品提供了更加广阔的市场。在这一时期，人类对于世界的版图有了更加清晰的认识，造船技术与海上定位技术都得到了进一步提升，这些都为全球贸易的发展提供了便利。

一百年前的商业仍旧受到地域的局限，然而如今的商业却已遍及全球。

——弗兰克·麦克维，《近代产业制度》(1903年)

蒸汽动力

然而，经济转型背后凌驾一切的力量还要属蒸汽动力的发展。蒸汽动力在极短的时间内便为英国带去了彻底的变革，使其成为世界上最强大的工业力量，还最终改变了整个世界。尽管如此，假若英国没有如此大量的煤炭储备，能够充分维系蒸汽动力的运作，蒸汽动力的发展或许也就不会对世界产生如此巨大的影响了。煤炭取代木材成为首要的燃料资源是工业发展过程中的关键因素。同样，18世纪之初焦炭利用水平的提升也令铁这一新技术之中不可或缺的关键原料冶炼起来更加迅速，也更加方便。

1712年，托马斯·纽科门建造出了一台“大气引擎”，而自那以后，科学家先后发明了一系列可靠性不尽相同的蒸汽机。然而，人们真正认识到机器动力的能量，还是在1781年詹姆斯·瓦特发明了第一台旋转运动式蒸汽机之后。最早的蒸汽机主要被人们当作泵来使用，但是瓦特的旋转运动式蒸汽机却能够为机械设备提供动力。1775

斯蒂芬森发明的“火箭号”是世界上第一条客运铁路线（连接了利物浦与曼彻斯特）上的蒸汽机车。这张照片拍摄于伦敦英国专利局之外。

年，他与马修·博尔顿合伙在伯明翰创立了一家工程公司，而这家公司共生产了超过500台蒸汽机。

1800年，瓦特的专利权过期，其他人便纷纷开始生产自己的蒸汽机。蒸汽机的普及尤其惠及了西北部的纺织工业，很快，大规模甚至是全方位的机械化工厂生产便取代了小型的家庭制造。至1835年，各家纺织厂中的动力织布机总数已超过12万台。当时的纺织工厂已不再需要依靠河流为其提供能源，这样一来，工厂便可以随意选址，于是，纺织工厂逐渐集中在了英格兰北部以及中部地区的城镇之中，而这些地方很快也在19世纪发展成为主要的工业中心。

社会变革

这些新建立起来的城市吸引了大量工人，于是，这里很快便成为对于劳动力（其中许多都是儿童）而言恶劣生活条件与恶劣工作条件的代名词。劳动力的涌入创造出了城镇底层阶级。直到很久之后，这些工人的生活才得到了一点点的改善，而他们也用了很长时间才逐渐意识到，自己应当分享社会变革与经济变革的成果，而不是单纯成为受人剥削的苦工。

更加广阔的世界

从某种程度上来说，英国直到1860年都始终是世界上首屈一指的工业强国与贸易强国，然而其他西方国家很快便也在工业革命之中看到了自身的发展机会。在欧洲大陆上，工业化的前景最初并不明朗，1848年欧洲革命造成的政治动荡制约了工业的发展，而大多数欧洲国家都未能同英国一样得以保全自己。但是到了后来，欧洲大陆上工业化的速度便逐渐追赶上了英国。1840年，德国与法国的铁路总长大约都在480公里，然而到了1870年，两国的铁路总长便都达到了1.6万公里。同样，两国的生铁产量也都从1840年的12.5万吨上升到了1870年的100万吨。然而，发展势头最为惊人的还要数美国。1840年时，这里的铁路总长约为5300公里，但是到了1860年，这一数字便达到了5.15万公里，而到了1900年，美国的铁路总长更是飞速增长至31.06万公里。生铁产量

贝塞麦酸性转炉炼钢法是由英国工程师贝塞麦所创造的，其目的是将铁炼化为钢。这项发明极大地提升了从交通运输到军事工业等所有工业领域的生产效率。

伊桑巴德·金德姆·布鲁内尔

伟大而又勤奋的伊桑巴德·金德姆·布鲁内尔（1806—1859年）的身上淋漓尽致地体现出了决心、雄心与远见这几项推动着工业革命第一阶段不断向前发展的品质。他创造出了一系列令人惊叹的“世界之最”——世界上最长的大桥（克里夫顿吊桥）、世界上最长的隧道（威尔特郡的博克斯铁路隧道），还有世界上最大的船只（“大东方号”）。1827年，伊桑巴德被任命为修建泰晤士河隧道的首席工程师。1833年，他又成为建造大西部铁路的总工程师；这条铁路在1841年连通了伦敦和布里斯托，而布里斯托的码头也是伊桑巴德在1832年时主持重建的。在伊桑巴德看来，从伦敦直达纽约这一想法是可行的，于是，他便设计出了世界上第一艘真正投入使用的远洋蒸汽船“大西方号”。伊桑巴德虽极具远见卓识，他所主持的许多项目却都深受工程延误以及成本超支的困扰。尽管如此，伊桑巴德所设计的不少作品仍旧可被视作世界上最伟大的工程。

的增加也同样惊人：1810年，美国的生铁年产量约为10万吨；1850年时，这一数字就接近了70万吨；而到了1900年，生铁产量便一跃攀升至1300百万吨。

钢所扮演的角色

大约到了1870年，欧洲与美国都开启了第二轮工业化进程，而在这一时期，电、石油、化学制品以及钢材便开始扮演愈发重要的角色。1855年以后，钢的冶炼方式开始发生变革。英国工程师亨利·贝塞麦寻找到了一种能够令金属变得更加轻盈、更加结实，用途也更加广泛的方法。自那以后，钢铁逐渐成为工业制造的关键。1870年，世界钢铁总产量为54万吨，而在不到25年的时间里，这一数字便攀升至1400万吨。

在1870年至1914年，德国的工业总产值翻了两番，逐渐开始威胁英国在欧洲地区的工业霸主地位，而同一时期，美国也迅速成为世界上最为强大的工业国家。1880年时，英国的钢铁产量尚领先于美国，但是到了1900年，美国的钢铁产量便超过了英国与德国的总和。

与此同时，人们还逐渐开始将蒸汽船投入使用。船只的前进不再依靠变幻莫测的风，这极大地缩短了航行时间，也使其变得更为可控。同时，船只的体积也明显增加。1870年时，世界上所有蒸汽船的总吨位为140万吨，而到了1910年，总吨位便达到了1900万吨。

赢家与输家

各个国家和地区在工业化过程中的受益并不均衡。南欧的工业化进程起步较晚，俄国也同样难以同欧洲其他地区并驾齐驱。中国和印度帝国或是不愿参与，或是没有能力参与，拉丁美洲的这一进程始终是断断续续的，而非洲地区则受到了技术强国的控制。相比之下，1868年之后，日本一心追求工业化，而这也令这个国家一跃成为世界强国。

与此同时，工业化也创造出了一种全新的战争，一种具有大规模杀伤力的战争。工业化进程之中有一件至今都颇具讽刺意味的事情：那些在这一过程之中受益最多的国家反而在后来令事情向不利于自己的方面转化，他们卷入了两场世界大战，部署下极具破坏性的武器，自此泥足深陷。

工业革命为现代世界的建立打下了基础。这一过程似乎总是充斥着无限的可能性，在一些地区之中，自社会的方方面面看来，人民的生活水平都得到了极大的提升，而这在从前的时代几乎是不可想象的。然而，在生活富足的西方世界，工业革命也为人们带去了一种物质优越等同于道德优越的错觉，这不仅令西方统治世界成为可能，更是令这件事情成为他们的必然之选。■

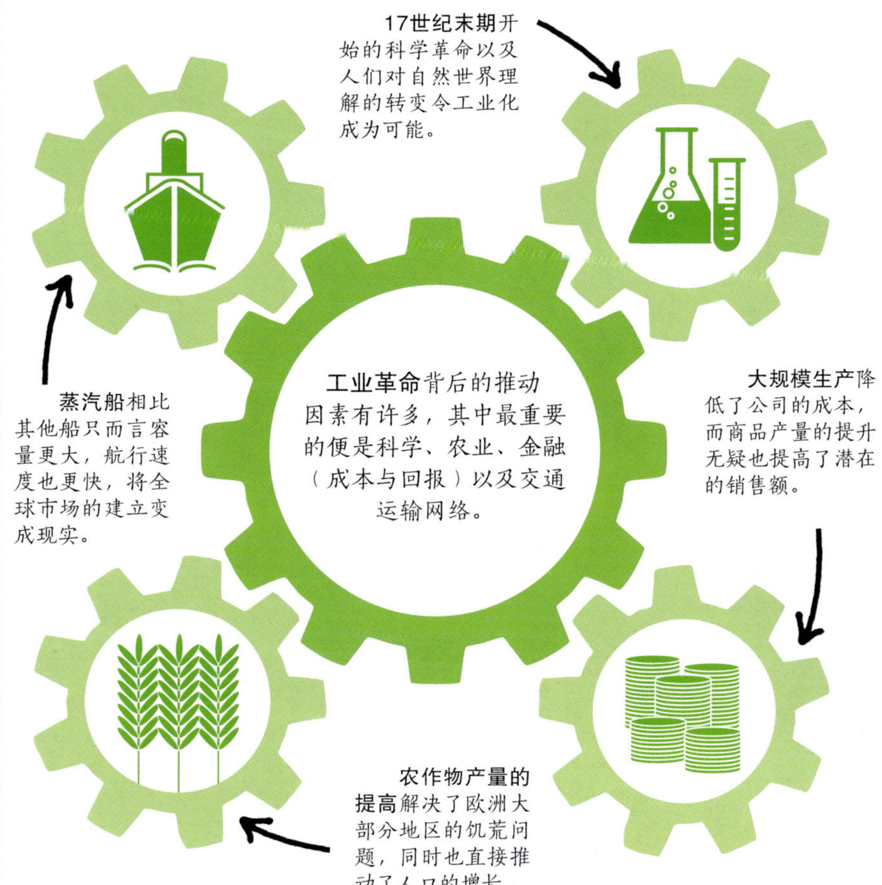

你可以选择视而不见，但你却永远无法再说你并不知情

《废除奴隶贸易法案》（1807年）

背景介绍

聚焦

废奴主义

此前

1787年 废除奴隶贸易协会在伦敦成立。

1791年 法属加勒比岛屿海地（圣多明戈）爆发了奴隶叛乱。1804年，这一地区成功宣布独立。

此后

1823年 反奴隶制协会成立。这一组织致力于在全大英帝国境内废除奴隶制。

1833年 奴隶制在大英帝国全境之内皆成为非法行为。

1848年 法国的殖民地废除了奴隶制。

1865年 美国《宪法》第十三条修正案全面废除了奴隶制。

1888年 巴西废除了奴隶制，而该国也是整个美洲地区最后一个采取这项措施的国家。

英国出现了激进的自由观点，而宗教信仰也认为奴隶制是一件可憎之事。

→ 商人与种植园主拒绝对人们结束奴隶制的呼声进行回应。

↓ 在经历了几次议会中的失败后，《废除奴隶贸易法案》最终高票通过。

↓ 英国的废奴运动有力地说服了他国抵制运送奴隶的行为。

→ 1833年，英国废除奴隶制，而美国直至1865年才正式做出同样的决定。

1807年美国通过的《禁止奴隶进口法案》以及英国出台的《废除奴隶贸易法案》标志着西方思想的急速转变。即便是在18世纪80年代的时候，人们仍旧将奴隶贸易视作“正常”的经济活动。无论是“以自由为构想”的全新国家美利坚合众国，还是加勒比海地区的欧洲殖民地，这些地方的发展在极大程度上都依赖于在西非地区唾手可得的奴隶劳动力。葡萄牙统治之下的巴西甚至比其他地方更加依赖奴隶。然而，相较于其他国家，英国的处境却格外尴

参见： 英国皇家非洲贸易公司的成立 176~179页，《独立宣言》的签署 204~207页，攻占巴士底狱 208~213页，勒克瑙围攻战 242页，俄国解放农奴 243页，葛底斯堡演说 244~247页，第二次鸦片战争 254~255页。

威廉·威尔伯福斯是一位狂热的基督徒，同时也是一位英国政治家，为废除奴隶贸易而四处奔走。这幅威尔伯福斯的肖像画是由卡尔·安东·希克尔所绘制的。

尬。在那里，奴隶制不仅从来都不是合法行为（依照1772年萨默塞特案的规定，奴隶一旦踏上英国的土地，便可重获自由，这一事件再次强调了奴隶制的非法性），英国人甚至为自己坚决捍卫基本自由而倍感自豪。尽管如此，英国俨然已经成为西方最主要的奴隶贸易国。这之间的矛盾不仅令宗教人士倍感不满，也极大地违背了启蒙运动时期所倡导的政治原则。

全球性变革

对于以威廉·威尔伯福斯与托马斯·克拉克森为首的这样一群品格高尚的活动家而言，废除奴隶制迫在眉睫。很快，他们便发动了一场极具成效的运动，尽管这场运动曾遭到许多人的反对，但却依旧赢得了广大民众与议会的支持。在19世纪的大部分时期，英国皇家海军都始终处于运动的最前线，对那些依旧从事奴隶贸易的商船予以拦截。

这场运动虽由英国作为领头人，却也很快收获了其他地区的支持。革命性的法国国民公会于1794年正式以法律手段废除了奴隶制。除巴西以外所有刚刚获得独立的拉丁美洲国家亦纷纷在1810年之后废除了奴隶制。

奴隶制的存在违背了英国宪法以及基督教的原则。

——托马斯·福韦尔·巴克斯顿，
英国政治家（1823年）

然而，大英帝国虽很早就明确禁止进行奴隶贸易，却直到1833年才正式将奴隶制列为非法行为。无论以伊丽莎白·海瑞克为首的新一批活动家付出了怎样的努力，废除奴隶制的动机却不全然是出于人道主义。1791年爆发的海地奴隶叛乱（最终令海地在1804年成为一个独立的国家）令西方国家不安地意识到此类起义是很难镇压的。而1831年英属牙买加地区爆发的另一场叛乱则令他们更加强烈地意识到了这一点：从长远看来，奴役奴隶或许会比解放奴隶造成更多的麻烦。

对于地域辽阔、进步思想不断萌芽的美利坚合众国而言，奴隶制始终都是这个国家的一块伤疤。于是，为最终解决这一问题，美国不得不付出了四年内战与67万人死亡的惨痛代价。■

海地革命

鲜少有哪场起义能够同海地革命（1791—1804年）一般，将18世纪末时横扫西方世界的一系列革命之中的矛盾展现得如此淋漓尽致。海地是法国在加勒比海地区的殖民地，也就是人们所说的圣多明戈。该地区的繁荣在很大程度上应归功于奴隶制。这场起义由重获自由的奴隶杜桑·卢维图尔所领导，而起义的动力则来源于美国革命与法国革命。然而，这两个国家都并未出面支持海地革命：美国唯恐这场运动会对其奴隶州产生煽动作用，而尽管法国曾承诺废除奴隶制，但它却依旧担心这会给国家的贸易带来损失。就连南美洲地区那些寻求独立的殖民地也拒绝为海地一方提供支援，担心这场革命会影响到当地大量的奴隶人口。然而，一些对立国家临时组建起来的力量却未能成功镇压海地革命，而这场革命也成为唯一一场孕育出一个崭新独立国家的奴隶反叛。

社会一分为二

1848年欧洲革命

背景介绍

聚焦

工人运动、社会主义与革命

此前

1814—1815年 维也纳会议恢复了法国的君主制。

1830年 法国国王查理五世的统治遭到推翻。希腊自奥斯曼帝国手中获得了独立。

1834年 法国纺织工人的起义遭到镇压。

此后

1852年 1848年正式成立的法兰西第二共和国解体。路易-拿破仑成为拿破仑三世。

1861年 维克托·伊曼纽尔二世成为统一意大利的国王。

1870—1871年 普法战争在德意志的统一中画上了句号。巴黎公社遭到推翻，法兰西第三共和国正式宣告成立。

1848年2月24日，法国“公民国王”路易-菲利普正式退位。此前，巴黎曾爆发民众抗议活动，抗议政府拒绝采取中产阶级以及工人阶级所要求的改革措施，实行政治自由，结束社会中存在的不公正现象，而这一活动也是导致路易-菲利普退位的直接原因。国王退位后，法兰西第二共和国宣告成立。到了6月，巴黎工人阶级担心共和国的成立只是用另一个全新的专制统治取代了从前的专制统治，于是便再次起身反抗，然而这一次起义却遭到了残酷的镇压。12月，拿破仑（于1821年离世）的外甥路易-拿破仑·波拿巴被选为总统。1851年，路易-拿破仑策划了一起政变，并在第二年中正式宣布成为法兰西第二帝国皇帝拿破仑三世。

贺拉斯·贝内特所创作的这幅油画描绘了巴黎苏福洛路上设置的街垒。1848年6月，自由派共和政府与寻求社会改革的巴黎工人之间爆发了激烈的冲突。

纵观整个19世纪，法国始终处于政治动荡之中。1848年的革命是继1830年类似动乱之后的又一次巨变，而在23年之后的1871年，法国则再次经历了一场更为暴力的叛乱。

1848年革命的导火索是前两个冬季之中的饥荒。这场饥荒令动荡在城镇贫穷人口之中蔓延，萌芽中的中产阶级也开始要求进行自由政治改革。革命的热情在欧洲大陆上的许多地区点燃了叛乱的火苗，尤其是在德意志联邦、多民族的奥地利以及意大利。

社会主义的崛起

在1815年拿破仑最后一次兵败的前后，欧洲各国的政治家因对各地爆发的公民起义倍感担忧而齐聚在维也纳，试图创造出一

参见:《独立宣言》的签署 204~207页,攻占巴士底狱 208~213页,千人军远征 238~241页,俄国解放农奴 243页,葛底斯堡演说 244~247页,法国重归共和制 265页。

全世界的工人,联合起来!你们一无所有,能够失去的只有枷锁!

——《共产党宣言》

种能够扼杀这一情况的政治秩序。他们的目标是维护贵族统治精英的利益,维系旧秩序,守护国家的边境线。

然而,在一系列因素的影响下,全新的政治现实击碎了他们的愿望。与此同时,这一政治现实也是后来所谓民族主义不断崛起的结果。民族主义是人民的一种权利,是人民维护国家独立、决定自身未来发展的权利。同民族主义的崛起同样重要的是社会主义这一全新政治信条的涌现。社会主义旨在结束工业革命之后愈发严重的社会不平等现象,令被迫陷入贫穷的工人不必继续受到工厂主的剥削。

重筑旧秩序

然而事实证明,在1848年躁动不安的氛围中,这些政治目标永远无法达成。持续不断的动荡一步步威胁着社会的稳定;于是,相比于积极寻求重建社会秩序、创造全新国家的激进派来说,开明的中产阶级更加自然地同现有的政治精英站在了一起,重建社会秩序。

革命中的最终受益者是意大利与德国的王室。与此同时,随着经济变革一步步引发社会变革,在西欧的自由民主制国家中逐渐出现了工会组织,而这些组织也逐步改善了从前一无所有之人的生活水平。■

《共产党宣言》

1848年,《共产党宣言》在伦敦正式出版,而这一年也正是欧洲卷入一系列革命的一年。尽管这部作品对那一连串动荡产生的影响小得几乎可以忽略不计,其回响却在之后的几年中极大地震颤了整个社会。这本小册子是两位德国人的作品——纺织品生产商的儿子弗里德里希•恩格斯与同样出身富足的犹太学者卡尔•马克思。1847年,两人都加入了一个半颠覆性的法国组织正义者同盟,也就是后来在伦敦正式建立起来的共产主义者同盟。随后,恩格斯在马克思创作其开创性作品《资本论》的过程中始终对其进行资金支持;1867年,这部作品的第一卷在伦敦正式出版。《资本论》详尽地向人们揭示了几个事实:马克思口中的资本主义自身便包含了致使其最终走向衰败的种子,而无产阶级革命则终将创造出一个没有阶级、没有剥削,也没有匮乏的社会。

维也纳会议试图将民族主义以及未来反叛将会带来的威胁扼杀在摇篮之中。

事实证明,自由主义的成功是无法阻挡的。民众对民族自决权的呼声日益高涨。

特别是法国,这个国家在恢复君主制之后出现了一系列暴力起义。

1848年的法国革命在德国、奥地利以及意大利境内引发了叛乱。这些叛乱全部遭到了武力镇压。

保守派精英利用民众的民族主义情绪推动意大利与德国的统一。

这一规划将会带来巨大的回报

苏伊士运河的修筑（1859—1869年）

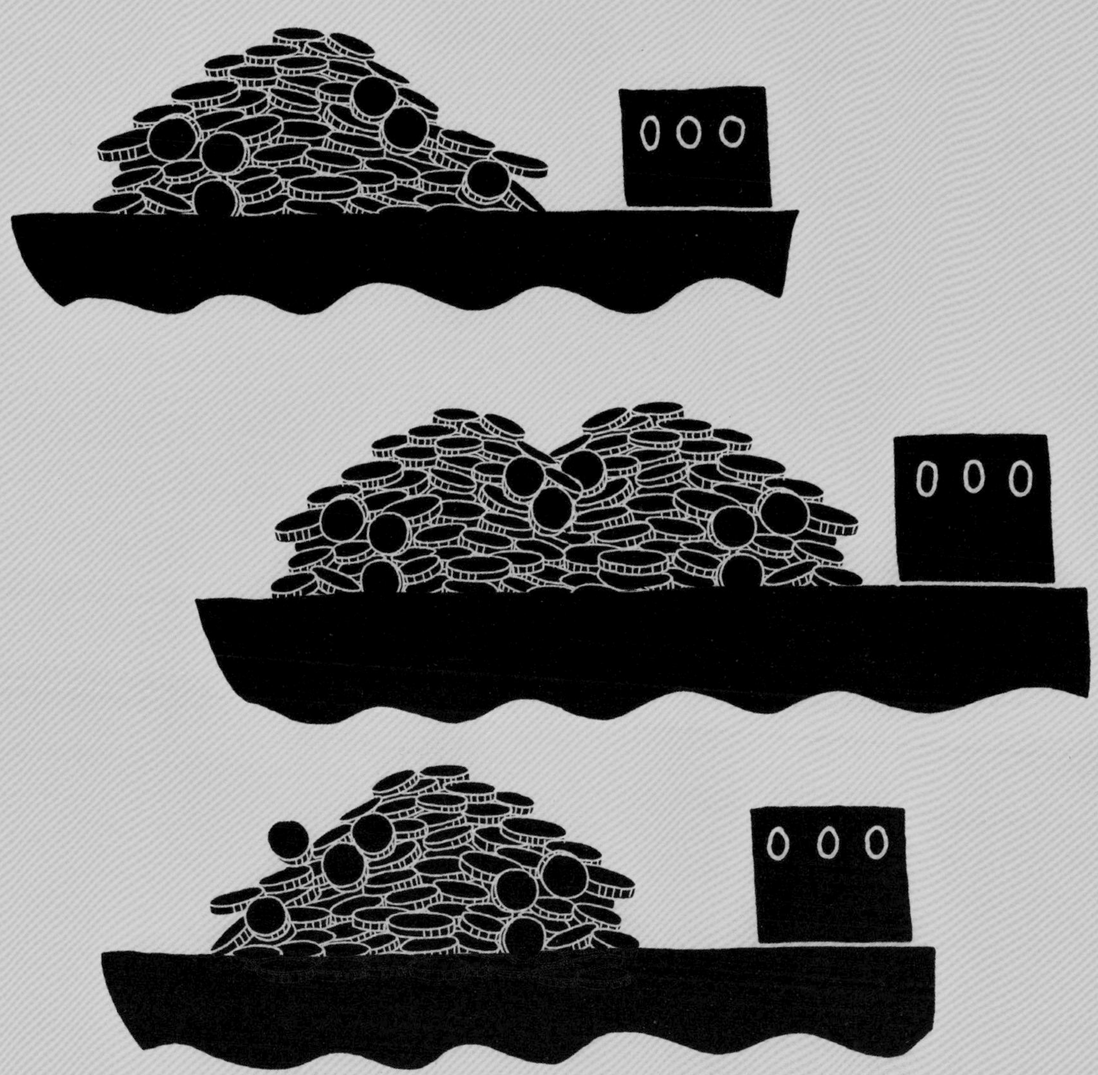

背景介绍

聚焦

帝国经济

此前

1838年 人类第一次单纯凭借蒸汽动力横渡大西洋。

1858年 第一条跨大西洋海底电缆铺设成功。

此后

1869年 苏伊士运河开通，极大地缩减了欧洲与东方之间的航行时长。

1878年 欧洲开始实行金本位制；美国也在1900年采用了同样的货币制度。

1891年 西伯利亚大铁路开建，并于1905年正式竣工。

1899—1902年 英国试图在第二次布尔战争中拿下南非的控制权。

1914年 连接了大西洋与太平洋的巴拿马运河正式开通。

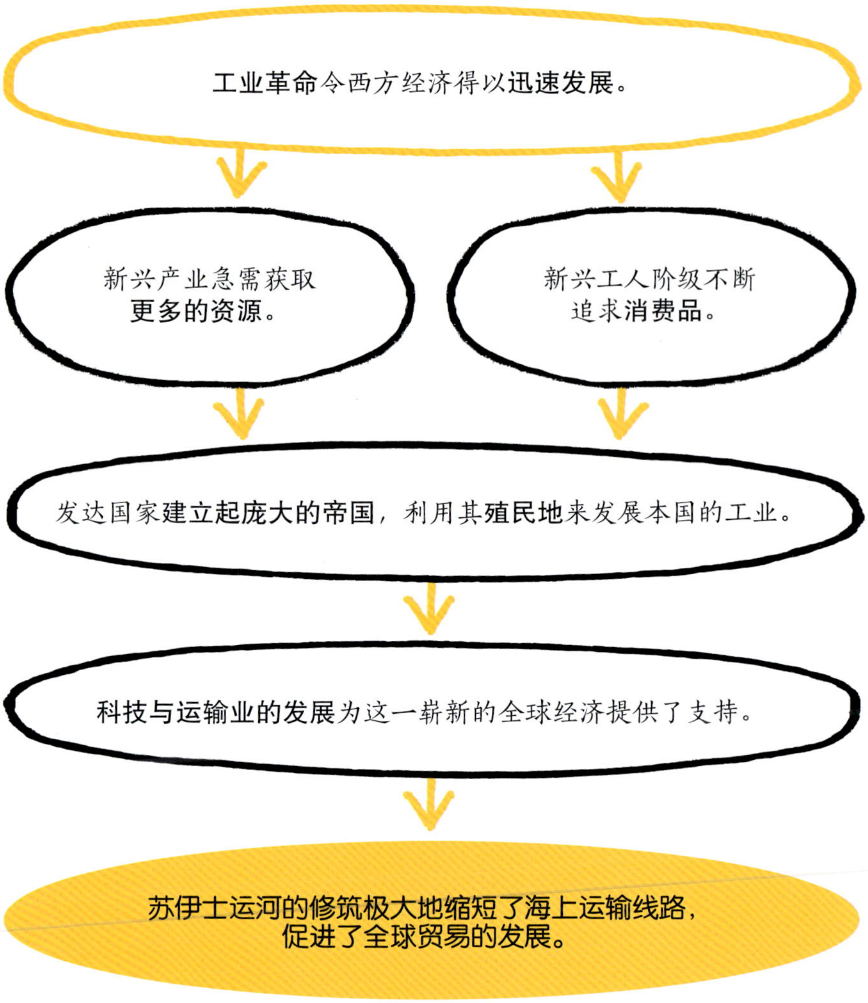

工业革命令西方经济得以迅速发展。

新兴产业急需获取更多的资源。

新兴工人阶级不断追求消费品。

发达国家建立起庞大的帝国，利用其殖民地来发展本国的工业。

科技与运输业的发展为这一崭新的全球经济提供了支持。

苏伊士运河的修筑极大地缩短了海上运输线路，促进了全球贸易的发展。

1869年11月17日，连通了地中海与红海的苏伊士运河正式开通，向世界宣告了欧洲，特别是法国，强大的技术与经济实力。与此同时，运河的修筑也令人们看到了全球经济的迅速崛起，伴随着世界各地商品的大规模交流，国与国之间的联系也愈发紧密。这一过程受到了欧洲殖民力量以及美利坚合众国的支配，而这些地区也正是全球经济崛起的最大受益者。除此之外，苏伊士运河的开通也进一步刺激了欧洲的帝国野心。

苏伊士运河令伦敦到孟买之间的航程缩短了41%，而伦敦与香港之间的距离也缩短了26%。我们很容易便可以看到这一工程对贸易的影响。然而，航行时间的缩短也令印度极其重要市场的防御变得更加不堪一击，而这些地方也是英国进行帝国扩张的首要对象。到19世纪末期，英国几乎已经垄断了整个印度洋地区（至少受到21个皇家海军基地的保护）的贸易；而到了后来，英国先是入侵并占领了埃及，还在六年之后的1888年掌握了苏伊士运河的控制权，于是，英国更是在印度洋地区贸易中一家独大。事实证明，在维护英国利益的过程之中，“炮舰外交”绝对是一种行之有效的手段。

巴拿马运河

苏伊士运河不过是帝国在维护其贸易利益过程中所修建的一系列大型工程之中的一个。相较之

参见：马可•波罗抵达上都 104~105页，阿姆斯特丹证券交易所的成立 180~183页，斯蒂芬森的“火箭号”投入使用 220~225页，加利福尼亚淘金热 248~249页，明治维新 252~253页，埃菲尔铁塔正式开放 256~257页。

苏伊士运河于1869年正式开通，极大地缩短了欧洲与亚洲之间的航行时间。事实证明，这一工程为贸易的发展提供了巨大的助力，而这也反过来促进了科学技术的进步。

下，1881年中美洲地区巴拿马运河的修建则更具难度。这条同样由法国提议修建的运河连通了大西洋与太平洋，然而其修建过程却屡遭争议——当地极其恶劣的气候环境令超过2.2万名工人丢掉了性命。当法国最终承认失败后，美国介入了运河的修建，最终于1914年8月完成了这一工程。巴拿马运河的修建成为世界上规模最大，同时也耗资最大的工程项目。这条运河也极大地缩短了航行时间，令利物浦到旧金山这条航线的距离缩减了42%，而纽约到旧金山的距离更是缩短了60%。

愿上帝保佑，令跨大西洋电报通信能够成为亲缘国家之间永恒的和平与友谊之纽带。

——美国总统詹姆斯•布坎南，致维多利亚女王的电报（1858年）

美国的介入

自美国接手了巴拿马运河的修建之后，这个国家的态度便开始发生重要转变。这时的美国不仅仅希望能够进行贸易扩张，更希望能够扩大国家的海外利益。这一过程开始于1898年，当时，美国已经成为一支强大的殖民力量，还自西班牙手中接管了菲律宾群岛。

西奥多•罗斯福（1901—1909年）就任总统之后，这一进程急剧加速。他积极倡导美国在拉丁美洲等一系列地区的军事介入行为，以维护稳定的方式确保美国的利益。在这一观念的支配之下，美国海军大白舰队的实力得到了巨大的提升。罗斯福的继任者威廉•塔夫脱则选取了一个更加“合法”的角度，继续推行这一政策。他主张实施“金元外交”，不仅鼓励进行大规模海外投资，还由美国政府全力支援，保障美国在拉丁美洲以及远东地区的贸易利益。

铁路与电报

同一时期，美国与欧洲都修建了多条重要铁路。1869年，总长3070公里的中央太平洋铁路正式通车，首次利用铁路线将美国的东西海岸连接在了一起。到1905年，美国境内已经修建了九条横贯大陆的

我们现在所讨论的方案是在苏伊士地峡上修筑一条运河。

——斐迪南•德•雷赛布，提议修筑苏伊士运河的法国外交官（1852年）

铁路线，而加拿大境内也有一条这样的铁路。

1891年至1905年，俄国也本着同样的精神修筑了西伯利亚大铁路。这条铁路长达7400公里，横跨七个时区，至今仍旧是世界上最长的连贯铁路。西伯利亚大铁路不仅令俄国人开始在西伯利亚这片广袤的土地上定居，也在俄国入侵中国北部地区的过程中起到了关键作用。

电报通信的影响也同样重要，这一发明令信息得以通过电线传播出去。19世纪30年代，美国的塞缪尔·莫尔斯发明了这一体系，而第一条电报线路也在1844年5月完成了架设。在不到十年的时间里，美国的电报电缆总长便达到了32200公里。

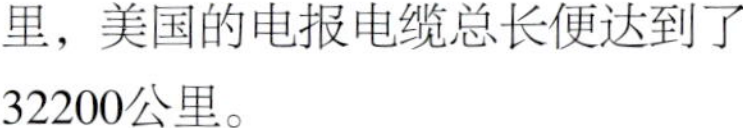

1858年，世界上首条跨大西洋海底电缆完成铺设，然而这条电缆却只顺利运行了两周。但是到了1866年，人们便成功铺设了一条全新的电缆，能够以每分钟120词的速度传输信息。待至1870年，伦敦与孟买之间已经建立起了电报线路。到了1902年，美国同夏威夷之间也已经建立了电信联系，而这也是世界上首个近即时的国际通信系统。

大东方号

1866年负责铺设跨大西洋海底电缆的是“大东方号”，其设计者便是工业革命第一阶段之中最具远见的工程师伊桑巴德·金德姆·布鲁内尔。这艘船的设计初衷是使其能够承载着4000名乘客从英格兰直达澳大利亚，并在不进行燃料补给的情况下返回英格兰；可想而知，这一设计构想野心过大，最终成为一个商业上的失败案例。

然而，“大东方号”的设计却反映出了未来的船只设计趋势——更大、更快、更安全。与由铁铸成的“大东方号”不同，后期由钢材打造而成、螺旋桨驱动的船只显然更加通用。

蒸汽船与贸易

以大型帆船为运输工具的航行方式逐渐衰落，而这则进一步变革了帝国贸易。其中颇值得注意的一点便是人们开始使用一系列载客

尽管黄金和白银从本质上看并不是货币，但是货币从本质上看却是黄金和白银。

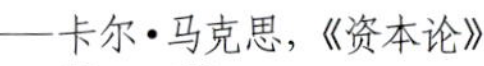

——卡尔·马克思，《资本论》

毛里塔尼亚号邮轮建造于英国泰恩-威尔郡的沃尔森德，是当时世界上规模最大、速度最快的大型船只。1909年，毛里塔尼亚号邮轮创下了五天之内横跨大西洋的纪录。

量更大的船只，而这一转变在跨大西洋线路上最为明显。1874年，动力可达5500马力的英国汽船“不列颠尼克号”创下了八天横渡大西洋的新纪录。1909年，70000马力、载客量可达2000人的“毛里塔尼亚号”又凭借4天10小时的航行时间刷新了这一纪录，以平均26节（每小时48公里）的速度完成了跨大西洋航行。

人们也开始打造主要由冷藏船构成的新型商船。我们可以从这一研发成果中看出技术是如何促进贸易发展、推动全球市场形成的。随着南美洲、澳大利亚以及新西兰人口的不断增长，当地的牛羊农场也在不断扩大。与此同时，欧洲的人口也经历着相同的增长。为这些人提供充足的衣食成为国家的当务之急。人们可以轻易用船只运输羊毛，却无法运输羊肉和牛肉，因为这类货物很容易在半路上腐烂变质；然而，这一情况在1877年得到了改善——世界上第一艘冷藏船将80吨冷冻牛肉从阿根廷运到了法国。待至1881年，澳大利亚便已经开始频繁向英国运送冷冻肉类。第二年，新西兰也首次开始利用船只向外运送羊肉。三个国家的肉类产品出口量皆得到了巨大的提升。

世界各地，尤其是英格兰西北部众多纺织工厂（1850年时，这里已经承担起生产全世界一半服装的重任）对于棉花的需求引发了棉花种植量的攀升。在美国南部各州，原棉产量自1800年的10万捆增长到了1860年的400万捆。美国内战期间，南部同盟各州对棉花的出口进行限制，希望能够借此逼迫欧洲人对战争进行干预。然而，这一手段最终却未能奏效，因为英国的对策不过是放弃美国地区的棉花贸易，转而增加了印度原棉的进口量。这些棉花经过纺织后，又通过出口回到了印度，而英国则从这之中赚取了巨大的利润。

世界金融

假若没有银行业与金融业的发展，当时的人们便不可能建立起一个那样复杂的贸易网络。19世纪末期成立了许多新兴的银行，而这些银行中的资本则用于对全世界的公司进行支援。与此同时，伦敦成为世界金融中心。

西方海外投资急速上升。到了1914年，美国的海外资产总价值已达到35亿美元，德国为60亿美元，法国为80亿美元，而英国的海外资产总价值更是高达200亿美元。在这些国家之中，1860年，北美洲与欧洲北部的年收入已达到43亿美元，占世界各地年收入总额的35%；而到了1914年，这一数字则攀升至185亿美元，所占比例更是高达60%。

19世纪，帝国主义在各国的体现形式不尽相同。举例而言，在大英帝国，那些以非洲和亚洲国家为首、由欧洲人统治当地原住民的殖民地与那些以加拿大、南非、澳大利亚和新西兰为代表、有能力进行自我管理的殖民地之间已经有了明显的区别。■

南非地区金矿之中的工作环境十分艰苦，而主要由年轻黑人构成的劳动力也遭受了严重的剥削，薪酬水平极低。

淘矿热

进入19世纪末，人们对于全新矿产资源的搜寻俨然达到了又一波的高潮，贵重矿产与工业矿产皆是如此。美国、加拿大、澳大利亚，尤其是南非等地先后发现了钻石与黄金。1867年，南非的奥兰治自由邦发现了钻石，而到了1886年，德兰士瓦又发现了黄金。这两个地方都是独立的布尔共和国，在其正式成为英国开普殖民地前由荷兰殖民者的后裔所建立。发现贵重矿产之后，奥兰治自由邦与德兰士瓦的经济地位都得到了极大的提升，而英国更是下定决心将其吞并为附属国。但在这之前，他们不得不先熬过艰难的布尔战争，而这场战争几乎将英国的军事资源消耗殆尽。冲突爆发前后，一大批拿着极低工资的黑人工人对这里的矿产资源进行了大规模开采，而在事后看来，这波开采高潮在后来南非将种族隔离制度化的过程中起到了极为关键的作用。

无数最美丽也最奇妙的生物已经经历，或正在经历着演化

达尔文发表《物种起源》（1859年）

背景介绍

聚焦

科学进步

此前

1831—1836年 贝格尔号带领查尔斯·达尔文这位年轻的自然学家环游了整个世界。

此后

1860年 达尔文的理论遭到了英国圣公会的抨击，而托马斯·赫胥黎则为其进行了辩护。

1863年 格雷戈尔·孟德尔向人们展示了遗传学是如何对所有植物产生影响的。

1871年 达尔文所创作的《人类的由来》进一步推动了性选择理论（一个物种之中最为出类拔萃的个体自然会从同性竞争中脱颖而出，通过交配延续这一物种）的发展。

1953年 DNA的发现论证了物种身上的特征是如何通过遗传传递下去的。

地理学家逐渐开始意识到，**地球已经**经历了人们难以想象的漫长时期，其**存在**时间或许可达**亿万年**之久。

→

科学家慢慢了解到，地球已经经历了一系列**巨大的变革与毁灭**。

↓

查尔斯·达尔文发表了《物种起源》。

←

达尔文的这一著作阐明了**动物物种的多样性**，并做出了地球上所有生命都**起源于同一个原始种型**这样的论断。

↓

现代**科学**有力地**证实**了**达尔文**里**程碑式**著作中提出的**证据以及结论**。

19世纪之中最具影响力的科学家大约要数查尔斯·达尔文了。他原本打算追寻父亲的足迹，投身医药领域，还曾被送往剑桥大学接受教育，希望能够成为英国圣公会的一名神职人员。达尔文具有无尽的好奇心，几乎对所有科学问题都十分感兴趣。1859年，他发表了《物种起源》一书，向人们介绍了一种全新的科学观点，即后来的进化论。达尔文在这部作品之中提出了一个根本性的问题。这个世界上存在着大量的动物与植物，然而它们都是从哪里

参见：库克船长的航行 189页，狄德罗发表《百科全书》 192~195页，斯蒂芬森的“火箭号”投入使用 220~225页。

来的呢？又是如何形成的呢？在达尔文看来，这些多元的物种是在很长一段时间里经历了演化过程，才变成了如今的模样；达尔文并非是第一个提出这种观点的人，然而，他却无疑是第一个提出阐释性主张的人，而这一主张便是达尔文口中的“自然选择”。

自然选择

达尔文观点的核心在于他主张所有动物都是自同一个祖先进化而来的；例如，包括人类在内所有哺乳动物的祖先都是鱼类。而在一个无时无刻不充满着暴力的自然世界之中，只有那些适应能力最强的个体才能够生存下来，并在这一过程之中进化为全新的物种。

达尔文的这些观点大多数都成形于他的环球航行之中。回到英格兰之后，达尔文足足耗费了十年时间，对其浩瀚的笔记内容进行补充完善，并一一整理了自己在航行过程之中收集到的样本。

加拉帕格斯群岛上的雀科鸣鸟对达尔文的著作产生了重要影响。他在那里发现的13种雀科鸣鸟都长着不同的鸟喙，而这也是这些鸟类为了捕食不同食物而产生的进化结果。

达尔文的作品引发了巨大的争议，而这也是意料之中的。基督教观点原本认为这个世界是由仁慈的上帝所创造，且地球在创世过程之中未曾受到过创伤，也从未经历过改变；于是可想而知，达尔文的观点触怒了他们。然而，无论最初的争论有多么激烈，这些观点却很快便广为人们所接受，而人们也逐渐意识到，达尔文对于人类认识世界做出了巨大的贡献。

科学的主导地位

尽管如此，达尔文主义也存在遭到歪曲的可能。后来所谓的“适者生存”原则便成为帝国主义、种族主义和优生学的有力辩护。

《物种起源》的面世，意味着科学研究获得了空前的实用价值。随着整个社会越来越重视科学的发展，达尔文也成为这一学科之中的最后一位“外行”科学家。科学开始在公共生活中扮演愈发重要的角色。待至达尔文离世之时，科学知识不断进步，几乎已经成为社会的普遍期望。■

查尔斯·达尔文

1831年，贝格尔号希望能够在其出海航行之前携带一名自然学家，而查尔斯·达尔文（1809—1882年）不过是当时选择之中的第五顺位。然而无论贝格尔号最终选择了达尔文这件事情有多么的偶然，这一经历却都彻底改变了他的命运。无论是在巴西的丛林之中，还是在阿根廷的潘帕斯大草原或是加拉帕斯群岛的干旱之地上，达尔文永远都能从一切令人惊奇的事物之中寻找到快乐。回到英格兰之后，他立刻便投入到辛勤的研究之中。这位维多利亚鼎盛时代的代表科学家有着大量的私人收入，还拥有一个十分幸福的家庭，而这些都为达尔文的研究提供了极大的助益。虽然贝格尔号上的航行对他的健康造成了极大的损害，对自然世界中几乎一切学科都保有高度好奇心的达尔文却仍旧做出了伟大的研究成果。尽管当时并没有什么来自异国的东西，但是从鸽子到寄生虫，再到藤壶和蚯蚓，周遭的一切事物无不令达尔文倍感着迷。

让我们拿起武器，为同胞而战

千人军远征（1860年）

背景介绍

聚焦

民族主义

此前

1830年 希腊自奥斯曼人手中获得了独立。

1848年 民族主义革命横扫整个中欧地区，而意大利则遭受了严重的打击。

1859年 当时为皮埃蒙特王国所吞并的伦巴第王国将奥地利驱逐了出去。

此后

1861年 意大利王国正式成立。

1866年 奥地利被迫将意大利东北部的威尼斯割让给意大利王国。

1870年 教皇国并入了意大利。

1871年 德意志在普鲁士的控制之下完成了统一。罗马正式成为意大利的都城。

1860年5月11日，意大利爱国者、游击战士朱塞佩·加里波第率领着其在意大利境内招募的军队（由1000余名战士组成，因此得名“千人军”），于当时尚是波旁王朝统治下两西西里王国一部分的意大利南部西西里地区登陆。他们的目标是推翻波旁王朝的统治，然而却也并不确定应当以什么样的统治模式来替换现有的统治家族。

同19世纪另一位坚定捍卫意大利自由，并曾于1849年短暂建立起罗马共和国的朱塞佩·马志尼一样，加里波第一心希望取消皇室、教会以及贵族的特权。与此同时，

参见：攻占巴士底狱 208~213页，1848年欧洲革命 228~229页，俄国解放农奴 243页，埃菲尔铁塔正式开放 256~257页，青年土耳其革命 260~262页，法国重归共和制 265页，十月革命 276~279页，《凡尔赛和约》 280页。

结束意大利北部奥地利的统治、统一意大利的这一念头也不断驱使着加里波第为之奋斗。人们对于以地理或历史等共同民族元素为依据、建立全新政治实体的渴望逐渐演变成了后来的民族主义。

达成妥协

1859年，意大利的大部分地区已经统一为位于意大利西北部的皮埃蒙特-萨丁尼亚王国。这一过程是由该国精明而务实的首相卡米洛·加富尔所主导的，而法国军队也通过驱逐奥地利人，为意大利的统一做出了重要的贡献。

对于加富尔来说，统一并不意味着建立一个共和制的意大利，而是建立一个君主立宪制度之下的集权国家。在他看来，这是意大利能够实现其潜力，继续推进工业化，同欧洲其他强国相较量的唯一途径。

当地人纷纷加入了“红衫军”，在很大程度上壮大了这一支队伍。很快，他们便战胜了两西西里王国无能的军队。

就这样，意大利完成了统一（威尼斯与罗马除外，尽管这两个地方后来也分别在1866年和1870年加入了意大利），而在决定这一全新国家的政体之时，加里波第意识到，皮埃蒙特人是必定要占据统治地位的。1860年11月，在加里波第的陪伴之下，维托里奥·埃马努埃莱二世入主那不勒斯。1861年3月，埃马努埃莱正式加冕为意大利国王。

目标上的分歧

加里波第与加富尔之间目标上的分歧正反映了19世纪欧洲民族主义的核心矛盾。在法国大革命所倡导的自由以及平等等理念的推动之下，民族主义之中逐渐

在法国大革命的影响之下，**民族自决权**这一观念开始在欧洲广泛传播。

若想自外来统治之中解放国家必定要经历艰苦卓绝的斗争，而**希腊独立战争**便是这一过程的缩影。

1848年欧洲革命的失败体现出了**统治精英**对于民族独立这一观念的**抗拒**。

加里波第在西西里登陆，推翻了两西西里王国的统治，然而意大利却仍旧是一个君主立宪制国家。

德意志在普鲁士的干预之下完成了**统一**，以**共和国的自由**为代价，进一步巩固了**保守民族主义**。

身穿红色上衣（其临时军队的象征）的朱塞佩·加里波第成功推翻了波旁王朝在两西西里王国的统治，然而却不得不就政体问题做出妥协。

衍生出了一种建立公正社会的理想化观念。受外来统治所压迫的民族认为自己理应拥有维护独立的自然权利。除此之外，民族主义的另一大特征便是其中一个不切实际的观点，这一观点认为人民有权维护自己的历史命运，自行维系统治，而这便是所谓的独立。人们不再忠诚于现有的统治王朝，而是将忠诚现给以语言、文化、历史以及身份认同为基础而建立起来的民族群体。民族国家这一概念愈发普及，同样得到普及的则是人们所宣称的民族自决权。

1848年，中欧地区以及意大利发起了一场革命，旨在推进这些目标，然而革命终究以失败告终。这样的结果彰显出欧洲统治精英反对这一倡议的决心。他们希望能够维护拿破仑战败后，1814—1815年间维也纳会议上建立起的欧洲，一个有着王室统治、跨国帝国，还有法国大革命之前边境划分的欧洲。

梅特涅的失败

维也纳会议后建立的新欧洲远称不上是稳定的，而会议的提议者与组织者、奥地利王子梅特涅后来也这样承认道：“我这一生都在修补败落的建筑。”待至1830年时，比利时已经向其上层统治者荷兰王国发动了反叛；第二年，在英国的支持之下，比利时成功获得独立。后来，波兰也曾两次发起过这样的民族主义起义，然而却都遭到了俄国的残酷镇压。

一个注定要创造辉煌、为人类谋福祉的民族终有一天会成为一个国家。

——朱塞佩·马志尼（1861年）

德意志民族主义

欧洲地区的民族主义情绪愈发高涨，而这也产生了极其重要的影响，尤其是在德意志境内的各个国家之中。1871年，德意志在其总理奥托·冯·俾斯麦这位普鲁士人的领导下成功获得了统一，而德意志帝国的成立也将欧洲带入了一个崭新的时代。对于俾斯麦而言，统一所带来的益处十分明显，而这对于加富尔也是一样。德意志的统一能够帮助这个民族展现出自身的民族性，满足其强化哲学家格奥尔格·黑格尔口中“概莫能外的德意志民族性格”这一要求。除此之外，这也能够打破奥地利哈布斯堡家族在德语世界之中的统治地位，尤其还能移除奥地利在以巴伐利亚为首的南部天主教德意志国家之中的影响力。

为建立起这样一个伟大的德意志国家，俾斯麦强势推行一种保守民族主义。这一政策的目的并非是以社会改革或民主改革来建立一个更加公正、更加自由的国家，而是建立起一个足以撼动整个世界的大国。这样一来，俾斯麦所倡导的德意志民族主义便转化为推动工业化建设并建立起一支空前强大、空前高效的军事力量。

欧仁·德拉克洛瓦的这幅油画作品《希奥岛的屠杀》描绘了奥斯曼军队在镇压希腊反叛过程中的残暴行径，而正是这样的残暴逐渐令越来越多的人开始支持希腊为之奋斗的独立事业。

而俾斯麦在建立这样一个全新的德国时，一心采用军事手段。他共发动了三次大规模战役。第一场战役是1864年同丹麦之间的对战，普鲁士在奥地利的支持之下，将丹麦南部石勒苏益格与荷尔斯泰因等地区划入自己的领土范围。1866年，普鲁士军队还凭借一己之力彻底击溃了奥地利。最终，在1870—1871年时，自德意志境内招募的军队全面击败了法国，令法国备受屈辱；他们推翻了拿破仑三世的统治，还用饥饿策略逼迫巴黎投降。这一次又一次的军事胜利毫无疑问地令德意志走上了统一的道理，最终在普鲁士国王，也就是后来的德意志皇帝威廉一世的统治之下建立了德意志帝国。

德意志帝国皇帝威廉一世于1871年在凡尔赛宫称帝。此前的一系列军事战役，其中包括一场与法国之间的战役，都预示了这一事件的发生。

民族主义热望

哈布斯堡家族统治之下的奥地利帝国无疑是民族主义情绪最为错综复杂的地方。当时的奥地利是中欧地区一个拥有许多不同民族群体的国家，名义上由维也纳所统治。1866年，普鲁士击败了奥地利，而在那之后的第二年，匈牙利几乎已经完全自奥地利手中获得了独立。到了这时，曾经的奥地利帝国已然变成了奥匈帝国，国家中也形成了“双君主”的局面。这不仅极大地强化了匈牙利人的身份认同感，也令维也纳方面不得不对匈牙利做出极大的领土让步，尤其是在特兰西瓦尼亚与克罗地亚这两个地区。然而，无论奥地利与匈牙利之间的局势有多么紧张，两国依旧更加谨慎地倾向于维系统一，以避免本国之中那些分散而居的民族人口出现民族主义骚动。举例而言，匈牙利人尤其不愿对其为国内大量斯洛伐克、罗马尼亚以及塞尔维亚人口所争取的政治权利做出让步。与此同时，奥斯曼人对于巴尔干半岛地区的控制逐渐衰微，而这也带动了民族主义热望的高涨。

奥地利与俄国相互竞争，试图填补奥斯曼人留下的权力空虚。1912年至1913年的巴尔干战争更是进一步凸显出了民族主义情绪驱使之下的国家建设对于社会稳定的负面影响。

影响

“那些追求自决权的人有能力实现社会正义”这一观念恐怕很难在19世纪之中成为现实。例如，维也纳始终统治着那个多民族的帝国，直到其在1918年第一次世界大战结束时战败为止。同样，波兰人民同样也被剥夺了行使自决权这样民族主义权利的自由。除此之外，无论19世纪90年代之中的犹太复国主义如何承诺在圣地建立起一个犹太国家，欧洲的犹太人都始终遭受着压迫。■

奥托·冯·俾斯麦

奥托·冯·俾斯麦（1815—1890年）又称“铁血宰相”。1862年，他成为普鲁士首相，并在1871—1890年担任德国总理一职。他一手策划了德意志的统一，自此登上了欧洲大陆的顶峰。俾斯麦的主要目标是不惜以放弃奥地利为代价，确保普鲁士在德意志地区的统治权，同时对复兴后的法国进行遏制。尽管俾斯麦曾在1864年、1866年，以及1870年先后发动三次战争，但他仍旧算得上是一位投机者。战争过后，俾斯麦不知疲倦地维系着欧洲地区的权力平衡，而他也的确成功兼顾了各国之间相互冲突的国家利益，出色完成了这项任务。在他的领导之下，德国大规模投入了工业化建设，其武装力量也得到了进一步扩大，还开始在其他地区进行殖民扩张。俾斯麦的观念十分保守，但他却也建立了世界上最早的福利体系，尽管这一决策背后的动机不仅仅是为了维护德国工人的利益，也是希望能够出其不意地战胜其社会主义竞争对手。

这些充斥着死亡与哀痛的悲伤场景，究竟何时才能终结？

勒克瑙围攻战（1857年）

背景介绍

聚焦

英国在印度的统治

此前

1824年 英国对缅甸发起了征战，并于1886年大致完成了征战。

1876年 维多利亚女王正式冠上了印度女皇的头衔。

1857年5月 印度兵部队首次在密拉特发动了起义，反抗英国的统治。

此后

1858年 东印度公司正式结束了其在印度的统治。对于该地区的控制权直接交到了英国王室的手中。

1869年 苏伊士运河正式开通，极大地缩短了往返于印度的航行时间。

1885年 印度国民大会党正式建立，而这也是最早的泛印度政治运动。该党于后来成为一场民族主义运动的核心。

1857年至1859年，印度爆发了民族起义，而在这一过程之中，印度中北部大多数地区都经历了深刻的苦难，英国飞地中那些曾经无比忠诚的当地军队对人民施加了残酷的暴行，而发生在1857年5月至11月之间的勒克瑙围攻战便可称得上是其后一系列事件的开端。当英国人试图重整秩序时，他们所遭受的恶果也同样严重。双方的暴力行径震惊了民众，也立刻便引发了他们对于改革的强烈诉求。

当时，印度兵确信自己手中来福枪的枪弹被人抹上了牛油或猪油等起到润滑作用的油脂，而这无论对于印度教徒还是穆斯林而言，都是一种极大的冒犯；于是，民族起义正式拉开了帷幕。然而，这场起义的根源还应归结于印度人民对于英国统治所产生的混乱之感：他们彻底推翻了原有的统治者，显然也威胁到了当地的宗教信仰。

民族起义爆发之初，英国试图通过展现自己的和平意图来安抚印度，然而，这不过是进一步点出了如今的印度已经完全从属于英国。

随着越来越多的印度精英开始接受欧洲的教育，他们亦逐渐质疑起英国在这片次大陆上的统治权力。英国选择继续捍卫自己的帝国权威，但却也不得不同时正视自己可能已经无法继续统治这片土地的可能性。■

责任与义务将我们与那些身在印度领土上的人民牢牢绑在了一起，正如其他子民的境遇也同我们们休戚相关。

——维多利亚女王

参见： 魁北克战役 191页，苏伊士运河的修筑 230~235页，第二次鸦片战争 254~255页，柏林会议 258~259页，锡克帝国的建立 264页。

自上而下地废除农奴制，总归要好过等到有一天农奴自下而上地将其推翻

俄国解放农奴（1861年）

背景介绍

聚焦

沙皇俄国

此前

1825年 十二月党人为反抗沙皇统治而发动的起义遭到了镇压。

1853—1855年 俄国在克里米亚地区为英国和法国所击败，而这也凸显了其在军事实力上的薄弱。

此后

1881年 沙皇亚历山大二世遭到了民意党的刺杀，这也是俄国历史上一次重要的地下恐怖行动。

1891年 西伯利亚大铁路正式开建，该工程也令人们大规模迁居至这一地区。

1894年 最后一位沙皇尼古拉二世准许财政部长谢尔盖·维特进一步推行工业化政策。

1905年 俄国大败日本，而这一屈辱性的失败也中断了俄国在远东地区的扩张。

1861年，俄国沙皇亚历山大二世解放了国内的2000万名农奴，然而这一决定却并非是出自人道主义。暂且不论俄国的发展潜力究竟怎样，但是当时的俄国却无疑已被工业化的西方国家远远甩在了后面，而解放农奴的目的便是为了进一步推动国家的现代化。俄国采取了一系列改革措施，范围覆盖了政治、社会和经济，以期能够令自身在这个世界上占据其应有的地位。

然而充其量而言，这些改革措施的效果也不过是好坏参半。农奴制的废除并未在多大程度上改善农奴的生存环境。此外，亚历山大二世拒绝考虑真正意义上的宪政改革：直至临死之前，他始终都是一名专制统治者，认为自己拥有神授的权力，能够成为俄国的绝对君主。

极权国家

1881年亚历山大二世的遇刺在反动分子之间引发了巨大的反响，而这也是预料之中的事情。他的继任者亚历山大三世展现出了推行工业改革的强烈意愿，然而却也同时建立起了一个极权国家。

尽管如此，沙皇俄国依旧逐渐成为工业化世界的一分子。国家拥有了坚实的军事手段。然而从政治角度来看，俄国并不愿意出台改革措施，这也最终令这个沙皇统治之下的国家在苏维埃革命之中遭到了彻底的摧毁。■

我们定要进一步完善俄国的工业建设，使其达到美利坚合众国的水准。

——谢尔盖·维特，俄国财政部长

参见： 圣彼得堡的建立 196~197页，1848年欧洲革命 228~229页，苏伊士运河的修筑 230~235页，克里米亚战争 265页，十月革命 276~279页。

令这个民有、民治、民享的政府永世长存

葛底斯堡演说（1863年）

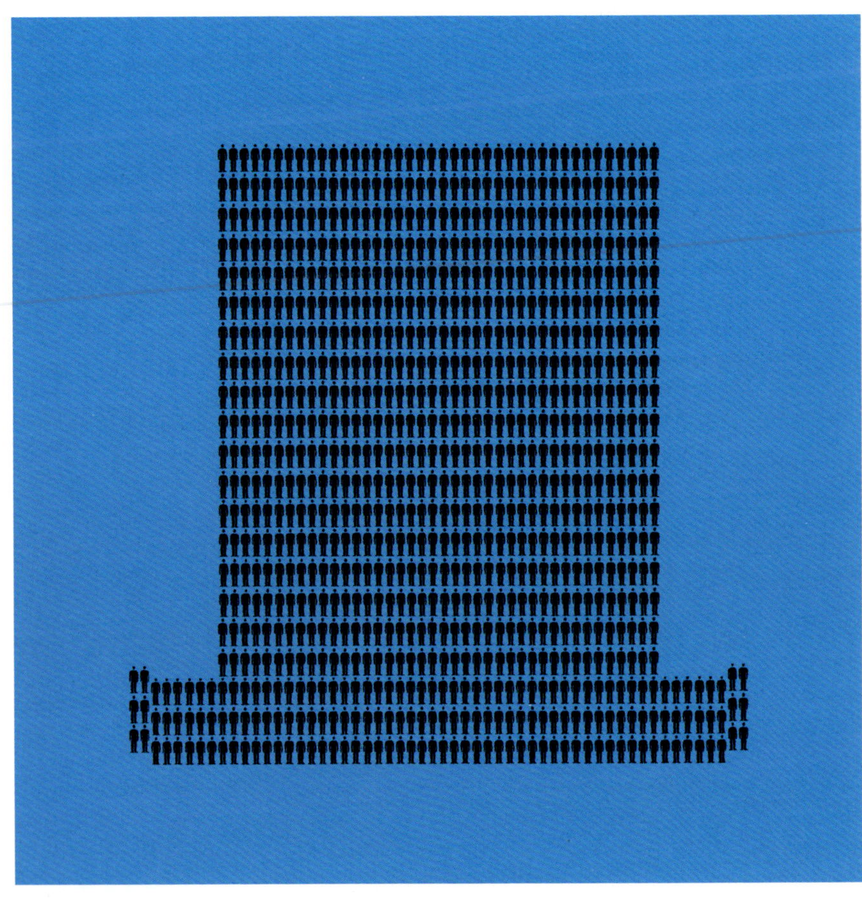

背景介绍

聚焦

美国内战

此前

1820年 《密苏里妥协案》试图在密苏里边界线以南的新州限制奴隶制。

1854年 《堪萨斯-内布拉斯加法案》在堪萨斯境内引发了暴力冲突。

1857年 《德里德·斯科特决议》决定，即便是非奴隶州也不得解放奴隶。

1861年 美利坚联盟国正式成立（二月）；到了4月，内战正式打响。

1863年 7月，联盟军在葛底斯堡和维克斯堡战败。

此后

1864年 林肯连任美国总统。

1865年 罗伯特·李将军投降；林肯遇刺。

1863年11月19日，在美国内战进程刚刚过半之时，美国总统亚伯拉罕·林肯便在宾夕法尼亚州的葛底斯堡发表了后来所谓的“葛底斯堡演说”。在这次演说之中，他将美国内战描述为一场为争取国家统一、保障人人平等而进行的斗争。

葛底斯堡演说是林肯在国家公墓揭幕仪式上的致辞。国家公墓的建立是为了纪念7月1日至3日葛底斯堡战役之中牺牲的7058名士兵。葛底斯堡战役是美国内战过程中最为血腥的一场战役，却同时

参见：《独立宣言》的签署 204~207页，攻占巴士底狱 208~213页，1848年欧洲革命 228~229页，加利福尼亚淘金热 248~249页，埃利斯岛正式开放 250~251页。

葛底斯堡战役爆发于1863年。交战三日之后，双方死亡人数已超过7000人，最终，联盟军被迫撤退。

也是战争的转折点：在这场战役之中，由罗伯特·爱德华·李所率领的南方军北弗吉尼亚军团尽管士兵人数更多，武器装备也更多，他们却依旧遭遇了自己的第一次重大失败。

战争的起因

美国内战不仅仅是一场针对奴隶制的战争；这场战争所要定夺的是究竟能否允许奴隶制这一引发强烈分歧的问题分裂美利坚合众国。正如林肯所言，美利坚合众国“受孕于自由这一理念，并献身于一切人生来平等的理想”，然而在这样一个国家之中，其南方各州却拥有近四百万的黑奴。依照美国宪法的规定，这些黑奴都是奴隶主的合法财产。而在愈发工业化的北方，对于那些废奴主义者（始终都是少数群体，却发出了极大的呼声）而言，奴隶制却是一件为道德所不容的事情，严重背离了他们的基督教信仰。

然而，奴隶制绝不仅仅是南方各州农业繁荣的支柱；对于南方那些奴隶主而言，这更是一种权利。在他们看来，“自由”还有另外一层含义——拥有奴隶的自由。

这样的分歧凸显出了州权利的问题，即各州的权利究竟能够在何种程度上凌驾于联邦，或者说是华盛顿中央政府的权威之上。随着越来越多的人开始在西部定居，并开始向合众国征询意见，确认自己究竟是奴隶州还是“自由”州，这一问题便一次又一次地浮出水面。

1820年制定的《密苏里妥协案》规定，只有自密苏里南部边界向西这一线以南的新州可以实行奴隶制。后来，美国允许新州

亚伯拉罕·林肯

1861年2月，亚伯拉罕·林肯（1809—1865年）为出席总统就职典礼而来到了华盛顿。当时，政界的许多人都认为他不过是一位无知且不善社交的乡下人。然而四年之后，到了林肯不幸遇刺的时候，他已然统治了整个美利坚合众国。他不仅赢得了内战，还逐渐成为美国政坛之中举足轻重的人物。

林肯出生在肯塔基州的一座小木屋中，在其二十岁后半的时候成为一名律师。后来，他加入了反对奴隶制的共和党，并成为这一事业的坚定捍卫者。林肯并没有参军作战的经历，然而他积极支持格兰特将军，此后的一系列事件也证明，他清楚知道应当在内战中采取什么样的战略。林肯从未忘记自己的远大目标——维护美国的自由以及人类的基本尊严。他坚定不移地推动战事发展，然而却也在同时清楚明白内战中牺牲的那些生命究竟有着何种意义。

的定居者自行决定自己所在的州究竟是要成为自由州还是奴隶州，而这一条款也在1852年的《堪萨斯-内布拉斯加法案》中得到了进一步确认。因为堪萨斯州和内布拉斯加州都位于密苏里南端边界的北部，后来，奴隶制的支持者和反对者大量涌入了这两个地方，双方也都迫切想要占得上风。于是，这两方之间一次又一次地爆发了激烈的冲突。

南方的决裂

这一冲突促成了共和党这个全新反奴隶制党派的建立，而在几乎没有任何奴隶州支持的情况下，1860年11月，亚伯拉罕·林肯经投票成为共和党的领袖。几乎就在林肯刚一上任，南加利福尼亚便决定脱离合众国。到了2月，另外又有六个南方州选择退出，而这七个州便联合起来，组成了一个全新的国家——美利坚联盟国。及至5月，弗吉尼亚州的里士满成为这个新国家的首都，也另有四个州宣布加入该国。然而，被称作“边境诸州”的五个奴隶州却选择留在了原

我绝不能做出危害故乡、危害家园、危害子孙的事情。

——罗伯特·爱德华·李，请辞之言（1861年4月）

美利坚合众国诞生，成为**自由的灯塔**，而在这样一个国家之中，**奴隶制**绝不可存在。

南方各州愈发将奴隶制视作是自身**农耕社会**之中的重要组成部分。

工业革命后的北方各州反对奴隶制渗入任何一个新州。

这种观点上的差异引发了**美国内战**。无论北方还是南方都难以取胜，而这场战争也为这个国家带来了**未曾料想到的毁灭性打击**。

林肯在葛底斯堡演说之中有力地为内战进行了辩护，认为这场战争能够建立起一个更加公正的美利坚合众国。

南方的战败引发了**政治瘫痪**，而其境内黑色人种所遭受的**制度性歧视**也一直延续到了**下一个世纪**。

来的国家。

联盟国声称，自由是宪法的基本原则，而正因如此，假若任何一个州觉得自己受到了压迫，便有权利正当地选择脱离美国。作为生来自由之人，南方的公民同反对英国暴虐统治的开国元勋一样，拥有决定自身命运这一“不可剥夺”的权利。在许多南方人的心中，美国政府恰恰也犯下了同样的暴行，试图对他们的自由加以限制。

这样的想法根深蒂固。作为一名至高无上的指挥官，林肯看到了谨慎推进的必要性。首先，林肯坚持无论如何都要限制奴隶制的进一步扩张，维护国家的统一。其次，林肯也十分坚定，在他看来，联邦政府的权威就应当凌驾于各州之上。

作为世界上唯一一个完全可以称得上是民主国家的国家，美利坚合众国创建的宗旨即如林肯所言，是为了成为“整个世界的巨大希望”，因此，保证这个国家能够

一直存在下去便成为一项绝对的道德职责。及至1863年1月，林肯感到政治条件已然足够成熟，能够下令解放南方各州的所有奴隶，于是便发布了《解放黑人奴隶宣言》。然而从短期看来，内战便是为了守护这一“巨大希望”。

北方的最终胜利

最终决定美国内战结果的还是北方与南方之间的人员与物质差异。北方合众国共有21个州，人口共计2000万；而南方联盟国却仅有11个州，人口也不过是900万，其中还包含400万名不得配备武器的奴隶。到了1864年，北方16～60周岁之间的男性有44%服役于军中，而南方的这一数字已经达到了90%；然而尽管如此，北方却依旧成功在战争期间招募到了220万名士兵，而南方却仅招募到了80万人。

相较于南方，北方要比之富裕上三倍。就铁路长度而言，南方每拥有1.6公里铁路，北方便能够拥有3.8公里。与此同时，北方工厂的商品产量是南方的10倍，钢铁产量是南方的20倍，煤炭产量是南方的38倍，而武器产量也达到了南方的32倍。南方唯一超过北方的便是棉花产量，总量为北方的24倍。

面对着这样的巨大差距，南方军不仅在四年的时间之中始终成功抵挡着北方军的力量，甚至还差点在1862年和1864年两年取得内战的胜利。从这样的成就之中，我们可以看出，南方军士兵无比坚信其为之而奋斗的事业是正义的。此外，南方军以弗吉尼亚人罗伯特·爱德华·李将军为首一众领袖的卓越领导力也在其中发挥了巨大的作用。

格兰特与谢尔曼两大指挥官的崛起重振了北方军，很快便在战争中占据了上风。1864年9月，北方军先是夷平了亚特兰大，后又在谢尔曼的带领之下“向大海进军”，一路来到了萨凡纳和乔治亚。这次进军于12月正式结束，在其身后留下了长达96.5千米的狼藉，而合众国军队还故意将平民财产划为了首要攻击目标。

当我发疯时，格兰特始终在我身边；当他喝醉时，我也始终在他身边。而如今，我们将依旧相互扶持，并肩而立。

——威廉·谢尔曼

全新的自由

美国内战是世界上最早的大型工业化战争，也是最早大规模应用铁路的战争以及最早为大众媒体所广泛报道的战争。

对于亚伯拉罕·林肯而言，美国内战所代表的便是其在葛底斯堡演说之中谈到的“未竟事业”。奴隶制如何能在美国这样一个“受孕于自由”的国家之中存在，这是国家宪法未能解决的问题。尽管美国内战为国家带去了毁灭性的打击，还造成了大量的人员伤亡，但它也同时带来了“令自由重获新生”的可能。1865年的美国宪法第十三条修正案正式使奴隶制成为历史，而这也为美国提供了一个机会，让它能够在真正意义上成为所有公民的自由之土，不论肤色。■

托马斯·纳斯特的这幅作品描绘出了美国黑色人种在获得解放前后的境遇。我们也能够在这幅画上看到亚伯拉罕·林肯的肖像。

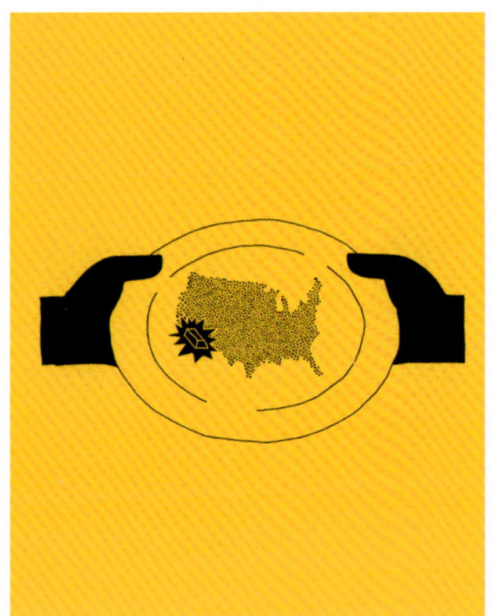

扩张这片大陆即是我们的昭昭天命

加利福尼亚淘金热（1848—1855年）

随着美国西部的土地愈发为人所了解，越来越多的人便开始考虑去那里定居。

加利福尼亚淘金热在全球范围内引发了一场到这片富饶之地来分一杯羹的狂热，而这也加速了西海岸的移民进程。

电报与铁路线路增强了西海岸与东海岸之间的联系。

美洲原住民被迫迁离了他们祖祖辈辈生活着的土地。

通信技术的发展促进了美国工业的繁荣。

背景介绍

聚焦

美国扩张

此前

1845年 从前曾归属于墨西哥的得克萨斯成为美国的领土。

1846年 英国签字将俄勒冈转让给了美国。

1848年 美墨战争之后，新墨西哥与加利福尼亚遭到了美国的吞并。

此后

1861年 世界上第一条跨大陆电报线路架设完毕；两天之后，驿马快信邮递服务宣告关闭。

1862年 《宅地法》将65公顷的自由地分给了定居在那里的人。

1869年 世界上第一条跨大陆铁路线正式竣工。

1890年 因为国家境内再不存在大片无人居住的土地，于是，美国人口普查局便关闭了美国边境。

在曾做过记者的约翰·欧苏利文看来，美利坚合众国的“昭昭天命”在于其西部扩张行为，而这一观念受到越来越多人的鼓吹还是在1848年1月加利福尼亚北部一条河流之中发现了黄金之后。即便是将当时交通与通信技术的不便纳入考虑，这一发现仍旧引发了巨大的反响。在接下来的五年中，多达30万名“49人”（淘金客，1949年便是大量淘金者真正开始涌入这一地区的年份）被吸引到这里。没过多久，这里便涌入了大量渴望一夜暴富的人，而这也导致了不法行为的猖獗；此外，美国太平洋沿岸地区也很快便成为人们眼中的“应许之地”。

最早到达这里的一小部分人

参见:《独立宣言》的签署 204~207页, 葛底斯堡演说 144~147页, 埃利斯岛正式开放 250~251页, 血泪之路 264页。

约翰·贾斯特的油画作品《美利坚向前行》(1872年)描绘了“昭昭天命”这一概念。在这幅画中,代表着美利坚合众国的哥伦比亚拟人化象征正在铺设电报线路,并将定居者引向西方。

赚得盆满钵满,另外一部分人也多少有些收获,但是更多的人却是一无所得。加利福尼亚淘金热似乎成为所有美国人都为之狂热的事情。然而事实上,这不过是美利坚合众国将北美洲收入囊中的一个极端例子罢了,且这一行动早在人们发现黄金之前便已着手进行了。待至1803年,佛蒙特、肯塔基、田纳西以及俄亥俄纷纷成为联邦管辖之下的州。此外,美国不仅在1845年吞并了得克萨斯,还在之后的三年里将另外13个州划入自己的领地。1848年,西墨西哥与加利福尼亚也自墨西哥那里转交至了美国手中。

全新的技术

淘金客为了到达加利福尼亚,或是乘坐马车穿越大平原的广阔土地,或是乘船绕过合恩角甚至是巴拿马地峡,一路上经历了难以言说的苦难。而若想完成这一漫长的旅行,至少要花六个月的时间。

为了将这些广袤的新领土连接在一起,人们坚定了决心,利用全新的技术,大规模建设这个国家。1861年,第一条连接了东海岸与西海岸的电报线路架设完成。1869年,第一条跨大陆铁路线正式竣工,大大缩短了旅行时间:到1876年,人们只需用三天半的时间,便可以从纽约来到加利福尼亚。

定居者与牺牲者

这一切转变背后的驱动力便是移民——西部这片全新的土地需要一大批新的定居者。1803年,美国的总人口大约在400万;然而到了1861年,这一数字便飞速攀升至3100万;而在迈入新世纪之时,美国的人口已然达到了7600万。这样迅速的人口增长必然会带来一定的后果,而在这之中,美国原住民付出了最为惨痛的代价。他们经受了一系列残酷的暴行,还被驱离了自己的部落土地,人口也从450万左右骤降到了50万。在这般看上去不可抗拒的扩张面前,他们束手无策。■

小巨角河战役

1876年6月25日爆发的小巨角河战役是西部新一批定居者与当地原住民之间最为著名的一场冲突,这场冲突的背后驱动力便是黄金。最初,人们在南达科他州的布拉克山发现了金矿,于是,美国政府便正式批准外来人在那里定居。然而这一行为却打破了美国与大平原地区苏族之间订下的条约。作为报复,苏族与夏安族的绝大多数人都拒绝搬迁至保留地中,于是,美国政府便将骑兵团派遣至蒙大拿地区,其中便包括由中尉上校乔治•卡斯特所率领的600人部队。其中200人在卡斯特的带领之下于小巨角河河谷地区发现了印第安人的营房。然而,美国原住民战士便在印第安部落首领坐牛的指挥之下令卡斯特的部队全军覆没。这些士兵的死亡使美国政府进一步坚定了决心,不惜一切代价,一定要将苏族与夏安族驱赶到保留地之中。

美国是上帝的熔炉，一个巨大的熔炉

埃利斯岛正式开放（1892年）

背景介绍

聚焦

大规模移民与人口增长

此前

19世纪40年代 爱尔兰马铃薯饥荒引发了大规模的人口外迁。

1848年 德国十一月革命（自由主义革命）的失败致使大量德国人移民至海外。

约1870年 犹太人开始大规模自俄国迁往国外，以躲避迫害。

1882年 美国开始先限制中国人入境。

19世纪80年代 意大利人大规模移居海外。

此后

1900年 欧洲人口达到4亿零800万，美国的人口也达到了7600万。

1907年 全年移民至美国的人数之多创下了新纪录，多达100万。

1954年 埃利斯岛正式关闭。

工业化、城市发展，以及婴儿死亡率的下降促进了欧洲的人口增长。

美国等年轻国家之中的政治与宗教自由以及经济机遇吸引了成百上千万的外来移民。

蒸汽船令远洋航行更加安全、更加快捷，也更加廉价。

埃利斯岛上设立了一处移民检查站，处理到达美国的入境事宜。

19世纪中期，整个世界正经历着前所未有的人口增长，尤其是在欧洲，而这一情况也一直持续到20世纪之后。这一时期的人口增长一部分是因为农业种植技术提升，食物更加充足，而充足的食物供给也推动了医疗卫生水平的增强。除此之外，工业化与城市发展，以及受此影响人民的逐渐富足与生活水平的不断提高发展也在其中发挥了重要作用。不仅如此，政治稳定也是人口增长背后的推动力之一。总体上看，自1815年拿破仑败北以后，欧洲在

参见：《独立宣言》的签署 204~207页，玻利瓦尔建立大哥伦比亚 216~219页，1848年欧洲革命 228~229页，俄国解放农奴 243页，加利福尼亚淘金热 248~249页，爱尔兰饥荒 264页。

近一百年的时间里始终处于和平状态。最后，移民规模的不断扩大也存在自然原因。19世纪40年代，作物病害引发了爱尔兰马铃薯饥荒；死亡人数甚至达到了100万。这场灾害令多达100万的幸存者选择移民海外，而这些人也几乎都选择了美国。

城市底层居民

工业化之中也存在着相似的悖论。在以英国为首的一众国家里，无论市民们有多么强烈的公民自豪感，人们对于工业革命所催生出的大型城市中心如何夸夸其谈，这些都无法抵消工业化的一大弊端，那便是城市底层居民这一阶层的诞生：他们无比贫穷，生活的环境也是肮脏不堪。

对于生活在欧洲大陆上的公民而言，新大陆上充满了自由与富足的希望，这样的诱惑是不可抗拒的。1848年民族主义起义之后，

一直以来，我始终希望这片土地能够为各个国家之中那些品行端正却遭受迫害之人提供一片安全而舒适的避难所。

——乔治·华盛顿

大量德国人、捷克人和匈牙利人在压迫之下选择了离开中欧地区。自1870年开始，俄国和波兰境内的无数犹太人也同样选择了移居海外，以逃避国内对于他们的集体迫害。

千百万人都参与到这一人口迁移的过程之中。在19世纪中期到1924年，1800万人迁出了英国，950万人迁出了意大利（其中大多数人都来自贫困的南部地区），800万人迁出了俄国，500万人迁出了奥匈帝国，还有450万人迁出了德国。而在1820年至1920年，美国吸引了3360万移民，这些人却大多都在飞速发展的芝加哥与纽约等城市之中过着穷苦的生活，为美国工业的增长贡献着自身的廉价劳动力。同一时期，360万欧洲人定居到南美地区，另有200万人选择了澳大利亚和新西兰。

不受欢迎的客人

这样的人口迁移过程不仅发生在欧洲。许多印度人定居在了南非，中国移民遍布东印度群岛，而日本移民也定居在了加利福尼亚；他们之中的大多数人都逐渐意识到，自己并不受当地人的欢迎。

此外，许多人也沦为了强制性外迁的受害者。这一时期，各国船只仍旧将不计其数的非洲黑奴运送至世界各地。■

在埃利斯岛开放的前三十年之中，*80%*、总计近*1200*万移民至美国的人都是从这里入境的。

埃利斯岛

埃利斯岛同自由女神像一起，于1892年1月1日正式开放，成为美国大规模移民潮的象征。那些年中，这个移民检查站共处理了约1200万移民的入境事宜，据说在美国的移民人口之中，至少有40%的人有一个或一个以上的亲属是通过这一庞大的官僚机器来维持生计的。埃利斯岛不过是一个没有什么特色的沙洲，它位于纽约港的新泽西一岸，岛中央是一座巨大的大厅。从这里开始再向前几步便是移民入境的地方。这些说着不同语言的人首先要经历医疗检查，之后还要回答一系列简单的问题，方能得到入境资格。他们之中的大多数人都能够顺利成为美国公民，仅有大约2%的人才会遭拒。1954年11月12日，埃利斯岛终于永久地关闭了大门。

富国强兵

明治维新（1868年）

背景介绍

聚焦

日本现代化

此前

1853年 一支美国海军舰队抵达日本，要求与之建立贸易联系。

1854—1855年 美国、英国、尼德兰以及俄国强行与日本签订了贸易条约。

1866年 长州与萨摩两藩的统治者私下结盟，联手反抗德川幕府的统治。

1867年 德川幕府的统治画上了句号。

此后

1868—1869年 幕府统治的捍卫者落败。

1871年 封建制度遭到推翻，日本发动了一次影响深远的改革。

1894—1895年 中日战争进一步强化了日本在这一地区的扩张野心。

1904—1905年 日俄战争以日本的胜利而告终。

西方挑衅地要求日本向其开放贸易，而这则凸显出了国家**统治精英的软弱**。

最有名望的几位大名（封建领主）重树了明治天皇这位年轻天皇的权威，并以此取代了幕府大将军的统治。

在这些大名看来，采用西方的政治手段与社会措施是令**日本强盛起来**的最佳途径。

强化军事实力成为实现日本野心的根本手段。

现代化与西方化是明治时期的主题，而日本也迅速崛起为一支**帝国力量**。

1868年，在南部长州藩与萨摩藩大名的带领之下，统治了日本250年的德川幕府被推翻，而这也是幕府软弱无能，无力抵抗美国、英国、俄国与尼德兰等国以侵略性手段强势要求与之建立贸易联系的直接结果。年仅十四岁、任人摆布的明治天皇将取代幕府大将军，“行使最高权力”。大名的目标并非是夺下日本，继续维系幕府时期等级分明、闭关锁国的社会状态；相反，在他们看来，日本若是想要崛起，单单引进西方的科学技术是不够的，还

参见：关原合战 184~185页，斯蒂芬森的“火箭号”投入使用 220~225页，苏伊士运河的修筑 230~235页，第二次鸦片战争 254~255页，纳粹入侵波兰 286~293页。

这幅作品描绘了*1874*年时的横滨。图中的蒸汽火车与蒸汽船展现出了明治时期日本的现代化水平，而这些全新的交通工具也打开了日本对外贸易的大门。

要一并引入西方的政治体制与金融体系。

转变后的日本

此后，日本经历了一次空前绝后的巨大转变。国家借鉴西方模式，仅用三十年的时间便成为世界上发展最快的工业力量之一，同时也崛起为东亚地区最强大的军事力量。

这一次疾风骤雨般的改革，几乎触及了日本社会的方方面面。1871年，日本废除了专制主义，将“円”确立为国家的流通货币。待至1872年，第一条铁路已经开始建设；而在不到15年的时间里，日本的铁路总长便已经达到了1600公里。1873年，日本开始推行征兵制，同时也引进了西方的武器与制服。同一年中，国家大规模改革教育体系，到了1877年，日本在东京建立起了第一所大学。此外，国家也在1882年推出了全新的法典；七年之后，新的宪法也正式诞生。随着工业的不断发展，出口也逐渐繁荣。与此同时，城市规模不断扩大，人口日渐增长，从1888年时的3950万飞速攀升至1918年的5500万。日本唯恐自己也会同中国一样，沦为西方殖民者的棋子，而这也是该国大力推动现代化建设的最大动力。然而，结果却全然相反。

军事扩张

及至19世纪90年代，日本已经成为一支殖民力量。1894年，朝鲜请求日本和中国帮助其镇压国内的叛乱。而日本却趁机侵略朝鲜和中国，还成功从中国手中获得了满洲里地区的一系列权利。在那里，他们同俄国爆发了冲突。1905年，日本在对马海战之中大败了缺乏组织的俄国海军，而这也是工业化欧洲力量首次为亚洲国家所击败。至此，日本赢得了整个世界的瞩目。■

明治天皇

明治天皇（1852—1912年）名为睦仁（人们鲜少使用这个名字），在日本历史上占有极其重要的地位，然而这并非是因为他作为政治家或是日本统治者行使了怎样的政治权力，而是因为他是日本重生的标志。在1868年1月明治维新之前，日本天皇始终都不过是一个象征。在幕府统治时期之中，天皇应在其位于京都的宫殿之中做一个“隐形人”。严格来说，“维新”（“明治维新”英文为Meiji Restoration，意为复辟）从未真正发生过：自1867年2月父亲孝明天皇突然离世之后，明治便已然成为了日本的天皇。

对于那些野心勃勃的大名而言，他们一心希望能够开启日本的现代化进程，于是，若想令这一事业更加合乎法理，他们便需要将天皇推到更高的位置上，否则这样的行为便会成为篡权之举。很明显，他们所迈出的第一步便是强行将天皇迁到了江户，也就是1868年更名后的东京，幕府将军的故宅。直至最后，明治天皇始终都是一个无足轻重的人物。

手握乾坤杀伐权，斩邪留正解民悬

第二次鸦片战争（1856—1860年）

背景介绍

聚焦

帝制中国的衰落

此前

1793年 马戛尔尼勋爵所率领的来华贸易使团在中国碰壁。

约1800年 越来越多的外国人开始用鸦片购买中国的商品，而这也引发了一场国际收支平衡危机。

1839—1842年 第一次鸦片战争结束，清政府将香港割让给了英国，还为其开放了五个通商口岸。

1850—1864年 太平天国运动几乎令中国彻底崩解，也令数百万人失去了性命。

此后

1899年 反对西方势力的义和团运动遭到了八国联军的镇压。这一事件也标志着中国帝制统治的彻底崩塌。

尽管**中国坐拥金山银山**，口岸地区却对西方势力的**进入**加以**严格限制**。

西方商人利用鸦片购买商品，严重损害了中国的经济。

清政府试图**中断鸦片贸易**，而这引发了第一次鸦片战争。

第二次鸦片战争迫使清政府在领土问题和贸易问题上做出了严重妥协。

中国无力抵抗西方势力的入侵，其内部与外部**地位**皆大幅**下降**。

1860年10月6日，在断断续续地经历了鸦片战争这一场长达数年的冲突之后，英美联军占领了帝制中国的都城北京，强迫中国人做出贸易让步。而当欧洲人一把大火烧毁了皇帝华美的圆明园之后，他们的意图便更加明显了。清政府同意进行谈话，并在之后签订了《北京条约》，而这一条约不仅向西方开放了更多的通商口岸，更是将英国与法国的势力范围扩大到了中国南部以及土地肥沃的长江沿岸。大约在七十年之前，英国曾派遣使者来到中国，

参见: 斯蒂芬森的“火箭号”投入使用 220~225页，苏伊士运河的修筑 230~235页，勒克瑙围攻战 242页，明治维新 252~253页，太平天国运动 265页。

位于中国南部的广州港最初是唯一一面向西方商人开放的贸易港口。然而在两次鸦片战争之后，其他许多港口都特别向欧洲敞开了大门。

试图商讨开放贸易的问题，然而却遭到了清政府的拒绝。18世纪末期，清朝是世界上最为富有、人口最多，也最为强盛的国家，尚有自鸣得意的资本；然而到了19世纪中期，深受饥荒与起义问题所困扰的国家事实上已经破产，也愈发受到西方的剥削与欺凌。

起义与反叛

当时的中国内外交困。人口的迅速增长一次又一次地引发饥荒。在1787年至1813年，中国爆发了三次大规模起义，而清政府于17~18世纪花费巨大代价征服来的那些边境省份更是几乎连年处于动荡之中。

1850年，太平天国运动在中国爆发，造成了近2000万人死亡，而到了1864年，这场运动最终成功遭到镇压。此时的清王朝已经愈发软弱无能，基本上已经失去了对于中国的控制权。

西方入侵

西方人正是利用了中国的这一片乱局，进一步削弱清政府的力量。清政府所做出的第一项贸易妥协还相对适度，仅规定所有的中国商品都以白银进行支付。然而自19世纪初以来，越来越多的欧洲商人开始通过贿赂官员这一手段，以廉价种植在印度地区的鸦片购买中国商品。到了19世纪20年代，一年进入中国国内的鸦片便多达5000箱。

清政府试图停止这样的鸦片贸易，而鸦片也让国民更加衰弱，这两个因素共同导致了中国在1839—1842年第一次鸦片战争中的失败，而以英国为首的欧洲列强则在这场战争之中获取了巨大的贸易利益。1856年，西方国家坚持逼迫中国做出进一步让步，而这导致了第二次鸦片战争的爆发，并以1860年《北京条约》的签订而告终。至1900年，中国沿海地区已经遍布了一连串面向西方开放的通商口岸。当时，英国、法国、日本和俄国已然控制了那些曾经是清王朝附庸国的边境国家。至此，饱受动荡所扰的清王朝已然分崩离析。■

义和团运动

19世纪末期，中国正处于一片乱局之中，因此也势必有人会筹谋部署，以期能够终结西方日益上升的统治地位。位于北京的清政府决定进行最后一搏，依据西方的方式进行改革，然而到了1899年，义和团这一主要由年轻男性构成的半地下组织发动了起义，将国内的动荡局面推向了高潮。他们的目标是推翻一切西方势力；这些人认为自己在西方武器的面前是刀枪不入的，得益于这一妄想，他们的目标也多少得以实现。清政府并不能肯定这场起义究竟会成为自己的救赎，还是会反而激发西方的报复行动，于是便也在支持与剿杀之间反复不定。然而最终，起义还是遭到了镇压。由日本等一众国家组成的八国联军被派往中国镇压义和团，到了1901年9月，这场起义已然在恣意的暴力之中遭到了粉碎。

我应该嫉妒埃菲尔铁塔，她比我还要有名

埃菲尔铁塔正式开放（1889年）

背景介绍

聚焦

都市文化

此前

1858年 伦敦爆发的“大恶臭”督促人们建立起一个巨大的排水系统，而这一系统直至21世纪仍在使用。

1863年 世界上第一条地铁线路在伦敦投入使用。

1868年 世界上第一条高架铁路在纽约正式通车。

1876年 洛杉矶安装了世界上最早的电力路灯，伦敦很快也仿效了洛杉矶。

此后

1895年 柏林一家名为阳光房的杂耍剧场成为世界上第一家电影院。

1902年 世界上最早的公共汽车服务在伦敦投入运营。

1889年3月31日，埃菲尔铁塔正式开放，而这一事件也成为1870年至1871年普法战争法国遭普鲁士重创之后，以及后来1914年第一次世界大战爆发之前，巴黎人所夸下的豪言壮语。此时正是“美好年代”，一个巴黎能够、也确实自信地将自己称作是光明之城、超级大都会、世界文化中心，以及文明生活中心的时代。巴黎是一座重生的城市，而如今，古斯塔夫·埃菲尔所设计的铁塔也高高地矗立在了城市中央。这座高达300米的铁塔不仅仅是当时世界上最高的建筑物，也是一座赞颂技术进步的胜利丰碑。

埃菲尔铁塔于*1889*年世博会之时在法国矗立起来。当时，它是世界上最高的建筑。自那之后，埃菲尔铁塔便成为全世界人眼中巴黎的象征。

理想的城市

如今的巴黎是拿破仑三世的杰作。自1853年起，这位法国皇帝便命人将整片区域彻底拆除，以壮观的林荫大道取代过去的中世纪建筑与纵横交错的街道。如此大规模的城市规划还是前所未有的。当时的巴黎人建起了火车站，完善了供水体系，修筑了排水管道，还设计建造了美轮美奂的公园和城市景观。他们的目标是打造一个现代化的都市，不仅能够反映出法兰西王国曾经的辉煌，还要体现出这个国家在当今世界的统治地位。

工业化西方的许多城市都相继进行了类似的城市规划。1850年，人口超过50万的欧洲城市共有三个，分别是巴黎、伦敦和君士坦丁堡；50年之后，九座城市

参见: 斯蒂芬森的“火箭号”投入使用 220~225页，苏伊士运河的修筑 230~235页，埃利斯岛正式开放 250~251页，法国重归共和制 265页。

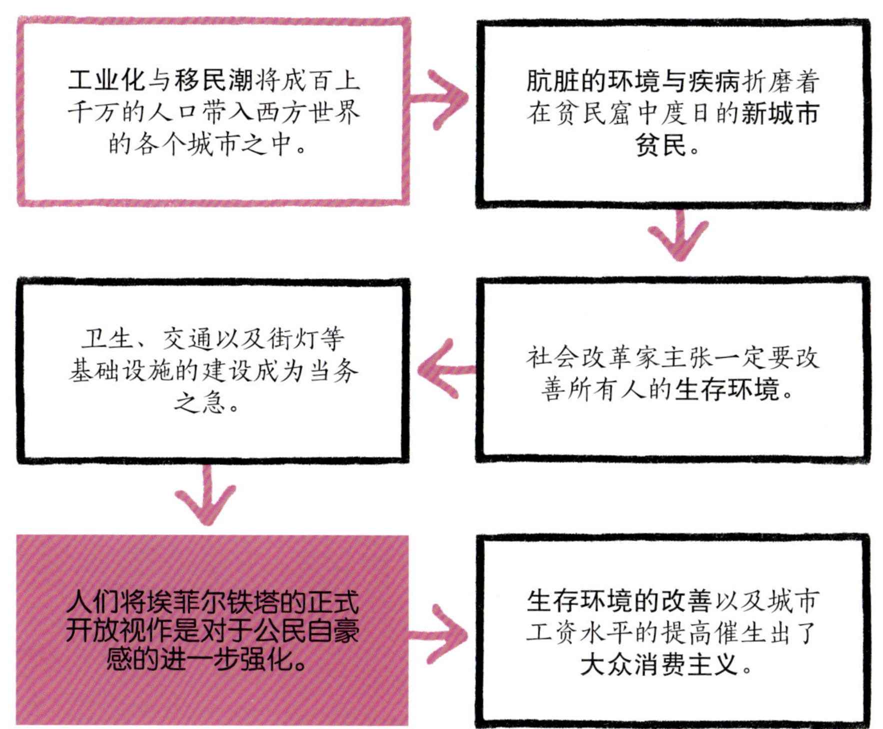

的人口都超过了100万；而到了1900年，伦敦已然成为世界上最大的都市，总人口多达650万。与此同时，美国也取得了同样快速的人口增长。

困难与发明

最初，这样的人口爆炸式增长造成了令人难以置信的城市贫困问题。诸如霍乱与伤寒等疾病早已是司空见惯。越来越多的人逐渐意识到，所有现代城市所需要建设的基础设施不仅仅包括便捷的公共交通和道路网络，还需要大力改进公共健康，尤其是卫生问题。

在这些大都市中，公民的生活质量发生了惊人的变化。这一变化同大众消费主义的发展密切相关，而这也与生活水平提高、工作时长缩短，以及义务教育的推行和基本识字能力与算数技能的普及有着最为直接的联系。除此之外，这也是一个音乐厅、大众剧院，以及此后电影院飞速发展的时代，同时，留声机技术不断提升，报纸发行量逐渐加大，人们对于体育运动的兴趣也愈发浓厚。

在这个人民愈加富裕，娱乐生活愈加丰富的时代，第一批百货公司的出现也是一件十分重要的事情。而在美国，自19世纪90年代以来，摩天大楼这一全新的建筑进一步改变了那里的城市景观。就如此前的埃菲尔铁塔一样，摩天大楼也迅速成为城市生活发生巨大变革的象征。■

地下铁路

1800年至1900年，纽约的人口密度自每平方英里39183人上升到每平方英里90366人，而与此同时，公共交通占用了宝贵的土地，这也进一步加剧了交通拥堵的情况。为解决这一问题，美国采用的方法是以钢梁建设高架于道路上方的铁路。1868年，第一条高架铁路在纽约正式通车。

而在英国，同样的道路空间问题则催生出了地下铁路。使用传统蒸汽引擎的第一条地铁线路是于1863年开通的伦敦大都会铁路。这条线路将帕丁顿与国王十字车站同伦敦市连接在了一起。很快，大都会铁路便得到了延伸，还同区域线连接在了一起，待至1871年，这两条线路几乎已经覆盖了伦敦中心区域的所有地方。1890年，伦敦首次开通了更加快捷、更加安静，也更加清洁的电力地铁服务。很快，巴黎也追随着伦敦的步伐，在1900年开通了以伦敦地铁线路命名的地下铁路，而波士顿也于1897年开通了美国的第一条地铁。

1890年，世界上第一条以电力驱动的地下铁路线路在伦敦建成通车，令市内交通变得更为快捷，也更为可靠。

如果我有能力，我定要吞并其他星球

柏林会议（1884年）

欧洲人通过探索行动进入了**非洲内陆**。这片极具**贸易潜力**的土地令人向往。

欧洲各**殖民力量**之间持续不断的竞争引发了“列强瓜分非洲”这一事件。

欧洲充分利用自身的**经济优势**与**军事优势**，迫使非洲对其敞开大门。

欧洲列强在柏林会议上建立了全新的殖民属地，而这一决定据说也迎合了基督教与“文明”发展的利益诉求。

待至1913年，真正完全独立的国家已然仅剩下**利比亚和埃塞俄比亚**。

背景介绍

聚焦

列强瓜分非洲

此前

1830年 法国开始占领阿尔及利亚。

1853—1856年 大卫·李文斯顿横穿中非地区。

1862年 约翰·斯皮克发现了尼罗河的源头。

1879年 亨利·莫顿·史丹利受雇于利奥波德二世，对刚果地区进行调查。

1882年 英国占领了名义上由奥斯曼帝国进行统治的埃及。

此后

1886—1894年 德国在东非地区建立了领地。

1890年 《英法协约》将撒哈拉地区的控制权授予了法国。

1891—1893年 赛西尔·罗兹将南、北罗德西亚纳入了英国的统治范围。

1899—1902年 英国在布尔战争中夺取了奥兰治自由邦以及德兰士瓦共和国的控制权。

严格来说，柏林会议并未促成1880年后欧洲迅速占领非洲这一事件，然而，它却进一步维护了欧洲自身所主张的权利，逼迫那个在欧洲人眼中落后、无知而又野蛮的大陆向他们敞开了大门。柏林会议召开于1884年到1885年的那个冬天，其发起人是德国宰相奥托·冯·俾斯麦，另有14个国家的代表出席了这次会议。会议的目的之一是通过制定各国一致认可的殖民规则，令非洲被迫沦为欧洲附庸这一事件合法化，同时也能够避免以法国和英国为首的

参见：苏伊士运河的修筑 230~235页，勒克瑙围攻战 242页，第二次鸦片战争 254~255页，祖鲁王国的兴衰 264页，苏丹建立起一个马赫迪伊斯兰教国家265页，（第二次）布尔战争 265页，印度独立与印巴分治 298~301页，恩克鲁玛为加纳赢得独立 306~307页。

欧洲各殖民力量之间爆发冲突。除此之外，这次会议也被视作是结束奴隶贸易的手段之一，而它也发挥了不逊于基督教传教士的作用。同时，会议还为德国和比利时这两个没有殖民统治历史的国家铺平了成为重要帝国力量的道路。对于想要挑战英国与法国权威的德国而言，柏林会议也就等同于其自身向前迈出的一大步。在它看来，假若那两个国家能够以拥有大量殖民领地为傲的话，自己也同样应当如此。

欧洲占领非洲

沦为殖民地之前，非洲大陆上有一众各式各样的国家和地区，有的有着清晰的界限，有的则只是松散的部落，例如，先进的埃及与赤道非洲地区的刚果之间就有着明显的差异。欧洲人最早占据的非洲领土是沿海地区以黄金贸易和奴隶贸易为支撑的贸易站点。此时的欧洲人还未能进入非洲内陆，然而自19世纪初期欧洲人成功挺进这一地带以来，他们在非洲的殖民活动便势头大增。后来，随着局势的不断紧张，非洲几乎完全为欧洲人所征服。从本质上看，非洲殖民地之间的接线完全属于人为划分，不过是一条条为满足殖民力量的需求而在地图上画下的分界线。殖民者全然不在意那些地区究竟有着怎样的历史和文化，而当地所有的抵抗力量最终都遭到了军事手段的粉碎。

比利时与德国的统治

1885年，比利时国王利奥波德二世宣布建立刚果自由邦。表面上看来，这里是一个模范式的殖民地，为人道主义与自由贸易的发展而服务；然而事实却全然并非如此。

利奥波德二世将刚果自由邦视为自己的私人领土，他在那一地区的暴行几乎引发了种族灭绝。人们永远无法得知确切的数字，但是刚果人的死亡人数很可能是在200万到1000万。欧洲人在非洲攫取了大量的财富，包括象牙、橡胶、黄金还有钻石，然而，非洲人却为此付出了无比惨痛的代价。■

在这幅维多利亚时期的漫画之中，赛西尔·罗兹被描绘成了一个跨立在整片非洲大陆上的巨人。他坚定支持殖民活动，为大英帝国争取利益。

赛西尔·罗兹

没有人比赛西尔·罗兹更加热情地拥护大英帝国在非洲地区的统治。赛西尔·罗兹是一位商人，同时也是政治家与帝国主义的坚定支持者。在他的设想之中，从非洲最北端的开罗到最南端的开普敦，整片大陆都应成为英国的殖民地。罗兹通过在南非地区采矿并售卖钻石而起家，之后便始终致力于推动实现自己这一大胆的设想。他成功将北罗德西亚（如今赞比亚的一部分）与南罗德西亚（如今的津巴布韦）开辟为了英国的领土，而这两个地方也都是以他的名字命名的。1890年，赛西尔·罗兹成为英国在开普敦殖民地的总理，自那以后，他不断策划着推翻布尔共和国，而这也最终使其不得不在1895年结束自己的政治生涯。从某种程度上来说，罗兹或许是最为理直气壮的帝国主义者，他不仅随时做好了扩大英国殖民统治的准备，还坚信推动这一进程便是自己的职责所在，而这一切都是为了维护他口中所谓欧洲不证自明的统治地位。

我的人民将会了解民主的原则、真理的决定，以及科学的教诲

青年土耳其革命（1908年）

背景介绍

聚焦

土耳其现代化

此前

1798年 法国入侵埃及，致使奥斯曼帝国在1805年丢掉了这个国家。

1830年 希腊获得独立，而这也标志着奥斯曼人失去了其在巴尔干地区的第一块领土。法国开始征服阿尔及利亚。

此后

1912—1913年 奥斯曼土耳其帝国在巴尔干战争中遭遇了耻辱性的失败。

1914年 奥斯曼土耳其帝国参与到第一次世界大战之中，同德国站在了同一阵营。

1920年 奥斯曼土耳其帝国在第一次世界大战中战败后被迫签订了《色佛尔条约》。后来，穆斯塔法·凯末尔带头发动起义，反对这一惩罚性条约。

1923年 《洛桑条约》划定了现今土耳其的国界；凯末尔发起了一项现代化计划。

奥斯曼土耳其帝国意识到自己逐渐**无法掌控**自己的帝国，也难以与**西方国家**相匹敌。

奥斯曼帝国的苏丹试图推行**西方化改革**，然而却并未全心全意地推动这一计划。

阿卜杜勒·哈米德二世的统治专制且腐朽，且愈发受到西方国家经济利益的支配。

青年土耳其革命对国家的现代化改革起到了推动作用。然而，这场革命却无法提供任何长久之计，难以挽救日渐衰落的土耳其。

奥斯曼帝国**在第一次世界大战之中的战败**为国家带来了极大的打击，但却也在同时推动了**世俗化共和国的建立**。

奥斯曼帝国中一些民族主义情绪高昂的军官对国家接连失掉自己的领土这一情况倍感失望，于是便在1908年7月策划发动了青年土耳其革命。这场革命迫使帝国的统治者——无能却专制的苏丹阿卜杜勒·哈米德二世重新确立了君主立宪制统治。1909年，哈米德被迫让位于自己的弟弟穆罕默德五世，然而事实上，这位苏丹却不过是一个傀儡。

青年土耳其革命并未能终止奥斯曼帝国的衰落，却在很大程度上凸显了当时社会中两个派别

参见: 斯蒂芬森的“火箭号”投入使用 220~225页, 1848年欧洲革命 228~229页, 苏伊士运河的修筑 230~235页, 千人军远征 238~241页。

（一派拥护土耳其的伊斯兰文化价值观，另一派则更加开明，认为只有西方式改革才能为土耳其带来救赎）之间的矛盾。

领土面积缩小

1800年，尽管土耳其已经一次又一次地败在了俄国军队的手中，但国家却仍旧统治着从巴尔干半岛、中东地区一直延伸至北非地区，横跨许多国家的一大片广袤帝国。

1830年，也就是法国开始征战阿尔及利亚的那一年，希腊获得了独立；而到了1878年，塞尔维亚、黑山、保加利亚以及罗马尼亚也都相继取得独立。1881年，突尼斯也为法国所占领。

青年土耳其革命结束了，奥斯曼土耳其帝国的衰落却并未终止。而1912年至1913年爆发的巴尔干战争则几乎令土耳其失去了其在欧洲地区剩余的所有领土。

奥斯曼帝国在19世纪末期没有能力保卫自己的国土，逐渐被扣上了“欧洲病夫”的帽子。而国家在第一次世界大战之中的战败也令其失去了更多的领地。

致命的联盟

巴尔干危机之后，奥斯曼帝国军政府便发起了一项改革运动，以西方为模型对国家进行现代化改造。1914年10月，土耳其作为同盟国的盟友参与到第一次世界大战中。他们坚信，有了德国军队的帮助，自己便能够重新在世界上发挥从前的影响力；然而，这一决定却是一个灾难性的错误。1918年，土耳其一方战败，国家的领土仅剩下安纳托利亚这一块腹地。

1920年的《色佛尔条约》在很大程度上是英法强加给土耳其的，然而这份条约却进一步凸显了该国在第一次世界大战中战败时所遭受的创伤。《色佛尔条约》不仅确实令土耳其丢掉了自己的领土，还将国家西部的大片土地分给了希腊，这使土耳其国内爆发了由穆斯塔法·凯末尔所领导的民族主义反抗运动，穆罕默德五世的统治被推翻。

凯末尔领导之下的土耳其正是一个集权式的西方化国家，土耳其也逐渐成为青年土耳其革命中民族主义改革者曾为之斗争的那个世俗化国家。■

凯末尔·阿塔土克

穆斯塔法·凯末尔·阿塔土克（1881—1938年），阿塔土克是土耳其国会于1934年时赐予凯末尔的名字，意为“土耳其人之父”。他是土耳其共和国的创立者，也是国家的第一任总统。他出生于1881年，曾作为军官参与到青年土耳其革命之中。在1915年至1916年，凯末尔率军在达达尼尔海峡保卫战中作战，并在其中取得了卓越的功绩，成功击碎了英法联军试图征服土耳其西部的野心。

第一次世界大战结束之后，土耳其战败，凯末尔便在此时建立了临时政府。1923年，《洛桑条约》划定了土耳其的边界线，而西方也同意建立一个全新的土耳其共和国。于是，凯末尔便发起了一项改革计划，对社会与政治进行彻底改造，以期令土耳其转变为一个现代的西方化共和国。无论在将土耳其引入现代世界的这一过程之中有着多少艰辛，土耳其都确实在凯末尔的带领之下成为一个具有凝聚力的世俗化政治体。

要行动，不要空话

艾米丽·戴维森之死（1913年）

背景介绍

聚焦

女性参政权

此前

1869年 全国妇女选举权协会以及美国妇女参政权协会相继成立。

1893年 新西兰成为第一个将投票权授予女性的国家。

1897年 妇女选举权社会联盟在英国成立，希望能够以和平手段争取选举权。

1903年 埃米琳·潘克赫斯特在英国成立妇女社会政治同盟。选举权运动开始向着暴力方向发展。

此后

1917年 全国妇女党开始在白宫门口进行抗议，而这次抗议后来持续了30个月。

1918年 30岁以上（包含30岁）的所有英国女性都获得了投票权。

1920年 21岁以上（包含21岁）的所有美国女性都获得了投票权。

越来越多的女性接受过教育，并在社会中从事专业工作，而这也**提升**了她们对于投票权的**期待值**。

在以英国和美国为首的一些国家之中，社会团体先后成立，**为女性争取选举权**。

妇女社会政治同盟之中的一些激进分子**遭到逮捕，并被投入监狱**。

艾米丽·戴维森之死开始令全世界关注女性投票权的问题。

女性在战争之中的贡献**凸显了她们的能力**。1918年，英国女性获**得了投票权**，而美国女性也在1920年获得了这一项政治权利。

1913年6月4日，艾米丽·戴维森踏上了英国最为著名的赛马场德比赛马场，被英王查理五世的赛马踩翻在地。四天之后，戴维森不幸离世。人们并未能得知这一事件究竟是一次不太顺利的抗议示威，还是一次主动的殉道行为。然而，这次破坏行为却符合妇女社会政治同盟的典型做法，而戴维森正是在1906年加入了这一组织。

英国：妇女参政权论者

这一时期，西方女性已经开始觉得自己（包括其他地区的女

参见:《独立宣言》的签署 204~207页, 巴雪戴尔战役 270~275页, 华盛顿大游行 311页, 1968年巴黎学生起义 324页, 纳尔逊·曼德拉获释 325页。

艾米丽·戴维森为使人们关注女性投票权问题，冲向了乔治五世的赛马，之后，她本人、赛马安玛尔，以及骑师赫伯特·琼斯都躺在了埃普瑟姆赛马场的跑道上，而这位争取选举权的女性则是唯一一个在该事件之中死亡的。

性）不应被视为二等公民。在诸如英国与美国等国家中，越来越多的男性获得了投票权，而这令女性不禁产生了疑问——为何自己不能拥有同样的权利？1903年，埃米琳·潘克赫斯特创立了妇女社会政治同盟，旨在利用激进的手段进一步推进这一事业。同盟的口号是“要行动，不要空话”，而这些妇女参政权论者的手段也开始变得愈发激烈。她们用铁链将自己拴在公共建筑物上，还时常扰乱会议的正常进行；很快，这些行为便升级为砸碎商店橱窗，甚至投掷炸弹。

妇女社会政治同盟之中更为激进的成员一次又一次地遭到逮捕，并被投入监狱：潘克赫斯特本人就曾七次被判入狱，戴维森更是多达九次。1909年，同盟成员开始在狱中实施绝食抗议，然而，他们最终却遭受了强灌食物这个痛苦而又带有侮辱性质的回击。

美国：妇女参政扩大论者

美国妇女政权扩大论者的经历也与之极其相似。基督教妇女禁酒联盟便以和平手段争取女性权利，声称女性若是没有投票权，便无法影响政治决定。

然而，1916年成立的全国妇女党却仿效了妇女社会政治同盟的激进手段。鉴于该同盟的创建者爱莉丝·保罗在1907年至1910年曾是妇女社会政治同盟之中的一员，还曾三次入狱，这样看来，全国妇女党实施激进策略便也不足为奇了。

最终的胜利

第一次世界大战爆发之时，妇女社会政治同盟便终止了活动，转而开始为战争提供支持。女性在战争期间做出的贡献彰显出了她们的价值，她们绝不仅仅是传统观念中的妻子和母亲，还能够承担起更加重要的社会角色。1918年，英国30岁以上的女性获得了投票权；1928年，英国更是将拥有投票权的年龄限制降低到了21岁。

同时，在大洋彼岸的美国，全国妇女党的抗议活动一直持续到1919年国会通过宪法第九条修正案为止。第二年，修正案正式生效，女性同男性一样拥有了投票权。■

埃米琳·潘克赫斯特

埃米琳·潘克赫斯特（1858—1928年）或许是那些为妇女参政权而斗争的女性之中最有名的一位，也是20世纪早期活跃在政治舞台之上的女性典范。她出生在英格兰北部一个相当体面，同时又在某种程度上具有左倾倾向的中产阶级家庭之中（婚后也始终生活在这样的环境里），而这样的出身也令她更加坚定了自己为女性争取权利的决心。事实证明，她的这一决定引发了巨大的争议。埃米琳十分执着，也分外活跃，拒绝做出任何妥协，且毫不畏缩。她所领导的妇女社会政治同盟展现出了坚定的决心，为女性参政权而“深入敌营”。随着时间的推移，埃米琳愈发准备好利用更加暴力的手段确保她们的目标能够得以实现，而这同时也令她失去了许多本可以成为其支持者的人，男性和女性皆包括在内。尽管如此，她拒绝妥协的坚定信念以及其追随者的热忱在当时那个自鸣得意的男性政治世界之中注入了一股全新的女性主义斗争精神。

延伸事件

瓜分波兰
（1772—1795年）

在1569年到18世纪，波兰与立陶宛两国共同构成了波兰立陶宛联邦，而这个位于欧洲北部的联邦也是当时欧洲面积最大的国家。1772年，联邦强大的邻国奥地利、普鲁士和俄国逐渐通过一系列吞并行为一点点蚕食了国家的领土，并最终在1795年彻底瓜分了整个国家。俄国占领了联邦的东部一半，普鲁士占领了北部，而奥地利则分到了中部和南部地区。将这些波兰国家收入囊中之后，这三个强大的欧洲国家迅速壮大了自己的实力，而那些波兰爱国者只得为争取独立而斗争，最终于1918年取得了成功。

锡克帝国的建立
（1799年）

兰吉特·辛格（Ranjit Singh）统一了印度北部旁遮普地区内部及其周边一众大大小小的锡克国家，并成功在1799年创建了一个强大的锡克帝国。在帝国的建立以及防卫过程之中，国家动用了锡克领袖纳瓦布卡普尔·辛格于18世纪30年代创建起来的强大军事组织“卡尔沙”。帝国的统治维系了50年的时间，但最终还是落入了英国人的手中。尽管国家并未能长久存在下去，但它却在很大程度上将锡克人团结在了一起，也将这群人同旁遮普地区紧紧联系在了一起。

美国第二次独立战争
（1812—1815年）

1812年，美利坚合众国正式向英国宣战。美国人希望能够通过这次战争解决一系列问题，包括英国向美国施加的贸易限制、强行征用美国商船船员，以及英方出力支持美国原住民，让他们站出来反对联邦当局向西部的领土继续进行扩张等。这场战争的战场遍布北美大陆，其中发生的事件包括美国侵入加拿大失败、1814年英军火烧华盛顿，还有1815年美军在新奥尔良取得关键性胜利。在战争持续了两年多以后，大多数地区都已恢复到了战前状态。然而，这场战争进一步加深了美国的民族意识，与此同时，战争也确立了加拿大作为大英帝国领土一部分的国家地位。

祖鲁王国的兴衰
（约1816—1887年）

恰卡（Shaka）是祖鲁部族的统治者，也是一位精力充沛的领袖。1816年，他征服并统一了非洲东南部恩古尼民族之中的大多数族群，以此建立了祖鲁王国。当时的祖鲁王国需要同两批好战的入侵者进行斗争——布尔人（开普省荷兰定居者的后裔）与英国人。1879年，英国人入侵了祖鲁王国的领土。最初，英军在伊散德尔瓦纳一战中受挫；然而很快，他们便凭借着自己强大的火力占据了上风。英国将祖鲁王国分为了许多块，并最终将其纳入了自己的帝国。

血泪之路
（1830年）

1830年，美国国会通过了《印第安人迁移法》。该法案将密西西比河以西的土地分给了美国原住民，以此换取他们在国家东部边境线之内的土地。尽管从理论上来看，这份迁移法是本着自愿原则的，然而事实上，数以万计的印第安人都自自己的家园中遭到了驱逐，被迫开始了一场西向行进，而他们所走过的道路便是我们如今所说的“血泪之路”。被迫迁移的人主要包括切罗基人、巧克陶人、契卡索人、克里克人以及塞米诺尔人。仅就切罗基人而言，便有约4000人死在了前往西部的路途之上。

爱尔兰饥荒
（1845—1849年）

19世纪40年代，爱尔兰境内迅速增长的农村人口遭遇了一系列极其严重的马铃薯作物歉收，而这种作物却是当地农民的主食。当时，马铃薯疫病很快便在潮湿的气候中传播开来，最终令许多农民颗粒无收。于是，约有一百万左右的人口因饥饿而死，另有一百万人或是迁往了英国，或是移民至北美洲。饥荒结束之后，许多土地所有者又以地产“合理化”的名义将住户驱离了自己的家园，于是，爱尔兰人口的外迁活动便继续了下去，而他们的首要目的地便是美国。这次马铃薯饥荒是爱尔兰历史上一次危害极大也至关重要的事件：自那以后，爱尔兰的人口再未能恢复至饥荒发生以前的水平，而人们对于英国政府处理不当的怨言也始终未曾消退。

太平天国运动
（1850—1864年）

到19世纪中期，清王朝的统治已然腐朽至极，渴望变革的人也不计其数，而由宗教领袖洪秀全所率领的一群人便是其中的一股反叛势力。1853年，洪秀全的追随者攻入南京，很快便占领了这座城市。太平天国运动迅速得以壮大，其势力几乎遍布全国，没过多久便演变为一场拥有数十万参与者的战争。最终，清政府成功在欧洲军队的支持之下镇压了这场反叛，然而却有数百万战士和平民在这场战争中失去了生命。尽管太平天国运动未能取得成功，但它却仍旧在极大程度上削弱了清政府的统治，而在这之后，愈发受制于外国势力的清政府也不过继续维系了半个世纪的统治。

克里米亚战争
（1853—1856年）

1853年，当俄国与土耳其之间爆发战争时，法国与英国对这场战争进行了干涉，站在土耳其一方，派遣联合军队入侵克里米亚，还包围了俄国港口塞瓦斯托波尔。这场战争伤亡惨重，尤其是俄国一方，直到他们同意签订和平条约，情况才开始好转。在克里米亚战争之中，英国骑兵发动了“轻骑兵的冲锋”这一恶名昭著的自杀式突击，而类似的错误还有很多，平白令无数人失去了生命。此外，克里米亚战争之中还涌现出了许多医疗卫生改革者，例如弗罗伦斯·南丁格尔；这些人努力改进伤者的护理工作，同时也试图提高护理人员的水平，并对军事医院和平民医院之中的护士进行培训。

法国重归共和制
（1870年）

1870年，法国皇帝拿破仑三世在普法战争的色当战役之中投降，并遭到了俘虏。法国议会宣布成立共和国，希望这个全新的政体能够在新一任君主诞生之前发挥临时政府的作用。然而事实证明，人们无法在全新君主政体的宪法框架问题上达成共识，亦无法决定由谁来担任君主。1871年选举过后，法兰西第三共和国的延续成为了定局，国家首脑为总统，还设立了由男性选民选举产生、负责制定国家法律的众议院。法兰西第三共和国一直存在到了1940年，并为第二次世界大战后法国政体的确立提供了模型。

苏丹建立起一个马赫迪伊斯兰教国家
（1885年）

1881年，苏丹领袖穆罕默德·艾哈迈德宣布自己是马赫迪（一些伊斯兰教传统信仰之中的救世主式人物），同时向统治着苏丹的埃及政府（尽管这两个地方事实上都处于英国的统治之下）发动了起义。艾哈迈德令人包围了喀土穆，尽管英国总督查理·乔治·戈登曾做出防卫行动，但苏丹依旧在1885年成功攻下了那里。1898年，苏丹马赫迪王国终究还是败在了基钦纳勋爵的手下，自那以后，苏丹便开始由英国和埃及联合统治。

（第二次）布尔战争
（1899—1902年）

1899—1902年的战争是布尔人（南非地区的荷兰后裔）与英国人之间爆发的第二次冲突。战争之初，布尔人通过在乡村地区游击作战的方式占据了上风，然而很快，英国人便开始实行“焦土政策”，还俘虏了许多妇女和儿童。约有两万人死在集中营中，而布尔人也丧失了独立。战争过后，许多得以幸存下来的布尔人都陷入了贫困的泥淖之中，然而，战争却也激发了他们的民族主义热情，还间接令阿非利卡人（布尔人）于20世纪之中在南非政府占据了主导地位。

墨西哥革命
（1910年）

墨西哥革命开始于1910年，最初是由弗兰西斯科·马德罗所领导的。这场革命成功推翻了独裁者波费里奥·迪亚斯长达35年左右的统治。然而，新成立的共和国却无法阻止派系武装斗争以及内战的爆发，而这两大矛盾也一直到1917年新宪法的起草与1920年新政府的选举产生才得以画上句号。在接下来的二十年里，墨西哥推行了一系列重要的改革措施，举例而言，国家面向农民与印第安族群进行了土地再分配，并在1938年将石油收归了国有。

THE MODERN WORLD
1914–PRESENT

当今世界
1914年至今

俄国起义致使沙皇退位。**列宁**呼吁进行**革命，布尔什维克党人**于十一月夺取了政权。

1917年

纽约证券交易所**股市崩盘**，损失高达数亿美元，而这场**金融灾难**也令整个世界陷入了大萧条之中。

1929年

希特勒**入侵波兰**，英国与法国**向德国宣战**；这场战争持续了六年之久，并成为世界历史上死伤最为严重的战争。

1939年

英属印度分裂成了两个**独立的民族国家**——以印度教徒为主的**印度**和以穆斯林为主的**巴基斯坦**。

1947年

1919年

第一次世界大战结束（*1918*年），*1919*年*6*月，《凡尔赛条约》正式签订。**德国的领土**遭到**剥夺**、**军队**遭到**削减**，还不得不支付**巨额赔款**。

1934—1935年

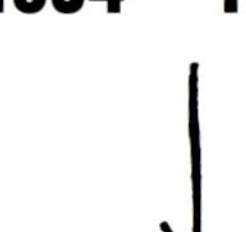

为摆脱南部地区国民党军队的追击，由**毛泽东**率领的八万名**共产党人**一路向北，开始了艰险的**长征**。

1942年

纳粹官员集聚在万湖，制定消灭犹太人的计划，而**在这场犹太人大屠杀之中**，共有超过*600*万人**遇害**。

1948年

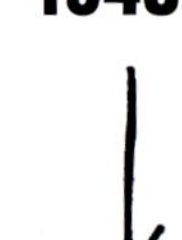

犹太人在巴勒斯坦地区建立了**犹太国家以色列**，而在此前的三十年之中，这一地区始终处在英国的统治之下。

以历史视角来看，近一个世纪以来所发生的事件难免会更加多变，更加难测。20世纪中期的历史文献或许会将近代时期视作是一段充满了灾难的岁月，因为在这一时期，自由文明取得的所有政治进步与经济进步都遭到了挥霍。然而到了21世纪初期，人们却似乎逐渐看到了当今世界与第一次世界大战爆发之前那个世界之间的延续性，资本主义经济全球化与重大科技进步成为这一时期的最大成就，而人口的急速增长与生产力的迅速提升也变成了这一时期的标志。

两次世界大战

在1914年至1950年，整个世界经历了巨大的动荡。约有1亿人在这期间的两场世界大战中失去了生命，而这样巨大的伤亡也令这两场战争成为迄今为止历史上破坏性最大的冲突。战争之中的杀戮令欧洲文明与科技这两个19世纪传统观念之中象征着“进步”的支柱看起来黯然失色。德国这一常被视作是欧洲“文明”典范的国家沦为了独裁专政与种族灭绝大屠杀的始作俑者。人们利用科学创造出了许多具有大规模杀伤性的武器，其中便包括毒气与原子弹。即便是在两次世界大战之间那一段相对和平的岁月里，全球资本主义经济也未能有效运作，经济大萧条所引发的经济颓靡令民主政体与自由市场的发展陷入了停滞甚至是倒退。

意识形态之战

第二次世界大战结束之后不久便爆发了冷战，以美国为首的“自由世界”与社会主义国家集团之间形成了对峙局面。双方不但没有进行裁军，还进行了一场有可能引发巨大灾难的核武器军事竞赛。与此同时，经济衰败且士气低落的主要欧洲国家开始意识到自己已然无法在殖民人口极力争取自由的局面之下维系帝国的统治。刚刚获得独立的国家则成为资本主义制度与共产主义制度之间意识形态斗争，甚至是军事战争的战场。

最终，令一切尘埃落定的还要属经济。资本主义逐渐展现出了其自身推动经济大规模增长的能力，在那些更为发达的国家之中创

埃及领袖纳赛尔宣布将**苏伊士运河**收归国有。英国、法国及以色列**入侵埃及**，美国强制实行停火协定，三国军队从埃及**撤军**。

1956年

1957年

克瓦米·恩克鲁玛通过**和平手段**自英国人那里争取到了**加纳的独立**。待至*20*世纪*70*年代，非洲的大多数国家都已取得了独立。

古巴导弹危机期间，在整整*13*天的时间里，全世界都处于古巴与美国之间可能爆发**核战争**的威胁之中。这一争端最终通过**外交手段**得以解决。

1962年

1965年

美国派兵前往**越南南部**，试图阻挠**共产主义**的传播，却就此卷入了一场历时九年的战争。

东德政府撤销了对于民众的旅游限制，成千上万人一同**推倒了柏林墙**；共产主义在德国崩塌。

1989年

1991年

由英国计算机科学家蒂姆·伯纳斯·李所发明、世界上**最早的网站**（万维网）正式上线，从这以后，学者便可以在网络上**分享信息**了。

*9*月*11*日，**伊斯兰极端分子**向美国发起了一场严重的**恐怖袭击**。近*3000*人在这次灾难中失去了生命。

2001年

2022年

世界人口超过80亿；全球面临的重大挑战便是在不破坏**生态环境**的前提下改善人们的**生活水平**。

造出了无比繁荣的消费社会。与之相比，20世纪80年代的苏联却面临着严重的经济萧条局面，无法满足人口日益增长所诞生的需求。很快，社会主义制度便在苏维埃阵营之中彻底崩塌。

社会主义诞生之后，政治学家法兰西斯·福山创造出了“历史的终结”这一说法；在他看来，西方自由民主制度才是“唯一的选择”。当然，在20世纪末期，自由主义颇有乘风破浪之势：1950年，欧洲仅有少数几个国家实行民主制；然而50年之后，所有欧洲国家都已然成为民主国家。

进步与悲观主义

自20世纪60年代以来，人们对于公民权利的激烈争夺在诸如种族平等与性别政治等领域之中推动了自由主义理念的发展。这一时期中的经济繁荣也格外引人注目。待至21世纪之初，拉丁美洲与亚洲大部分地区的生活水平已经得到了极大的改善。尽管世界人口大规模增长，然而许多人曾经预测的食物供给不足现象却并未出现。人们将应对环境破坏这一问题视作是未来的一项重大挑战，以抑制人口增长与经济繁荣所带来的负面影响。

毫无疑问，从公民文化素养的提升到人类平均寿命的延长，再到航空航天技术与计算机技术所实现的飞越，人类在20世纪取得了巨大的进步。然而，并非所有人的态度都是积极乐观的。即便不将环境问题纳入考虑，未来也依旧存在着许多显而易见的威胁：令一众世界强国深陷战争泥淖的中东政治乱局；恐怖主义的暴行；由经济不平等所引发的大规模移民；金融动荡与市场崩盘；还有伴随着环球旅行而传播蔓延的流行疾病——这些都是足以令悲观主义者为之忧心的问题。历史并不能帮助我们对未来进行准确的预测，然而历史唯一能够告诉我们的是，一切意料之外其实都应在意料之中。■

你常希望自己已经不在人世

巴雪戴尔战役（1914年）

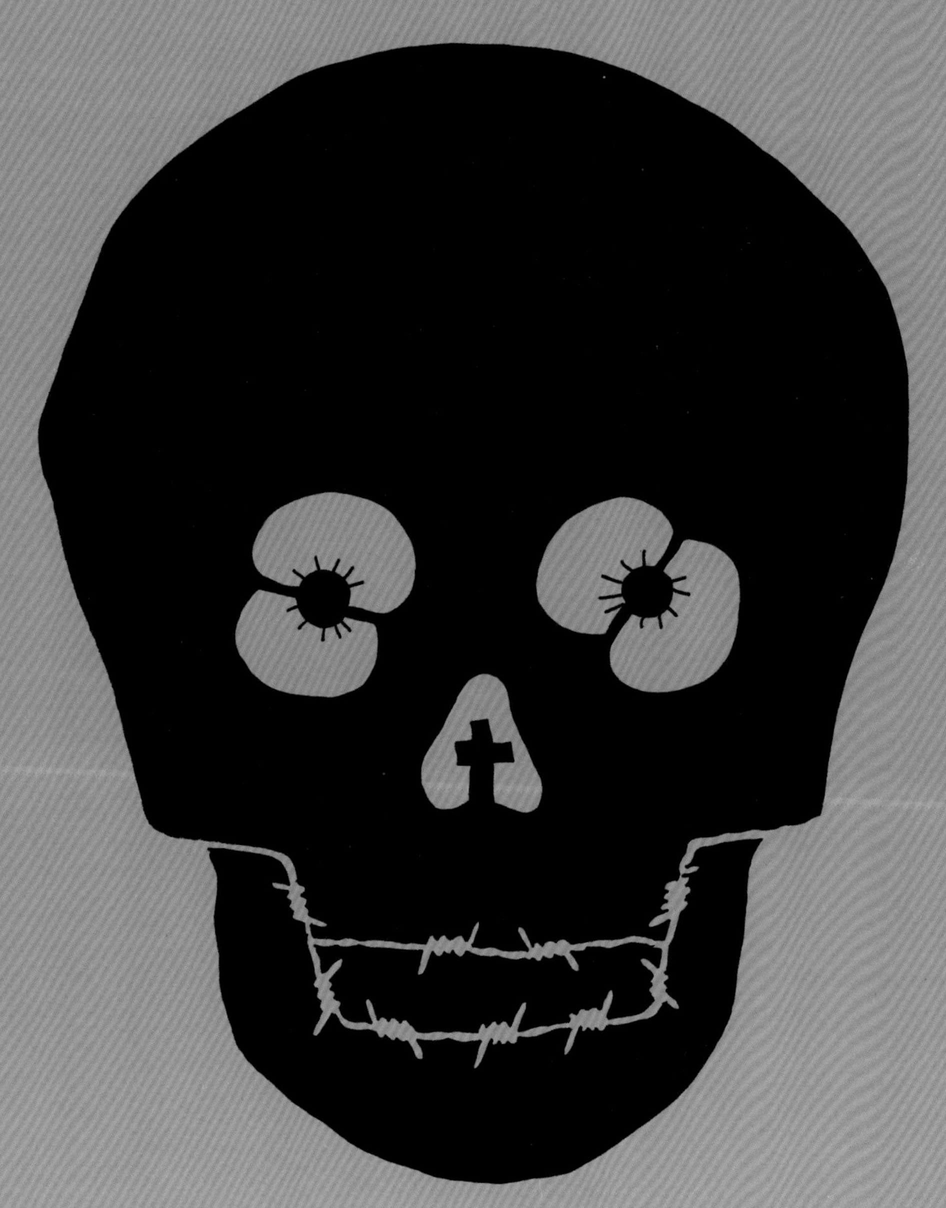

背景介绍

聚焦

第一次世界大战

此前

1870—1871年 普鲁士在战争中击败了法国，建立起一个强大的日耳曼帝国。

1887年 德国下令大规模建造船只。

1912年 巴尔干战争爆发，令奥匈帝国对塞尔维亚的态度变得更为强硬。

此后

1916年 英国与法国举行秘密会谈，签订了《赛克斯-皮科协定》，瓜分奥斯曼帝国。

1918年11月9日 德意志帝国皇帝威廉二世退位，其帝国政府也一并崩塌。

1919年 巴黎和会上，第一次世界大战中的获胜方迫使德国接受了《凡尔赛和约》之中规定的严苛条款。

巴雪戴尔战役又称第三次伊珀尔战役，是第一次世界大战期间发生在比利时伊珀尔周边一场针对德意志帝国前线的大规模进攻。当时，德意志德国控制了比利时沿海地区的诸多港口，并利用这些地方来攻击英国的船只，而协约国的目标便是推进至比利时，从德意志手中夺回那些港口。协约国军队所面临的最大挑战便是如何突破德军在西弗兰德山脉的防御阵地，而他们若想取得成功，关键便在于拿下巴雪戴尔这座村庄。

这场战役自1917年6月7日便进入了准备阶段，德军的阵地经历了整整两周的狂轰滥炸。没过几天，倾盆而下的大雨便将这一地区变成了一大片泥沼，而协约国军队（由英国、法国、加拿大和澳大利亚军队构成）也深陷其中。等到他们终于在11月6日攻占了巴雪戴尔时，整座村庄俨然只剩下残垣断壁。这场冲突令协约国成功向前推进了8公里，却也令30万名协约国士兵丢掉了性命，而德军一方的阵亡人数也达到了26万。巴雪戴尔战役虽称得上是英国方面取得的重大胜利，却也同时成为无用之战中的“典范”。

在巴雪戴尔战役之中，士兵的作战环境极其恶劣。这些机枪射手无处隐蔽，只得将炮弹造成的凹陷作为临时藏身处。

秘密外交

导致第一次世界大战最终爆发的主要是两场冲突：一场是德意志帝国与法国之间的冲突，另一场是俄国与奥匈帝国之间的冲突。长久以来，德国与法国始终相互厌

战壕中的生活

第一次世界大战爆发之初，战争双方在一场场战役中迅速移动，战火波及了绵延数百公里的地区。当时没有哪一方觉得战争会在一个地方一直打下去，也没有人想到要利用防御战壕进行作战。

早期的战壕都是小型的土沟，但是后来的战壕却逐渐变得精巧，还会利用木架和沙袋进行加固。德国的战壕则更加复杂，其中甚至还配备有电力和厕所。白日里，战士们尽力躲避着敌人的炮火，处理日常事务。有时，战壕中满是老鼠和虱子，还会被水淹，甚至水还会结成冰。生活在这样的环境中是一件令人无比疲惫的事情，且士兵们平日里只能依靠罐装食物果腹，亦没有什么值得慰藉的东西。

士兵们无时无刻不面临着危险：狙击手只要看到有人将头伸出战壕便会进行射击，而突击队也会将手榴弹扔到战壕之中。战壕时常会受到炮弹、子弹还有毒气的攻击。这一切都令战争变成了一场无休无止的消耗。

参见： 千人军远征 238~241页，俄国解放农奴 243页，十月革命 276~279页，《凡尔赛和约》 280页，纳粹入侵波兰 286~293页。

全欧洲的灯都熄灭了。我们此生都再也无法看到它们重新点亮的那一刻。

——爱德华·格雷爵士，英国外交大臣（1914年）

恶，而这样的情绪在1870年时达到了高潮——法国在普法战争中屈辱地败给了德国，而阿尔萨斯以及洛林的大部分地区也沦为德国附庸。

放眼东欧地区，奥匈帝国与俄罗斯帝国始终就谁在巴尔干地区拥有最强话语权这一问题而争论不休。两国都需要通过该地区到达地中海，而双方也始终都以猜疑的眼光注视着彼此的一举一动。

这样的国家需要同盟的支持。1882年，奥匈帝国、德意志帝国与意大利结成了三国同盟，承诺在战争爆发时相互提供军事支援。后来，到了19世纪90年代，俄国又同法国签订了协议，在同德国开战时保护对方。待至世纪之交，德意志帝国皇帝威廉二世发表了极具煽动性的民族主义演说，还对海军进行了扩充，逼迫英国同法国建立了紧密的联系。1904年，英国与法国达成了“挚诚协定”，结为同盟，而到了1907年，俄国也加入了这一同盟，这三国便是后来的协约国。国与国之间的相互竞争营造出了一种危机感。

战争爆发

到了这时候，一点点火星便可以点燃两个对立同盟之间的敌对之火。1914年6月28日，一名前波斯尼亚的塞尔维亚人在萨拉热窝刺杀了哈布斯堡王位继承人弗朗茨·斐迪南大公，点燃了第一次世界大战的战火。奥地利方面怀疑这一次袭击是其在巴尔干地区的最大敌人塞尔维亚人所为。在确定同盟德国与奥匈帝国会向自己提供支援后，奥地利于7月23日向塞尔维亚发出了最后通牒，要求塞尔维亚人停止一切针对奥匈帝国的行动。塞尔维亚接受了他们的大部分要求；然而，奥匈帝国却仍旧选择在7月28日向塞尔维亚宣战。英国呼吁进行国际调停，但这场危机依然迅速升级为了一场全欧洲范围内的战争。俄国动员军队，准备同奥匈帝国开战，而德国也在8月1日向俄国宣战，并又在两天之后向法国宣战。8月4日，英国在德军攻入了保

一张复杂的同盟网络将欧洲国家紧紧联系在了一起。

一场欧洲军事竞赛扩大了各国军队的规模，也令他们制造出了更多杀伤性武器。

战争爆发，最终将所有大国卷入其中，也造成了**此前难以想象的死伤规模**。

双方**军事力量相对平衡**，而这也意味着没有哪方能够取得决定性的胜利。

尽管双方都在巴雪戴尔等战役之中做出了巨大的投入，但西线战场上的战争依旧逐渐演变成了一场僵局。

战争双方皆疲惫不堪，此时，**美国介入了战争**，站在协约国一方，令他们在这场冲突之中**取得了重大突破**。

人们利用马匹和牵引车将加榴炮这样的大型火炮运送至战场上。当时，双方发射了大量高爆弹，而这也是一战中伤亡率如此之高的一大重要原因。

持中立的比利时后加入了战局。到8月22日，由道格拉斯·黑格伯爵所率领的一小支专业化部队——英国远征军抵达了法国。这支部队同战前与法国政府商议的那般，部署在了法国与比利时的交界处附近。

德意志帝国不得不在两片战场上同时作战。西线战场上，在战争爆发的最初几周中，德军入侵了比利时与法国，然而法国和英国却在马恩河会战中终止了他们的推进行动。到了秋天结束的时候，作战双方已然陷入了僵局。与此同时，东线战场上，战局依旧十分多变。德军在坦能堡防线战役中大胜各国军队，占据了战争的上风，但是其同盟奥地利却屡屡战败。然而西线战场上修筑起了一条长达645公里的战壕，自比利时沿海地区一路向南，穿越法国东部，一直蔓延至瑞士边界地区。作战双方直面彼此，中间仅隔着前线之间的一片开放区域。战壕中不间断的军事交锋以及其间血腥残暴的战役未能打破僵局。仅在索姆河会战一战中，协约国军队便损失了60多万名士兵。

全面战争

冲突爆发之初，交战双方都深信这场战争将会速战速决。没有人能够预想到这会是一场消耗战。全新的机械化武器令伤亡率达到了新高。坦克首次得到应用，而诸如MG08式马克沁重机枪这样的机枪能够在每分钟发射出多达600颗子弹。飞机最先做侦察之用，后来又担负起高空轰炸的任务。战争双方都用到了毒气。

飞艇和轰炸机向伦敦与巴黎投掷炮弹，而这也将平民带到了战争前线。至1917年，每四艘驶向英国的商船之中便会有一艘被德军潜艇击沉，他们试图以这种方式令英国出现食物供给不足的情况，逼迫他们投降。英国方面也对德国实施了海上封锁，这一行动也同样导致严重的食物短缺。这便是第一场“全面战争”——不仅士兵参与作战，就连平民也被卷入了战争之中。

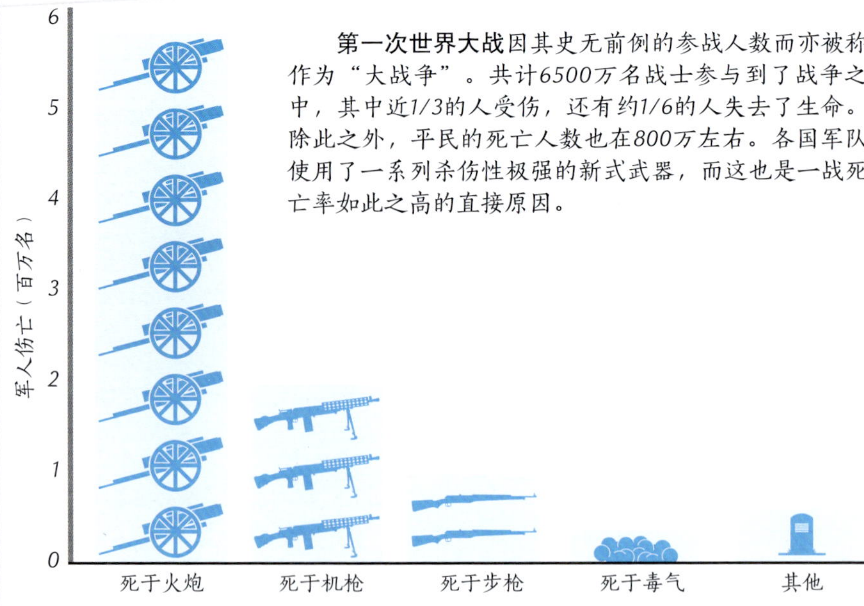

第一次世界大战因其史无前例的参战人数而亦被称作为“大战争”。共计6500万名战士参与到了战争之中，其中近1/3的人受伤，还有约1/6的人失去了生命。除此之外，平民的死亡人数也在800万左右。各国军队使用了一系列杀伤性极强的新式武器，而这也是一战死亡率如此之高的直接原因。

周遭没有任何生命的存在迹象，看不到鸟，甚至就连一只老鼠或是一片草叶都看不到。

——二等兵R.A.科威尔，巴雪戴尔战役（1919年）

被逼无奈之下，英国首次引入了征兵制。自1916年1月开始，英国所有18岁至41岁的单身男性都有可能应召入伍。与此同时，英国与法国也开始从其在印度、非洲还有英属澳大利亚、新西兰以及加拿大的海外殖民地中招募军队。战争引发了一系列社会变革，其中最引人注目的便是发生在女性身上的变革。许多女性开始在工厂和办公室中工作，而随着国家大规模进行生产，军事工业之中也开始雇用越来越多的女性。

全球性冲突

这些好战的国家将自己庞大的帝国带入了战争之中，很快，冲突便演变为了一场世界大战。德意志帝国在中国和太平洋地区的殖民地遭到了日本（站在协约国一方加入了战争）的入侵，而其在非洲地区的殖民地也被英国、法国和南非的军队所蚕食。1915年5月，意大利加入协约国阵营，在阿尔卑斯山地区同奥匈帝国和德意志帝国陷入了激烈的交战。

1915年11月初，伊斯兰国家奥斯曼帝国放弃自身的中立国身份，宣布向法国、俄国和英国发动军事圣战。德军潜艇不断突袭海上商船；1915年，英国邮轮卢西塔尼亚号遭到攻击，当时船上载有128名美国人，而这一事件也令美国卷入了战争。德国暗中策划，试图说服墨西哥加入反美联盟，而这一计谋遭到了美方揭穿；于是，1917年4月，美国国会正式向德国宣战。

1917年12月22日，俄国的布尔什维克党人通过协商，同德国签订了《布列斯特-立托夫斯克和约》，这样看来，德国似乎已经取得了重大胜利。1918年时，德军也在西线战场上占据了上风，然而到了7月、8月的时候，协约国发起反攻，很快便取得了优势，并一直将这样的势头维持到了11月。后来，四百万美国士兵加入了战局，帮助协约国击败了同盟国，并将德国带到了和平谈判桌前。

1918年11月11日上午11时，战争正式结束，以法国和英国为首的协约国一方取得了最终的胜利。共有超过6500万名士兵参与到战争之中，其中至少半数或死或伤。奥斯曼帝国、奥地利帝国与德意志帝国彻底崩塌。战争结束之后，《凡尔赛和约》重新划分了欧洲的版图，而德国等一些国家也因此而格外愤懑。国际联盟这一汇集了众多国家的国际组织正式成立，试图维系国际和平。然而，在那些故意对其视而不见的国家面前，国际联盟没有丝毫威严。第一次世界大战远称不上是“为所有战争画上句号的战争”，相反，它还为日后的冲突播下了种子。■

第一次世界大战所引发的社会变革之一便是女性角色的转变。女性参与到战争之中，在军需工厂等地方工作，为战争贡献自己的力量。

假若我们不趁现在夺取政权，历史将不会原谅我们

十月革命（1917年）

背景介绍

聚焦

俄国革命

此前

1898年 俄国社会民主工党正式成立。

1905年 俄国在同日本的战争中惨败，而这也导致了国内起义的爆发。

1914年 俄国参与至第一次世界大战之中，却很快便在东线战场上大败给德国，损失惨重。

此后

1918年 俄国沙皇尼古拉二世及其家人遭到处决。

1922年 列宁建立起苏维埃社会主义共和国联盟，由共产党上台执政。

1917年10月之时，第一次世界大战战败后的俄国损失惨重，社会一片动荡。国内出现了粮食短缺问题，城市之中的工人不仅收入极低，工作环境也相当恶劣。此前的二月革命驱逐了沙皇，然而取而代之的俄国临时政府却也处于崩塌的边缘。

革命主义党派布尔什维克党成员弗拉基米尔·列宁充分利用了这一契机。他决心发动工人（无产阶级）革命，并提出了一系列推翻临时政府的方案，而这些方案便是后来的《四月提纲》。列宁提出了一句简单的口号：“和平、土地和

参见：圣彼得堡的建立 196～197页，俄国解放农奴 243页，萨拉热窝围城战 326页，西班牙内战 340页。

面包！”而这句口号也成为鼓舞革命士气的战斗口号。10月24日（俄历，即公历11月6日），临时政府唯恐发生政变，便试图对布尔什维克党人的起义进行镇压。他们下令逮捕该党派的主要成员，同时还要求党派的报刊《真理报》停印。在其公寓中低调行事的列宁敦促同伴采取行动。“我们不能再等下去了！再等下去就什么都没有了！政府正摇摇欲坠！暂缓行动便同死亡无异。”列宁这般写道。

1917年10月25日（公历11月7日），政府试图寻求武装支援，却以失败告终。彼得格勒工人与士兵代表苏维埃向来自彼得格勒的军队力量寻求依靠。布尔什维克党所率领的准军事组织赤卫队占领了主要的电报局、邮局和发电厂，而政府的所在地冬宫则是唯一没有遭到攻占的地方。至此，临时政府遭到推翻，而国家的权力也移交到了列宁以及布尔什维克党人的手中。

奠定基础

1917年2月23日（公历3月8日），彼得格勒发生了一场暴动，而这场暴动的领头人物便是一群因为等待数小时却依旧买不到面包的愤怒妇女。她们在城市中示威游行，沿路获取他人的支持。这场游行很快便发展为全国性的大罢工，而示威也逐渐染上了政治色彩。人们在各处挂起红色旗帜，推倒俄国沙皇尼古拉二世的雕像。士兵们拒绝依照命令向人群射击，但是依旧

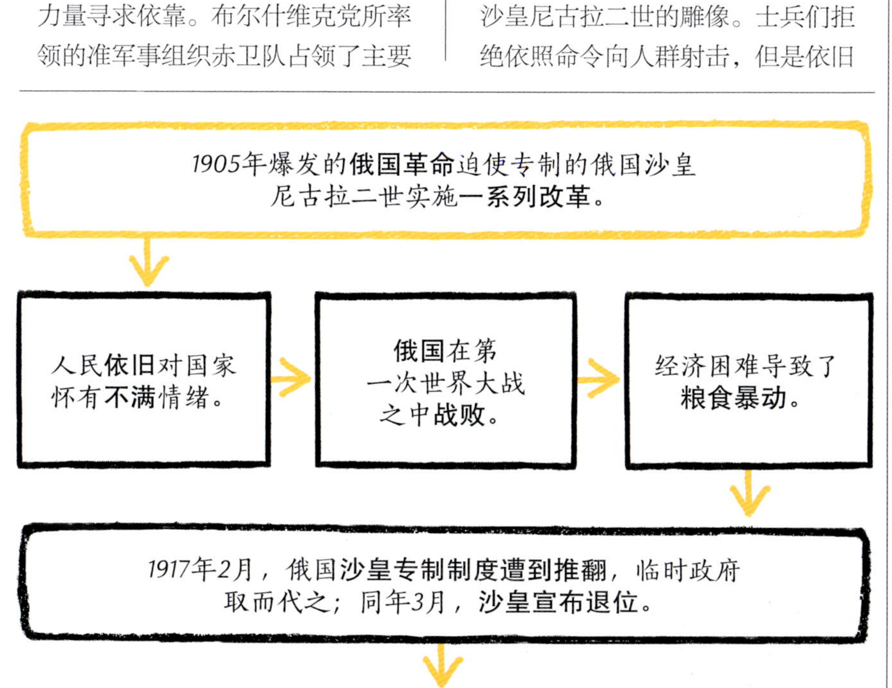

弗拉基米尔·伊里奇·列宁

列宁出生于1870年4月10日（俄历，即公历4月22日），原名弗拉基米尔·伊里奇·乌里扬诺夫。他是布尔什维克党的创始人，也是苏维埃俄国的第一任领导者。列宁是一位大胆的理论家，同时也是一位孜孜不倦的实干家。1887年，他的哥哥因密谋刺杀俄国沙皇亚历山大三世而遭到了处决，这一事件令列宁对上帝和宗教失去了信心，转而成为一名活跃的马克思主义革命者。

列宁的首要目标是组织一场具有凝聚力的反沙皇运动。1917年俄国二月革命之后，列宁认为时机已到，于是便动身返回俄国。10月，列宁率领布尔什维克党人反对时任政府，最终成为世界上第一个社会主义国家的领导人。

列宁所面临的最大挑战是内战。战争之后，共产主义者取得了胜利。1924年1月21日，列宁离开了人世。

有50名公民遭到了警察的枪杀。

革命党派的崛起

暴力蔓延在城市中的每一个角落。1917年2月，沙皇被迫将权力移交至临时政府手中，并于3月正式退位，由李沃夫王公担任首相。然而，临时政府却依旧仅代表中产阶级，并对俄国参与第一次世界大战持支持态度。彼得格勒工人与士兵代表苏维埃等组织愈发强大起来，并在临时政府中获取了一定的权力。此时，因从事革命活动而遭到驱逐的列宁深信世界资本主义正面临垮台，于是便也急于回到彼得格勒。列宁秘密回到了彼得格勒，他满怀革命激情，决心以自己的理想来打造一个全新的俄国政府。

当俄国在西线战场上遭遇了噩梦一般的7月进攻后，首相李沃夫正式辞职。他的继任者亚历山大·克伦斯基同彼得格勒苏维埃一起组建了一个全新的社会主义政府；然而，他却也同自己的前任一样，坚持认为俄国应当继续留在第一次世界大战的战场上。在布尔什维克党人的鼓动下，彼得格勒爆发了大规模的游行示威活动。克伦斯基对这些活动进行了镇压，并下令逮捕了活动的领头人。列宁前往芬兰。

革命近在眼前

8月，克伦斯基的面前出现了新的威胁。俄军总司令拉夫尔·科尔尼洛夫率领军队进入彼得格勒。克伦斯基坚信科尔尼洛夫是在筹谋夺取政权。走投无路之下，他释放了布尔什维克党人，令那些想要预防反革命活动的人拿起了武器。这一事件在很大程度上推进了他们的事业。布尔什维克党人终于成为人民的代表、彼得格勒的守护者。及至9月，布尔什维克党人已然控制了彼得格勒苏维埃。列宁牢牢把握这一机遇，回到了俄国，再次呼吁进行革命。他将制定军事战略的职责交到了同为马克思主义者的列夫·托洛茨基手中。在列宁看来，布尔什维克党夺取政权的时机已然到来了。于是，他们占领了政府大楼和克伦斯基及其内阁成员寻求庇护的冬宫。

10月25日（公历11月7日）晚，列宁向俄国民众发表了一段简短的讲话："临时政府已被推翻。工人万岁！士兵万岁！农民革命万岁！"以克伦斯基为首的资产阶级临时政府被推翻。接着，成立了以列宁为首的世界上第一个工农苏维埃政府。

苏维埃政府成立后，摧毁旧的国家机器，废除旧的等级制度，宣布国内各民族人民的权利平等，废除教会的一切特权。苏维埃政权接管银行、铁路，对企业开始实行工人监督，后来将大企业收归国有；没收地主、皇室和寺院的土地，分配给农民耕种。

为了巩固新生的苏维埃政权，摆脱帝国主义战争，苏维埃政府于1918年3月忍痛同德国签订了苛刻的《布列斯特合约》。这项合约虽然苛刻，但俄国终于退出大战，得到喘息的机会，从而巩固了新生的苏维埃政权。

内战

布尔什维克党人取得了成功，而眼下，他们所要面对的问题便是如何维系政权。

布尔什维克党人在俄国只是

这幅画作描绘的是布尔什维克党人攻占冬宫的场景。他们占领了政府大楼，而这一事件也成为十月革命之中最为激动人心的一刻。

十月革命结束之后，弗拉基米尔·列宁又在1919年内战期间于莫斯科红场向其军队发表了演说。

少数派，而以白军为首的该党反对者（主要由从前的沙皇、军官以及民主主义者构成，布尔什维克党则被称作为红军）则纷纷集结力量，对抗布尔什维克党。

当时，不同派别为国家的将来而相互争斗，于是，俄国国内便爆发了一场充满了极端暴力的内战，而这场战争也一直自1918年持续到1921年。唯恐共产主义在国内传播开来的白军自英国、法国、美国和日本等一众俄国从前的盟友那里获得了支援。起初，他们占据了绝对的上风。然而，白军内部无法协调一致，事实也证明，托洛茨基是一位极为出色的军事战术家。

废墟之中的国家

到1921年，白军败局已定，而列宁也终于能够将自己的注意力转移至重建俄国经济之上。

摆在他面前的是一个濒临崩塌的国家。在乡村地区，约有600万名农民因饥饿而死亡。1921年3月爆发的喀琅施塔得（彼得格勒海岸附近小岛上的一座海上城镇）海军反叛更是进一步动摇了布尔什维克政权。1921年，16000名士兵及工人签署了请愿书，号召建立一个“没有布尔什维克的苏联”，一个拥有言论自由和出版自由，且能够自由选举领导人的苏联。针对这一事件，红军进行了强硬的回应。他们处决了数百名活动组织者，还自舰队之中开除了1500名海员。

1922年5月，列宁罹患中风。同年10月，苏维埃政府宣布成立苏维埃社会主义共和国联盟。自其创立之初开始，苏维埃社会主义共和国联盟便将一党执政作为其统治的前提，并将其他所有政治组织拒之门外。

政治内斗令列宁心力交瘁，而谁将在自己死后管理苏联这个问题也令他忧心忡忡。在1922年年末与1923年年初之时，列宁口述了一份“遗嘱”，表示自己对于苏联政府的发展方向倍感失望。他特别对当时的共产党中央委员会总书记约瑟夫·斯大林提出了批判。

1924年，列宁离世，然而他所做出的贡献却是不朽的。布尔什维克党在全世界最大的国家建立起世界上第一个社会主义国家，而这个国家也深深影响了全球各地的每一个国家。工人们在社会主义革命的最终胜利中看到了除资本主义与传统帝国主义政权之外的另外一种可能。■

对于沙皇及其家人的处决是必要的，因为这不仅能够令敌人感受到绝望，还能够让他们看到，假若我们无法取得完全的胜利，便要面对完全的毁灭。

——列夫·托洛茨基

这不是和平，这是一场历时二十年的休战

《凡尔赛和约》（1919年）

背景介绍

聚焦

第一次世界大战后的和平

此前

1914年 奥匈帝国、德意志帝国、奥斯曼帝国以及沙皇俄国这四个帝国统治着一片广阔的土地。

1916年 英法外交官秘密会面，共同商讨后奥斯曼帝国时期阿拉伯世界的命运。

1919年 巴黎和会制定了战后和平的条款。

此后

1920年 《色佛尔条约》瓜分了奥斯曼帝国的领土，重新划分中东地区的版图。

1939年9月3日 德国进攻波兰，第二次世界大战正式开始。

1945年10月24日 第二次世界大战之后，解散后的国际联盟经过改革成为如今的联合国。

第一次世界大战这场全球性冲突整整持续了四年，其间，1600万人失去了生命，拥有数百年历史的帝国与王朝也在转瞬之间分崩离析。1919年1月，“一战”之中的战胜国相聚在一起，共同商讨和平条约。美国总统伍德罗·威尔逊制定了一份计划，在他看来，这份计划能够为欧洲带去建立在民主基础之上的全新秩序。威尔逊推动建立国际联盟，并希望这一组织能够成为国际争端之中的仲裁者与调停人。

英国和法国希望能够确保德国再也无法对欧洲和平造成威胁。德国陆军将遭到裁军，而莱茵兰地区也将去军事化，成为一片非武装区域。与此同时，他们还要求德国将西部的土地割让给法国，再将东部和北部的土地割让给波兰。除此之外，奥匈帝国也将分裂为包括捷克斯洛伐克以及南斯拉夫在内一众新建立的国家，而英法之间也将对奥斯曼帝国进行瓜分。

你们说要和平。我们已经准备好给你们和平。

——乔治·克列孟梭，法国总理

战争罪责条款

至关重要的是，在“战争罪责”条款之中，德国应承认自己是战争的始作俑者，并支付66亿英镑的赔款。1919年6月28日，德国签订了《凡尔赛和约》，却一直在赔款问题上进行拖延。于是，1923年，法国占领了德国重要的工业区鲁尔河谷。而当阿道夫·希特勒于1940年攻占法国时，他便下令烧毁了《凡尔赛和约》的原件。■

参见： 青年土耳其革命 260～261页，巴雪戴尔战役 270～275页，国会纵火案 284～285页，纳粹入侵波兰 286～293页，联合国的成立 340页。

只有愚蠢之人才会对美利坚合众国的经济前景失去信心

华尔街股市大崩盘（1929年）

背景介绍

聚焦

大萧条

此前

1918年 第一次世界大战之后，全球经济难以恢复稳定。

1922年 随着工厂大规模生产商品，美国经济开始急速发展。

1923年 恶性通货膨胀几乎令人们的存款变得一文不值，而德国物价的上涨速度也濒临失控。

此后

1930年 美国、英国、德国以及其他一些国家开始出现大规模失业的问题。

1939年 第二次世界大战的到来增加了就业机会与政府开支，由此也加快了经济的复原速度。

1944年 世界各国领导人同意建立国际货币基金组织与世界银行，以为经济发展提供资金支持。

在1929年10月那令人绝望的六天里，纽约证券交易所全面崩盘。这一次低迷开始于10月23日。当时，汽车制造公司通用汽车的股票遭到抛售，而市场也开始崩盘。人们逐渐感受到恐慌，第二日，股票价格暴跌。

到10月29日星期二，也就是后来所谓的“黑色星期二”，股票价格进一步下降。据估算，当时的损失达到了250亿美元，相当于如今市场上的3190亿美元。这是历史上最严重的一次金融灾难，更是将整个世界推入了经济大萧条的深渊。

咆哮的20年代

第一次世界大战结束之后，美国很快便得以恢复，从前的那些军用工厂不久便转型至制造汽车、收音机等消费品。新技术的发展与大规模生产令美国经济增长近50%；由此而来的那个充斥着繁荣与消费主义的年代便是我们后来所说的“咆哮的20年代”。

在当时的报纸和杂志中，股票市场令人一夜暴富的故事随处可见。于是，成千上万的平凡美国人开始购买股票。1920年至1929年，持股者的人数自400万飞升至2000万。

待至1929年年末，美国经济已经开始出现不安定因素：失业率不断上升，钢铁产量逐渐下降，施工建设速度放缓，汽车销量也直线下滑。然而，一些人仍旧坚信自己能够大赚一笔，于是便继续投资在股票市场之中。但是，当1929年10月股票价格开始

华尔街股市大崩盘之后，深深为自己的投资感到担忧的投机者聚集在了纽约证券交易所的大门周围。

参见: 加利福尼亚淘金热 248~249页,《凡尔赛和约》280页, 国会纵火案 284~285页, 全球金融危机 330~333页。

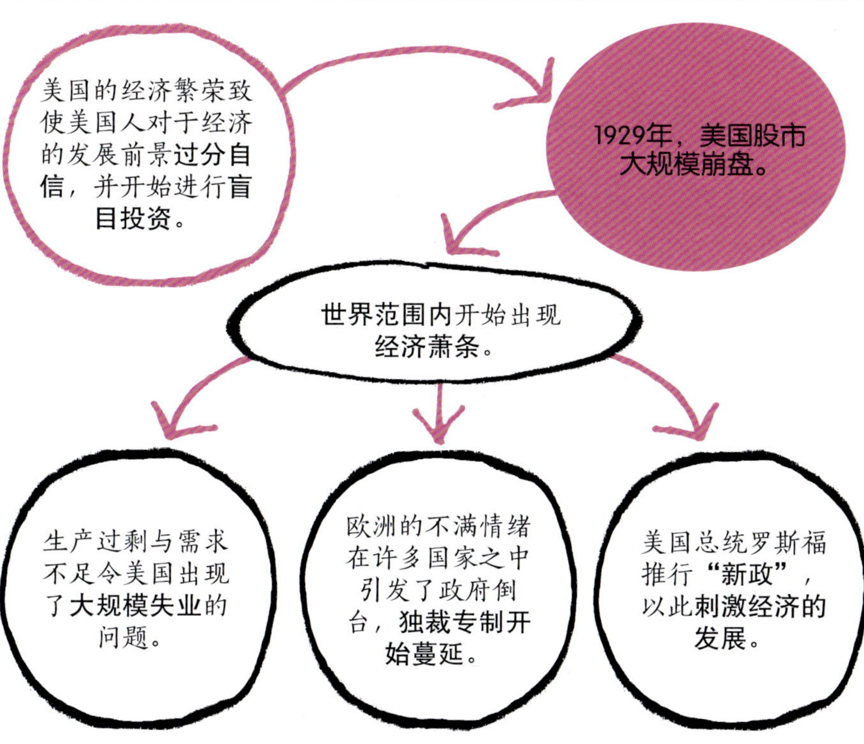

下降的时候，人们便感受到了突然袭来的恐慌情绪。接踵而至的崩盘引发了一场全球性的经济衰退，这便是“大萧条”。

大萧条

在美国，工厂纷纷关门，而工人也遭到了解雇。1933年春天，农业领域正处在灾难的边缘：25%的农民失去了工作，他们中的很多人甚至失去了自己的农场。失业人口自1929年的150万飙升至1933年的1280万，占劳动力总数的24.75%。

英国的失业人口上升到了250万，占劳动力总数的25%，包括造船业在内的重工业则遭受了格外严重的打击。德国也在这场大萧条之中损失惨重：战后的德国经济在很大程度上依赖于美国的巨额贷款，而如今的德国却已无力偿还。

罗斯福新政

这场华尔街股市大崩盘成功帮助民主党候选人富兰克林·德拉诺·罗斯福于1932年入主白宫。他所推行的“新政”主张为穷人提供社会福利，并增加政府在大型公共项目上的支出，以此创造更多的就业岗位。

大萧条标志着美国战后经济繁荣的终结。在欧洲，许多人开始支持承诺复兴经济的右翼党派，其中的代表便是德国阿道夫·希特勒所领导的民族社会主义德国工人党（纳粹党）。■

富兰克林·罗斯福

富兰克林·德拉诺·罗斯福(1882—1945年)是美国历史上唯一经选举而连任四届的总统。1921年，罗斯福不幸患上脊髓灰质炎症，双腿再也无法正常站立和行走，而这也几乎令他放弃了自己的政治生涯；然而尽管如此，罗斯福依旧取得了卓越的功绩。

1932年，罗斯福被提名为民主党的总统候选人。他向美国人承诺推行“新政”，并以此在总统选举之中获得了压倒性的胜利。在他出任总统的第一个100天里，罗斯福为应对经济大萧条而推出了一项社会与经济改革项目，而他也凭借这些极受民众支持的措施在1936年的总统竞选之中再次获得了压倒性的胜利。

1939年，美国被迫卷入第二次世界大战，而罗斯福也成为战争中同盟国一方的领袖之一。他曾积极推动建立联合国，却在联合国于旧金山召集第一次会议之前的1945年3月不幸离世。

事实上，人类已经厌倦了自由

国会纵火案（1933年）

欧洲经济放缓，人民的生活日益艰难。

德国人对于《凡尔赛和约》中条款的憎恶情绪逐渐累积。

一些极端的法西斯主义与共产主义意识形态似乎能够轻易解决这些民族问题。

当局指责共产主义者制造了这起国会纵火案，而这一事件也成为他们抑制公民自由、监禁异议者的借口。

政府组织结构的崩解为阿道夫·希特勒成为独裁者扫清了道路。

背景介绍

聚焦

法西斯主义的兴起

此前

1918年 第一次世界大战后的欧洲在政治上和经济上皆是一片动荡。

1920年 民族社会主义德国工人党（纳粹党）在德国建立，其核心宗旨便是种族主义。

1922年 意大利国王维托里奥·伊曼纽尔三世将贝尼托·墨索里尼任命为总理。

此后

1935年 为实施其野心勃勃的对外政策，墨索里尼派兵入侵阿比西尼亚（埃塞俄比亚）。

1936—1939年 西班牙内战正式打响。

1938年 阿道夫·希特勒入侵奥地利。《慕尼黑协定》将苏台德地区领土的控制权交到了希特勒手中。

1939年 希特勒下令入侵波兰，而这也正式引发了第二次世界大战。

1933年2月27日晚9时，德国国会大厦燃起了熊熊大火，总理阿道夫·希特勒宣称这是共产党人推翻现任政府的阴谋，然而事实上，这却是希特勒意欲大规模消灭其共产主义竞争对手的计谋。选举预定在1933年3月举行，而此时的时机刚刚好。希特勒所领导的民族社会主义德国工人党（纳粹党）虽然在国会中占据多数的席位，但是他却没有办法在选举中获得足够多的议会票数，因为所占席位仅次于纳粹党的另两个党派（社会民主党与德国共产党）都是左翼

参见：千人军远征 238~241页，巴雪戴尔战役 270~275页，《凡尔赛和约》280页，华尔街股市大崩盘 282~283页，纳粹入侵波兰 286~293页，万湖会议 294~295页。

我们要一直战斗下去，直到将共产主义在德国连根拔起。

——赫尔曼·戈林

党派，希特勒担心自己所率领的纳粹党无法顺利当选。于是，他第一时间便将矛头指向了一名孑然一身的荷兰共产党人，然而，这却反而令很多人开始怀疑纳粹党才是这次纵火事件的幕后黑手。

第二天，《国会纵火法令》查禁了德国共产党。希特勒的阴谋令越来越多的德国人开始担心共产党人将会强行接管德国，而这些人也深信他的这一决定挽救了整个国家。待至4月，在纳粹党的施压之下，国会通过了《授权法案》。这项法案令希特勒拥有了绕过国会，单独制定法律的权力，同时也进一步巩固了他作为一名法西斯独裁者的地位，一人统治整个德国。

独裁者掌权

20世纪20年代至30年代，法西斯开始在欧洲蔓延。各国政府纷纷忙于应对战后的经济衰退；正是在这样的背景之下，以意大利法西斯主义与德国纳粹主义为首的极端右翼运动逐渐兴起，成为了反抗共产主义的“卫士”。他们利用非法军事组织来对对手进行震慑，并四处进行政治宣传，赢取民众的支持。在意大利，人民将贝尼托·墨索里尼视为唯一有能力重建社会秩序的人。1922年，墨索里尼被任命为意大利总理，而自这一刻起，他便开始走上独裁道路，最终成为意大利的绝对领袖。

而在德国，希特勒希望能够将纳粹党打造成一支强大的政治力量。在一系列民族主义言论的帮扶之下，希特勒飞速积累了极高的声望。1933年，他成为德国总理，并在不久之后坐上了独裁者的宝座。

法西斯的联手

1936年，希特勒与墨索里尼开始派兵参与至西班牙内战，对右翼的弗朗西斯科·佛朗哥将军进行支援，帮助其攻打左翼的共和派军队。

德国的国会纵火案是纳粹历史上的一次重要事件。这一事件令阿道夫·希特勒成为一名绝对的独裁者，也助长了法西斯主义的传播，将欧洲引向了世界战争的道路。■

据传在国会纵火案之中，大火熊熊燃烧，人们甚至能够在数英里之外看到火光。希特勒将责任推到了共产主义者的身上，希望能够通过这种方式为其所在的纳粹党赢得更多的支持。

欧洲境内的法西斯主义

欧洲的法西斯主义兴起于19世纪20年代至30年代那段经济动荡的岁月里。民主制度逐渐在民众心中丧失了合理性，而带有极端右翼民族主义色彩的法西斯党派则在此时夸下海口，称自己能够振兴那些已然衰落的领域。

20世纪30年代，除了苏联之外，没有哪个欧洲国家不存在某种形式的法西斯党派。英国有奥斯瓦尔德·莫斯利爵士的英国法西斯联盟；爱尔兰有蓝衫党；法国有法西斯党，而丹麦和挪威也有很多极端右翼党派。1934年，恩格尔伯特·陶尔斐斯在奥地利建立了祖国阵线。后来，右翼独裁者还在葡萄牙和保加利亚上台，罗马尼亚则同样未能幸免。

待至20世纪30年代即将结束的时候，独裁统治几乎已经蔓延至中欧及东欧地区的每一个角落，而民主却在逐渐走向衰落。

战争一旦打响，对错便不再重要，重要的是胜利

纳粹入侵波兰（1939—1945年）

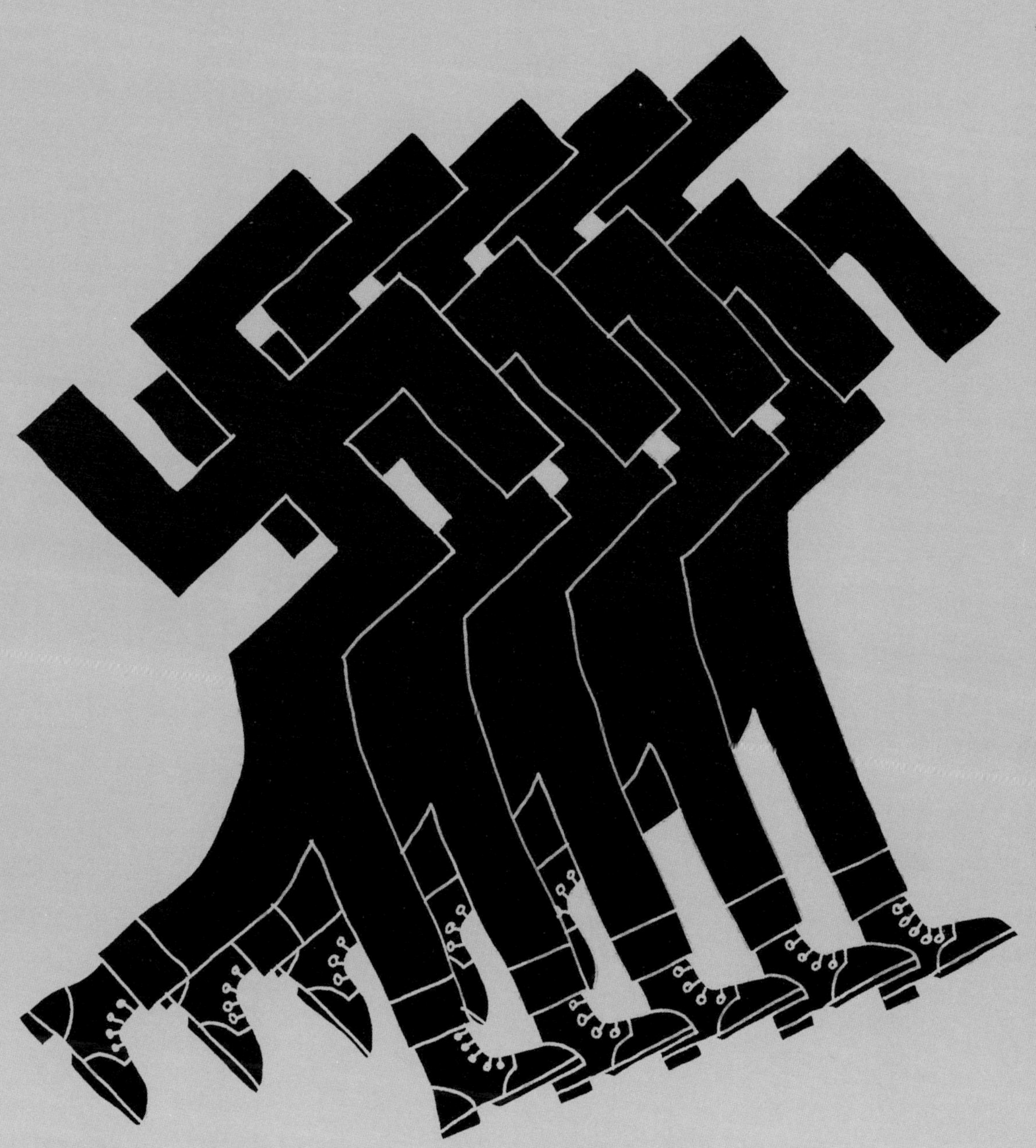

背景介绍

聚焦

第二次世界大战

此前

1919年 第一次世界大战结束之后签署的《凡尔赛和约》令德国丧失了尊严，也播下了日后冲突的种子。

1922年 苏维埃社会主义共和国联盟正式成立。

1922年 《授权法案》令希特勒拥有了对德国进行独裁统治的权力。

此后

1942—1943年 苏联在伏尔加格勒保卫战之中击败了德国。

1944年 6月6日的诺曼底登陆行动是历史上规模最大的军事登陆作战，也令西欧走上了解放的道路。

1945年 苏联军队赢得了柏林战役的胜利，希特勒自杀身亡；在这之后，德国宣布无条件投降。

1939年8月，纳粹德国与苏联签署了一份互不侵犯条约，同时还在私下里达成共识，共同入侵并瓜分波兰。苏联领导人约瑟夫·斯大林似乎已然断定德国是能够保障苏联在战争期间安然无事的最大希望。在一周之后的1939年9月1日，一百多万名德国士兵自西部挺近了波兰。很快，到了9月17日，苏联军队便也从东部攻入了波兰。究其来龙去脉，德国独裁者阿道夫·希特勒之所以无端向波兰发动战争，都是因为他想要争取更大的“生存空间”（Lebensraum），扩张希特勒眼中有权取代其他下等种族的“优越雅利安人”——德意志民族。

这场入侵持续了一个月零几天。德国与苏联拥有全副武装的庞大军队，而在这两个国家的夹击之下，波兰空军与陆军进行了英勇的反击，然而遗憾的是，他们却并不具备先进的战机与坦克。纳粹德国空军很快便在空中作战中掌握了主导权。最终，同时在两个战场上作战的波兰飞行员与士兵被击败。德国与苏联在战争中大获全胜，而这也越发令希特勒坚信自己是一名军事奇才。

波兰的纳粹政权

纳粹在受到德国统治的波兰地区建立了残暴的政权。希特勒一心铲除所有阻碍德国称霸的人。

希特勒计划实施种族大清洗行动，而在这一行动之中，500万名左右的波兰犹太人遭到围捕，并被投入到了犹太人聚居区之中。德国入侵波兰更像是一种预警，因为这样的暴力行动很快也会发生在全球诸多国家之中。

纳粹党的崛起

尽管第二次世界大战的导火索是希特勒入侵波兰这一行动，然而战争的根源还应追溯至德国在第一次世界大战之中的战败以及《凡尔赛和约》之中要求德国支付的巨额赔款。“一战”中的战败国不仅失去了大量领土，其声望也遭受了严

英国与法国希望能够确保德国再也无力发动下一次战争。

《凡尔赛和约》对德国的武器装备以及武装力量进行了严格的限制。

经济萧条严重削弱了德国的实力，阿道夫·希特勒便借此机会赢得了越来越多人的支持。

希特勒政府重建了德国军队，同时力图推行极端民族主义。

德军入侵波兰。

英国与法国向德国宣战，由此引发了第二次世界大战这一历史上破坏性最强的冲突。

参见: 巴雪戴尔战役 270~275页,《凡尔赛和约》 280页, 华尔街股市大崩盘 282~283页, 国会纵火案 284~285页, 万湖会议 294~295页, 柏林空运 296~297页, 太平洋战争 340页, 联合国的成立 340页。

德军入侵波兰之后，阿道夫·希特勒在华沙观看胜利游行。他同苏联领导人约瑟夫·斯大林就入侵问题与国家的分割问题达成了共识。

重的打击，而这也引发了民众的愤恨情绪。德国被迫将阿尔萨斯与洛林地区归还给法国，而其在海外的所有殖民地也遭到了协约国的瓜分。

20世纪20年代，德国魏玛共和国开始实施经济复兴，然而共和国却未能挺过1929年美国经济大规模崩盘所带来的震荡。这一场金融危机为希特勒领导之下民族社会主义德国工人党（纳粹党）的兴起提供了绝佳的机遇，而希特勒也向德国人做出承诺，重新振兴德国。

希特勒曾参与第一次世界大战之中，而阵地战的经历、战败的震惊以及《凡尔赛和约》中的屈辱性条款也对他的人生产生了深刻的影响。他在极端右翼民族主义的思想上形成了极端主义观点；而当他于1933年成为德国联合政府的总理，并在第二年坐上独裁者宝座时，希特勒便开始无情地实施其民族主义、反犹太主义以及反共主义政策。

希特勒的“生存空间”理论

在这一信念的支持之下，希特勒开始推行一系列野心勃勃的对外政策。1935年，他公开违背《凡尔赛和约》中的条款，大规模重整军备。1936年，他占领了去军事化的莱茵兰地区，然而却没有任何一个大国出面对其进行干涉。1938年3月，希特勒吞并了奥地利，随后又将目标投向捷克斯洛伐克的德语区苏台德地区。英国与法国的政客不希望第一次世界大战的恐怖再次上演，便也觉得他们不值得为了苏台德地区而动用武力。1938年9月29日签署的《慕尼黑协定》将这一地区交到了希特勒手中，但这份协定同时也要求他做出承诺，不再攫取土地。英国首相内维尔·张伯伦宣布自己已经争取到了“我们这个时代的和平”，然而，纳粹却又于1939年3月入侵了捷克斯洛伐克的剩余地区。

欧洲的法西斯主义

同一时期，意大利的法西斯独裁者贝尼托·墨索里尼也怀着勃勃野心，希望能够在境外取得辉煌。1935年10月，他攻入了阿比西尼亚（埃塞俄比亚），以此洗刷1896年意大利在那里战败而遭受的耻辱。至1936年5月，墨索里尼已然征服了这个国家，且没有受到任何一个西方国家的反对。

同一年，另一事件也同样彰显出了西方民主制度在正面同法西

今日黎明时分，德国军队跨过了波兰边境，且据报告，他们已经开始对城镇地区进行轰炸。在这样的情形之下，摆在我们面前的只有一种选择。

——内维尔·张伯伦

斯势力相抗衡时的软弱无能。墨索里尼与希特勒向西班牙内战之中派遣“志愿兵”，帮助民族主义者佛朗哥将军对抗西班牙共和国的左翼支持者。英国与法国均未采取任何行动，而1939年佛朗哥的胜利也进一步助长了法西斯的传播与崛起。

西方的介入

1939年9月1日，希特勒派兵入侵波兰，这场战争最终也将英国与法国拖入了他们所唯恐避之不及的战争之中。在希特勒占领捷克斯洛伐克之后，两国意识到自己应当采取更加强硬的态度；于是，他们向波兰做出保证，帮助其应对德军的侵略。为履行这一承诺，英法于9月3日正式向德国宣战，而这意味着英国与法国的殖民地也被迫卷入了战争：英国的自治领地澳大利亚与新西兰很快便也向德国开战，南非与加拿大也分别在9月6日与9月10日加入战局。

没过多久，德国攻下了波兰。英国将英国远征军派遣至法国，然而，英法双方却都没有主动向德国发动攻势。此时的他们并未做好大规模作战的准备，而一些政客也依旧认为战争双方可以通过谈判协商签订和约。

这一时期成为后来所谓的“虚假战争”时期。英国认为德军很可能会向自己投掷炸弹，于是便将孩童自大城市之中撤离了出去。他们建起了大量防空避难处，还大规模发放防毒面具。1940年4月，德国攻入并占领了丹麦和挪威，至此，虚假战争正式结束。一个月之后，他们又将目标转向了法国、比利时以及荷兰。法国军队缺少有能的将领，装备也十分落后。一直以来，法国始终依赖于马其诺防线这一连串位于法德交界地区的防御堡垒来抵御德国的攻击。然而，这些堡垒却并未延伸至法国与比利时的交界地区，于是，德军轻轻松松地自其北部一端绕了过去。在不到六周的时间里，法国便在德国的猛烈袭击之下溃不成军。

我们应不计一切代价，保卫自己的岛屿。我们要在海滩上战斗，在机场上战斗，在田野上战斗，在街道上战斗，还要在山丘上战斗。我们永不投降。

——温斯顿·丘吉尔

不列颠之战

战争过程中，希特勒或许是希望军队休整一下，同时也避开敌方可能发起的反攻；正是这一次迟疑，令英国军队免遭灭顶之灾，成功撤离了敦刻尔克的海面。在这一次“发电机计划”之中，成千上万名同盟国士兵乘坐着各种型号的战舰，横跨英吉利海峡，离开了德军的包围圈。当时的英国海军大臣，也就是后来的英国战时首相温斯顿·丘吉尔这样对英国国会说道：“法兰西之战已经结束。我猜想，不列颠之战就要打响了。”

在纳粹德国空军未能取得空中战役的胜利之后，希特勒不得不放弃在“海狮计划”中入侵英国的企图。此前，纳粹德国空军已经击败了波兰和法国，因此，德国人也

1940年6月的“发电机计划”即历史上著名的敦刻尔克大撤退，意在将遭到德国军队包围的同盟国士兵撤出法国敦刻尔克港口。

纳粹入侵波兰之后，各国立刻开始向德国宣战，而这些战争也一直持续到了第二次世界大战结束为止。一些国家在冲突后期倒戈向了另外的阵营。

曾希望能够单单凭借空军便击败英国。一方面，这些士兵已经筋疲力尽了；另一方面，德军的情报系统也并不发达。于是，英国皇家空军利用雷达技术追踪来袭的战机，并在恰当的时机起飞迎战。1940年夏天的不列颠之战是第一场在真正意义上对希特勒的野心起到制约作用的战役，然而无论怎样，英国也断然无法凭借一己之力迎战那支几乎已经控制了整片大陆的纳粹力量。

世界大战

这场欧洲范围内的战争逐渐演变成了一场世界大战。1940年6月，意大利在德军胜利的鼓舞之下正式向英国与法国宣战，而这一举动也履行了希特勒与墨索里尼在1939年5月22日所签订的轴心国协议之中的条款。但是，意大利却接连在希腊和北非地区败北，迫使希特勒派遣德军到两地进行支援。

1940年9月7日，德军向伦敦发起了第一次正式空袭。这一次大规模空袭将平民卷入了战争之中，也向工业以及港口施加了持续的压力，严重打击了英国的士气。当时，男人们纷纷加入了军队，国家便要求女性前往工厂和农场工作。1940年1月，英国开始实行实物配给制，还敦促民众自己种植食物。遭到纳粹占领的欧洲国家也同样遇到了食物短缺的问题，而那些为纳粹所征服的人民则遭受了最为沉重的打击。

通敌还是流亡

在一些地区，德国人与现任政府合作，大力扶植傀儡政权，挪威的亲纳粹者维德孔·吉斯林以及南法的维希政府便是其中的代表。陆军将领菲利浦·贝当领导下的维希政府名义上是持中立态度的，然而它却与德国建立了紧密的联系，同法国的抵抗势力进行战斗，还实施了反犹太法律。

此时的德国已经全面控制了波兰，并在波罗的海地区国家拥有决定性的话语权。在十数个遭到德军攻占的国家之中，君主与政客都逃亡到了英国。波兰的部长在伦敦设立了总部，而比利时的政府运行也转移到了那里。除此之外，以威廉明娜女王为首的荷兰王室家族同样来到伦敦寻求庇护。在法国被德军攻陷之后，夏尔·戴高乐坚决反对新上台的维希政权，而他也因此成为法国抵抗纳粹侵略的喉舌。

1940年，摆在英国面前的最大威胁便来自德军的潜水艇。作为一个岛国，英国十分依赖商船，因为这些船只不仅能够为他们提供必要的供给，还承担了将战斗装备运送至海外战争前线的作用；然而，德国的潜艇却每个月都能够击沉数十艘同盟国船只。

巴巴罗萨计划于1941年6月展开，在这场作战之中，德国违背了两年前同苏联签署的互不侵犯条约，派兵入侵苏联。

对抗苏联

1941年6月，德国在巴巴罗萨计划中入侵苏联，而英国也因此收获了一个全新的同盟。此前，希特勒希望能够在苏联这一地区为日耳曼民族开辟全新的领土。与此同时，这一计划既可以扫清来自东部的威胁，还能够在根本上贯彻希特勒摧毁共产主义的计划。起初，对于德国及其同盟国而言，形势一片大好，他们似乎可以像击败法国人一样击败苏联人。及至冬天的时候，德军已经来到了距离莫斯科1.5公里的地方，而苏联的第二大城市彼得格勒也遭到了围攻。

纵观整个历史，没有人曾展现出苏联人民那样的胆色。

——亨利·刘易斯·史汀生，美国战争部长

苏联加入战局的另一大强有力的原因便是出自于种族主义意识形态方面的考虑以及希特勒对于斯拉夫人与犹太人的憎恶。随着德军不断深入苏联内部，他们也展开了一场针对共产主义者与犹太人的残酷种族灭绝行动。苏联军队熬过了极其艰苦的岁月。德军的坦克压过红军的防御阵线；战俘或遭到枪杀，或因饥饿而死；德国士兵毫不迟疑地屠杀逃亡的平民。苏联冬日的严寒放缓了德军的步伐，而苏联军队的反攻也令他们退回到了几百公里之外的地方。莫斯科保卫战自1941年10月初一直持续到了1942年1月，据估计，在这场战争中，苏联军队方面的死亡人数达到了65万。1942年春天，德军再次攻入苏联，苏联军队节节败退，其境内的油田也险些落入德国人手中。

太平洋与非洲地区

1941年12月，日本为将美军驱逐出太平洋地区，在夏威夷岛的珍珠港偷袭了美国舰队，自此正式加入战局。此前，德国曾同意大利与日本签订了一份三方协定，承诺假如任何一方遭受了其他战局之外国家的攻击，那么其余两国便会为其提供军事协助。于是，珍珠港事件之后，德国立刻向美国宣战。此时的英国已经有了两个强大的同盟——约瑟夫·斯大林领导下的苏联以及富兰克林·德拉诺·罗斯福总统领导下的美国。这两个国家都在同盟国击败轴心国的过程中发挥了决定性的作用。

日本迅速在太平洋地区取得了胜利。他们成功占领了菲律宾、马来半岛、缅甸、印度尼西亚以及新加坡这一众英国在远东地区的主要海军基地。

与此同时，在北非地区，在埃尔温·隆美尔将军的率领之下，重新组建的轴心国军队来到了开罗与苏伊士运河附近，随时可能向其发起攻击。1942年7月，隆美尔的

德怀特·戴维·艾森豪威尔将军率领同盟国军队于1944年6月完成了诺曼底登陆作战。这一次武装入侵在将欧洲自纳粹手中夺回的过程之中起到了决定性的作用。

军队在阿拉曼地区受阻；到了10月，他在以陆军元帅蒙哥马利为首英国第八军的攻击之下被迫撤退。

同年冬天，苏联红军在伏尔加格勒击败了纳粹军，迫使他们于1943年2月投降。

扭转战局

在1943年11月于德黑兰召开的会议上，同盟国领导人在解放欧洲的战略上达成了共识。苏联在东方击退德军，英国与美国则逐渐推进意大利地区，而与此同时，一支大型同盟国入侵军队也在1944年6月到达了诺曼底。十一个月之后，这支军队已经推进至德国北部的易北河。英国轰炸机司令部派出的兰开斯特轰炸机以及美国的第八航空军一次又一次地将炸弹投掷到德国境内。希特勒于4月30日自杀身亡，

在硫磺岛战役之中，美军为争夺这个太平洋上的小岛屿，同日本帝国军队进行了激烈的战斗，最终令日方损失了10万名兵士。

一周之后，德国宣布无条件投降。

战争的最后一次行动发生在1945年8月。当时，美军接连攻下了一连串太平洋上的岛屿，最终在广岛和长崎投下了两枚原子弹，彻底结束了日军的抵抗行动。

各国的联合

希特勒入侵波兰标志着第二次世界大战的正式开始。据估算，这场历史上规模最大、破坏性最强的战争共夺去了6000万人的生命。

1945年，50个国家的代表齐聚一堂，共同建立了联合国。人们希望这将开启一个国际间相互理解、相互交流的崭新纪元。■

广岛与长崎

在第二次世界大战进入尾声之时，为逼迫日本投降，美国战机将原子弹投掷到了广岛与长崎这两座城市之中。1945年8月6日，美方将一枚名为“小男孩”的原子弹投掷到了广岛。城市之中的居民全然没有意识到即将发生什么。灼热瞬间便将人畜和建筑化为灰烬。仅在原子弹落下的那一刻便有约7万人殒命。尽管发生了如此骇人的事件，日本却依旧拒绝投降。

8月9日，苏联挺进满洲里，正式加入了对抗日本的战局，而这也令日本不得不重新思考自己在战争中的处境。但是就在同一天下午，美国将原子弹“胖子”空投到了长崎，瞬间便夺走了5万人的性命。于是，日本被迫屈服，同意了同盟国提出的投降条款。在这般史无前例的袭击之后，同盟国军队便没有继续在日本本土地区发起血腥的地面攻击，日本也逃过一劫；然而，依旧有成千数万名日本人在放射性疾病的长期影响之下失去了宝贵的生命。

犹太人问题的最终解决方案

万湖会议（1942年）

背景介绍

聚焦

犹太人大屠杀

此前

1933年 第一座集中营在慕尼黑附近的达豪落成。最早被囚禁在这里的是共产主义者、社会主义者以及贸易工会主义者。

1935年9月 《纽伦堡法案》颁布之后，犹太人失去了自己的公民权利。

1938年 纳粹在“水晶之夜”中对德国及奥地利境内的犹太人实施了恐怖统治。

1941年6月 德国在入侵苏联的过程中也对那里的犹太人进行了大规模屠杀。

此后

1942年5月 波兰奥斯维辛集中营最早开始使用毒气。

1945—1946年 在纽伦堡审判之中，24名纳粹成员遭到起诉，12名被判死刑。

希特勒成为德国的统治者，并在其上任后**推行了一系列歧视犹太人的法律**。

→ 希特勒占领奥地利之后，**对犹太人开展了大规模的暴力袭击**。

↓ **德国攻占波兰**，波兰境内的犹太人则被迫迁移至**拥挤不堪的聚居区之中**。

← 纳粹在入**侵了苏联**之后开始寻找能够屠杀数百万人口的**有效途径**。

↓ **万湖会议落实了“犹太人问题的最终解决方案”。**

→ **超过600万名犹太人在纳粹大屠杀之中遭到了杀害。**

1942年1月20日，15名纳粹党成员与德国官员于柏林郊区的万湖碰面，共同商讨应如何落实“犹太人问题的最终解决方案”。会议期间，欧洲各国的犹太人分布情况被制作成了一张图表，呈现在与会者面前，而这些人也拟定了需要消灭的犹太人总数——1100万人。这些人通过了“最终解决方案”，并就屠杀犹太人的问题达成了共识，之后便开始一面抽着雪茄，一面畅饮白兰地。万湖会议远不是纳粹针对犹太人暴行的开端。1933年，阿道夫·希特勒

参见：《凡尔赛和约》280页，华尔街股市大崩盘 282~283页，国会纵火案 284~285页，纳粹入侵波兰 286~293页，以色列的建立 302~303页，萨拉热窝围城战 326页。

波兰南部的奥斯维辛如今已经成为犹太人大屠杀的代名词。他们对关押在那里的战俘实施强制劳动，而一旦那些人虚弱到无法继续工作的时候，他们便会毫不犹豫地将其处死。

一上台便开始大肆宣扬自己的观点，即日耳曼人是最为优越的雅利安人，而他们的血统也不应遭到玷污。在他的眼中，犹太人不仅是一个宗教群体，还是一个独立的种族。当时，德国禁止境内的犹太人同非犹太人结婚，而这些犹太人也越发受到社会的歧视与隔离。

势头强劲

1939年德国入侵波兰之后，纳粹针对犹太人的行动也进入了一个令人胆寒的全新阶段。波兰境内的犹太人被驱赶至聚居区中，其中更是有许许多多的人死于饥饿或是虐待。当德国于1941年攻入苏联的时候，暗杀小组这样的非法军事组织便开始对被征服地区的犹太人实施大规模的杀戮行动。最开始的时候，他们对犹太人执行枪杀，每次杀死3万人；但是到了后来，纳粹党卫军便开始在火车的车厢中运用毒气杀人。他们发现，毒气更加适合用来实施大规模杀戮。

直至1941年，纳粹党中的领导阶层始终设想的都是通过将犹太人驱逐至偏远地区这一方式来解决“犹太人问题”。然而到了万湖会议召开的时候，他们便一心决定要系统性地对欧洲境内的犹太人口实施大规模屠杀。波兰建起了六座专门用于屠杀犹太人的集中营。纳粹非法军事组织党卫军中的高官阿道夫·艾希曼负责安排将犹太人自法国、希腊、匈牙利以及意大利等地运送至集中营之中。与此同时，波兰犹太人聚居区中的犹太人也被送往那里进行处决。战俘在强迫之下吸入毒气，而到了最后，他们的尸体便会被人掷入火葬场中焚烧。在贝乌热茨灭绝营中，约有50万名犹太人遭到杀害，而已知仅有七名战俘得以幸存下来。然而，奥斯维辛集中营旁边还建有一座劳工营，那些没有即时遭到处死的犹太人则被迫在这里工作。德国人需要大量的奴隶劳工以维系其在战争中的需求，而对于犹太人来说，这便是他们保住性命的最好机会。许多犹太人都同其他俘虏一起被迫来到集中营中。他们被剃光头发，还要穿上统一的服装；到了这时，他们已不再是一个人，而不过是一名没有任何身份的战俘罢了。当同盟国最终于1945年解放了这些集中营时，呈现在他们面前的是一片地狱之景。

国家层面的种族屠杀

万湖会议的会议记录《万湖议定书》中包含着许多令人难以置信的内容。人类历史上首次出现了一个致力于消灭整个民族的现代国家，遭到杀害的犹太人数量多达600万。■

纽伦堡审判

第二次世界大战结束之时，同盟国希望能够将纳粹绳之以法。于是，1945年，德国纽伦堡设立了一个国际军事法庭。自纳粹那里拍摄的新闻片揭露了他们的暴行：对毒气室的利用、对贫民的屠杀，还有对战俘的虐待。审判以实况转播的形式呈现在全世界人民，尤其是德国人的面前，让他们清楚看到了集中营之中曾经发生了多么骇人听闻的事情。阿道夫·希特勒、纳粹党卫队队长海因里希·希姆莱还有宣传部部长约瑟夫·戈培尔都已经自杀，余下24名被告人，而这些人则面临着四项罪状：破坏和平罪、参与策划并实施侵略战争罪、战争罪，还有违反人道罪。这些人中的大多数人都声称自己“只是执行命令”。军备、军需及军火部部长阿尔伯特·施佩尔被判处20年徒刑，另有其他12名被告人被处以死刑。纽伦堡审判过后，荷兰海牙便建立起了一座永久性国际刑事法庭。

我们需要的只有飞行与睡眠

柏林空运（1948年）

背景介绍

聚焦

冷战

此前

1918—1920年 美军在苏俄内战期间同布尔什维克党相对抗。

1922年 俄国革命家弗拉基米尔·列宁为在全球范围内推动革命进程而创建了共产国际。

1947年 杜鲁门主义公开表态支持那些试图遏制共产主义的国家。

此后

1961年 苏联人在东柏林与西柏林之间筑起了柏林墙。后来，这面墙成为冷战的象征。

1985年 苏联领导人米哈伊尔·戈尔巴乔夫积极推动政治与经济方面的开放政策与改革重建。

1990年 柏林墙倒塌之后，德国重获统一。

在1945年的雅尔塔会议与波茨坦会议之中，战时同盟国同意将战败国德国分隔为四块区域，各自由法国、英国、苏联和美国进行独立管辖。德国的首都柏林便处在苏联管辖之下的东德地区，而这座城市也同样被分为四块区域。1948年6月24日，苏联对西柏林实施了封锁，切断了铁路、道路以及运河上的所有通路，令生活在

1948年柏林空运期间，许多西柏林人都站在那里，等待一架低飞的美国空军飞机将必要的供给投掷下来。

参见：俄国解放农奴 243页，十月革命 276~279页，纳粹入侵波兰 286~293页。

第二次世界大战之后，信奉共产主义的东德国与信奉民主主义的西德国在德国的未来发展问题上发生了分歧。

西方同盟国计划将其占领的区域改造为一个独立的德意志国家。

苏联切断了通往西柏林的道路与铁路，试图强迫首都投降。

西方国家打定主意要在柏林分一杯羹，却无法承担再次引发世界大战的风险。

柏林空运成为一种和平的解决方案。

那里的人们无法获得来自外部的必要供给。东方与西方之间的分歧很可能会引发另一场世界大战，然而西方国家却制订了一份计划，利用飞机将供给空投给柏林。在空运计划的高潮时期，每三分钟便会有一架飞机来到这座城市。

冷战

第二次世界大战战胜国之间的合作时期仅是昙花一现；西方国家与苏联就“在欧洲建立怎样的政权”这一问题产生了严重的分歧。苏联禁止所有东欧国家存在共产党以外的党派，还建立了一连串屈从于苏联领导的附属国。然而，西方国家却希望能够建立起将共产主义排除在权力之外的民主制国家。德国依旧分裂为信奉共产主义的东德国与信奉民主主义的西德国，而这样的分裂也同时象征着欧洲的两极分化。1946年，前英国首相温斯顿·丘吉尔以“一道横贯欧洲大陆的铁幕已经拉下”这句话对当下的情况进行了总结。东方与西方之间的深刻分歧便是后来的“冷战”，而这一名称的由来也是因为这场争端并未演变为直接的军事冲突。至此，对于柏林未来发展走向的斗争成为冷战的第一场重大危机。

令柏林挨饿的计划

1948年6月，法国、英国与美国这三个西方同盟国宣布将自己所管辖的三个区域合并在一起，并推行一种全新的货币。斯大林迅速做出反应：他对柏林地区实施了封锁，企图令柏林在饥饿之下被迫投降，已达到自西方那里夺取权力的目的。但是西方国家并不希望将西德的控制权拱手让给苏联，便也坚定地留在了那里。

柏林空运计划十分成功，1949年5月，斯大林解除了封锁。在柏林危机的刺激之下，西欧国家建立起一个防御性联盟——北大西洋公约组织；于是，东欧的共产主义国家便也在1955成立了与之相抗衡的联盟——华沙公约组织。

这场发生在柏林的危机加剧了美国与苏联之间的仇视情绪。第二次世界大战结束之后，朝鲜也分裂为苏联控制之下的朝鲜与美国控制之下的韩国。在苏联的支持之下，朝鲜于1950年6月攻入了韩国。于是，美国派兵组建了一支联合国军队，前往韩国进行支援。1953年，朝鲜战争正式结束。■

当午夜钟声敲响、世人皆在沉睡时，印度将在新生与自由中觉醒

印度独立与印巴分治（1947年）

背景介绍

聚焦

帝国的终结

此前

1885年 印度国民大会党成立，开始为印度人民争取权利。

1901年 澳大利亚殖民地联合在一起，组成了澳大利亚联邦。

1921年 爱尔兰自由邦（占爱尔兰的4/5）自英国手中获得了独立。

1922年 英国给予埃及有限的独立，但英国军队依旧驻扎在埃及，维护帝国的利益。

此后

1947年 英联邦正式成立，所有曾为英国殖民地的国家都可以加入其中。

1960年 《非殖民化宣言》维护所有民族的自决权。

在长达一个多世纪的时间里，印度始终都是大英帝国皇冠上的宝石；但是在1947年8月14日午夜最后一声钟声敲响之后，印度便成为一个独立的国家。在于德里召开的制宪会议上，国会召集了一次特殊的午夜集会。印度第一任总理贾瓦哈拉尔·尼赫鲁起身宣布印度正式获得独立。然而，这次独立同时也揭开了一道至今尚未愈合的社会与地理伤疤。

这个全新的印度分为两个独立的国家：以伊斯兰教为主要信仰的巴基斯坦和以印度教为主要信仰的印度。与此同时，巴基斯坦本身又

参见：英国皇家非洲贸易公司的成立 176~179页，勒克瑙围攻战 242页，恩克鲁玛为加纳赢得独立 306~307页。

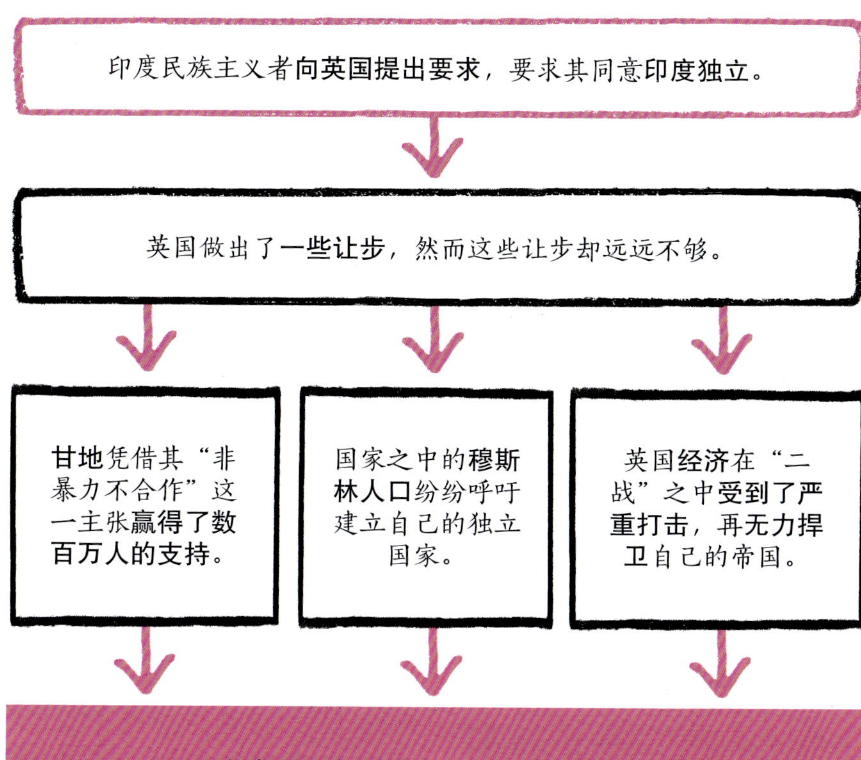

分为印度西北部的一半和印度东北部的一半，因为在这两个地区，穆斯林人口都占据总人口的绝大多数。很快，数百万名穆斯林经历长途跋涉来到了西巴基斯坦与东巴基斯坦（如今的孟加拉国），而数百万名印度教徒与锡克教徒便来到了刚刚获得独立的印度。印度境内出现了不同宗教派系之间的暴力冲突，其中，印度教徒与锡克教徒站在了同一阵营，而穆斯林则站在了与之对立的阵营。

待至1948年，这场声势浩大的人口迁移已经逐渐接近尾声，1500多万人背井离乡，而这一期间的死亡人数也在100万至200万人。印度已然获得了独立，印度的穆斯林人口也拥有了自己的独立国家，然而，自由的代价是巨大的。

独立之路

19世纪中期，印度的民族主义情绪逐渐在国内占据了一席之地，而到了1885年印度国民大会党正式成立的时候，这样的情绪又进一步高涨起来。“一战”期间，英国承诺在印度为其提供战争支援的前提下赋予印度自治权力，于是，人民对于自治的期待值不断上升。然而，在英国的设想中，印度获

莫罕达斯·甘地

印度国家领袖莫罕达斯·甘地（1869—1948年）率领着印度自英国手中获得了独立，后来被世人尊称为“圣雄甘地”（意为伟大的灵魂）。他来自一个印度教国家，早期在英格兰学习法律，后来又在南非生活了二十年之久，试图为生活在那里的印度人争取权利。

1919年，甘地开始参与到印度政治之中，很快便成为独立运动中毋庸置疑的领袖人物。他宣扬“非暴力不合作”，也自始至终都致力于将这一原则运用在同英国相对抗的过程之中。

1947年，甘地毕生为之而奋斗的事业终于收获了圆满的结局——印度获得了独立。然而，他对穆斯林群体所做出的妥协却为自己招来了杀身之祸。第二年，甘地遭到印度极端分子的刺杀。尽管在此之前，甘地本人曾无比痛心地公开反对分裂这片次大陆，然而，那名极端分子却依旧认为甘地应对印巴分治负责。

得自治权的过程却是一个缓慢的过程。1919年出台的《印度政府法》在印度创立了议会，议会则由印度官员与英国官员共掌权力。但是，这一措施并没有令印度民族主义者心满意足，而英国方面偶尔也会对他们的抗议采取残暴的镇压。

20世纪20年代至40年代，莫罕达斯·卡拉姆昌德·甘地的作为激励了印度人对于独立的追求。甘地不仅发起了“非暴力不合作”运动，还成为一名拥有数百万追随者的重要人物。1942年，甘地成为“退出印度”运动的领头人，号召公民进行非暴力抵抗，打乱英国在第二次世界大战中的阵脚。于是，英国当局迅速将甘地以及其他一些民族主义领袖投入了监狱。

待至第二次世界大战结束时，局势已然变得清晰：英国无法在民族主义运动之中占据上风。英国驻印度的官员皆是疲惫不堪，而英国本身也已濒临破产。英国同意印度获取完全的自由。当甘地与尼赫鲁在倡导印度统一的时候，1906年为捍卫穆斯林权利而成立的穆斯林联盟却在要求建立一个完全独立的伊斯兰国家。联盟的领导人穆罕默德·阿里·真纳担心假如穆斯林人继续生活在印度教的统治之下，他们将无法保护自己身为少数群体的权利。国民大会拒绝了这一提议，于是，街头上印度教徒与穆斯林之间的暴力冲突开始升级。

巴基斯坦的诞生

1947年，路易斯·蒙巴顿勋爵作为最后一任英国驻印度总督乘飞机来到了德里。面对着印度穆斯林要求建立一个独立国家这一不可调和的矛盾，他成功说服了所有方面，令他们同意将印度分割为印度教印度与伊斯兰教巴基斯坦这两个国家。

自其诞生以来，巴基斯坦便面临着许多挑战。国家的资源十分有限，同时却也拥有许多难民问题。很多不同的传统、文化与语言同时存在，而其第一任总督真纳也于国家建立的第二年不幸离世。

我们并非是在为权力而斗争，而是单纯在以非暴力的手段争取印度独立。

——莫罕达斯·甘地

殖民地获得自由

第二次世界大战结束之后，以英国、法国、荷兰以及葡萄牙为首的欧洲殖民国家逐渐认识到改变是必然的。一些殖民地通过和平手段获得了独立，例如缅甸与锡兰；然而在大多数情况下，欧洲国家还是会试图在殖民地地区继续维系自己的统治。

“二战”期间，本身便是帝制强国的日本将欧洲列强逐出了亚洲地区。1945年日本投降之后，亚洲地区的前殖民地纷纷爆发民族主义运动，这些国家试图争取独立，而不是继续回到欧洲殖民者的怀抱。1945年，印度尼西亚民族主义运动领袖艾哈迈德·苏加诺宣布成

1947年8月15日，零点钟声敲响后不过几秒，贾瓦哈拉尔·尼赫鲁与路易斯·蒙巴顿勋爵终于在德里制宪会议上宣布印度正式获得独立。

立印度尼西亚共和国。荷兰人派遣军队，试图重新树立自己的统治权威。最终，来自国际上的压力迫使荷兰于1949年承认了印度尼西亚的独立地位。战争期间，日本占领了马来半岛，而这反而将这里的人民团结在了一起，同时也在很大程度上助长了他们的民族主义情绪。英国对抗议实施了强有力的镇压，而这却反而令马来西亚共产党的武装分支在1948年向大英帝国宣战。直至1957年，马来半岛才真正获得了独立。

非洲地区的动荡

在肯尼亚，为应对矛矛党人起义，国家于1952年进入紧急状态，然而这却引发了更大规模的叛乱，而英国人也围捕了成千上万名矛矛党人，并将他们投入了拘留营之中。及至1956年，起义已遭到彻底镇压，然而英国当局为重获控制权而采用的手段却引发了国际上的谴责。在中非地区，殖民地的独立也同暴力相伴而生。在罗德西亚，占据总人口绝大多数的黑人民众与极端种族主义的白人政权（于1965年单方面宣布独立）之间爆发了野蛮的冲突。殖民地独立的这一过程恰巧同苏联与美国之间的新冷战发生在同一时期。随着欧洲国家逐渐失去自己的殖民地，美国开始担心苏联支持下的共产党会在那些刚刚获得独立的国家之中掌权。于是，美国出台了一系列援助计划，鼓励那些国家采取同西方一致的政权形式。苏联也采取了相似的策略，试图怂恿那些新国家加入共产主义阵营。许多国家并不希望被卷入冷战之中，于是便加入到了“不结盟运动”之中。这场运动开始于1955年印度尼西亚万隆所举办的一场由29个亚非国家参与其中的会议。“不结盟运动”的成员国下定决心，不与美国或苏联这两个超级大国之中的任何一个结盟或是缔结防御条约，而是更多地将精力集中在自身的发展之上。

我们为这场斗争而骄傲，这场充斥着泪水、激情与鲜血，深深触及我们灵魂的斗争。

——帕特里斯·卢蒙巴，刚果民主共和国（原扎伊尔）第一任总理（1960年）

恐怖主义在法国

法国一心希望能够维护其在阿尔及利亚的政治地位。第二次世界大战结束后，阿尔及利亚并未获得独立，于是，国内的爱国主义者同法国殖民者之间爆发了战争。1958年，阿尔及利亚的主要民族主义团体民族解放战线发动数起恐怖袭击，这些袭击先是发生在阿尔及利亚，后又转移至巴黎。这场危机将战争时期自由法国的领袖夏尔·戴高乐重新带回了政坛。1960年，戴高乐同意解放阿尔及利亚。在经历了一场漫长而又血腥的冲突之后，阿尔及利亚终于在1962年获得了独立。

这张照片拍摄于肯尼亚首都内罗毕附近的东非大裂谷之中。1952年，矛矛党人双手抱头，被人带到警察那里进行审问，之后可能还会被关押在拘留营之中。

获得独立

在20世纪60年代至70年代许多曾经沦为英国殖民地的国家都成为独立国家，并加入了英联邦之中。1931年成立的英联邦变成了古老大英帝国的“后继者”，接替它继续发挥英国在世界上的经济影响力与政治影响力。1949年，英联邦正式删去了其名称之中的“British”（英国）一词，使之成为一个自由而平等的独立国家联盟，然而帝国的终结却依旧逐渐逼近。1982年，英国为继续占有福克兰群岛而陷入了战争之中。

甘地对全球政治产生了深刻的影响。马丁·路德·金等其他一些倡导非暴力抵抗的人物也仿效了他的做法。纵观全球，许多国家仍在为脱离其所属国而不断斗争，苏格兰（属于英国）、魁北克（属于加拿大）与巴勒斯坦皆是如此，它们都在不懈地为成为一个独立的国家而奋斗。■

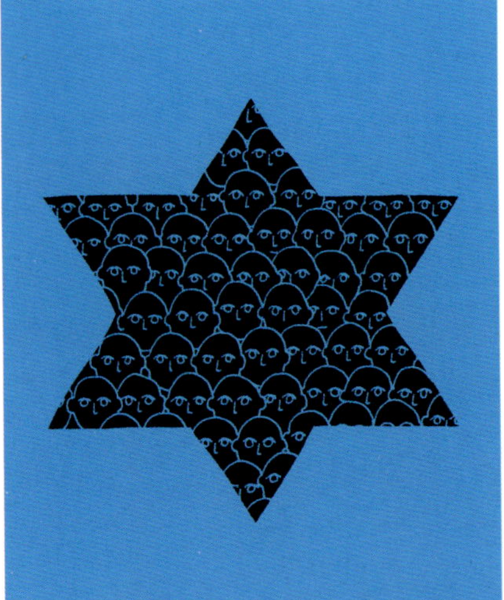

我们的国家将定名为以色列

以色列的建立（1948年）

犹太复国主义理论家对建立一个**犹太国家**的可能性进行了设想。

犹太人开始在巴勒斯坦**定居**，并为国家的**发展**做贡献。

犹太人为逃离纳粹的控制而逃亡至**巴勒斯坦**。

联合国将以色列这片区域划拨给犹太人。

许多巴勒斯坦人**被迫离开自己的故土**，成为难民。

阿拉伯国家与以色列之间**每隔一段时期便会爆发战争**。

背景介绍

聚焦

以色列的创立

此前

1897年 犹太复国主义演变为一场有组织的运动，呼吁在巴勒斯坦地区建立一个犹太国家。

1917年 英国在《贝尔福宣言》之中承诺帮助犹太人在巴勒斯坦地区建立家园。

1946年 犹太人的地下军队制造了大卫王酒店爆炸事件，致使91人死亡，而这也是一次犹太人针对巴勒斯坦与英国而发动的恐怖主义行动。

此后

1967年 在六日战争期间，阿拉伯人联合起来对抗以色列，然而以色列仍旧取得了胜利，还占领了大片阿拉伯领土。

1993年 《奥斯陆和平协议》试图实现巴勒斯坦与以色列之间的和平。

2014年 瑞典成为第135个承认巴勒斯坦国的国家。

1948年5月14日，伴随着太阳的升起，英国国旗缓缓自耶路撒冷市政府大厦降下，自此，英国对于巴勒斯坦长达26年的委任统治正式画上了句号。大卫·本-古理安向全世界宣布，一个全新的犹太国家正式在巴勒斯坦成立。

由以色列穆斯林邻国所组成的阿拉伯国家联盟拒绝承认以色列的成立，并向该国发动了袭击。来自外约旦、埃及、黎巴嫩以及叙利亚的军队纷纷攻入以色列。然而多年以来，以色列始终都在为保护自己在巴勒斯坦的定

参见: 青年土耳其革命 260~261页,《凡尔赛和约》280页,苏伊士运河危机 318~321页,"9•11"恐怖袭击 327页,联合国的成立 340页。

我们终于能够在自己的土地上做自由人。

——西奥多•赫茨尔,犹太复国主义作家

居所而战斗，于是便轻而易举地击败了阿拉伯人的入侵。

动荡的土地

自19世纪80年代以来，大批犹太人为躲避欧洲国家的迫害而迁往巴勒斯坦地区，还将这片土地视作为上帝赐予他们的应许之地。1917年《贝尔福宣言》颁布之后，英国政府便开始为犹太人建立家园而提供支持。国内占据多数的阿拉伯人口对这些定居者占据他们的领土而感到万分排斥。面对着愈发频繁的袭击，犹太人在当地组建起军事防卫组织，并将其统一命名为"哈加纳"。

暴力的升级

1939年，以纳粹德国为首、欧洲反犹太主义的崛起迫使犹太人逃亡至耶路撒冷。大量定居者涌入了这一地区，人数之多大大超出了英国当局的预期。于是，他们出台了限制措施，令犹太难民无法随心所欲地在巴勒斯坦地区定居。

第二次世界大战结束之后，巴勒斯塔地区的暴力冲突开始升级，而到了1947年，英国政府宣布自己将放弃对于这一地区的统治，并将"巴勒斯坦问题"移交至联合国手中。在经历了犹太人大屠杀之后，联合国坚信犹太人需要拥有属于自己的家园，于是便将巴勒斯坦地区一分为二，将其中一部分分给了阿拉伯人，并将剩余部分划分给了犹太人，以令他们能够在这里建立起自己的国家。以色列于1948年5月14日正式诞生。

以色列国旗诞生于*1948*年，也就是建国之后的几个月。它于*1891*年设计完成，最初是犹太复国主义运动之中的旗帜，中间的图案是"大卫之星"。

巴勒斯坦境内的阿拉伯人不断呼吁在约旦河西岸以及加沙地区建立一个独立的国家。这些生活在被占领区域之中的人民不得不忍受恶劣的生活条件，不时发生的军事突袭，就连活动也极为受限。■

大卫•本-古理安

大卫•本-古理安(1948—1963年)是以色列的创建者，也是国家的第一任总理。他于1886年出生在波兰，父母都是犹太复国主义者。1906年，本-古理安移民至巴勒斯坦，并开始在那里积极参与至建立起一个独立犹太国家的斗争中。

成为国家领导人之后，本-古理安建立起以色列国防军，还将以色列引上了现代化的发展道路。他大力推行希伯来语，并将其奉为该国的官方用语。1950年，本-古理安颁布了《回归法》，宣布以色列将接纳来自世界各地的犹太移民。

他曾于1953年短暂地离开政坛，而在其在位的后几年之中，他曾私下同阿拉伯国家领导人进行会谈，试图推动中东地区的和平进程。

1970年，本-古理安正式从以色列议会中退休，全心在斯代博克（以色列南部内盖夫沙漠之中的一座集体农场）撰写自己的回忆录。1973年，本-古理安离开人世，然而直至今日，他仍旧是一位受人爱戴的人物。

你们深爱的祖国加纳已经获得了永远的自由

恩克鲁玛为加纳赢得独立（1957年）

背景介绍

聚焦

后殖民时期的非洲

此前

1946年 国家间组织泛非洲联盟的成立推动了非洲国家的独立进程。

1952—1960年 肯尼亚针对英国统治当局的矛矛党人起义成为非洲独立斗争之中的转折点。

1956年 法国与英国在苏伊士的耻辱性失败标着旧时欧洲强国的进一步衰落。

此后

1957—1975年 大多数非洲国家都自法国、英国、葡萄牙以及比利时的统治下获得了独立。

1963年 非洲统一组织正式成立。

1994年 南非人民成为这片大陆上最后实现多数统治的民族。

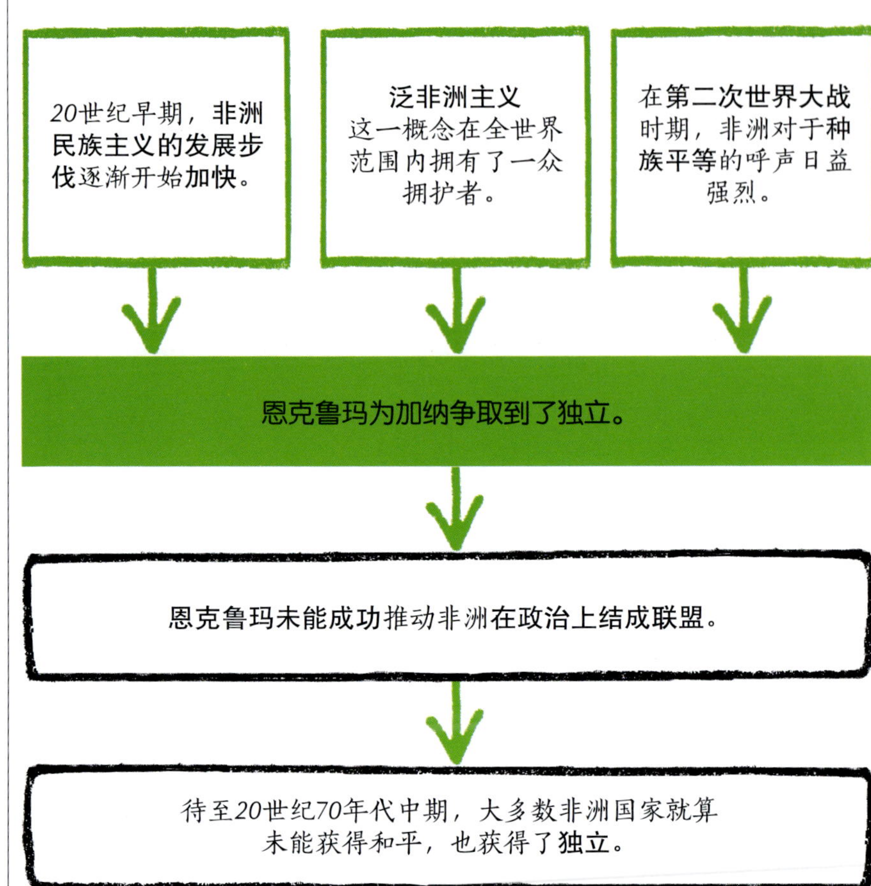

1948年2月，英国在西非地区的殖民地黄金海岸已经为独立而斗争了数年之久，就是在这样的背景之下，一群手无寸铁的非洲退役军人带着一份饱含冤情与悲叹的请愿书，来到了英国总督的面前。他们无视警方禁止继续前进的命令，于是，警方选择了开火。在事件发生一年之后的1949年，民族主义者克瓦米·恩克鲁玛建立了人民大会党这样一个争取自治权的组织。甘地在对抗英国政府时提出了“非暴力不合作”思想，而在这一哲学的影响之下，恩克鲁玛发起了一项“积极行动”运动。他们所煽动的罢工行动与抗议行动虽然并不暴力，却仍旧令国家陷入了瘫痪；于是，1951年年初，英国当局同意举行大选。人民大会党赢得了38席中的35个席位，而黄金海岸则开始迅速向着独立的道路迈进。1957年3月6日，国家正式宣布独立，恩克鲁玛也成为加纳的总理。这一场运动为人们带去了巨大的希望，让他们看到了建立起一个全新非洲的美好前景。

第二次世界大战之后，统治着非洲地区的欧洲列强纷纷陷入破产危机，而他们对于殖民主义的看法也发生了改变。

多米诺效应

发生在加纳的事件对整个西

参见: 英国皇家非洲贸易公司的成立 176~179页,《废除奴隶贸易法案》 226~227页, 柏林会议 258~259页, 印度独立与印巴分治 298~301页, 纳尔逊•曼德拉获释 325页。

非地区产生了深刻的影响。1958年，几内亚举行投票，要求脱离法国的控制。尼日利亚也不甘落于人后，成功在1960年10月1日自英国手中获得了独立。待至1964年，肯尼亚、北罗德西亚（赞比亚）、尼亚萨兰（马拉维）与乌干达都已成为独立的国家。

1961年至1974年，第一个在非洲地区建立殖民统治的欧洲国家葡萄牙为维系其在安哥拉、莫桑比克以及几内亚地区的统治地位而进行了一场漫长的战争。1960年，比利时在刚果地区的统治正式垮台，而这在国内引发了一系列暴力事件；1961年，刚果共和国的第一任总理帕特里斯•卢蒙巴遇刺身亡。冷战期间，许多非洲国家获得了独立。他们成为美苏这两个资本主义与共产主义大国之间博弈的工具，

克瓦米•恩克鲁玛、科乔•博特西奥、克罗博•埃杜塞以及其他一些加纳政治家共同庆祝国家通过和平及民主手段而赢得独立。

却也因此获得了大量贷款与军事援助。在这一时期，内战亦不计其数，卢旺达与扎伊尔便曾爆发种族内战，索马里国内的军阀也曾因食物供给问题而爆发激烈冲突。

独裁统治者

当国家获得独立之后，这些非洲爱国主义领袖便开始通过向政治对手下达禁令等手段来巩固自己的统治权威。及至20世纪70年代早期，白人政治精英统治之下的国家便仅余下津巴布韦与南非了。恩克鲁玛曾希望加纳能够成为成功的灯塔，但是他的泛非洲计划却未能变为现实，而随着他的统治不断独裁化，加纳的发展也逐渐走向衰落。■

克瓦米•恩克鲁玛

克瓦米•恩克鲁玛接受过良好的教育，同时也满怀雄心壮志，为加纳甚至是整个非洲的发展规划了宏伟的蓝图。他曾在美国接受高等教育，后又来到英格兰，并在那里加入了西非学生联合会。1948年，恩克鲁玛参与到一个主张“立即自治”的青年运动之中，并成为其中的领导人物。

作为人民大会党的领袖，恩克鲁玛呼吁采取非暴力的积极行动，而这也为他招致了牢狱之灾。服刑期间，他赢得了大选，而到了五年之后的1957年，恩克鲁玛成为加纳的总理。

恩克鲁玛推动修建了许许多多的学校、道路和医疗机构，而这也为他赢得了民心。1964年，加纳已经成为一个一党执政的国家，而恩克鲁玛本人也成为“终身总统”。他曾两次险遭刺杀，还愈发无视公民的人权，1966年，加纳发生了政变，恩克鲁玛也被流放至几内亚。1972年，恩克鲁玛因癌症离开了人世。

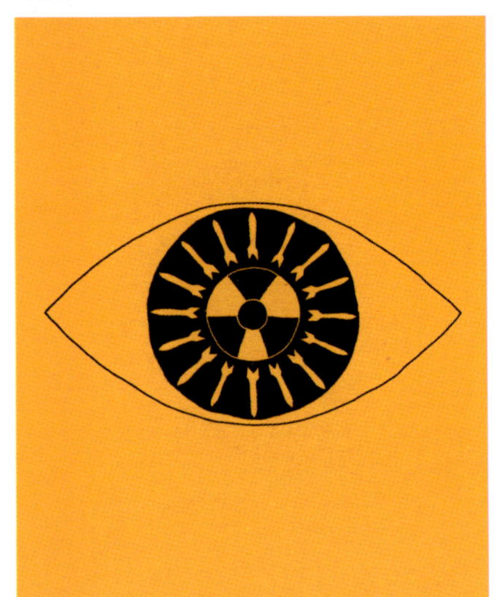

我们相互瞪视着，而我觉得刚刚是对方先眨眼了

古巴导弹危机（1962年）

背景介绍

聚焦

核军备竞赛

此前

1942—1945年 美国开始实施曼哈顿计划，试图研制出最早的核武器。

1945年 美国向日本广岛及长崎这两座城市投掷了原子弹，正式为第二次世界大战画上了句号。

1952—1953年 美国和苏联都开始研制氢弹，而这种核武器的威力要比原子弹大上1000倍。

此后

1963年 美国与苏联签署了一项禁止核试验条约，两国之间的矛盾有所缓和。

1969—1972年 美苏两个超级大国在战略武器限制谈判之中就导弹部署问题达成了共识。

1991年 削减战略武器条约削减了美国与苏联所部属的远程导弹数量。

苏联与美国开始大规模储备核武器。

“确保相互摧毁”理论对核战争的爆发起到了威慑作用。

美苏两国为控制包括古巴在内的附属国而陷入斗争之中。

两国之间的矛盾在古巴导弹危机之中达到了高潮，险些爆发核战争。

核战争所能构成的威胁越发显而易见。

全球领导人通过外交谈判的手段缩减核武器储备；紧张局势得以缓和。

在自1962年10月16日到10月28日的13天之间，整个世界都处于核毁灭的边缘。苏联领导人尼基塔·赫鲁晓夫在古巴部署了核武器，而美国总统约翰·菲茨杰拉德·肯尼迪则要求他将这些武器撤走。两国均以核战争作为相互威胁的筹码。军事战略家提出了“确保相互摧毁”这一理论：假若苏联向西方发起攻击，那么西方也定然会向苏联发动反击。简而言之，这是一种同归于尽的做法。

参见: 十月革命 276~279页, 柏林空运 296~297页, 苏联发射第一颗人造卫星 310页, 猪湾事件 314~315页, 柏林墙的倒塌 322~323页, 1968年巴黎学生起义 324页。

贸易禁运

尽管卡斯特罗具有共产主义倾向，但美国依旧承认了他在古巴的统治地位，也仍然参与至古巴经济之中，并在其中占据极大的份额。然而，卡斯特罗却开始切断美国对于古巴经济的控制，在不进行丝毫经济补偿的情况下将所有产业收归国有。于是，美国开始向古巴实施严格的贸易禁运，而卡斯特罗便转而向苏联寻求支持。美国害怕共产主义会借此机会进一步扩张，便试图推翻卡斯特罗政府，然而1961年4月的猪湾事件却不幸以失败告终。

同一年，美国在土耳其部署了15枚“朱庇特”核弹头导弹，以便在必要的时候可以随时向苏联发动攻击。土耳其与苏联相接壤，因此，这一举动便直接对苏联领土构成了威胁。

最后通牒

苏联国内的强硬派向赫鲁晓夫施压，要求其采取强硬的态度。赫鲁晓夫本就希望可以保护盟国古巴不受美国的侵袭，于是，他便下令在古巴设置能够发射核弹头的导弹。1962年10月14日，U-2侦察机带回的画面显示苏联已经在古巴架起了核武器。肯尼迪的军事顾问建议立即向导弹发射点发动攻击，但是肯尼迪却更加倾向于利用海军对古巴实施封锁，防止他们继续安装更多的导弹。除此之外，他还向赫鲁晓夫发出了最后通牒，要求其撤回导弹，并向全世界发出通知，告诉他们核战争很可能即将爆发。与此同时，赫鲁晓夫也向苏联舰队的指挥官下达了继续向古巴港口行驶的指令。

古巴领导人菲德尔·卡斯特罗于1963年5月来到莫斯科进行正式的国家访问，并同苏联领导人尼基塔·赫鲁晓夫高举紧握的双手，以示团结。

打破僵局

各国领导人在幕后慌乱地进行了一系列外交谈判，最终达成协议，打破了僵局：肯尼迪表示，假如赫鲁晓夫下令拆除部署在古巴的所有核武器，美国便也会秘密撤走国家部署在土耳其的导弹。苏联领导人也对此表示了同意，但前提是美国应当放弃入侵古巴的计划。

10月28日，赫鲁晓夫下令让舰队调转航向，回到苏联，而这也成为冷战期间的一个历史性时刻。自那以后，美苏两大超级大国都越发谨慎，而核战争所构成的威胁也逐渐开始消退。■

约翰·费茨杰拉德·肯尼迪

美国第35任总统约翰·菲茨杰拉德·肯尼迪（1917—1963年）是美国历史上第一位信奉罗马天主教的总统，而年仅43岁便成功当选的他也是当时最年轻的总统。他为美国政坛带去了一股更为新鲜、也更具活力的气息。他将自己的政策命名为“新边疆”计划。该计划中包含了诸多挑战，包括涉足外太空领域以及消除贫困。很快，肯尼迪政府便获得了民众的支持。

在其执政期间，摆在肯尼迪面前的一项重大任务便是处理冷战期间紧张局势之下的外交事务。其中，1962年爆发的古巴导弹危机便是对其最大的考验，而肯尼迪对待苏联时的坚定立场也为他赢得了广泛的支持。

当他在为连任美国总统参加竞选活动之时，1963年11月22日，李·哈维·奥斯瓦尔德在得克萨斯州的达拉斯市刺杀了肯尼迪。这一事件震惊了美国人，而对于他们而言，在这个美国与苏联之间关系刚刚出现缓和的时期，肯尼迪之死无疑称得上是一个巨大的悲剧。

全世界的人都在指着那颗卫星

苏联发射第一颗人造卫星（1957年）

背景介绍

聚焦

太空竞赛

此前

1926年 罗伯特·戈达德发射了世界上第一枚液体火箭。

1942年 德国成功发射了第一枚弹道导弹A4，又称V-2导弹。

此后

1961年 艾伦·谢泼德乘坐着“自由7号”，执行第一次飞往水星的任务，也因此成为第一个进入太空的美国人。

1969年7月20日 美国人尼尔·阿姆斯特朗成为踏上月球的第一人。

1971年 苏联的礼炮号空间站正式落成，而这也是世界上最早的空间站。

1997年 美国索杰纳号火星车抵达火星，并对其表面进行探索。

2015年 火星侦查轨道器在火星上发现了液态水。

1957年10月4日，苏联将世界上第一枚人造卫星“伴侣号”送上了太空。这枚卫星仅携带了一个简单的无线电发射机，以便将太空中的情况传送回地球。

“伴侣号”远不仅仅是一次科学上的突破；在苏联同西方国家处于冷战状态的那一段时期，成功发射人造卫星对于苏联而言可谓是一次巨大成功。这是一次没有消耗一枪一弹，却造成了巨大军事影响与政治影响的事件。在美国人看来，他们距离遭受核武器袭击又更近了一步。此时的苏联已然成为一个超级大国，令美国震惊，同时也开启了“太空竞赛”。

美国迎头赶上

“伴侣号”的成功发射引发了大众媒体的强烈关注，同时也开启了“太空时代”，将全球人的智慧与想象力汇集到了一起。在这一时期，以太空为背景的科幻小说、电影及电视剧风靡一时。待至1958年，美国已经建立起国家航空航天局，然而，当苏联于1961年将尤里·加加林送入太空轨道时，美国人也只能充满艳羡地观望着。

> **这是个人的一小步，却是人类的一大步。**
>
> ——尼尔·阿姆斯特朗

1962年，美国将约翰·格伦送入了太空，后又于1967年建造出足以到达月球的“土星5号”运载火箭，正式追赶上苏联的步伐。到了1969年，美国宇航员尼尔·阿姆斯特朗打开了“阿波罗11号”的舱门，成为能够在月球上行走的第一人。■

参见：柏林空运 296~297页，古巴导弹危机 308~309页，柏林墙的倒塌 322~323页，世界上第一个网站正式上线 328~329页。

我有一个梦想

华盛顿大游行（1963年）

背景介绍

聚焦

民权运动

此前

1909年 全国有色人种协进会正式成立。

1955年 罗莎·帕克斯拒绝在公交车上将自己的座位让给一名白人男性，而这一事件点燃了民权运动的火种。

1960年 一个仅限白人点餐的餐厅柜台拒绝向四名学生供应食物，而这一事件在全美各地引发了“静坐示威”活动。

此后

1965年 非裔美国人团结组织的建立者马尔克姆·X因遭到枪杀而离世。

1966年 斯托克利·卡迈克尔创造出“黑人权利”这一概念，背离了非暴力示威这条道路。

1968年 马丁·路德·金遇刺身亡，该事件在美国各大城市中引发了暴动。

在1963年8月28日爆发的大游行中，约有25万名民众聚集在了华盛顿。他们呼吁平等，结束种族隔离，让所有美国人享受优质的教育资源，拥有体面的住房，还有能够让人维持生计的工作。

这场大游行之中的一位发言人便是牧师马丁·路德·金。“我有一个梦想”，便是他最为著名的演讲，也是他内心的呼声。

呼吁平等

在1861年至1865年的美国内战结束后，美国正式废除了奴隶制，于是，获得解放的奴隶开始寻求公民权利。然而，他们虽已不再是奴隶，却依旧不能同白人享受同等的权利与待遇。到了20世纪60年代，马丁·路德·金率领大批民众在伯明翰与阿拉巴马举行民权游行，而这些游行示威活动也在这场运动中起到了关键性的作用。然而，一些极端主义者却以令人胆寒的暴力手段对抗民权运动。

有人说，我们在捍卫公民权利这一问题上行事太过匆忙。然而我想说，我们已经晚了整整172年！

——休伯特·汉弗莱，明尼阿波利斯市长（1948年）

华盛顿大游行结束之后，美国国会于1964年通过了《民权法案》，以法律手段禁止种族歧视。此外，1965年通过的《选举权法案》也进一步维护了公民权利。然而，在半个多世纪之后的今天，对于非裔美国人而言，当日设定的许多目标却依旧遥不可及。■

参见：英国皇家非洲贸易公司的成立 176～179页，《废除奴隶贸易法案》226～227页，葛底斯堡演说 244～247页，纳尔逊·曼德拉获释 325页。

我绝不会丢掉越南

北部湾事件（1964年）

背景介绍

聚焦

东南亚地区的干预

此前

1947年 承诺美国将对自由国家进行支持的“杜鲁门主义”指导了美国在东南亚地区的对外政策。

1953年 柬埔寨自法国手中赢得了独立。

1963年 南越总统吴廷琰在一场美国支持下的军事政变中遭到杀害。

此后

1967年 东南亚国家联盟正式成立，旨在促进该地区的和平与稳定。

1973年 《巴黎和平协定》结束了美国在越南地区的战事，然而却并未能结束北越与南越之间的冲突。

1976年 越南社会主义共和国宣告成立，西贡也正式更名为胡志明市。许多越南人纷纷逃亡到了海外。

东南亚国家希望能够**从其殖民统治者手中获得独立**。

美国害怕**共产主义会传播**至整个东南亚地区。

结束同法国的战争之后，**越南分裂为共**产主义的北越和美国支持之下的南越。

为应对**共产主义**在该地区**的胜利**，美国增加了其在这一地区的**军事部署**。

当一艘美军战舰在北部湾地区遇袭后，美国的秘密行动达到了高潮。

美国总统约翰逊打着这一次事件的名义，为美国**在越南地区的军事干预**辩护，同时也进一步拓宽了冷战的前线。

第二次世界大战的余波尚未平息，东南亚地区的国家便开始为建立稳定的政治体系而进行不懈的斗争，然而与此同时，该地区又卷入了美国与苏联的冷战之中。其中，越南地区的战况最为激烈。1954年法国殖民统治结束之后，日内瓦会议将越南分割为两个部分，一部分是越南共产主义革命领袖胡志明及其共产主义政府统治之下的北越，另一部分便是美国支持之下的南越。1960年，胡志明在共产主义强国苏联与中国的支持之下于南越组建了

参见：吴哥窟的建造 108~109页，纳粹入侵波兰 286~293页，柏林空运 296~297页。

美国海军驱逐舰“马多克斯”号遇袭后驶离了南越的海岸地区。这一事件后来成为越南战争的导火索。

民族解放阵线，并发动游击战争，试图将国家统一在共产主义的统治之下。

北越与南越之间的局势愈发紧张，直至1964年。在那一年的8月，美国海军驱逐舰“马多克斯”号正在北越海岸地区的北部湾执行任务，借助北部的沿海设施对无线电及雷达设备进行监控，以对南越海军发动的攻击加以支援。北越认为“马多克斯”号与针对其海岸地区的突袭脱不开干系，于是便向这艘驱逐舰发射了鱼雷。两天之后，“马多克斯”号再次报告称自己受到了攻击。尽管这第二次攻击颇受争议，然而，当时的北越已然控制了国家的大部分地区，且美国总统林登·贝恩斯·约翰逊认为南越并不具备独自在这场共产主义领导下的游击战争中取得胜利的能力，于是，约翰逊便对这场小规模冲突加以利用，令国会正式通过了《北部湾决议案》。决议案的通过令约翰逊得以采取一切必要措施，应对美国军队在东南亚地区面临的威胁。

美国的干预

美国担心假若越南变成了一个共产主义国家，东南亚地区的其他国家也会追随它走上相同的道路。利用《北部湾决议案》，约翰逊将大批军队派遣至南越地区，并对北越发起了空中的轰炸行动，大量平民遇害。然而，尽管美国军方的技术更加优越，但他们最终也未能彻底摧毁越共的游击队。美国军队伤亡惨重，士气也逐渐低落。

越南战争结束

越南战争是美国历史上首次通过电视进行转播的战争。当这些令人心惊的事件逐一呈现在民众面前时，越来越多的人开始对冲突提出反对。世界各地均爆发了大规模的和平运动与反战示威游行。

1968年，北越发动了“春节攻势”，向南越的100余座城市与乡镇发起了猛烈的袭击，也彻底粉碎了美国希望尽快结束战争的希望。1969年，双方举行和平会谈。1973年3月，最后一批美国军队撤离了越南，而到了1975年4月，南越正式并入北越。■

波尔布特的残暴政权

越南战争期间，北越对柬埔寨加以利用，沿着胡志明小道将士兵和补给运送至南越地区。1970年，美国与南越的联合军队入侵柬埔寨，试图将越共驱赶出去。与此同时，美国也对柬埔寨进行了大规模的轰炸。柬埔寨国内的军事动荡令越来越多的人开始支持柬埔寨共产党（亦称“红色高棉”，一支于1975年掌权的游击部队）的领导人波尔布特。波尔布特意图将柬埔寨打造成一个没有阶级的农业社会国家。他将全国人民驱赶至乡村地区，令他们以种植水稻为生。在接下来的44个月中，约有200万人（约占柬埔寨总人口的1/4）死亡，他们或是遭到了杀害，或是因饥饿而死。人们死去的地方便是如今我们所知的“杀人场”。在长达三年的恐怖统治之后，一场越南入侵行动最终将波尔布特驱逐下台。

革命不是玫瑰花床

猪湾事件（1961年）

背景介绍

聚焦

拉丁美洲的革命与阻碍

此前

1910年 墨西哥革命成为20世纪以来的第一场重大社会革命。

1952年 民族主义革命运动（MNR）在玻利维亚掌权。

1954年 美国中央情报局支持之下的一场政变令军政府在瓜地马拉上台。

此后

1973年9月11日 智利总统萨尔瓦多·阿连德在陆军总司令奥古斯托·皮诺切特率领之下的一场政变中不幸身亡。

1981年 美国停止了对于尼加拉瓜的援助，转而对游击队进行支持，以期能够推翻左翼桑蒂诺的政府。

1961年4月15日，一批古巴流亡者发起了一场入侵古巴的行动，试图推翻菲德尔·卡斯特罗的左翼政权，并以另一种更加符合美国利益诉求的政权取而代之。八架美国B-26轰炸机自尼加拉瓜飞向古巴，意图摧毁卡斯特罗在地面上的空军力量。表面上看来，这场空袭似乎是成功的，然而，至少有六架卡斯特罗的战斗机躲过了这场袭击。4月17日凌晨，一群约由1400名古巴流亡者组成、代号为“2506突击旅”的队伍向古巴南部海岸的猪湾地区发动了一场两栖攻击。然而，他们在卡斯特罗军队的反击之下节节败退，弹药也早已用尽。卡斯特罗仅用了三天的时间便挫败了流亡者的入侵。

参见：玻利瓦尔建立大哥伦比亚 216~219页，十月革命 276~279页，
古巴导弹危机 308~309页，巴西军事政变 341页，皮诺切特在智利掌权 341页。

猪湾事件对于美国而言无疑是一场灾难，许多反对卡斯特罗的势力都在这场冲突中被抓捕。

卡斯特罗不能留

第二次世界大战结束之后，拉丁美洲成为资本主义与共产主义这两大相互对立的意识形态之间相互斗争的替代阵地。美国决心铲除共产主义，于是便开始在古巴、洪都拉斯以及危地马拉等国家为反对改革派政权的右翼独裁者提供支援。

20世纪50年代，古巴巴蒂斯塔政府的腐败与暴行逐渐令其失去了美国的支持。1959年，卡斯特罗推翻了巴蒂斯塔的统治；此时，美国政府对于卡斯特罗的共产主义倾向心存疑虑。待至1960年，卡斯特罗已将美国在古巴的所有事业收归国有，且没有支付半分补偿，彻底打破了美国与古巴之间的外交关系。为保护自己的经济资产，击败共产主义，美国的政策制定者开始意识到，卡斯特罗不能留。

在卡斯特罗掌权不到一年的时候，古巴流亡者已经在迈阿密地区建立起数个反革命团体。美国中央情报局插手至这些团体之中，为他们提供推翻古巴政府的必要训练与装备。

亲古巴示威

卡斯特罗与苏联之间建立了紧密的联系，而苏联也成为其对抗美国压制的盟友，令卡斯特罗得以将自己的理想输出至整个拉丁美洲。猪湾事件在从智利到墨西哥等一众国家中激发了亲古巴、反美国的示威游行活动。卡斯特罗积极为游击战提供支援，而数以千计的拉丁美洲游击战士也来到了古巴接受训练。在20世纪60年代至70年代，尼加拉瓜、巴西、乌拉圭以及委内瑞拉等对国内教育情况、不平等状况与贫穷现状倍感不满的国家都在古巴革命的影响之下爆发了起义活动。

拉丁美洲问题始终都是美国外交政策的重中之重。美国为制约共产主义，曾多次介入拉丁美洲国家的事务之中。■

我们绝不能放任古巴落入共产主义者的手中。

——约翰·菲茨杰拉德·肯尼迪

菲德尔·卡斯特罗

对于他的支持者而言，菲德尔·卡斯特罗（1926—2016年）无疑是一位同美国相抗争的革命英雄；而对于其诋毁者而言，卡斯特罗则是一名不折不扣的独裁者，他同苏联之间的紧密联系更是险些令整个世界陷入核战争之中。

1953年，当时还是一名学生的卡斯特罗因从事革命活动而被捕入狱。两年之后，他被释放，后流亡至美国和墨西哥。1956年，卡斯特罗率领一支小规模游击队回到了古巴。他们决心破坏独裁者巴蒂斯塔的政权。1959年1月1日，卡斯特罗掌握了绝对权力。上任之后，他一心希望能够提高当地人的识字率，提供免费的医疗卫生服务，并推行土地改革。

卡斯特罗将自己视为全世界受压迫之人的领袖，还为南非反种族隔离力量提供了训练支持。在20世纪70年代，他曾派遣部队至安哥拉、埃塞俄比亚以及也门地区，对那里的共产主义势力进行支援。

我们将用自己的鲜血与力量捍卫它，以眼还眼，以牙还牙

苏伊士运河危机（1956年）

背景介绍

聚焦

当代中东

此前

1945年 埃及、伊拉克、黎巴嫩、叙利亚、沙特阿拉伯、也门以及约旦共同构成了阿拉伯国家联盟。

1948年 以色列在巴勒斯坦的领土上建国，将阿拉伯人与犹太人分隔开来。

1952年 一场军事政变推翻了埃及国王法鲁克。两年之后，陆军上校贾迈勒·纳赛尔掌权。

此后

1964年 巴勒斯坦解放组织呼吁动用武力消灭以色列这个犹太国家。

1993年 《奥斯陆协议》签订之后，巴勒斯坦解放组织与伊斯兰之间达成了和平共识。

2011年 在阿拉伯国家发生的一系列人民起义之中，抗议者要求实施改革措施。

1956年7月26日，埃及领导人陆军上校迦玛尔·阿卜杜尔·纳赛尔在亚历山大城中向人民发表讲话，宣布将苏伊士运河收归国有。对于埃及人而言，这一举动是国家自19世纪80年代以来终于得以挣脱英国帝国主义统治的象征。然而，苏伊士运河却是西欧大部分地区自中东获取原油的必经之路。于是，针对纳赛尔这一大胆的决定，英国、法国与以色列共同制定了一项秘密计划。长期以来，纳赛尔始终对与法国殖民统治相抗争的阿尔及利亚起义者进行支持，

参见: 苏伊士运河的修筑 230~235页，青年土耳其革命 260~261页，《凡尔赛和约》280页，以色列的建立 302~303页，“9·11”恐怖袭击 327页，苏联入侵阿富汗 341页，伊朗伊斯兰革命 341页，美英共同入侵伊拉克 341页。

在革命成功四周年之后的庆祝仪式上，埃及总统纳赛尔向25万名聚集在一起的民众正式宣布将苏伊士运河收归国有。

因此，法国也迫不及待地希望能够看到纳赛尔政府倒台。以色列更是有许多理由推翻纳赛尔的统治，其中最大的原因便是埃及禁止任何悬挂着以色列国旗的船只通过苏伊士运河。依照这三个国家的计划，以色列将对埃及发起突袭，英国与法国则将在几日之后以调解人的身份加入战局，一举夺下运河的控制权。1956年10月29日，以色列人开始了入侵行动。10月31日，英法军队进入了埃及，然而却立时便遭到了来自外界的外交压力，要求其立即停火。此时，试图与阿拉伯国家建立良好关系的美国因英法两国的入侵而倍感震惊，认为这一行动威胁了整个地区的稳定。美国总统德怀特·艾森豪威尔强势争取了一份联合国决议，要求英法停火，于是，两国军队不得不撤离了这一地区。

分裂国家

中东地区强烈的反西方情绪可追溯至数百年前，而西方越来越多地插手该地区事务便是其中最大的原因。当地许多民族都将伊斯兰教视作是最为神圣的天启，对他们而言，19世纪之后的殖民主义以及第一次世界大战后奥斯曼帝国的分裂无疑是一种苦涩的耻辱。1948年，以色列在巴勒斯坦地区正式建立，而这也将这片土地分为了两个国家：一个阿拉伯国家，另一个犹太国家。这一结果触怒了其他阿拉伯国家，而以色列境内的阿拉伯人也对此表示了强烈的反对。一众阿拉伯国家的正规军于1948年5月至6月发生的第一次中东战争（阿拉伯国家与以色列之间的战争）中攻入了以色列。战争以阿拉伯国家的失败而告终，同时，它对于巴勒斯坦人而言也是一场灾难：国家之中超过一半的阿拉伯人口成为难民，流离失所，也就此失去了建立自己国家的可能性。

宏伟计划

埃及通过禁止以色列船只在苏伊士运河通行这一手段，继续维系其与以色列相斗争的立场。当纳赛尔于1954年推翻埃及国王法鲁克的政权并将其流放之后，他为应对未来可能发生的同以色列之间的冲突而自苏联引进了许多武器，建立起庞大的武器库。待至1956年6月，英国已同意从苏伊士地区撤军，然而，随着最后

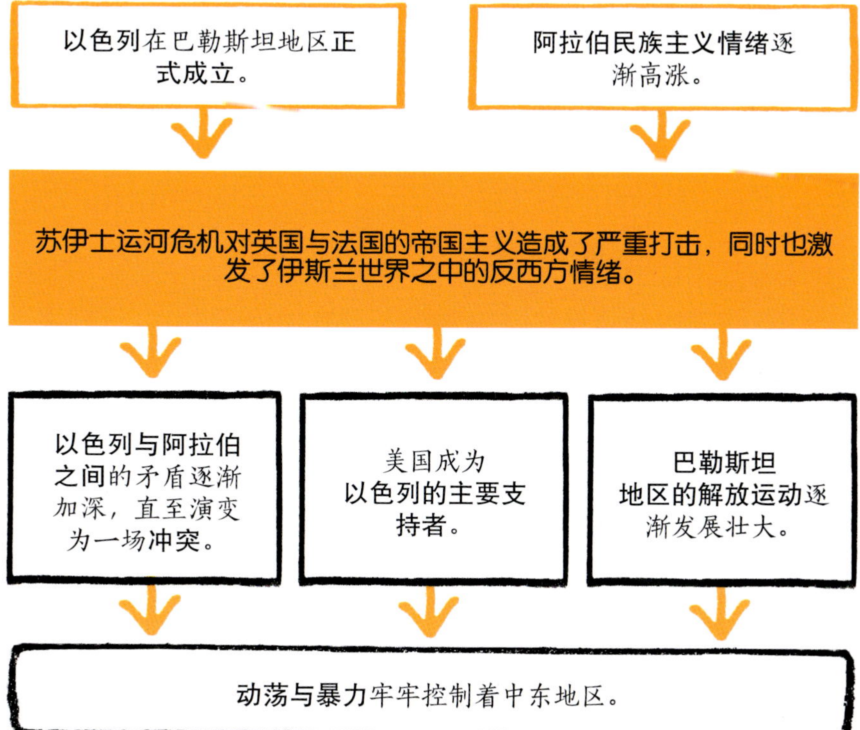

一批军队撤出埃及，纳赛尔开始依靠来自英国与美国的经济支援，并将这笔钱投入至发展埃及的宏伟计划中。这一计划之中便包括在尼罗河干流上建造阿斯旺大坝这个项目。后来，当英国与美国撤回贷款提议，令其无法负担修筑大坝的资金时，纳赛尔十分愤怒。英美两国食言的原因在于纳赛尔与苏联之间的紧密联系以及他对西方无休无止的抨击与指责。纳赛尔觉得自己受到了侮辱，立刻便宣布将苏伊士运河收归国有。这一举动获得了埃及民众的广泛支持，因为他们向来都将这条运河视作是阿拉伯人的骄傲之源。

纳赛尔是一位世俗的现代化主义者，提倡政教分离，并认为这是阿拉伯现代化的特征；然而，并非所有人都能接受他的这种观点。

1967年，以色列在六日战争之中大败阿拉伯国家，自埃及手中夺过了西奈半岛，自叙利亚手中夺过了戈兰高地，还自约旦手中夺过了约旦河西岸与东耶路撒冷的控制权，自此正式成为一个侵略国家。而在20世纪70年代与80年代，阿拉伯国家与以色列之间的冲突开始向和平方向演变：到了1979年，以色列与埃及之间签订的和平协议正式为这场战争画上了句号。

1979年，美国总统吉米·卡特（中间）旁观埃及总统安瓦尔·萨达特与以色列总理梅纳赫姆·贝京在白宫签订了和平条约后进行握手仪式。

两伊战争

同中东地区的其他许多国家一样，如今的伊拉克也诞生于第一次世界大战结束之后奥斯曼帝国的废墟之上。伊拉克是一片以阿拉伯人与库尔德人之间民族界限以及逊尼派穆斯林与什叶派穆斯林之间派系界限而进行分割的土地。于1979年正式上台的领导人萨达姆·侯赛因归属于逊尼派，因此便以无比残暴的手段对什叶派穆斯林与库尔德人实行镇压。他同埃及总统纳赛尔一样，拥护阿拉伯民族主义，并将伊拉克作为一个世俗化国家进行统治。

1979年，伊朗发生的事件激励了整个中东地区的伊斯兰教主义者。在一场伊斯兰革命中，美国支持下的沙阿遭到推翻，世俗化的西方式生活方式也遭到了扫除。什叶派穆斯林阿亚图拉·霍梅尼领导之下的全新政权严格依照《古兰经》的教义来制定自己的法律与意识形态。在萨达姆看来，伊斯兰革命以及国内可能爆发的什叶派起义对其产生了威胁，于是，他便以阿拉伯河地区（位于两国之间的水路航道）的领土纷争为借口，在1980年9月22日入侵了伊朗。

这一事件触发了一场历时八年的激烈战争，两国均受到了毁灭性的打击，而中东地区的局势也愈发紧张。伊朗的首要同盟是叙利亚，但是利比亚、中国以及朝鲜也都曾对其进行武器方面的支援。伊拉克的支持者则大多都是阿拉伯地区的海湾国家，在他们看来，伊朗才是更大的威胁；沙特阿拉伯与科威特便为伊拉克提供了数十亿美元的贷款。最终，伊朗在战争中败北；而反观伊拉克方面，有了英国、法国与美国等西方国家为其提供的大量武器，该国便在1990年攻入了石油大国科威特。联合国勒令其撤军，然而萨达姆却声称科威特已经为伊拉克所吞并。于是，在联合军队的支持之下，美国在第一次海湾战争（1990—1991年）期间派兵推翻了萨达姆的政权。

在第一次海湾战争期间，伊拉克军队点燃了600多座科威特油井。萨达姆·侯赛因妄图控制科威特油田，而这也是伊拉克最初于1990年入侵科威特的原因。

“9·11”恐怖袭击

美国一直以来对以色列的支持在伊斯兰教主义者之间引发了深刻的不满。对于他们而言，美国这个对石油贪得无厌的世俗化资本主义国家是西方所有不义的象征，于

除非以色列彻底自中东版图上消失，否则我们永远也不会感到满足。

——穆罕默德·萨拉丁，埃及外长（1954年）

是，针对美国的恐怖袭击也逐渐增加。基地组织于2001年9月11日向美国境内的四个目标发动了一场最为骇人听闻的袭击，其中一个目标便是纽约市的世贸大厦。

为处理这一事件，一场由美国领导的国际干预行动成功打击了在美国看来为奥萨马·本·拉登以及基地组织提供庇护的阿富汗塔利班政权。9月11日过后，美国总统布什宣布发动“反恐战争”，并于2002年在英国政府的帮助之下，以摧毁对国家安全造成威胁的“大规模杀伤性武器”为名攻入伊拉克。西方对于伊斯兰世界的干预更加坚信了伊斯兰教主义者将西方视作是伊斯兰教之敌的观念。

阿拉伯之春

在许多人看来，若想要解决一直以来困扰着阿拉伯世界与穆斯林群体的根本问题，便要铲除那些欺压伊斯兰教的外国势力，而这种激进的意识形态与观点也正是造成“9·11”恐怖袭击的根本原因。2011年，一群试图从内部进行变革、并将过去几十年以来政治、经济与文化衰退的原因归咎于领导人无能的年轻一代阿拉伯人组成了这场阿拉伯世界起义活动的核心。如今所谓的“阿拉伯之春”事实上可以说是一场新一代阿拉伯人试图变革国家现有秩序的行动。阿拉伯之春由一系列民主主义起义组成，并在中东地区以及北美洲引发了激烈的动荡。这场运动最早于2010年12月17日开始于突尼斯，当时，一名街头摊贩在抗议警方暴行的过程中自焚身亡。突尼斯境内的示威人士发出了民主的呼声，而总统扎因·阿比丁则在1月14日逃离了国家。很快，这场骚乱便从突尼斯传播至阿尔及利亚，该国境内也出现了因缺乏就业机会而引发的社会动荡。

1月25日，数千名抗议者走上了埃及街头，而在历时18天的抗议活动过后，埃及总统胡斯尼·穆巴拉克宣布辞职。到了2月中旬，内乱已经蔓延至巴林王国与利比亚，并在前者的境内遭到了残酷的镇压。穆阿迈尔·卡扎菲对于异见者的暴力镇压引发了内战。在北约的带领之下，一个由不同国家组成的联盟发起了针对卡扎菲势力的空中袭击，最终于2011年10月成功消灭了卡扎菲。

动荡的中东

苏伊士运河危机既是中东地区一个政治时代的终结，同时也是一个全新的开端。该事件过后，英法这两个欧洲国家备受屈辱地失去了对这一地区的帝国主义影响力，而美国则在随后取而代之，成为新时代的权威。这场危机激发了阿拉伯人的民族主义情绪，也在同时开启了中东战争与巴勒斯坦恐怖主义的新时代。

中东地区的局势从未同如今这般动荡。那里的人们因宗教、种族、领土、政治以及贸易等原因而相互交战，而这些冲突也导致数百万人因政局混乱与狂热主义而逃离该地区，最终诱发了第二次世界大战之后最为严重的难民危机。■

中东地区的恐怖主义

自20世纪中期以来，恐怖主义已然成为中东地区的代名词。直到今天，巴以冲突依旧是全世界所面临的最大挑战。

1964年，阿拉伯领导人成立了巴勒斯坦解放组织，宣布以色列的成立是与法律相违背的。该组织利用恐怖主义向以色列以及支持以色列的西方国家发动袭击。1970年，巴勒斯坦激进分子在约旦地区的沙漠中劫持并炸毁了三架飞机，而一支同巴勒斯坦解放组织相关的组织还在1972年的德国慕尼黑奥林匹克运动会上袭击了以色列代表队。

1983年，黎巴嫩真主党炸毁了美国海军与法国军队位于贝鲁特的兵营，造成298人死亡。真主党也是中东地区最早使用自杀式爆炸袭击的组织。

一直以来，无论是犹太人还是穆斯林，他们所发动的恐怖袭击都彻底阻挠了该地区的和解。

铁幕已经拉开

柏林墙的倒塌（1989年）

背景介绍

聚焦

柏林墙

此前

1989年8月 波兰的团结公会建立起一个全新的非共产主义政府。

1989年8月23日 二百万人在爱沙尼亚、立陶宛以及拉脱维斯三国境内排成了一条长龙，抗议苏联的统治。

1989年9月11日 匈牙利开放了同奥地利之间的边境线，令东德难民得以自那里向西德逃亡。

此后

1989年12月3日 美国与苏联共同宣布冷战正式结束。

1990年10月3日 德国重获统一。

1991年12月 苏联解体，自此变成15个独立的国家。

戈尔巴乔夫当选为苏联总统，开始推行一系列激进的政治改革与经济改革。

↓

这一民主化进程缓和了冷战的紧张局势。

戈尔巴乔夫无意采用军事手段为共产主义的附属政权提供支持。

↓

东欧地区接连出现政变。

↓

柏林墙遭到拆除，而苏联也于之后不久解体。

数十年以来，分隔了东柏林与西柏林的柏林墙始终伫立在那里，不断令人回忆起冷战这段苏维埃共产主义与西方资本主义相互对立的艰难岁月。1989年11月9日，东德政府取消了通行限制，于是，数千名民众纷纷涌向了柏林墙。在激动的人群面前，东德边境地区的守卫最终做出了退让。11月10日，不寻常的一幕发生了：东德与西德两边的士兵合力帮助柏林人推翻了这面长墙。

参见： 十月革命176~179页，纳粹入侵波兰 286~293页，柏林空运 296~297页，古巴导弹危机 308~309页，苏联发射第一颗人造卫星 310页。

柏林墙的倒塌对于很多人而言意味着解放。之后，两德的统一、苏联的解体以及东欧剧变等事件相继发生。

统治东方集团

第二次世界大战结束之时，苏联已经取缔了东欧国家之中的所有反共党派，并创建了一系列处于苏维埃领导之下的附属国家，还对任何反对势力进行镇压。

到了20世纪60年代，德国依旧分为东德与西德两个部分，而其从前的首都柏林也分裂为协约国统治之下的西柏林与苏维埃政权统治之下的东柏林。这两个部分都有着自己的德意志政府：西边实行民主主义，东边则实行共产主义。数千名东德人逃亡到了西德，而东德境内的技术工人也出现了大量流失。1961年8月13日，政府以一道篱墙将东柏林与西柏林隔绝开来，而随着时间的推移，这道篱墙也就成为一道守卫森严的屏障，将这座城市、整个国家甚至是无数家庭与挚友分隔在了围墙的内外。

1985年，米哈伊尔・戈尔巴乔夫被任命为苏联共产党总书记。他希望能够缓和苏联与西方之间的紧张局势，于是便推行了一系列改革措施，其中包括政治开放与经济重建。值得注意的是，戈尔巴乔夫取消了从前的禁令，令东方集团中的国家得以改革自己的政治体系。

苏联解体

1989年6月，波兰团结公会这个原本遭到取缔的组织在选举之中胜出，成为联合政府的领导者。随着改革的步伐不断加快，东德政府宣布其国内的民众将能够跨过包括柏林墙在内的所有边境线，踏上西柏林的土地。

柏林墙的倒塌是一个具有重大历史意义的事件。在其所在的时代，冷战走向结束，而苏联也最终解体。柏林墙倒塌后，数百万人得以更加自由地走动，而从前的东欧国家以及曾经归属于苏联的国家也不再封闭经济，而是向世界敞开了大门。许多曾实行社会主义的国家也纷纷加入了北约以及欧盟。

1989年，整个世界发生了重大变革。而重新统一的德国则已经做好准备，重新站上欧洲舞台的中央。■

苏联的解体

1985年，米哈伊尔•戈尔巴乔夫于苏联发展停滞不前之时当选为国家领导人。他制定了一系列激进的政治与经济改革措施，包括开放政策与改革重建，而到了1989年7月，戈尔巴乔夫宣布华沙公约之内的所有国家皆可以举行公开竞争的选举活动。波兰、捷克、匈牙利以及其他一些选择成立民主政府的国家对苏联本身的稳定造成了威胁。

1991年7月，反共主义者鲍里斯•叶利钦当选为俄罗斯总统。一个月后，强硬派共产主义者发起的一场政变削弱了戈尔巴乔夫的势力，而叶利钦便利用了这一时机。他取缔了俄国境内的共产党，还在私下与同意退出苏联的乌克兰与白俄罗斯领导人进行会面。1991年圣诞节当天，戈尔巴乔夫宣布辞职，而叶利钦也成为新成立的俄罗斯联邦的首任总统。从前的庞大帝国分裂成15个全新的独立国家，而苏联再也不复存在。

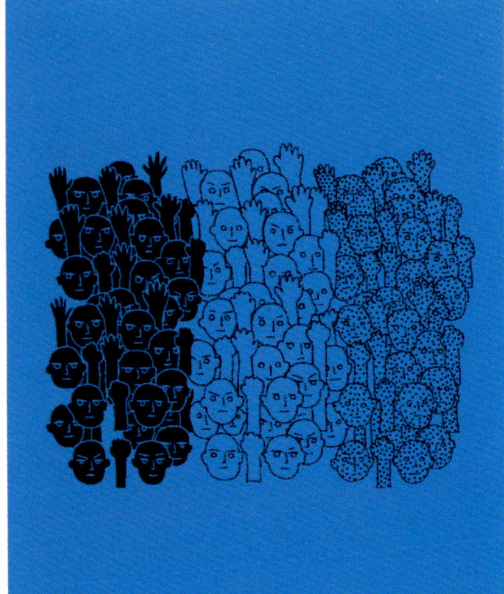

一切权力皆属于人民

1968年巴黎学生起义

背景介绍

聚焦

激进的战后政治

此前

1963年 贝蒂·弗里丹创作的《女性的奥秘》一书重新点燃了女权运动的激情。

1967年 柏林学生示威者本诺·欧内索格遭到警方射杀这一事件引发了一场叛乱。

1968年3月 意大利国内的示威者对警方的暴力行径进行抗议。

此后

1969年 芝加哥的“愤怒日”示威活动以暴力行动反对越南战争以及美国种族主义。

20世纪70年代 激进组织日本赤军抗议美国在日本设立军事基地。

1978年 意大利红色旅在其左翼恐怖行动之中劫持了前总理阿尔多·莫罗。

1968年，法国巴黎郊外巴黎第十大学因校内设施不够完善而引发的一场小规模示威活动逐渐扩散至全国。待至5月，这场起义活动已然蔓延至巴黎市中心，抗议示威者的人数也已增长至数千名。随着示威者不断呼吁进行社会变革、推翻现任政府，街道上的紧张局势开始升级。没过几日，八百万名工人未经工会许可便发起了罢工行动，令法国社会陷入停滞状态。

关键的一年

1968年的一大重要事件便是法国险些爆发社会革命，而这一年也是全球不断发生抗议示威活动的一年。这其中的许多抗议活动针对的都是越南战争，但也有不少人因反对压迫性政权而走上街头。这一时期中的政治愈发激进：同性恋群体的“出柜”、女性解放运动以及性别平等问题都逐渐进入了公众的视线。在美国，诸如“黑豹”等组织纷纷为种族平等而斗争；而鲁迪·杜契克领导下的德国学生运动则反对的是曾参与第二次世界大战之中的老一辈人。

在法国，选举结果表明现任政府仍旧具有极高的支持率，于是，国内的抗议示威活动便逐渐失去了动力。1968年的革命性运动终究以失败告终，然而，这些活动却激发了这一代人质疑权威的精神。■

重要的是，当所有人都认为没有可能的时候，这场行动却依旧取得了成功。

——让-保罗·萨特

参见： 恩克鲁玛为加纳赢得独立 306~307页，华盛顿大游行 311页，北部湾事件 312~313页，戴高乐建立法兰西第五共和国 340页，德国红军旅的恐怖行动 341页。

永远，永远，永远不会再重演

纳尔逊·曼德拉获释（1990年）

背景介绍

聚焦

种族隔离的终结

此前

1948年 南非国民党上台，开始实施种族隔离政策。

1960年 七十名黑人示威者在沙佩维尔遇害；南非非洲人国民大会遭到取缔。

1961年 南非共和国宣布成立，正式脱离了英联邦。曼德拉开始执掌南非非洲人国民大会之中的军事组织。

此后

1991年 弗雷德里克·威廉·德克勒克废除了种族隔离的相关法律；国际制裁正式解除。

1994年 南非在举行了第一次民主选举之后正式加入联合国大会。

1996年 南非真相与和解委员会开始对种族隔离时期的人权犯罪进行听证。

1964年，纳尔逊·曼德拉因在南非沙佩维尔的反对种族隔离活动之中起到关键性作用而获判终身监禁。曼德拉是南非非洲人国民大会（为反对种族隔离这一由白人统治阶级所推行的种族分治制度而建立）军事组织之中的成员。在狱中期间，曼德拉已然成为为种族平等而斗争的标志性人物。因此，当他于1990年获释时，他也受到了来自民众的热情问候。

朋友们、同志们，还有我的南非同胞们，我以和平、民主以及全人类之自由的名义，向你们致以问候。

——纳尔逊·曼德拉

1948年，南非国民党在选举之中胜出，于是，阿非利卡人（南非白人）便出台了一项残酷的种族隔离政策：黑人遭到隔离与区别对待，且没有投票的权利。反对种族隔离运动之中的许多人都提倡非暴力抗议，而这也有助于将南非地区的白种人拉拢到自己一方。当时，种族隔离遭到了全世界的谴责，也遭受了严厉的国际制裁。

黎明的曙光

1990年，南非总统弗雷德里克·威廉·德克勒克宣布解除针对南非非洲人国民大会的禁令，而这一举动也震惊了全世界。

1994年，南非举办了一场有黑人参与投票的大选，曼德拉高票当选。他的获释是20世纪末期之中的一大历史性时刻，正式为南非地区长达三百年的白人统治画上了句号。至此，南非正式成为一个多种族的民主制国家。■

参见：《废除奴隶贸易法案》226~227页，柏林会议 258~259页，恩克鲁玛为加纳赢得独立 306~307页，华盛顿大游行 311页。

创造出一个不堪忍受的局面，令人惶惶不安，全然看不到未来生存的希望

萨拉热窝围城战（1992—1996年）

背景介绍

聚焦

苏联解体以来的冲突

此前

1989年11月9日 柏林墙倒塌，德国随后获得统一。

1989年 罗马尼亚推翻了尼古拉·齐奥塞斯库的残暴政权。

1990年 在波兰、匈牙利以及捷克斯洛伐克，新成立的中间偏右派党派上台。

1992—1995年 波斯尼亚和黑塞哥维那（简称波黑）境内的战争致使10万人死亡。

此后

1998—1999年 阿尔巴尼亚民族与塞尔维亚民族在科索沃地区爆发了战争。北约军队介入。

2014年 乌克兰东部的俄罗斯人与乌克兰人之间爆发了冲突。

发生在波斯尼亚的萨拉热窝围城战是南斯拉夫内战（1991—2002年）期间最骇人听闻的一场悲剧。在这场历时44个月的围城战之中，敌方切断了这座城市的食物供给与电力来源，城中的平民也遭到了波斯尼亚塞尔维亚民族之中民族主义者的轰炸。上千名波斯尼亚穆斯林成为攻击的目标，并在冲突中死亡。

新一波民族主义浪潮

南斯拉夫由六个社会主义共和国组成，每个国家都有着自己的总理与政府机构。南斯拉夫的总权力掌握在总统手中，其中最有名的一位便是在1953年至1980年执政的共产主义者领导人约瑟普·布罗兹·铁托。

1991年苏联解体之后，一股民族主义复兴浪潮席卷了东欧。克罗地亚与斯洛文尼亚的独立呼声遭到了塞尔维亚的反对，而塞尔维亚领导人斯洛博丹·米洛舍维奇还率领南斯拉夫军队摧毁了克罗地亚东部的武科瓦尔。当波斯尼亚也在1992年宣布独立时，暴力进一步升级。波斯尼亚境内的塞尔维亚族人希望能够自新成立的波黑共和国那里建立一个单纯由塞尔维亚民族构成的独立国家塞族共和国。于是，波斯尼亚的塞尔维亚族民族主义者便在邻国塞尔维亚的支持下发动了一场驱逐非塞尔维亚族人的运动，而在萨拉热窝围城战期间，他们的主要目标便是占据多数的波斯尼亚穆斯林人口。

1995年，波斯尼亚战争结束，然而科索沃地区的冲突却仍旧持续着。在那里，阿尔巴尼亚民族向塞尔维亚民族发动了一场分离运动。

南斯拉夫地区的战争迫使全球社会承担起解决纷争的责任，否则的话，这场冲突或许会引发更大规模的动荡，还会令人类遭受苦难、人权遭到侵犯。■

参见： 十月革命 276~279页，纳粹入侵波兰 286~293页，柏林墙的倒塌 322~323页。

今天，我们的同胞、我们的生活方式，甚至是我们的自由都遭受了攻击

“9·11”恐怖袭击（2001年）

背景介绍

聚焦

伊斯兰激进主义的兴起

此前

1979年 伊朗伊斯兰革命以什叶派穆斯林教士阿亚图拉霍梅尼取代了从前亲西方的沙阿。

1989年 随着苏联军队撤出了阿富汗，沙特阿拉伯的百万富翁奥萨马·本·拉登创建了基地组织，以进行全新的“圣战”。

1993年2月26日 基地组织对纽约世贸中心发动了一场大胆的袭击，就此令其野心昭然若揭。

此后

2004年 基地组织督促逊尼派穆斯林奋起反抗美国在伊拉克地区的军队。伊斯兰极端主义者在西班牙马德里发动了爆炸袭击，致使190人死亡。

2014年2月 恐怖组织ISIS意图建立起一个覆盖伊拉克与叙利亚地区的伊斯兰教王国，并将其影响力传播至全世界。

2001年9月11日，一群伊斯兰极端主义者向美国发动了一场毁灭性的袭击。两架遭到劫持的飞机撞入了纽约世贸中心，另一架撞入了华盛顿的五角大楼，最后一架飞机则在宾夕法尼亚州坠毁。这一场恐怖袭击之中的死亡人数将近达到3000人。

你们热爱生命，但我们更热爱死亡。

——基地组织格言

极端主义的种子

“9·11”事件并非是伊斯兰极端分子向美国发动的第一场恐怖袭击。1993年2月26日，一名或许与基地组织有联系的男性在世贸中心引爆了炸弹。此外，还有一些穆斯林在以色列问题上变得激进，开始信奉国际恐怖主义。1979年，苏维埃入侵阿富汗这一事件动员了世界各地的穆斯林武装分子，共同对抗侵略者。大约在那一时期前后，奥萨马·本·拉登建立了基地组织。据情报报告显示，他便是“9·11”恐怖袭击背后的决策者。2011年，本·拉登遭到击毙。2011年开始的叙利亚内战以及美国军队撤离伊拉克后留下的权力真空令ISIS逐渐崛起，而这个所谓的“伊拉克和大叙利亚伊斯兰国”也已经控制了这一地区的多座城镇。

“9·11”事件是美国领土上规模最大的恐怖袭击。之后，由地区恐怖组织组成的庞大网络又陆续在伦敦、马德里以及巴黎制造了多起恐怖袭击，这些恐怖袭击也进一步加深了伊斯兰恐怖主义造成的威胁。■

参见：青年土耳其革命 260~261页，以色列的建立 302~303页，苏伊士运河危机 318~321页。

你可以通过自己浏览的内容影响整个世界

世界上第一个网站正式上线（1991年）

美国军方建立起“阿帕网”，即由美国高级研究计划署组建的计算机网。

阿帕网不断扩大、不断发展，最终演变成为互联网。

世界上第一个网站正式上线，帮助用户在互联网上导航。

网站成为拥有数十亿用户的全球远程通信工具。

互联网极大地改变了整个世界共享信息以及开展业务的方式。

背景介绍

聚焦

通信与计算机技术

此前

1943—1944年 约翰·莫奇利与普雷斯伯·埃克特共同搭建出数字计算机的前身电子数字积分计算机。

1947年 晶体管令人们得以制造出更加小巧却更加强大的电子设备，也为未来家庭计算机等产品的发明创造了条件。

1962年 “电星1号”通信卫星成功发射，将电视信号、电话呼叫以及传真图像带入了太空中。

20世纪80年代 最早的移动电话正式进入市场。

此后

21世纪 无线通信技术的繁荣几乎将全世界所有人联系在了一起。

2003年 Skype的发明令人们能够通过网络免费进行交流。

世界上第一个网站名为“万维网”，其中包含着万维网项目的基本信息以及制作网页的方法。这个网站的创始人名叫蒂姆·伯纳斯-李，他是瑞典日内瓦欧洲核子研究组织的一位英国计算机科学家。伯纳斯-李对于如何能够帮助大学以及研究机构中的科学家更便利地交换自己的观点这一问题十分感兴趣，而他也于1989年首次提出了希望能够通过一个全球性的计算机网络来进行信息沟通的观点。1991年，他的网站正式上线，而同在欧洲核子研究组织工作的一

参见：阿姆斯特丹证券交易所的成立 180~183页，达尔文发表《物种起源》 236~237页，柏林空运 296~297页，苏联发射第一颗人造卫星 310页。

蒂姆·伯纳斯-李爵士自小痴迷于计算机，后来成为万维网的创始人。如今，他是一个自由开放的互联网的倡导者。

小批研究者也访问了这个网站。至关重要的一点是，伯纳斯-李成功说服该组织，令万维网成为全世界都能够免费利用的资源。

尽管万维网为计算机及通信领域带去了史无前例的变革，然而这个网站之所以能够成型，还是因为其将一些已有的技术融合在了一起：电话、电视、收音机以及互联网。

互联网

1957年，苏联成功将“伴侣号”人造卫星送上了太空，而这也令美国国防部开始思考核攻击之后的通信手段。于是，1969年，美国高级研究计划署组建起最初由四台计算机构成的计算机网“阿帕网”。到了20世纪80年代中期，这一愈发庞大的计算机网络便成为我们口中的互联网。

1993年，一个方便非专业用户使用、名为“马赛克”（Mosaic）的Web浏览器正式面世，直至此时，万维网才真正走入大众的生活。马赛克不仅能够显示文字，还可以显示图片，用户只需用鼠标简单点击，便能够进入网站链接。此时的万维网已经成为互联网的同义词，然而两者之间还是存在一定差异的。万维网能够为互联网的导航提供便利，并将互联网打造成了一种相当有效的沟通方式。

计算机革命

1981年，IBM公司推出了“5150个人计算机”，而这则引发了一场家庭以及办公计算机的革命。相比于办公室之中的计算机，5150的体积更加小巧，价格也更加低廉，且这款计算机与该公司之后推出的计算机都具备连接至互联网、发送邮件的功能。个人计算机的发明在很大程度上推动了互联网的发展。最早的搜索引擎出现在20世纪90年代早期；如今几乎已经成为搜索引擎代名词的谷歌则也于之后的1997年面世。1994年，线上购物网站亚马逊的正式上线革命性地改变了人们购物的方式。

互联网也极大地改变了商业经营的模式；全球化不断深化，而当互联网的高速与高效改善了人与人之间的沟通手段时，整个世界似乎都变得越来越小了。人们能够轻易自世界的每一个角落操控商贸往来，于是便开始将工作外包，公司也没有了国家的界限。

未来即是现在

若说微芯片面世后受益最大的是什么，恐怕还要说是2007年苹果公司推出的iPhone了。智能手机已经令互联网成为一种移动资源。有了无线连接，人们便能够随时随地获取信息，而有了卫星导航，人们只需轻轻一触，便能够通过Facebook与Twitter等社交网站自任何地方分享自己的信息与观点。此外，智能手机也对教育、医疗与文化等领域产生了影响，而在示威者利用社交媒体组织集会以削弱政权力量的过程中，智能手机也改变了政治面貌。包括2010年阿拉伯之春在内的许多起义活动在某种程度上而言都是由网上联络的活动分子推动的。自那以后，互联网行动主义便成为一种分享观点、增强意识，或是支持某项事业的强有力手段。如今，拥有超过30亿名用户的万维网已经改变了现代生活的方方面面。■

信息高速公路将会像古腾堡的印刷术改变中世纪那样，为我们的文化带来巨大的变革。

——比尔·盖茨

一场始于美国信贷市场的危机已然将世界金融体系带到了崩溃的边缘

全球金融危机（2008年）

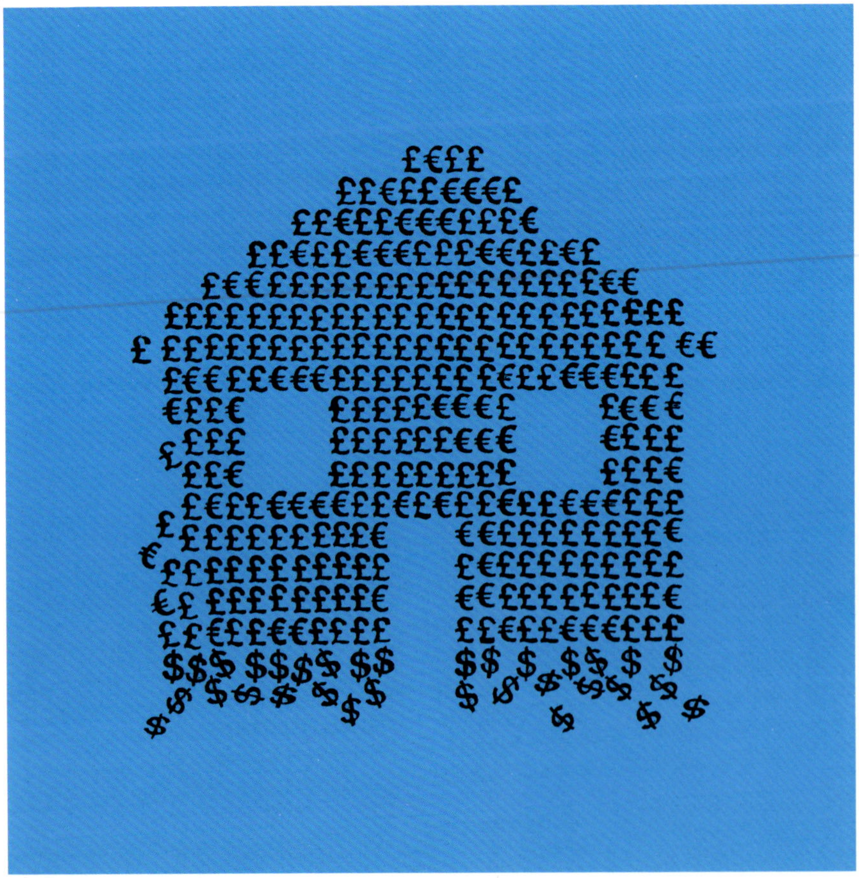

背景介绍

聚焦

全球化与不平等

此前

1929年 华尔街股市大崩盘引发了经济大萧条这场20世纪最为严重的经济危机。

1944年 来自44个国家的代表相聚于美国新罕布什尔州的布雷顿森林镇，共同商讨重塑全球金融体系的相关事宜。

1975年 法国、意大利、德国、日本、英国以及美国构成了“六国集团”，共同推动国际贸易的发展。

1997—1998年 开始于印度尼西亚的亚洲金融危机很快便扩散至全世界，而这一场危机也是2008年全球金融危机的先兆。

此后

2015年 全球领导人承诺在2030年之前消除世界贫困问题。

21世纪之初出现了世界范围内经济衰退的不安征兆。低利率以及缺乏监管的信贷将越来越多人引入了难以为继的债务深渊之中。美国等一些国家的银行家将抵押贷款提供给拥有不良信用记录的客户。这样的抵押贷款被称为“次级抵押贷款”。银行家们希望在这些人无力偿还贷款时，便将他们的房子收回，再进行卖出，以赚取其中的利润，然而，这样的预期却应建立在不动产价格上涨的前提下。2007年，利率悄然攀升，于是房屋价格逐渐下滑。人们开始

参见：华尔街股市大崩盘 292~283页，1968年巴黎学生起义 324页，世界上第一个网站正式上线 328~329页，全球人口超过80亿 334~339页。

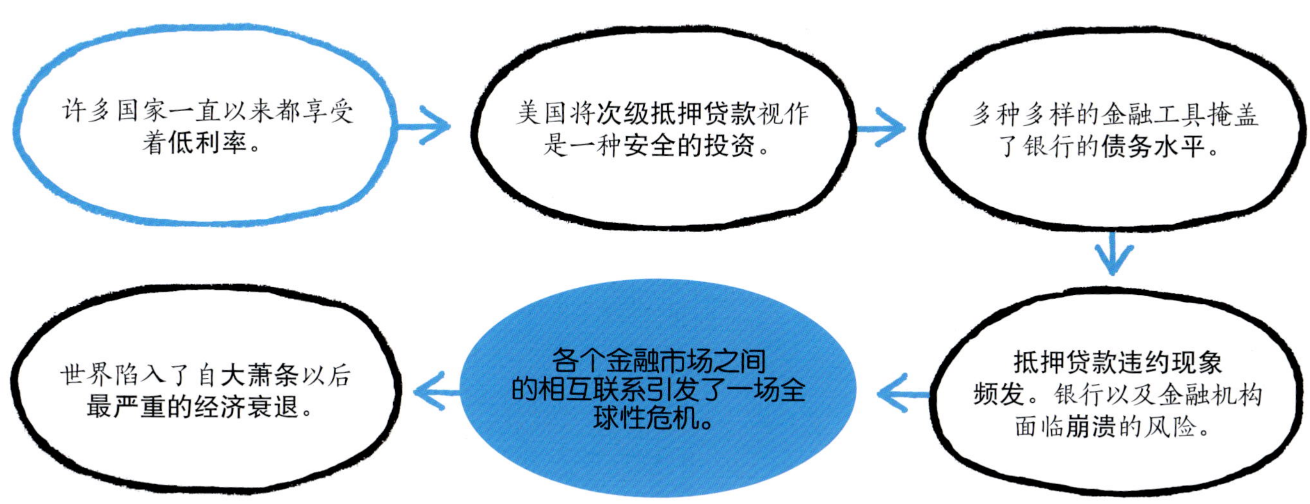

在每月还款的问题上进行拖延。美国的银行在收回房屋的过程之中蒙受了惨重的损失，银行家也开始担忧自己无法收回贷出的款项。

危机蔓延至欧洲

2007年8月，法国巴黎银行透露自己正面临着来自次贷市场的风险。此前，银行家过于投机，将数万亿美元的投资投入至高风险的抵押贷款中，而这些贷款到了如今或许已经一文不值。人们开始感到恐慌，而银行也停止了相互之间的贷款行为。

全世界的股票开始暴跌。2008年9月，美国抵押贷款发放机构房利美公司与房地美公司获得了美国政府的救援，而深陷次贷市场之中的大型投资银行雷曼兄弟却不得不申请破产。在美国政府看来，雷曼兄弟的债务问题已然过于严重，于是便选择了弃之不顾。

金融市场之中的动荡令大多数西方经济出现了严重的低迷现象。股票价格一跌再跌，而世界贸易也因为政府开支的减少而出现了下滑。爱尔兰成为第一个陷入经济衰退的欧洲国家。2008年10月，冰岛政府也在国家几近破产之后宣布下台。包括美国、中国、巴西以及阿根廷在内的一些政府开始计划出台经济刺激方案，以推动经济的发展。这些国家加大了政府开支，同时也减少了税收。其他一些国家，尤其是欧洲国

雷曼兄弟这一拥有悠久贸易历史的投资银行因被卷入了日益衰退的次贷市场而于2008年9月15日宣告破产。

1973年至1974年席卷西方国家的石油危机是赎罪日战争所带来的后果。美国所实行的燃料定量配给政策引发了如图所示的场景，令驾驶者被困街头。

家，则选择实行经济紧缩政策，冻结政府开支，加大税收力度。这些政策出台之后，欧洲境内出现了大规模的抗议示威与罢工活动。欧盟向葡萄牙、西班牙以及希腊施加压力，要求它们降低国家的债务水平。此外，欧盟还花费数十亿欧元，支持弱势经济，以期能够维系欧元区的正常运作以及欧元货币的正常流通。然而，这场经济危机的影响却是灾难性的，无数人或是丢了工作，或是流离失所。而这也是第二次世界大战以来最为严重的一次经济衰退。

战后经济

第二次世界大战结束之后，日本、中国、苏联以及欧洲大多数国家都在战争之中遭受了重大打击，因此也需要一定的恢复时间。军工制造业得到飞速发展，且并未在战争中遭到摧毁的美国继续以前所未有的速度发展制造业，并很快成为世界经济的主宰者。战后经济的规划者试图在发展工业、稳定美元的基础之上建立起全新的经济秩序。1944年，国际货币基金组织（IMF）正式成立，旨在推动全球贸易的复兴。战后美国强大的经济以及1947年出台的马歇尔计划（美国发起的一项西方国家援助计划）通过推动资本主义的发展以及国家间的商品自由交流，令全球贸易重新焕发了生机。

同一时期，日本经济取得了飞速发展。日本政府推行效率先行的改革措施，并对进口实行限制。直至1955年，日本才加入《关税及贸易总协定》。日本将大量资金投入煤炭与钢铁工业以及造船业和造车业。在20世纪60年代，日本专门从事相机、计算机芯片等高科技产品的研发与制造。韩国、新加坡及马来西亚等国家和地区也经历了类似以电子产品和科技产品为重的经济增长。

石油的重要性

及至20世纪70年代，世界上的国家已分为两类——富有的工业化国家与贫穷的发展中国家，而在这其中，石油的作用也愈发突显出来。1960年，包括沙特阿拉伯、埃及、伊拉克以及伊朗等国家在内的阿拉伯石油输出国（OAPEC）正式成立。随着这些国家中的储油量逐渐减少，波斯湾周边石油资源仍旧丰富的国家便开始占据支配地位。1973年10月，当埃及与叙利亚在赎罪日战争（第四次中东战争，又称斋月战争）之中入侵了以色列时，阿拉伯石油输出国下令禁止向站在以色列一方的国家输送石油，石油价格也随之节节攀升。没有了石油，工业产量急速下滑。美国开始实施严格的燃料定量配给制，直至1974年3月禁令取消后，这一政策才正式结束。

全新的经济模式

20世纪70年代的石油危机引发了深刻的全球经济衰退，通货膨胀率飙升，失业率也不断上升。为应对这一问题，一些国家开始推行“新自由主义”经济政策，将控制经济要素的责任从公共领域转移至私营领域。一些人将福利政策视作是引发经济崩溃的原因之一，于是便大规模削减社会福利。放松经济监管成为世界经济发展背后的驱动力，政府对经济的诸多调控都遭到扫清，而经济组织也拥有了更大的自由，能够在更加广阔的范围内进行贸易交流。在这些国家之中，最迫切需要自由经济的当属美国。从前一些为保护消费者而出台的严

2008年的9月和10月是包含大萧条在内全球历史上最为严重的金融危机。

——本·伯南克，
美国联邦贮备委员会前主席

格法律法规如今却成为干涉企业经营自由的规定。

在全球共同推动放松监管的过程中，全新的市场形成了，其中的竞争更加激烈，市场本身也更加开放，而在整个世界都在努力适应冷战的结束以及苏联的解体时，这样的趋势便更加明显。东亚地区的变革影响了中国与印度等其他一些亚洲国家的政策制定者。墨西哥与巴西降低了贸易壁垒，开始推行一系列经济改革，极大改善了人民的生活水平。而随着1989年柏林墙倒塌、东西德重归统一，由28个国家组成的经济联盟“欧盟”崛起成为世界经济的主要力量。同样是在20世纪80年代，中国开放了对外贸易，大量外国投资涌入国内，国家经济也取得了飞速增长。

全球经济

当今的全球经济要远比从前开放。互联网的使用令人们能够从世界的一个地方订购商品，并在几天时间之内在另一个地方签收。全球贸易由世界各地的参与者组成，而这些跨国公司也可以产出巨额的营业额。世界各地的人们都有可能移民至另一座城市，寻找全新的工作机会，而这一过程也推动了城市化进程。

人们对于全球化的一大不满是一些公司会剥削廉价劳动力，并在其追逐利润的过程中做出不合乎道德伦理的行为。另外也有人抱怨全球化令少数人掌握了巨大的财富，也因此加剧了社会不平等。尽管全球化推动了经济的发展，然而一些国家却依旧极度贫困。

纵观历史，经济衰退现象并非首次发生，然而2008年至2011年的金融危机却算得上是1929年大萧条之后最为严重的一次危机，甚至可能是有史以来最为严重的一次。在许多人看来，假如政府的监管能够更加有效，投资银行家没有掉以轻心地盲目冒险，那么这一次的金融灾难本是可以避免的。只有大规模的货币与财政刺激方案才能防止灾难的进一步蔓延。家庭与企业依旧债台高筑，而民众对银行家的愤怒之情也愈发高涨，因为在很多人看来，这些人并没有在这场金融危机之中遭受任何实质性的损失。针对资本主义的示威游行随处可见；占领运动逐渐蔓延至全球，纽约、伦敦、法兰克福、马德里、罗马、悉尼以及香港便有成千上万人走上了街头。尽管金融家对于这次全球经济衰退的原因各执一词，但这场金融灾难却依旧对普通人的生活产生了深刻且长久的影响。■

人们将银行以及跨国企业所采取的行动视作是导致金融危机爆发的原因，于是便纷纷涌上街头，进行抗议。

抗议的时代

开始于2008年的全球经济危机令许多人对象征着权力与贪婪的机构产生了愤怒的情绪，而民众示威活动也出现了激增。游行示威活动将那些对银行家与资本家怀有一腔怒火的人、反对全球化的抗议者以及环保主义者聚集到了一起。民众对于社会不平等、企业贪婪的愤怒之情愈发高涨。

2009年，当各国财政部长齐聚在金融中心伦敦，共同参与二十国集团峰会时，数千名愤怒的抗议者也来到这里。社交媒体在召集大型集会、举行静坐示威等活动的过程之中扮演了至关重要的角色。随着示威者的足迹逐渐遍布整个欧洲，他们开始手举写有“占领”字样的横幅，抗议社会不平等与经济不平等现象。罗马发生了暴乱，希腊发生了罢工，葡萄牙发生了示威，而巴斯罗那、莫斯科、马德里、纽约、芝加哥以及伊斯坦布尔等城市的公共广场还发生了占领活动。

这是一个关乎我们整个人类大家庭的日子

全球人口超过80亿（2022年）

背景介绍

聚焦

人口爆炸

此前

1804年 世界人口达到10亿。欧洲的人口增长速度最快。

1927年 随着死亡率的不断下降以及出生率的居高不下，世界人口达到20亿。

1959年 世界上第30亿个宝宝降生。

1989年 7月11日，世界上第50亿个宝宝降生，于是，联合国便将每年的这一天定为世界人口日。

此后

2050年 每个家庭中孩子的数量将会更少，人口增长速度也随之减缓，世界人口预计将达到97亿。

2100年 据估计，世界人口将超过110亿，而这一庞大的人口数量也将对食物供给形成挑战。

2022年11月15日，一名男婴出生在多米尼加共和国首都圣多明各，他被联合国选为全球第80亿位居民的象征性代表。为纪念这一全球人口发展的里程碑式时刻，这一天成为“第80亿人口日”。然而，随着人口增长，人们对人口过剩、气候变化和资源分配的担忧也在日益增加。

17世纪以前，世界人口的增长速度十分缓慢，然而，1850年之后，人口开始出现急速增长。这在某种程度上还应归结于婴幼儿死亡率的下降；但是，随着全新的农耕技术提高了粮食供应、降低了饥荒的发生风险，死亡率总体也呈现出下降的趋势。令人瞩目的工业化发展以及医药领域的不断进步提高了人民的健康水平。

到1927年，世界人口已达到20亿。在20世纪早期，人口增长速度最快的地区是富有的工业化西方国家，然而，这一现象开始发生改变。到了20世纪中期，许多欧洲国家的出生率开始呈下降趋势，而发展相对落后的亚洲、非洲以及南美洲地区却因其高出生率而经历了人口数量的攀升。1999年，世界人口60亿。2011年，世界人口70亿。世界人口自10亿增长至20亿足足花费了123年的时间，然而实现人口自70亿到80亿的飞越却仅仅用了11年。

绿色革命

在20世纪早期，许多无力实现粮食自给自足的国家都会从其他国家进口食物，以应对人口不断增长所产生的需求。

20世纪40年代早期，墨西哥的人口增长速度极快，然而国内一半的小麦却都要依赖于进口。于是，国家向美国的技术专家发出请求，邀请他们帮助自己增加小麦产量。到1944年，在美国洛克菲勒基金会的资金支持之下，包括生物学家诺曼·博洛格在内的一批美国科学家已经开始寻找培育出高产小麦品种的方法，这种小麦不仅要能够抵抗病虫害，麦秆还要矮一些，这

更长的寿命

在20世纪之中，人类的普遍寿命得到了极大的延长。2023年，世界人口的平均寿命已达到73.4岁（自出生的那一刻算起）。关注饮食与卫生情况的健康教育减少了新生儿的死亡率，而更好的卫生设施以及清洁的饮用水则降低了瘟疫与伤寒等传染病的传播风险。

人类寿命得以延长的重要原因之一便是因为我们已经有能力根治一些致命疾病。世界各地已广泛使用对抗细菌感染的青霉素类抗生剂来治疗结核病与梅毒等疾病。后来，由各国政府以及世界卫生组织发起的大规模疫苗接种项目也在消除天花、减少小儿麻痹症发病率的过程之中起到了巨大的作用。医药技术与诊断技术的进步为医疗保健领域带去了变革性的发展。据一些科学家估计，待至2050年，人类的平均寿命将达到100岁。

诺曼·博洛格博士正骄傲地向人们展示着自己专门培育的小麦。这种小麦具有极强的抗病能力，且十分高产，彻底改变了墨西哥的小麦种植现状。

参见：欧洲黑死病的爆发 118~119页，哥伦布大交换 158~159页，斯蒂芬森的“火箭号”投入使用 220~225页，埃利斯岛正式开放 250~251页，埃菲尔铁塔正式开放 256~257页。

样才能减少大风可能造成的损失。墨西哥的这项工作取得了巨大的成功：到了1956年，国家已经实现了完全的自给自足，再无须自他国进口小麦和玉米。这一成功开启了后来所谓的“绿色革命”，也就是20世纪60年代至70年代现代农业技术的传播，而这场革命也为世界范围内粮食产量的飙升做出了极大的贡献。包括菲律宾、孟加拉国、斯里兰卡、中国、印度尼西亚、肯尼亚、伊朗、泰国以及土耳其在内的一众国家都曾得益于绿色革命。

特别是印度科学家，他们选择追随博洛格及其同僚的脚步。在20世纪60年代，印度接连遭受了两次旱灾，于是便不得不大量自美国进口食物。1964年，印度和巴基斯坦都开始从墨西哥引进并尝试种植半矮秆小麦，结果令人十分欣喜：1966年春天，尽管印度再度经历了一个干旱年，然而小麦的产量却远远多于南亚地区历史上的产量。

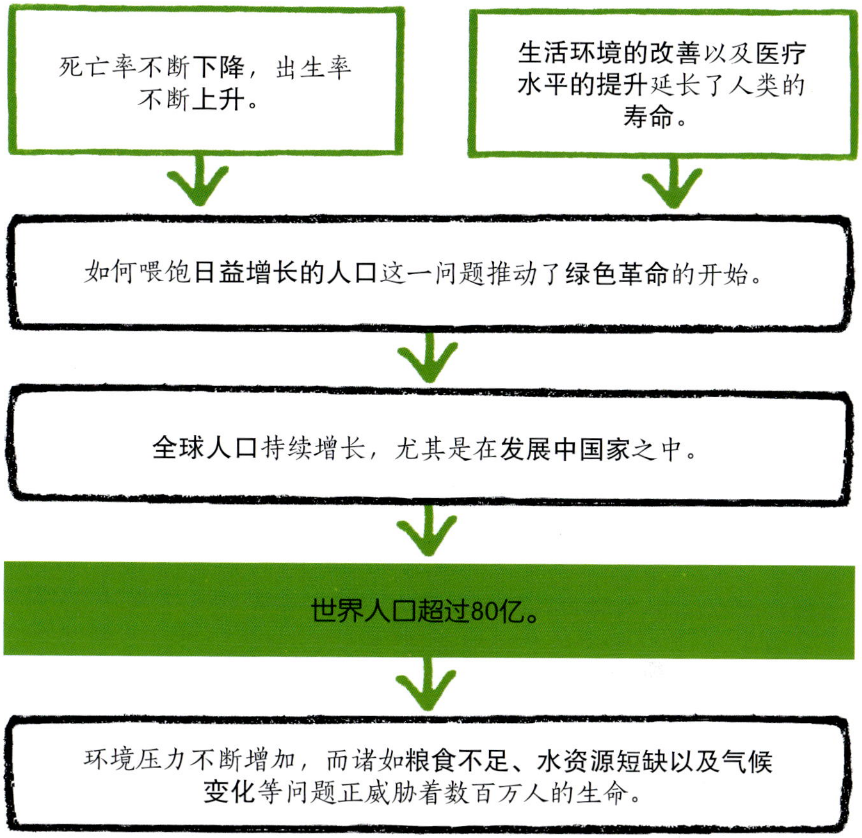

死亡率不断下降，出生率不断上升。

生活环境的改善以及医疗水平的提升延长了人类的寿命。

如何喂饱日益增长的人口这一问题推动了绿色革命的开始。

全球人口持续增长，尤其是在发展中国家之中。

世界人口超过80亿。

环境压力不断增加，而诸如粮食不足、水资源短缺以及气候变化等问题正威胁着数百万人的生命。

奇迹稻

1960年，菲律宾的国际水稻研究所培育出了一种名为“奇迹稻”的全新水稻品种“国际稻8号”。相较从前的水稻而言，这种水稻大大缩短了生长周期，为农民的生活带去了巨大的变革。在越南等国家之中，从前的水稻每年只能成熟一次，而这种水稻却可以达到一年两熟。农业科学中诸如“奇迹稻”这样的绝妙发明令那些长期处于贫困中的国家，尤其是亚洲国家，得以实现自给自足，并在同时满足人口不断增长所衍生出的需求。

然而，绿色革命却并非没有争议，其中很大原因便是因为这场革命之中涉及了化学农药的使用。在20世纪40年代，人们开始使用DDT（双对氯苯基三氯乙烷）杀虫剂，并将其作为应对包括通过蚊虫传播疟疾病在内一系列疾病的唯一手段。然而到了1962年，美国生物学家蕾切尔·卡逊却在其开创性著作《寂静的春天》（*Silent Spring*）之中指出了使用DDT的危害，称这种化学品可能会引发癌症，同时还会对环境造成伤害。《寂静的春天》的面世在美国国内引发了一场禁用DDT的全国性浪潮，人们高度关注这一事件，而这也催生出美国环保署这一致力于保护环境的独立机构。除此之外，在许多非洲国家，绿色革命也面临着巨大的挑战。这些地方缺乏灌溉设施，降雨极不可规律，化肥价格居高不下，也缺乏能够用来购买新品种作物种子的资金。

转基因作物

在20世纪90年代，人们怀抱

着满腔的激动之情，迎接转基因作物的面世，并将其视作是第二次绿色革命中的一部分；然而，这一项技术却也同样引发了巨大的争议。科学家通过基因工程手段改变作物的DNA，而自这类生物上产出的食物便是转基因作物。这项技术最早出现在美国。1994年，美国食品和药物管理局批准“佳味”番茄进入市场。相较于普通的番茄而言，这种延迟成熟的番茄储藏寿命更长，然而以番茄为对象进行的试验却表明转基因产品对于老鼠是有害的。欧盟之中的大多数国家都禁止使用转基因作物，但是转基因手段的支持者则认为假若没有了基因干预，世界将注定承受饥饿之苦。包括美国、巴西、加拿大、阿根廷以及澳大利亚在内的一众拥护转基因作物的国家都认为这种手段能够应对疾病与饥饿。然而欧洲、非洲以及亚洲国家的态度则更加谨慎，他们更多关注的是农药问题以及这种作物对于健康的潜在损害。

尽管许多人都反对转基因作物，然而这种技术却依旧处于发展之中。据估算，每年有67万名儿童死于缺乏维生素A，而这种维生素的不足可能引发疟疾与麻疹等疾病，还有可能致盲。人类在应对这类问题上所取得的进展便包括研制出“黄金大米”这种转基因食物。

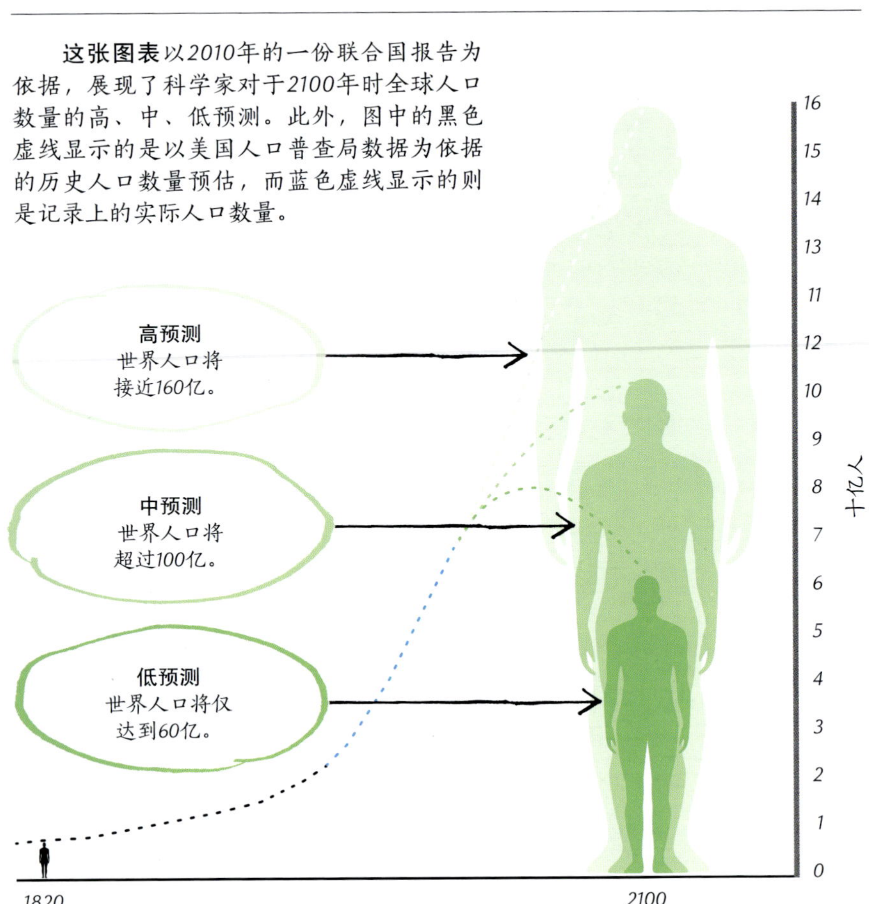

这张图表以2010年的一份联合国报告为依据，展现了科学家对于2100年时全球人口数量的高、中、低预测。此外，图中的黑色虚线显示的是以美国人口普查局数据为依据的历史人口数量预估，而蓝色虚线显示的则是记录上的实际人口数量。

只有我们的社会、经济和政治发生变化，才能取得真正的成功。

——大卫·阿滕伯勒
英国生物学家，广播电视主持人

耕地的消失

随着人口的不断增长，人们需要更多的粮食以及更好的收成，然而城市的建设却吞没了大片耕地。21世纪初，中国的城市发展态势极其迅猛，而这也意味着国家失去了乡村地区的大量农田。

自古以来，人们始终倾向于前往城市地区寻找更好的工作机会与社会机会。1800年，英国每四人之中仅有一人生活在城市，然而到了1900年，情况则变成了每四人之中仅有一人生活在乡村。许多人都自乡下搬到了城市，同时也有人从一个国家迁至另一个国家，或是为了避难，或是为了追寻更好的生活。2020年，全球城镇人口在总人口之中所占的比例由1960年的34%上升到56%。而在同一年，联合国预计，到了2050年，城镇人口所占的比例将达到68%。然而，许多人无家可归的一大重要原因便是缺少价格相对低廉的住宿：在撒哈拉沙漠以南非洲，70%的城市居民都生活在贫民窟之中。全球许多大城市中都存在贫富差距极大的现象，而

发展中国家的发电厂排放引发了严重的空气污染，而这一现象也对附近居民的健康造成了严重的损害。

随之而来的便是健康问题与暴力犯罪问题。

气候变化

如今的城市化以及社会发展愈发强调环境问题。随着全球人口不断增长，如何能够在不对环境造成破坏的前提之下改善人们的生活条件成为全世界面临的共同挑战。科学家认为气候变化（“全球变暖”）的罪魁祸首便是人类活动。自19世纪工业革命以来，全球气温持续升高，而2011年至2020年也成为有记载以来最为温暖的十年。

气候变化背后的一些原因可归结为自然现象，然而自20世纪70年代以来，环境保护主义的不断发展开始令公众质疑人类活动对于地球的裨益。国际社会督促发展中国家减少碳排放，因为碳排放会对气候变化产生影响。2023年，印度人口超过14亿，在平衡经济增长与气候问题方面面临巨大的挑战。那些曾为气候变化做出极大“贡献”的发达国家表示发展中国家应当停止对于本国自然资源的剥削，以增进本民族的经济福祉，于是，新的矛盾产生了。科学家曾发出警告，假如温室气体的排放仍不断增长，那么人类将会跨越临界值，令气候变化成为一场不可逆的灾难。与此同时，海平面不断上升，逐渐侵蚀沿海地区，南太平洋地区的一些小型岛屿甚至已经被完全淹没。此外，地球上降雨模式也在发生改变，非洲地区出现了严重的旱灾，许多动物都正处在灭绝的边缘。

我们不可能把它们全部烧光。

——贝拉克·奥巴马，论化石燃料

气候变化所带来的危机已然十分严峻，2015年，世界各国领导人齐聚法国巴黎，就减少温室气体排放的问题达成共识，签署了《巴黎协定》。《巴黎协定》的长期目标是将全球平均气温较前工业化时期上升幅度控制在2℃以内，并努力限制在1.5℃以内。

饥饿的世界

20世纪70年代，据生态学运动预测，到了20世纪80年代中期，成千上百万的人将因大规模饥荒而死。尽管这样可怕的预测并未变成现实，然而如今，全球总人口已经超过80亿，这样庞大的人口总有一天会榨干地球上的所有自然资源。而工业与生产背后的驱动力煤炭也终有一天会因人类越来越大的需求量而耗尽。

据联合国估计，到了2050年，全球人口将达到97亿，而这一数字更是会在2100年时达到112亿。人口动态模式已然从过去的高出生率、高死亡率转变至如今的低出生率、低死亡率，而全球范围内的老龄化问题也愈发严重，如何赡养这一群体也成为摆在人们面前的一大重要问题。气候变化、移民与难民危机、粮食及水资源短缺、贫困、债务以及疾病等一系列问题正随着人口的飞速增长而日益严重。■

延伸事件

爱尔兰独立

（1922年）

在1918年的大选之中，力图将爱尔兰自英国统治下独立出去的共和党人赢得了多数席位。而当共和党人建立起自己的议会并宣布爱尔兰正式独立之后，英国便立即派遣军队，试图平息这场叛乱。然而，到了1922年，双方达成共识，将爱尔兰的大部分地区独立为爱尔兰自由邦，而东北部以新教徒为主的六个郡则继续留在英国之中。直至今日，爱尔兰仍旧分为两个部分。

西班牙内战

（1936—1939年）

在1930年至1931年，共和党人推翻了西班牙的军事独裁政府，国王阿方索十三世被迫遭到流放。共和政府推行了一系列社会主义改革，同时也削减了军方与教会的权力。然而，一些心怀不满的军官以及法西斯主义者佛朗哥一党却发动叛乱，最终导致了1936年内战的爆发。这场冲突很快便升级为一次国际间的意识形态碰撞，法西斯统治下的意大利与德国站在了右翼民族主义者一方，而全欧洲境内的社会主义者则自愿加入了西班牙国内的共和党人阵营。民族主义者领袖弗朗西斯科·佛朗哥将军率领自己所在的阵营获得了内战的胜利，且直至1975年，他始终都是统治着西班牙的独裁者。

太平洋战争

（1941—1945年）

1941年12月，日本军队在夏威夷珍珠港地区轰炸了美国舰队，并向泰国、马来西亚、缅甸、菲律宾以及其他一些国家发动了入侵。这一行动正式将美国带入了第二次世界大战的战局之中。美军与日军之间的冲突持续了数年之久，其中便包括一场旷日持久的空中战役、菲律宾雷伊泰湾海战（1944年）这场史上规模最大的海战、一场为重占菲律宾而持续了三个月的陆上战役、历时82天的血腥之战冲绳战役，还有1945年广岛与长崎所遭受的原子弹轰炸。

联合国的成立

（1944年）

成立联合国的这一想法诞生于二战期间，其意图是希望能够将世界各国团结在一起，防止进一步的毁灭性冲突。1944年，于华盛顿召开的敦巴顿橡树园会议勾勒了这一组织成立的宗旨，而到了1945年，联合国正式成立。尽管联合国并未能阻止后续战争的爆发，然而该组织却始终致力于在全球范围内推动和平进程，并通过成立一系列特殊机构与组织来为教育、医疗、人权、殖民地区的独立以及经济发展而不断努力。如今，全世界的大多数国家都已成为联合国的成员国。

戴高乐建立法兰西第五共和国

（1958年）

1958年，法国在其殖民地阿尔及利亚的未来发展问题上遭遇了危机：法国军方之中的一些成员反对阿尔及利亚的独立，并公开发动叛乱，反抗法兰西第四共和国所制定的政策。共和国迅速崩塌，而早已退居幕后的军事与政治领袖夏尔·戴高乐将军提议建立一个全新的政府体系，并设立一名具有执行权的总统。这一提案在全民公投中获得了通过，而戴高乐本人也被选为共和国的第一任总统。如今的法国便是戴高乐所建立的法兰西第五共和国。

苏哈托取代苏加诺执政印度尼西亚

（1965—1967年）

1965年，印度尼西亚国内曾发生一起针对苏加诺总统的政变，然而陆军少将苏哈托却率军镇压了这场政变，后又击败叛乱者，带领印度尼西亚在1940年走上了独立的道路。共产主义者被指控发动了政变，于是，取代苏加诺执政印度尼西亚的苏哈托便下令杀害了5000名所谓的共产主义者。作为印度尼西亚的第二任总统，苏哈托的统治一直持续到1998年，令国家的经济得到了发展，许多人的健康状况与生活水平都得到了提升。然而，苏哈托的政府却极其腐败（他本人便挪用了数百万美元），而他对东帝汶的入侵也造成了大规模的伤亡。

巴西军事政变
（1964年）

1964年的那场军事政变将巴西总统若昂·古拉特驱逐下台，因为在其对手看来，他所推行的社会改革极具“共产主义”色彩。在这场军事政变之中，部分军队背后有着美国人的支持，而政变后建立起的军事政府也推行了一系列符合美方意图的政策。在这一时期，外方企业越来越多地参与至巴西的经济活动中，而半数国内规模最大的公司也都成为外资企业。在独裁统治之下，巴西经济飞速增长，然而与此同时，统治当局对其对手进行了残酷的镇压，自由也便成为经济增长的代价。

德国红军旅的恐怖行动
（20世纪70年代）

1968年，许多西方国家都爆发了针对资本主义以及帝国主义的抗议活动、罢工活动，甚至是叛乱。然而，这些活动却并未带来任何实质性的社会变革，而动荡过后，一些组织则逐步发展为反对资本主义的武装组织。其中，存在时间最长的组织之一便是于1970年成立的德国红军旅，而该组织同时也因两位成立者安德里亚斯·巴德尔与乌尔丽克·迈因霍夫而得名“巴德尔-迈因霍夫团伙”。德国红军旅发动了一系列恐怖袭击，其中包括绑架、轰炸、抢劫以及谋杀。这些行动大多发生在20世纪70年代，但在之后的几十年中也偶有发生。该组织（以及同一时期之中其他一些同在德国的类似团体，例如“革命细胞”等）的行动令大多数民众对其产生了反感情绪。

皮诺切特在智利掌权
（1973年）

1973年，奥古斯托·皮诺切特将军所发动的一场军事政变推翻了经大选产生的智利社会主义领导人萨尔瓦多·阿连德，也令皮诺切特成为军政府的掌权者。美国反对阿连德的左翼政府，于是便对这场政变进行了支持，并将本国对南美地区右翼独裁政权的支持行动视作是其在冷战期间对抗共产主义的手段之一：在当时，即便那些社会主义政权全然实行民主政策，它们也依旧会遭到镇压。以其对自身政治对手的囚禁、杀害以及虐待而恶名昭彰的皮诺切特始终受到美国的支持，而他的统治也一直持续到了1990年。

苏联入侵阿富汗
（1979年）

在20世纪70年代末期之中，阿富汗的左翼政府（也是苏联亲密的同盟国）受到了美国支持之下穆斯林圣战者的威胁。这些游击队员反对该政权在这一地区之中推行的一系列现代化政策（例如令妇女接受教育等）。1979年，苏联正式入侵阿富汗，开始了一场历时十年的战争，而在这场战争之中，约有150万名阿富汗人遭到杀害，另有许多人被迫离开这个国家。穆斯林游击队同入侵者进行了激烈的斗争，而苏联军队也最终于1989年撤兵。战争过后，苏联的军事以及政治都遭受了重创，而这也进一步加速了国家的解体。后来，穆斯林圣战者与阿富汗军方之间爆发了内战，最终，国家的权力移交到了强硬派伊斯兰塔利班的手中。

伊朗伊斯兰革命
（1979年）

伊朗沙阿穆罕默德·礼萨·巴列维统治着一个世俗化政权，为国家带去了西方化变革，也为一些人带去了财富与幸福。在20世纪70年代，一场愈发激烈的反对运动逐渐赢得了人民的支持。这场运动的领导者是阿亚图拉·霍梅尼等一众伊斯兰领导人，他们公开反对世俗资本主义对国家的侵害，同时也反对共产主义。1979年，沙阿巴列维被迫离开伊朗，阿亚图拉·霍梅尼则以严格的穆斯林价值观为基础，建立起一个全新的政府。这场革命造成了巨大的影响，尤其凸显出伊斯兰教在世界舞台上愈发重要的位置，以及西方国家与中东国家之间的关系。

美英共同入侵伊拉克
（2003年）

2003年的美英入侵伊拉克行动正式拉开了战争的序幕，以美军与英军为首的联合军队推翻了伊拉克独裁者萨达姆·侯赛因的统治。萨达姆·侯赛因对伊拉克人民实施残酷的镇压，支持国际恐怖主义，并据美方及其同盟所称，还持有大规模杀伤性武器。尽管这最后一项指控并没有事实根据，萨达姆·侯赛因的下台却无疑受到了许多伊拉克人的欢迎。然而，因缺少战后的行动计划，伊拉克地区的动荡局势以及暴力冲突进一步加剧。与此同时，这场战争也为美国的极端主义对手提供了借口，令其得以对美国发动进一步的恐怖袭击。

词汇表

吞并

将新的领土纳入至一个国家之中，通常凭借武力得以实现。

专制制度

在一个国家或社区之中，由单独的个体在不受约束的情况之下行使无限权力。

野蛮人

古时候不属于伟大文明（古希腊或古罗马）的民族、土地以及文化之总和，在文明人眼中社会发展相对落后且不够开化。

资产阶级

中产阶级，尤其指代这一阶级的享乐主义价值观以及拘泥于习俗礼教的态度。

官僚主义

一种以职能专门化、遵循固定规则以及实施严格等级制度为特点的管理方式。

资本主义

一种经济体系，在这种体系之中，生产方式掌握在个体手中，公司之间为销售产品、获取利润而相互竞争，工人则凭借其劳动力获取工资。

内战

同一国家之中、对立双方之间的战争。

阶级

社会体系之中与地位相关的等级制度，反映出权力、财富、教育以及声望。

殖民地

大量殖民定居者在一片全新领土上所占据的区域，这些区域之中通常生活着原住民，而这些原住民则处于定居者所属国家的控制之下。

征兵制

强制入伍服兵役。

宪法

一个国家中基本原则与法律的成文式总和。

消费主义

资本主义社会的高级状态，在这样的社会之中，各类商品与服务的买卖定义着这个时代。该说法同时也指代个人通过对于商品的欲望来建构自我认同感这一概念。

政变

旨在推翻政权或是统治者的突然、非法以及暴力行动。这类行动的发起者通常是现任政治集团之中的成员。

圣战（十字军东征）

以宗教名义而发起的神圣战争。通常用来指代11世纪、12世纪以及13世纪之中欧洲基督教徒为从穆斯林手中夺回圣地而发起的远征行动。

民主政治

一种政治体制，在这一体制之中，至高权力被授予了人民，并由其所选出的代表来执行权力。

独裁者

绝对统治者，尤其是未获人民自由认可便对国家实施完全统治的人。这样的统治者或许会采用压迫式的权力行使方式。

直接民主

事实上，而非原则上实施民治的政府，公民就与自身利益相关的所有问题进行投票，古代雅典便实行这样的做法。

君权神授

一种信条，认为君主自上帝那里获得自身统治的合法性，且不受任何世俗权威的控制。

王朝

来自同一家族或是同一集团的一系列统治者，或指某个国家受到这些人统治的一段时期。

平等主义

一种提倡社会平等、政治平的与经济平等的哲学观点。

解放

自法律束缚、社会束缚或是政治束缚之中获得自由的行为。

禁运

要求终止同某一特定国家贸易往来或其他商贸活动的政府令，通常作为一种外交手段而使用。

移民出境

离开自己的祖国，永远定居在另一个国家。

帝国

处于单一统治者、寡头统治集团或是主权国家统治之下的一大片国家或是民族。

启蒙运动

也被称作为“理性时代”，即18世纪之中一段学术不断发展的时期，从中逐渐衍生出对于宗教的质疑、对于世界的认识以及对于理性的运用。

优生学

一种信仰或是对于该信仰的研究，认为人类可以通过控制生育来改善人类种群。

法西斯主义

一种意识形态，其象征是强有力的领导、对于集体认同的强调，以及通过武力或战争手段来进一步为国家争得利益。该词来源于意大利语中的“束棒”，指代集体认同，最初用在墨索里尼政权的身上。

封建主义

一种中世纪的政治体系，包含许多贵族统治之下的小型地理单元，例如侯国或是公国，而农民阶级则生活在其统治者的奴役与束缚之下。

种族灭绝

蓄意杀害一大群人，尤其是一整个宗教团体、人种或是国家。

游击队员

非官方军事组织之中的成员，通常致力于达成某种政治目的，利用突袭以及蓄意破坏等手段对抗大型的常规力量，例如正规军或是警方。

霸权

权力的赢取以及掌握，以及在此过程之中社会团体的形成。

意识形态

一种意识框架，为某个社会团体提供看待问题的视角以及观点。

移民入境

进入外国并在那里永久性定居。

帝国主义

在建立帝国的过程中，通过直接干预他国事务、占领他国领土以及征服他国民众来扩张本国影响力的政策。

工业革命

历史上的一个发展阶段，起源于18世纪的英国，在此期间，全新的机械化手段推动了经济转型，自从前的农业经济转变至城市工业经济。

起义

针对政府的叛乱状态，其程度轻于有组织的革命，且并不被视作为战争状态。

圣战（抵抗战争）

伊斯兰教信仰之中一种以真主之名对抗邪恶势力的宗教义务，既包含精神层面上的对抗，也包括肉体层面上的对抗。

正义战争理论

一种与军事道德相关的学说，其中包含“诉诸战争权”，即发动战争前道德及法律依据的必要性，还有“战争法规”，即战争过程之中道德行为的必要性。

劳工营

战俘营的一种，遭到关押的人不得不从事艰苦的体力劳动，而他们的作业环境也大多十分恶劣。

左倾主义、左翼

政治上的“左倾”意识形态。其特征是主张对于社会福利进行干预，并持国际主义世界观。这一概念起源于18世纪的法国，当时，支持改善农民生活现状的贵族会坐在国王的左侧。

自由主义

一种起源于18世纪的哲学思想，主张人民的权利应凌驾于国家权力或是教会权力之上，反对专制主义以及君权神授的思想。

军事管制法

当国家之中的民法暂停发挥作用的时候，军方所出台的暂时性法律。

马克思主义

卡尔·马克思作品的哲学基础，认为社会之中的经济秩序决定了其中的政治与社会关系。

精英制度（任人唯贤）

认为应当以能力，而非财富或出身来选定统治者。

民兵组织

一批或许接受过一定程度军事训练的公民团体，以在危急时刻对国家的正规军队进行补充。

民族国家

一个主要由同族人所组成的主权国家，这些人说着相同的语言，拥有相同的祖先以及相同的传统等。

民族主义

对于祖国的忠诚以及奉献，同时也是一种政治思想，认为政治政策的首要目标应是维护国家的利益。

游牧

游牧民族的特征。游牧民族是一群时常迁移的人，这样的迁移大多是季节性的，且限定在一片特定的领域之中。

寡头政治

一种政权组织形式，权力掌握在一小群人手中，而权力的行使也以他们的利益为重，通常情况下会对大众造成危害。

准军事组织

一群经受过军事训练的平民，依照军事结构进行组织，通常作为国家正式军事力量的补充。

党派

某一特定政治领袖、党派或是目标的坚定支持者，通常会展现出无条件的忠诚。

朝圣之旅

一种虔诚的宗教行为，进行一段以某个神殿或是圣地为目的地的旅程。

史前时期

书面记录存在之前的人类历史时期，而科学家对于这一时期的探究大多建立在考古学历史之上。

政治宣传

信息、思想以及观念的有组织性传播，通常依赖于媒体，目的在于支持或破坏政权、运动或是组织机构等。

傀儡国家

名义上独立、事实上却依赖于国外势力的国家，这些外部势力控制傀儡国家的手段通常都为军事手段。

种族主义

认为某一特定种族之中的所有成员都有着相似的特征以及属性，而这则意味着一些种族生来就要更加优越，另一些则更加低劣。

理性主义

认为理性，而非感性或直觉，应当支配人类的行动。

宗教改革

一场起源于16世纪的欧洲政治及宗教运动，力求变革罗马天主教会以及教皇的权威，而这场运动之中的一大产物便是新教。

文艺复兴

指代欧洲14世纪至17世纪之间的那一段时期。在此期间，艺术、文学以及学术都取得了重大成就，而这一时期也常被人们视作是从中世纪过渡到现代世界的转折点。

战争赔偿

由战败国支付的一种补偿，通常为金钱、物质或是劳力上的补偿，用以填补其他国家因战争而遭受的破坏、伤亡以及经济损失。

共和国

没有君主的国家，权力与人民同在，由人民选出的代表代为行使。

革命

由民众发起、意在推翻现任政权或是社会秩序的行动，有时会使用暴力手段。

右倾主义、右翼

政治上的“右倾”意识形态，可粗略定义为保守而支持市场机制的思想，认为个人的权利应凌驾于奉行干涉主义的政府之上，严格遵循法律与秩序，支持民族主义。这一概念起源于18世纪的法国，当时，大体上支持君主的一派会坐在国王的右侧。

分离主义者

倡导自某一组织或群体中分离出来的人。

农奴

尤其指代中世纪欧洲不得不在领主土地上从事农业劳动的底层之人。假如土地被转卖给一位新的所有人，那么农奴也会一并易主。

主权

由自治国家或统治者所行使的至高权力，不受任何外在的影响或操纵。通常指代一个国家在内部事务上的自决权以及其与其他国家之间的国际关系。

太空时代

20世纪之中的一段时期，以人类对宇宙的探索为特征。人们常将1957年10月苏联首次将人造卫星“伴侣号”送入太空作为这一时期的开端。

国家

一个有组织的权力当局，能够合法控制一片领土，并在这片领土之中拥有使用武力的垄断权。

选举权

在选举或公投之中的投票权利。普选权指代公民的选举权，这一权利不受性别、种族、社会地位或是财富的限制。女性选举权说的是女性应同男性一样拥有投票的权利，而这也是20世纪初期之中诸如“妇女参政权论者”等一些活动家所极力争取的权利。

超级大国

拥有强大政治及军事力量，且能够影响国际政治形势的主权国家。

极权主义

为维护国家利益而牺牲个人权利的政权，对政治事务以及经济事务进行控制，并对人民所持的态度、价值观以及信仰进行规定。

条约

一份正式的合约，罗列出两国或多国之间在结盟、终止敌对或是贸易合作等问题上所达成的共识。

封臣

封建体系之中受到国王、领主或其他上级土地所有者土地封赏的人，而土地则是用来换取该人的尊敬或是效忠。

总督

代表其君主管理着殖民地的统治者。

犹太复国运动

一场全球性的政治运动，宣称犹太人能够构成一个民族，因此也应当拥有自己的国家。该运动最初的目标在于为犹太人建立一个国家，如今则致力于发展并保护以色列。

索引

加粗的页码为主词条

A

B

C

D

E

F

G

H

J

K

L

M

N

O

P

Q

R

S

T

Z

引文出处

人类起源

20~21页 尤瓦尔・诺亚・赫拉利
22~27页 让-玛丽・肖维等
28~29页 布赖恩・费根
30~31页 麦克・巴尔特

古代文明

36~37页 汉谟拉比
38~39页 埃及-赫梯和约（埃及版）
40~41页 释迦牟尼
42~43页 阿瑟・约翰・埃文斯
44~45页 希罗多德
46~51页 修昔底德斯
52~53页 普鲁塔克
54~57页 司马迁
58~65页 马尔库斯・尤尼乌斯・布鲁图
66~67页 君士坦丁皇帝看到的幻景
68~69页 圣杰罗姆

中世纪世界

76~77页 普罗柯比
78~81页 穆罕默德
82~83页 约克的阿尔昆
84~85页 唐太宗
86~93页 赛义德・阿尔-安达卢西
94~95页 约克的阿尔昆
96~97页《教宗训令》
98~99页 慈圆
100~101页 英格兰国王约翰
102~103页 马可・波罗
104~105页 马可・波罗
106~107页 教皇乌尔班二世
108~109页 亨利・穆奥
110~111页 捷哈・乌马里
112~117页 贝尔纳迪诺・德萨哈冈
118~119页 面包师杰弗里
120~127页 洪武帝
128~129页 教皇卡利克斯特三世
130~131页 世宗大王

近代早期

138~141页 巴列奥略王朝君士坦丁十一世
142~147页 克里斯托弗・哥伦布
148~151页《托尔德西里亚斯条约》
152~155页 乔尔乔・瓦萨里
156~157页 让・德・比埃伊
158~159页 克里斯托弗・哥伦布
160~163页 马丁・路德
164~169页 汉斯・赫贝勒
170~171页 阿布・法兹勒・伊本・穆巴拉克
172~173页 威廉・布拉德福德
174~175页 奥利弗・克伦威尔
176~179页 奥托巴赫・库戈亚诺
180~183页 约瑟夫・德・拉・维加
184~185页 德川家康
186~187页 中国谚语
188页 艾萨克・牛顿爵士
189页 库克船长
190页 路易十四
191页 腓特烈大帝
192~195页 德尼・狄德罗
196~197页 彼得大帝

变革中的社会

204~207页《独立宣言》
208~213页 拉罗什富科-利昂库尔公爵弗朗索瓦・亚历山大・弗莱德里克
214~215页 拿破仑・波拿巴
216~219页 西蒙・玻利瓦尔
220~225页 约翰・拉斯金
226~227页 威廉・威伯福斯
228~229页 亚历西斯・德・托克维尔
230~235页 斐迪南・德・雷赛布
236~237页 查尔斯・达尔文
238~241页 朱塞佩・加里波第
242页 凯瑟琳・玛丽・巴特拉姆
243页 亚历山大二世
244~247页 亚伯拉罕・林肯
248~249页 约翰・欧苏利文
250~251页 依斯雷尔・桑威尔
252~253页 明治时代日本的全民口号
254~255页 洪秀全
256~257页 古斯塔夫・埃菲尔
258~259页 塞西尔・罗兹
260~261页 凯末尔・阿塔土克
262~263页 妇女社会政治同盟口号

当今世界

270~275页 德国士兵
276~279页 弗拉基米尔・列宁
280页 斐迪南・福煦
282~283页 赫伯特・胡佛
284~285页 贝尼托・墨索里尼
286~293页 阿道夫・希特勒（1939年）
294~295页 赫尔曼・戈林
296~297页 美国空军上尉肯尼斯・奈森
298~301页 贾瓦哈拉尔・尼赫鲁
302~303页 大卫・本-古理安
306~307页 克瓦米・恩克鲁玛
308~309页 迪安・鲁斯克
310页 尼基塔・赫鲁晓夫
311页 马丁・路德・金
312~313页 林登・贝恩斯・约翰逊
314~315页 菲德尔・卡斯特罗
318~321页 迦玛尔・阿卜杜尔・纳赛尔
322~323页 丹尼尔・约翰逊
324页 美国示威者手中标语牌上的文字
325页 纳尔逊・曼德拉
326页 拉多万・卡拉季奇

致谢

Dorling Kindersley would like to thank Hannah Bowen, Polly Boyd, Diane Pengelly, and Debra Wolter for editorial assistance, Stephen Bere and Ray Bryant for design assistance, Alexandra Beeden for proofreading, and Helen Peters for the index.

PICTURE CREDITS

The publisher would like to thank the following for their kind permission to reproduce their photographs:

(Key: a-above; b-below/bottom; c-centre; f-far; l-left; r-right; t-top)

21 Science Photo Library: Javier Trueba / MSF (tl). **25 Alamy Images**: Juan Carlos Muñoz (bl). **Getty Images:** Robert Frerck (tl). **27 Alamy Images:** Heritage Image Partnership Ltd (tl). **Getty Images:** Imagno (bl). **29 Getty Images:** Sovfoto (tl). **37 Alamy Images:** INTERFOTO (tl). **38 Dreamstime.com:** Siempreverde22 (br). **41 Alamy Images:** Art Directors & TRIP / ArkReligion.com (bl); imageBROKER / Olaf Krüger (tr). **43 Bridgeman Images:** Archaeological Museum of Heraklion, Crete, Greece (tr). **Corbis:** Gustavo Tomsich (bl). **44 Bridgeman Images:** © National Museums of Scotland / Bridgeman Images (cr). **45 Corbis:** (bl). **49 Corbis:** Atlantide Phototravel (tl). **51 Alamy Images:** World History Archive (tr). **52 Alamy Images:** World History Archive (cb). **53 Corbis:** Leemage (bl). **55 akg-images:** Pictures From History (tr). **56 Dreamstime.com:** Zhongchao Liu (bl). **57 akg-images:** (br). **61 Alamy Images:** World History Archive (tr). **62 Alamy Images:** The Art Archive (bl). **65 Alamy Images:** Lanmas (b). **66 Alamy Images:** Peter Horree (c). **69 TopFoto.co.uk:** World History Archive (br). **77 Corbis:** Christel Gerstenberg (tl). **79 Alamy Images:** Prisma Archivo (tl). **80 Alamy Images:** Heritage Image Partnership Ltd (tl). **83 Getty Images:** APIC (tr). **85 Alamy Images:** Heritage Image Partnership Ltd (tl). **89 Alamy Images:** Lebrecht Music and Arts Photo Library (bl). **91 Alamy Images:** The Art Archive (tr). **92 Bridgeman Images:** Topkapi Palace Museum, Istanbul, Turkey (t). **93 Bridgeman Images:** Bibliotheque Nationale, Paris, France / Archives Charmet (cb). **95 Alamy Images:** North Wind Picture Archives (bl). **97 TopFoto.co.uk:** The Granger Collection (tl). **98 Getty Images:** DEA / A. DAGLI ORTI (c). **99 Corbis:** The Print Collector (tr). **100 Alamy Images:** PBL Collection (cr). **102 Bridgeman Images:** National Museum of Chinese History, Beijing / Ancient Art and Architecture Collection Ltd. (br). **103 Alamy Images:** Pictorial Press Ltd (tl). **105 Corbis:** Leemage (tr). **106 Bridgeman Images:** Emile (1804-92) / Château de Versailles, France / Bridgeman Images (c). **109 Alamy Images:** ADS (tr). Bridgeman Images: Pictures from History / David Henley / Bridgeman Images (bl). **111 Bridgeman Images:** Bibliotheque Nationale, Paris, France (br). **115 Getty Images:** Dea Picture Library (br). 119 Corbis: Pascal Deloche / Godong (br). **123 Alamy Images:** GL Archive (br). **125 Bridgeman Images:** Pictures from History / Bridgeman Images (bl). **126 Alamy Images:** Anton Hazewinkel (bl). **Getty Images:** Universal History Archive (tr). **129 Alamy Images:** Bildarchiv Monheim GmbH (cb). **130 Bridgeman Images:** Pictures from History / Bridgeman Images (cr). **131 Corbis:** Topic Photo Agency (tl). **139 Alamy Images:** The Art Archive (tr). **140 Alamy Images:** Sonia Halliday Photo Library (tc). **Getty Images:** Heritage Images (bl). **141 Alamy Images:** Peter Eastland (tl). **145 Getty Images:** Universal History Archive (bl). **147 Corbis:** The Gallery Collection (tr). **150 Alamy Images:** Lebrecht Music and Arts Photo Library (b). **151 Alamy Images:** The Art Archive (tr). **153 Alamy Images:** ivgalis (br). **154 Corbis:** Jim Zuckerman (tr). **155 TopFoto.co.uk:** The Granger Collection (tr). **157 Rex Shutterstock:** British Library / Robana (tr). **161 Getty Images:** UniversalImagesGroup (br). **162 Alamy Images:** INTERFOTO (bl). **163 Alamy Images:** Adam Eastland (tr). **166 akg-images:** (tr). **168 akg-images:** (bl). **171 Alamy Images:** Dinodia Photos (tr). Corbis: Stapleton Collection (bl). **173 Bridgeman Images:** Embleton, Ron / Private Collection / © Look and Learn (tl). **175 Corbis:** Christie's Images (bl). **177 The Art Archive:** F&A Archive (tr). **178 The Art Archive:** Granger Collection (tr). **181 Alamy Images:** North Wind Picture Archives (tl). **182 Alamy Images:** FineArt (bl). **185 Bridgeman Images:** Pictures from History / Bridgeman Images (tl). **186 Corbis:** (c). **194 Alamy Images:** ITAR-TASS Photo Agency (tl). **195 Alamy Images:** World History Archive (br). **196 Bridgeman Images:** De Agostini Picture Library / G. Dagli Orti (cr). **197 Alamy Images:** Heritage Image Partnership Ltd (bl). **206 Alamy Images:** PAINTING (t). **207 Corbis:** Christie's Images (bl). **211 Alamy Images:** GL Archive (tl). **212 TopFoto.co.uk:** Roger-Viollet (bl). **213 Corbis:** Leemage (tr). **215 Alamy Images:** Heritage Image Partnership Ltd (tl). **217 Bridgeman Images:** Private Collection / Archives Charmet (tr). **218 Alamy Images:** World History Archive (tl). **219 Getty Images:** DEA / M. Seemuller (br). **223 Getty Images:** Science & Society Picture Library (bl). **224 Alamy Images:** Heritage Image Partnership Ltd (bl). **Getty Images:** Print Collector (tc). **225 Getty Images:** Stock Montage (tl). **227 Bridgeman Images:** Wilberforce House, Hull City Museums and Art Galleries, UK (tl). **228 akg-images:** (bc). **233 Alamy Images:** Everett Collection Historical (tl). **234 Getty Images:** Popperfoto (bl). **235 Getty Images:** Keystone-France (bl). **237 Alamy Images:** World History Archive (bl). **Getty Images:** Science & Society Picture Library (tc). **239 TopFoto.co.uk:** (bl). **240 Alamy Images:** Peter Horree (tr). **241 Alamy Images:** INTERFOTO (tr). Getty Images: Imagno (bl). **245 Corbis:** (tl, bl). **247 Corbis:** (bl). 249 The Library of Congress, Washington DC: (tl). **251 Corbis:** AS400 DB (bl). **253 Alamy Images:** Pictorial Press Ltd (bl). The Library of Congress, Washington DC: (tl). **255 Alamy Images:** liszt collection (tl). **256 Getty Images:** Underwood Archives (bc). **257 Getty Images:** Science & Society Picture Library (br). **259 Alamy Images:** The Print Collector (bl); Stock Montage, Inc. (tr). **261 Bridgeman Images:** Pictures from History (bl); Private Collection / Archives Charmet (tc). **263 Corbis**: Lebrecht Music & Arts / Lebrecht Music & Arts (bl). **Getty Images:** Hulton Archive (tl). **272 Alamy Images:** World History Archive (bl). **Getty Images:** Fotosearch (tr). **274 Alamy Images:** Heritage Image Partnership Ltd (tl). **275 Getty Images:** IWM (br). **277 Alamy Images:** David Cole (tr). **278 TopFoto.co.uk:** ullsteinbild (bl). **279 Corbis:** AS400 DB (tl). **282 Getty Images:** Keystone-France (br). **283 Getty Images:** National Archives (tr). **285 Getty Images:** Imagno (tr). **289 Getty Images:** Hugo Jaeger (tl). **290 Getty Images:** William Vandivert (bl). **292 Alamy Images:** Pictorial Press Ltd (tl). Corbis: Bettmann (br). **293 Alamy Images:** GL Archive (tr); MPVHistory (tl). **295 Getty Images:** Keystone (tl). **296 Alamy Images:** Everett Collection Inc (bc). **297 Corbis:** AS400 DB (tr). **299 Alamy Images:** Dinodia Photos (tr). **300 Alamy Images:** World History Archive (bl). **301 Getty Images:** Popperfoto (tr). **303 Alamy Images:** LOOK Die Bildagentur der Fotografen GmbH (tr). **Getty Images:** Horst Tappe (bl). **305 Bridgeman Images:** Pictures from History (bl). **Getty Images:** Universal History Archive (tc). **307 Corbis:** AS400 DB (bl). **Getty Images:** Mark Kauffman (tc). **309 Getty Images:** Alfred Eisenstaedt (bl); (c). **313 Naval History and Heritage Command:** NH 97908 (tl). **315 Getty Images:** Miguel Vinas (tl). Reuters: Prensa Latina (tr). **317 Getty Images:** Apic (bl); Photo 12 (tl). **319 Getty Images:** Keystone-France (tl). **320 Alamy Images:** Peter Jordan (tr). **Getty Images:** Stringer (bl). **323 Getty Images:** Gerard Malie (tl). **329 Alamy Images:** WENN Ltd (tl). **331 Alamy Images:** Stacy Walsh Rosenstock (br). **332 Getty Images:** Spencer Grant (tl). **333 Press Association Images:** Dominic Lipinski (bl). **336 Getty Images:** Art Rickerby (br). **339 Getty Images:** alohaspirit (tr)